ÉCONOMIE DE CRISE

Ouvrages de Nouriel Roubini

New International Financial Architecture (avec Marc Uzan)
Bailouts or Bail-Ins ? Responding to Financial Crisis in Emerging Economies (avec Brad Setser)
Political Cycles and the Macroeconomy (avec Alberto Alesina et Gerald D. Cohen)

Ouvrages de Stephen Mihm

A Nation of Counterfeiters : Capitalists, Con Men, and the Making of the United States
Artificial Parts, Practical Lives : Modern History of Prosthetics (directeur, avec Katherine Ott et David Serlin)

www.editions-jclattes.fr

Nouriel Roubini
Stephen Mihm

ÉCONOMIE DE CRISE

UNE INTRODUCTION
À LA FINANCE DU FUTUR

Traduit de l'anglais par Annick Steta

JC Lattès

Titre de l'édition originale
CRISIS ECONOMICS
publiée par The Penguin Press

ISBN : 978-2-7096-3503-5

À H.H., K.S., L.S., M.M., et M.W.
Nouriel Roubini

À ma famille.
Stephen Mihm

Sommaire

Introduction

En janvier 2009, lors des derniers jours de l'administration Bush, le vice-président Dick Cheney s'installa pour donner un entretien à l'Associated Press. On lui demanda pourquoi le gouvernement avait échoué à prévoir la pire crise financière depuis la Grande Dépression. La réponse de Cheney fut révélatrice. « Personne, nulle part, n'a été suffisamment intelligent pour l'envisager, déclara-t-il. Je ne crois pas que quiconque l'ait vue venir. »

Cheney n'était pas seul à penser de la sorte. Souvenez-vous des déclarations faites par les sages de la communauté financière ou de l'*establishment* politique après le déclenchement de la crise. Chacun donnait sa version d'une question purement rhétorique : qui aurait pu savoir ? Ainsi que le suggéra Cheney dans ce même entretien, la crise financière était similaire aux attaques du 11 septembre : catastrophique, mais à peu près impossible à prévoir.

Ce n'est pas vrai. En 2006, alors que le calme régnait sur l'économie mondiale, Nouriel Roubini, l'un des auteurs de ce livre, réalisa la plus célèbre prédiction de la crise à venir dans un des hauts lieux de l'orthodoxie économique. Professeur d'économie à New York University, il était venu à Washington pour présenter ses thèses au Fonds monétaire international, et il se heurta au scepticisme de son public. L'avertissement qu'il fit retentir avec force sembla absurde à bien des personnes présentes. Il prédit que l'économie américaine souffrirait bientôt de l'explosion de la bulle immobilière, d'un choc pétrolier brutal ainsi que d'un brusque déclin de la confiance des consommateurs, et qu'une profonde récession était inévitable.

Ces catastrophes étaient suffisamment effrayantes, mais Roubini avait un scénario bien plus terrifiant à offrir. Lorsque les propriétaires immobiliers ne pourraient plus rembourser leurs emprunts hypothécaires, des billions de dollars de valeurs garanties par hypothèque commenceraient à se défaire et le système financier tout entier s'arrêterait de fonctionner. L'explosion de la bulle immobilière pourrait « conduire [...] à un problème systémique pour le système financier » en déclenchant une crise susceptible de faire trébucher ou chuter non seulement des fonds spéculatifs et des banques d'affaires, mais aussi des établissements financiers géants patronnés par le gouvernement, comme Fannie Mae et Freddie Mac. Le public avait accueilli les inquiétudes de Roubini avec le plus grand scepticisme.

Lors des dix-huit mois suivants, tandis que les prédictions de Roubini commençaient à se vérifier, son pessimisme ne fit que grandir. Au début de l'année 2008, alors que la plupart des économistes soutenaient que les États-Unis souffraient simplement d'une crise de liquidité, Roubini prédit qu'une grave crise du crédit frapperait les ménages, les entreprises et, pire encore, les établissements financiers. Bien avant l'effondrement de Bear Stearns, il annonça que deux banques d'investissement parmi les plus importantes disparaîtraient et que d'autres acteurs de ce marché perdraient leur indépendance. La disparition du Wall Street que nous connaissions entraînerait des bouleversements d'une ampleur inédite depuis les années 1930. Quelques mois plus tard, Bear Stearns n'était plus qu'un souvenir et Lehman Brothers s'était écroulé. Bank of American absorba Merrill Lynch, et Morgan Stanley et Goldman Sachs, contraints de se soumettre à une surveillance accrue, durent adopter le statut de banque commerciale (*bank holding companies*).

Roubini saisit bien avant tout le monde la dimension mondiale de cette catastrophe. Alors que les observateurs persistaient à affirmer que la crise née aux États-Unis épargnerait le reste du monde, il annonça qu'elle se diffuserait rapidement à l'étranger et que la maladie de l'économie américaine se transformerait en pandémie financière mondiale. Il prédit également que cette crise systémique déclencherait une récession mondiale d'une ampleur inédite depuis des décennies et qu'elle frapperait la Chine, l'Inde, ainsi que des pays que l'on croyait à l'abri des difficultés de l'économie américaine. Et tandis que d'autres économistes se concentraient sur les dangers d'une résurgence de l'inflation, Roubini prédit que l'ensemble de l'économie mondiale pourrait basculer dans une spirale déflationniste potentiellement paralysante telle qu'on n'en avait plus vu depuis la Grande Dépression.

La prescience de Roubini fut aussi rare que remarquable : aucun autre économiste n'a annoncé cette crise avec un tel degré de clarté et de précision. Il ne fut toutefois pas le seul à donner l'alerte : un grand nombre d'autres observateurs prédirent divers éléments de la crise financière, et leurs opinions aidèrent Roubini à produire une analyse d'ensemble. Robert Shiller, l'un des anciens collègues de Roubini à Yale, avait compris avant tout le monde les dangers liés à la formation d'une bulle sur les valeurs technologiques ; plus récemment, il avait été l'un des premiers économistes à souligner les risques de la bulle immobilière.

Shiller est l'un des économistes et des observateurs de marché dont la réflexion a influencé Roubini. En 2005, Raghuram Rajan, qui enseigne la finance à l'université de Chicago, déclara devant des économistes de haut niveau et des décideurs publics réunis à Jackson Hole (Wyoming) que la manière dont les banquiers et les traders étaient rémunérés les incitait à prendre trop de risques et à abuser de l'effet de levier, ce qui accroissait la vulnérabilité de l'ensemble du système financier. D'autres personnalités respectées émirent des avertissements semblables. En 2005, James Grant, l'une des légendes de Wall Street, affirma que la Réserve fédérale avait contribué à créer l'une des « plus grandes bulles de crédit » de l'histoire de la finance. William White, l'économiste en chef de la Banque des règlements internationaux, mit en garde contre les risques systémiques liés aux bulles d'actifs et de crédit. L'analyste financier Nassim Nicholas Taleb souligna que les marchés financiers n'étaient malheureusement pas préparés à gérer des événements n'obéissant pas à la distribution normale du risque (*fat tail events*). Les économistes Maurice Obstfeld et Kenneth Rogoff ont mis en évidence le caractère insoutenable du déficit de la balance des paiements courants américaine. Steven Roach, de Morgan Stanley, et David Rosenberg, de Merrill Lynch, expriment depuis longtemps l'inquiétude que leur inspire le comportement des consommateurs américains, lesquels vivent bien au-dessus de leurs moyens.

La liste ne s'arrête pas là. Mais en dépit de leur respectabilité, les économistes et les commentateurs n'ont pas été écoutés, ce qui en dit long de l'état de l'économie et de la finance lors des dernières décennies. La plupart de ceux qui évoluaient dans ces sphères ont ignoré leurs avertissements parce qu'ils s'accrochaient à une croyance simple mais surannée : les marchés sont des entités autorégulatrices stables, solides et sûres. Selon ce raisonnement, le capitalisme du XXIe siècle – soutenu bien sûr par l'innovation financière moderne – s'autorégulerait et resterait proche de l'équilibre.

Rétrospectivement, tout cela semble naïf. Mais pendant des décennies, ce fut l'opinion communément admise, la base de décisions politiques importantes et le raisonnement fondant des stratégies d'investissement à grande échelle. Il n'est pas étonnant que les crises économiques n'aient tenu que peu de place dans ce paradigme. Les crises qui survenaient étaient considérées comme des phénomènes anormaux : elles étaient hautement improbables, extrêmement inhabituelles, largement imprévisibles, et n'avaient que des conséquences passagères. Lorsque les crises firent l'objet de recherches universitaires sérieuses, elles furent généralement considérées comme des phénomènes affectant des économies peu développées, « à problèmes », et non des puissances économiques comme les États-Unis.

Ce livre remet les crises au cœur de la réflexion économique. Il montre que, loin d'être l'exception, les crises sont la norme tant dans les pays émergents que dans les économies développées. Les crises – des périodes d'expansion insoutenable suivies par des phases d'effondrement désastreuses – ont toujours fait partie de notre vie et en feront toujours partie. Bien que leur apparition ait vraisemblablement précédé l'essor du capitalisme, elles entretiennent avec lui une relation particulière. Les traits qui confèrent au capitalisme sa vitalité – sa capacité d'innovation et sa tolérance au risque – peuvent aussi préparer le terrain aux bulles d'actifs et de crédit et, finalement, à des débâcles dont les effets néfastes tarderont à s'estomper.

Les crises sont banales et répétitives. Elles ressemblent un peu aux ouragans : elles se déroulent de manière relativement prévisible, mais elles peuvent changer de direction, perdre en intensité, et redevenir violentes quand on ne s'y attendait plus. Ce livre expose les principes selon lesquels ces tempêtes économiques peuvent être identifiées et surveillées et, dans la mesure du possible, anticipées et évitées. Il s'appuie sur la crise récente pour montrer comment il est possible de prévoir de tels événements, de les prévenir, de les affronter et de réparer les dégâts qu'ils provoquent. Ce livre cherche enfin à montrer comment nous pouvons reconstruire nos digues financières afin de limiter les effets des tempêtes à venir. Car ce que nous venons de vivre n'est qu'un avant-goût de ce qui nous attend : les crises feront partie de notre futur.

Pour en comprendre les causes, nous nous attaquerons à une foule de questions posées par la crise récente, en commençant par la plus évidente : pourquoi la bulle qui a provoqué la pire crise financière depuis des décennies s'est-elle formée ? Était-elle le produit d'une prise de risque excessive des institutions financières autorisée par un défaut de réglementation et de surveillance ? Ou était-elle la conséquence inévitable d'une intervention publique excessive dans le fonctionnement des marchés financiers ? Ces questions touchent au cœur de conceptions des crises très différentes, voire antagonistes. Elles ouvrent par ailleurs la voie à des thérapies radicalement différentes.

Ce livre cherche aussi à comprendre pourquoi la crise a éclaté au moment où elle l'a fait. S'agissait-il simplement d'une crise de confiance, d'un affaiblissement de ce que John Maynard Keynes a appelé les « esprits animaux » du capitalisme ? Ou était-ce la conséquence inévitable d'un endettement excessif de pans entiers de l'économie qui se sont retrouvés de la sorte au bord de la faillite ? Autrement dit, la crise a-t-elle résulté d'un simple manque de liquidité ou, plus profondément, d'une insuffisance de solvabilité ? Et si l'hypothèse d'une solvabilité insuffisante est vérifiée, que laisse-t-elle présager ?

À partir de là, les interrogations se multiplient. Au plus fort de la crise, les banquiers centraux du monde entier sont devenus les « prêteurs en dernier ressort » d'un large pan du système financier. Leurs interventions ont-elles permis d'empêcher le pire ? Ou bien encourageront-elles à l'avenir des prises de risque excessives, ouvrant ainsi la voie à la formation et à l'explosion de bulles plus dévastatrices ? De la même manière, quel sera le résultat de la course à la re-réglementation ? Produira-t-elle un système financier plus robuste et plus souple ainsi qu'une croissance plus stable, ou bien ses effets seront-ils purement cosmétiques et se révélera-t-elle incapable de prévenir l'apparition de nouvelles crises ?

Aucune de ces questions n'est hypothétique. John Maynard Keynes, l'un des géants de l'analyse économique du XXe siècle, observa que « les idées, justes ou fausses, des philosophes de l'économie et de la politique ont plus d'importance qu'on ne le pense en général. À vrai dire le monde est presque exclusivement mené par elles. […] Les visionnaires influents, qui entendent des voix dans le ciel, distillent des utopies nées quelques années plus tôt dans le cerveau de quelque écrivailleur de la Faculté ». Keynes écrivit ces lignes maintes fois citées voilà plus de soixante-dix ans, mais elles n'ont rien perdu de leur pertinence. Une large part de notre conception et de notre compréhension de la plus grave crise financière depuis des générations découle d'un ensemble d'hypothèses qui, bien qu'elles ne soient pas toujours fausses, nous interdisent de saisir pleinement ses origines et ses conséquences.

Nous tenons à préciser dès le début de cet ouvrage que nous ne sommes les disciples d'aucun économiste en particulier. Presque toutes les écoles ont quelque chose de pertinent à dire au sujet de cette crise, et notre analyse se fonde sur les travaux d'un grand nombre de penseurs. Keynes a son mot à dire, mais il n'est pas le seul. Nous croyons que la compréhension et la gestion des crises exigent une approche plus holistique et éclectique que celles généralement utilisées. Il est nécessaire de laisser les idéologies à la porte et d'examiner les choses avec distance. Les crises sont de natures diverses, et ce qui peut fonctionner dans un cas peut ne pas fonctionner dans un autre.

L'évaluation de l'avenir du système financier présentée dans ce livre repose également sur cette démarche pragmatique. Que devrions-nous redouter pour le futur : l'inflation ou la déflation ? Quelles seront les conséquences à long terme de mesures telles que les plans de relance mis en place par de nombreux pays, sans parler des mesures d'urgence adoptées par la Réserve fédérale et d'autres banques centrales ? Et quel sera l'avenir du modèle anglo-saxon de capitalisme sans entrave ? Quel sera l'avenir du dollar ? La crise marque-t-elle le début de la fin de l'empire américain au profit de la Chine et d'autres économies émergentes ? Enfin, comment pouvons-nous réformer la gouvernance économique mondiale afin de limiter les dégâts que produiront les crises futures ?

La modeste ambition de ce livre consiste à répondre à ces questions en plaçant la crise actuelle dans la lignée de celles qui se sont produites au fil du temps et à travers le monde. Après tout, ce que nous avons vécu lors des dernières années obéit aux lois d'un modèle vieux de plusieurs siècles. Les crises suivent des trajectoires régulières et produisent des résultats prévisibles. Elles sont bien plus banales et compréhensibles que l'opinion commune ne l'admet. Dans les pages ci-après, nous naviguerons entre le passé et le présent afin de montrer comment les questions qui précèdent ont été posées lors de crises antérieures et de présenter les réponses qui leur ont été apportées.

Tout en cheminant, nous examinerons plusieurs concepts intimidants – et souvent mal compris – de l'analyse économique : aléa moral, effet de levier, course aux guichets, arbitrage réglementaire, déficit de la balance des paiements courants, titrisation, déflation, dérivé de crédit, crise de liquidité et trappe à liquidité, pour en citer quelques-uns. Nous espérons que nos explications seront utiles non seulement aux professionnels de la finance de Wall Street et de Main Street, mais aussi aux cadres d'entreprises d'ici et d'ailleurs, aux étudiants en gestion, en économie et en finance, aux responsables publics et aux chercheurs spécialisés en politiques publiques, ainsi qu'aux investisseurs du monde entier qui savent maintenant combien il est dangereux d'ignorer la complexité du système financier international.

Ce livre débute par une histoire des crises passées et des économistes qui les ont analysées. Il s'attache ensuite aux racines profondes de la crise que nous venons de traverser et s'efforce de montrer que cette catastrophe a été en tout point conforme au schéma esquissé par la succession des crises précédentes. Nous regarderons enfin vers le futur, exposerons des voies de réforme du système financier et évaluerons la probabilité d'éclatement de nouvelles crises dans les années à venir. Le chapitre 1 propose au lecteur un voyage dans le temps : il analyse les périodes de prospérité et de dépression qui se sont succédé dans l'histoire de l'économie. Nous nous concentrerons en particulier sur la relation entre capitalisme et crise, en commençant par l'apparition d'une bulle spéculative sur le marché des tulipes dans la Hollande des années 1630 avant de cheminer jusqu'à la bulle des actions de la South Sea Company en 1720. Nous examinerons ensuite la première crise financière globale de 1825, la panique de 1907, la Grande Dépression des années 1930, et les nombreuses crises qui ont frappé les marchés émergents comme les économies développées à partir des années 1980. Nous soutiendrons la thèse selon laquelle les crises ne sont ni les anomalies auxquelles voudrait nous faire croire l'analyse économique moderne, ni les rares « cygnes noirs » chers à d'autres commentateurs. Elles sont au contraire banales et relativement aisées à prévoir et à comprendre : ce sont des « cygnes blancs ».

Dans la plupart des économies développées, la seconde moitié du XXe siècle a été une période de calme relatif qui s'est achevée par une phase de faible inflation et de croissance élevée connue sous le nom de « Grande Modération ». L'analyse économique dominante a ainsi pu ignorer les crises ou ne voir en elles que la manifestation des problèmes auxquels sont confrontées des économies moins avancées. Afin d'avoir une vision plus large et une meilleure compréhension des crises passées, présentes et futures, il faut recourir à une précédente génération d'économistes : tel est l'objet du chapitre 2. Certains de ces économistes sont très connus : c'est le cas de John Maynard Keynes. D'autres, comme Hyman Minsky, le sont moins.

Le chapitre 3 met en évidence les origines structurelles de la crise actuelle. Dès son déclenchement, il a été de bon ton de faire porter la faute sur le développement de prêts hypothécaires à risque (*subprime mortgages*) qui auraient contaminé un système financier considéré comme sain. Ce chapitre montre l'absurdité de cette idée et révèle comment des évolutions et des politiques vieilles de plusieurs décennies ont façonné un système financier intrinsèquement risqué. Au-delà de la création de produits financiers toujours plus ésotériques et opaques, ces évolutions comprennent l'émergence d'un système bancaire parallèle (*shadow banking system*) constitué d'un assemblage hétéroclite de prêteurs immobiliers non bancaires, de fonds spéculatifs, de maisons de titres, de fonds du marché monétaire et d'autres établissements qui ressemblaient à des banques, agissaient comme des banques, empruntaient et prêtaient comme des banques, étaient en tout point semblables aux banques, mais n'étaient pas soumis à la réglementation bancaire.

Ce même chapitre introduit la notion d'aléa moral, selon laquelle les acteurs du marché prennent des risques excessifs en faisant l'hypothèse qu'ils seront renfloués et indemnisés – en bref, qu'ils n'auront pas à subir les conséquences de leur imprudence. Il analyse également les échecs que connaît depuis longtemps la gouvernance d'entreprise ainsi que le rôle de la puissance publique, bien que nous ne souscrivions pas aux explications usuelles (et contradictoires) selon lesquelles la crise résulterait d'un excès ou d'une insuffisance d'intervention publique. La réalité est beaucoup plus complexe et contre-intuitive : l'intervention publique a joué un rôle, de même que son absence, mais pas nécessairement comme les conservateurs et les libéraux voudraient le faire croire.

Les chapitres suivants sont consacrés à la crise elle-même. Il en existe déjà de nombreux récits, mais presque tous l'ont dépeinte comme un événement singulier et inédit étroitement lié à l'évolution de la finance au XXIe siècle. Le chapitre 4 écarte cette idée naïve en comparant la crise récente à celles qui l'ont précédée. Nous soutenons que les événements de 2008 auraient paru familiers à des observateurs d'il y a cent ou deux cents ans, en raison non seulement de la manière dont ils se sont déroulés mais aussi de la façon dont les banques ont tenté d'enrayer la crise en jouant les prêteurs en dernier ressort. Les caractéristiques de cette crise sont différentes de celles qui l'ont précédée, mais son scénario nous est connu : elle a ainsi illustré le vieil adage selon lequel l'histoire se répète rarement mais rime souvent.

L'histoire confirme que les crises ressemblent à des pandémies : elles commencent par la manifestation d'une maladie qui se répand et rayonne autour de son point d'origine. La crise actuelle a obéi à cette loi, même si le fait qu'elle ait trouvé son origine dans les centres financiers de l'économie mondiale plutôt que sur des marchés émergents situés à sa périphérie l'a rendue particulièrement virulente. Le chapitre 5 retrace la manière dont la crise s'est diffusée et a frappé des économies aussi diverses que l'Islande, Dubaï, le Japon, la Lettonie, l'Irlande, l'Allemagne ou encore Singapour. Nous sommes en désaccord avec l'opinion communément admise selon laquelle le reste du monde n'aurait fait qu'attraper une maladie apparue aux États-Unis. Il n'en est rien : les faiblesses qui affectaient le système financier des États-Unis étaient répandues dans le monde entier, et elles étaient parfois pires. C'est pourquoi les effets de la pandémie n'ont pas été les mêmes partout : seuls les pays dont les systèmes financiers présentaient des défauts similaires ont été touchés.

Tandis que d'autres livres consacrés à la crise financière se concentrent largement ou exclusivement sur le cas des États-Unis, le nôtre la considère comme une crise du capitalisme du XXIe siècle. En mettant en lumière sa dimension internationale, parfois surprenante, le chapitre 5 dit quelques vérités sur la finance mondiale, la macroéconomie internationale et les conséquences internationales des politiques monétaires et budgétaires nationales. La crise a beaucoup à nous apprendre du fonctionnement de l'économie mondiale, en temps normal et lors de périodes exceptionnelles.

Toutes les crises ont une fin, et celle-ci ne fait pas exception à la règle. Elle produira malheureusement des conséquences néfastes pendant des années encore, voire des décennies. Le chapitre 6 montre pourquoi, et explique pourquoi les menaces de déflation et de dépression restent présentes. Par le passé, les banquiers centraux ont utilisé la politique monétaire pour endiguer les crises ; ils ont procédé de la même manière pour celle qui nous intéresse. Mais de nombreuses crises financières ont obligé les banquiers centraux à innover sans avoir de recul, et la crise récente n'a pas fait exception. Ces mesures d'urgence peuvent donner des résultats ; malheureusement, comme tout remède qui n'a pas été testé, elles peuvent finir par empoisonner le malade.

C'est aussi le cas des politiques budgétaires. Le chapitre 7 montre comment les responsables publics ont utilisé le pouvoir de taxer et de dépenser afin d'enrayer la progression de la crise. Certaines de ces tactiques ont été élaborées par Keynes ; d'autres, plus nombreuses, constituent une intervention dans l'économie d'une ampleur inédite. Ce chapitre fait le point sur les conséquences des mesures les plus radicales, et notamment sur les risques dont elles sont porteuses.

Le niveau d'intervention nécessaire pour stabiliser le système pose la question de la soutenabilité du capitalisme libéral : les gouvernements pourraient finir par jouer un rôle direct et indirect beaucoup plus important dans l'économie d'après la crise, à travers notamment un accroissement de la réglementation et de la surveillance. Les chapitres 8 et 9 proposent une nouvelle architecture financière qui apporterait davantage de transparence et de stabilité aux établissements financiers. Les réformes de long terme nécessaires pour stabiliser le système financier international incluent une plus grande coordination des banques centrales, une réglementation plus contraignante et une meilleure surveillance des banques commerciales comme des banques d'investissement, des compagnies d'assurance et des fonds spéculatifs, des mesures destinées à contrôler les risques pris par les établissements financiers trop importants pour qu'on les laisse faire faillite (*too big to fail*), l'accroissement du capital des établissements financiers et des liquidités dont ils disposent, ainsi que des mesures destinées à réduire l'aléa moral et les coûts budgétaires liés au sauvetage des établissements financiers. Ces chapitres s'attaquent également à la question très controversée du rôle que devraient jouer les banques centrales pour contrôler les bulles d'actifs et les faire dégonfler.

Le chapitre 10 aborde les problèmes posés par les graves déséquilibres de l'économie mondiale et présente les réformes du système monétaire et financier international qui pourraient permettre la prévention de crises futures. Pourquoi tant d'économies émergentes ont-elles souffert de crises financières au cours des vingt dernières années ? Pourquoi les États-Unis ont-ils enregistré des déficits massifs de leurs paiements courants alors que l'Allemagne, le Japon, la Chine et une foule d'économies émergentes ont dégagé des excédents ? Les déséquilibres des paiements courants, qui sont au nombre des facteurs explicatifs de la crise financière, seront-ils résorbés de façon ordonnée ou non ? Le dollar américain pourrait-il s'effondrer et, si tel était le cas, comment serait-il remplacé dans son rôle de monnaie de réserve ? Quel rôle pourrait jouer un Fonds monétaire international rénové dans la réduction des distorsions monétaires et la gestion des crises financières ? Le FMI devrait-il devenir un véritable prêteur en dernier ressort ?

Cette partie du livre admet un fait : la capacité des États-Unis à dicter les termes de ces réformes est limitée, et celle du G7 l'est davantage encore. La réforme de la gouvernance économique mondiale sera orchestrée par un plus grand nombre de parties prenantes : le Brésil, l'Inde, la Chine, la Russie, ainsi que les autres pays membres d'un G20 en pleine ascension. Ces nations à l'influence grandissante joueront un rôle de premier plan dans la gestion des crises futures, tout comme un grand nombre d'autres acteurs et d'institutions de la sphère financière tels les fonds souverains, les places financières *offshore* et les unions monétaires internationales.

La dernière partie de ce livre, intitulée « Perspectives », donne un aperçu sans concession des dangers qui menacent l'économie mondiale. La crise qui a provoqué la Grande Récession est peut-être derrière nous, mais les pièges et les risques potentiels restent proches. Quels seront les déterminants de la volatilité future de l'économie mondiale et de son système financier ? L'économie mondiale retrouvera-t-elle un rythme de croissance soutenu ou connaîtra-t-elle une longue période de croissance anémique ? La politique monétaire expansionniste adoptée pour faire face à la crise porte-t-elle les germes de nouvelles bulles d'actifs qui finiront par exploser ? Comment le gouvernement des États-Unis et les gouvernements des autres pays géreront-ils la dette publique accumulée pendant la crise ? Les pouvoirs publics auront-ils recours à une inflation élevée pour réduire la valeur réelle de la dette publique et privée, ou la déflation créera-t-elle des dangers plus grands ? Quel sera l'avenir de la mondialisation et des économies de marché ? La balance oscillera-t-elle vers une plus grande intervention des pouvoirs publics dans l'économie et la sphère financière, et quelles seront les conséquences d'un tel changement ? Alors que de nombreux commentateurs s'attendent à ce que l'avenir appartienne à la Chine et que les États-Unis entament un long déclin, nous présentons différents scénarios dans lesquels les économies développées comme les économies émergentes survivront et prospéreront – ou s'enfonceront dans les difficultés avant de s'effondrer.

Les derniers chapitres de ce livre s'attaquent à plusieurs questions ouvertes. La mondialisation exercera-t-elle un effet sur la probabilité qu'éclatent de nouvelles crises ? Comment résorberons-nous les déséquilibres internationaux qui ont contribué à provoquer la crise récente ? Comment, en d'autres termes, réformerons-nous le capitalisme mondial ? Là encore, nous pourrons nous appuyer sur les leçons du passé. Après tout, nous avons déjà parcouru ce chemin plusieurs fois. En 1933, Keynes déclarait que « le capitalisme international et néanmoins individualiste, décadent mais dominant depuis la fin de la guerre, n'est pas une réussite. Il n'est ni intelligent, ni beau, ni juste, ni vertueux, et il ne tient pas ses promesses. Mais quand nous nous demandons par quoi le remplacer, nous sommes extrêmement perplexes ».

Cette perplexité a fini par être dissipée, et elle le sera à nouveau. Ce livre s'efforce de contribuer à cette réflexion et d'indiquer comment réformer un capitalisme qui a produit des crises récurrentes au lieu de tenir ses promesses. En effet, bien que les réformes destinées à accroître le rôle du marché aient permis d'arracher de nombreuses économies émergentes au sous-développement et à une pauvreté endémique, la fréquence et la virulence des crises économiques et financières ont crû dans les économies émergentes et dans les économies industrialisées. Nous avons essayé de montrer comment nous sommes parvenus à cette situation désastreuse, mais aussi comment nous pouvons en sortir et ne plus la revivre.

1. Le cygne blanc

Quand la phase d'expansion a-t-elle débuté ? Peut-être avec la manie de parier sur l'immobilier, quand des apprentis spéculateurs commencèrent à acheter des parcelles de lotissements comme des actions, doublant ou triplant leurs profits en quelques semaines si ce n'est en quelques jours. Ou bien lorsque l'attrait d'une nouvelle économie fondée sur de nouvelles technologies et de nouvelles industries incita des gens ordinaires à jouer à Wall Street les économies de toute une vie.

Loin de chercher à freiner ces tentatives d'enrichissement rapide, les politiciens et les responsables publics les encouragèrent. Le président des États-Unis lui-même affirma que le gouvernement ne devait pas gêner la marche des affaires, et la Réserve fédérale ne fit pas grand-chose pour enrayer la vague spéculative. L'innovation et l'expérimentation financières furent saluées pour leurs formidables contributions à la croissance économique, et des établissements financiers d'un type nouveau se mirent à vendre des valeurs à la composition opaque à des investisseurs inexpérimentés ainsi qu'à accorder d'importantes lignes de crédit à des millions d'emprunteurs.

Parvenue à un certain point, cette phase d'expansion se transforma en bulle. Des banques les plus en vue aux simples consommateurs, tout le monde s'endetta jusqu'à la gueule et fit le pari, douteux mais irrésistible, que les prix ne pourraient qu'augmenter. La plupart des économistes leur accordèrent leur bénédiction et rappelèrent que mieux valait ne pas intervenir dans le fonctionnement du marché. La poignée de dissidents qui mirent en garde contre la crise à venir furent raillés, voire ignorés.

Et la crise éclata. Tandis que ses effets résonnaient dans les canyons de Wall Street, de vénérables institutions chancelèrent sous les coups de créanciers apeurés. Lorsque la tempête parut faiblir, certains déclarèrent que le pire était passé, mais la situation ne fit qu'empirer. Les établissements financiers glissèrent vers l'abîme, et bien que quelques banques d'affaires – parmi lesquelles Goldman Sachs – aient réussi à échapper à la catastrophe, d'autres s'effondrèrent en l'espace d'une nuit. Les lignes de crédit s'évaporèrent et la mécanique sophistiquée de prêts et d'emprunts qui se trouvait au cœur du système financier s'enraya, laissant des entreprises solvables batailler pour refinancer leurs dettes.

Tandis que le marché boursier s'effondrait, le nombre des saisies augmenta, les entreprises firent faillite et les consommateurs cessèrent de dépenser. De longues chaînes de Ponzi furent mises au jour, de même que la fraude et la collusion qui gangrenaient le système financier. Le mal apparu aux États-Unis s'était diffusé au reste du monde et les marchés boursiers, les banques et les fonds d'investissement étrangers chutèrent à leur tour. Le chômage monta en flèche, la production industrielle marqua le pas, et la baisse des prix ranima le spectre de la déflation. C'était la fin d'une époque.

Ce que nous venons de décrire ne s'est pas produit voilà quelques années mais il y a quatre-vingts ans, à la veille de la Grande Dépression. Naguère comme aujourd'hui, la combinaison de mouvements spéculatifs sur les actifs immobiliers et les actions, d'une réglementation financière minimale et d'une multitude d'innovations financières provoqua l'apparition d'une bulle qui, lorsqu'elle explosa, prépara le terrain à un quasi-écroulement du système financier à Wall Street, à un ralentissement économique brutal dans Main Street, et à une récession mondiale. Le fait que la crise récente présente tant de points de comparaison avec la catastrophe qui se déroula voilà des décennies n'est pas le fruit du hasard : les forces qui donnèrent naissance à la Grande Dépression étaient à l'œuvre lors des années précédant notre Grande Récession.

Le climat d'euphorie, les pyramides d'effets de levier, les innovations financières, les bulles sur les prix des actifs, les paniques, les courses aux guichets des banques et d'autres établissements financiers sont communs non seulement à ces deux épisodes, mais aussi à bien d'autres désastres financiers. Il suffit de changer quelques détails au récit qui précède pour se trouver plongé dans celui de la South Sea Bubble de 1720, de la crise financière mondiale de 1825, de l'expansion et de la récession qui précédèrent la Décennie Perdue japonaise (1991-2000), de la crise des caisses d'épargne américaines, ou de douzaines de crises qui frappèrent les marchés émergents dans les années 1980 et 1990.

Dans l'histoire du capitalisme moderne, les crises sont la norme, non l'exception. Cela ne signifie pas que toutes les crises soient identiques. Loin de là : les détails varient d'un désastre à l'autre, et les crises peuvent trouver leur origine dans différents types de problèmes apparus dans divers secteurs de l'économie. Une crise peut parfois naître de l'endettement excessif des ménages ; dans d'autres cas, ce sont les établissements financiers, les entreprises, voire les gouvernements qui sont à blâmer. Les dommages collatéraux produits par les crises varient par ailleurs grandement : ils sont fonction de l'échelle et de la pertinence des interventions publiques. Lorsque les crises prennent une dimension mondiale, ce qui est souvent le cas des plus graves d'entre elles, leur impact dépend largement du caractère coopératif ou non coopératif de la réponse internationale.

Les enjeux ne pourraient guère être plus importants. Quand elles sont mal gérées, les crises provoquent des dégâts considérables : elles balaient des secteurs d'activité entiers, détruisent de la richesse et des emplois, et pèsent lourdement sur les finances publiques. Elles ont fait tomber des gouvernements, ont conduit des nations au bord de la faillite, et ont poussé des pays à s'engager dans des cycles de représailles commerciales. Les crises ont pavé le chemin des guerres, telle la Grande Dépression qui ouvrit la voie à la Seconde Guerre mondiale. Il n'est pas possible de les ignorer.

Des êtres d'habitudes

Au début de l'année 2007, alors que les premiers signes d'une vaste crise du logement et du crédit hypothécaire venaient d'apparaître aux États-Unis, la réaction initiale fut constituée d'un mélange d'incrédulité et de déni. En mars, le président de la Réserve fédérale, Ben Bernanke, déclara devant le Congrès américain que, « dans les circonstances actuelles, l'impact des problèmes du marché du crédit hypothécaire sur l'économie dans son ensemble ainsi que sur les marchés financiers semble être réduit ». L'été suivant, Henry Paulson, alors secrétaire au Trésor, repoussa la crainte d'un effondrement du marché du crédit hypothécaire : « Je ne pense pas que l'ensemble de l'économie soit menacé. »

Même après l'explosion de la crise, ce refus de regarder les choses en face persista. En mai 2008, après l'effondrement de Bear Stearns, Paulson émit une opinion assez peu convaincante : « J'espère qu'à l'avenir les marchés financiers s'orienteront moins en fonction de la récente tempête que des conditions d'ensemble de l'économie et, plus particulièrement, du rétablissement du secteur immobilier. » Ce même été vit l'effondrement de géants du crédit immobilier comme Fannie Mae et Freddie Mac. Mais en dépit de tout cela, beaucoup restèrent optimistes.

Les cris d'encouragement les plus éhontés furent sans doute poussés par Donald Luskin, un observateur des marchés qui en était également devenu l'un des gourous. Le 14 septembre 2008, il publia dans le *Washington Post* un article annonçant le prompt rétablissement de l'économie. « Il est certain, concéda-t-il, qu'il y a des zones de turbulence dans l'économie ; la prise de contrôle par le gouvernement de Fannie Mae et Freddie Mac et l'inquiétude qui entoure Lehman Brothers le montrent amplement. Et les chiffres du chômage sont un peu trop élevés. » Mais « rien de tout cela ne saurait provoquer une dépression – ou justifier des comparaisons avec la Grande Dépression... Tous ceux qui prétendent que l'économie traverse une récession ou qu'elle est sur le point d'y entrer – surtout si elle est supposée être la plus grave depuis la Grande Dépression – ne font rien d'autre que forger leur propre définition de la notion de récession ». Le lendemain, Lehman Brothers s'effondra, la panique prit une dimension globale, le système financier international s'arrêta de fonctionner et, pendant deux trimestres, l'économie mondiale connut une plongée similaire à celle de la Grande Dépression.

Lorsqu'il devint évident que la crise était réelle, de nombreux commentateurs tentèrent de comprendre ce désastre. Beaucoup de gens évoquèrent le concept de « cygne noir » forgé par Nassim Nicholas Taleb pour tenter de l'expliquer. Taleb, dont le livre était sorti juste avant le début de la crise, nomme « cygne noir » un événement changeant la donne qui est à la fois extraordinairement rare et à peu près impossible à prévoir. Selon cette définition, la crise financière serait un phénomène exceptionnel. Personne n'aurait pu la voir venir.

D'une façon perverse, cette idée est réconfortante. Si les crises sont comparables aux accidents d'avion – horribles, mais hautement improbables et impossibles à prévoir –, il ne sert à rien de s'en inquiéter. Mais le récent désastre n'était pas un phénomène exceptionnel. Il était probable. Il était même prévisible, parce que les crises financières suivent généralement le même scénario. Les faiblesses classiques du système économique et financier apparaissent et finissent par atteindre un point de rupture. Bien qu'elles provoquent le chaos, les crises sont des êtres d'habitudes.

La plupart des crises commencent par une bulle dans laquelle le prix d'un actif particulier s'élève bien au-delà de sa valeur fondamentale. Comme les investisseurs empruntent pour financer l'achat de cet actif, ce type de bulle s'accompagne fréquemment d'une accumulation excessive de dette. Ce n'est pas par hasard que les bulles d'actifs sont souvent associées à une croissance rapide de l'offre de crédit. Ce pourrait être la conséquence d'une surveillance et d'une régulation insuffisantes du système financier, ou même d'une politique monétaire trop expansionniste.

Dans d'autres cas, les bulles d'actifs se développent avant que l'offre de crédit n'augmente parce que l'espérance de hausses de prix futures est suffisamment forte pour provoquer une élévation autoréalisatrice du prix de l'actif concerné. Une avancée technologique majeure – l'invention des chemins de fer ou l'apparition d'Internet, par exemple – peut nourrir l'espérance d'un nouveau monde caractérisé par une croissance élevée et déclencher la formation d'une bulle. Aucune nouvelle technologie ne permet d'expliquer la crise récente, bien que les valeurs complexes fabriquées dans les laboratoires financiers de Wall Street aient joué un rôle.

Mais cela non plus ne serait pas nouveau. Même si elles trouvent leur origine dans des évolutions technologiques réelles, de nombreuses bulles se renforcent grâce aux changements de structure du système financier. Lors des siècles écoulés, certains des cycles expansion-récession parmi les plus destructeurs ont été étroitement liés à l'innovation financière ainsi qu'à la création d'instruments et d'établissements novateurs : de nouvelles formes de crédit ou de dette, ou même des banques d'un type nouveau, donnant aux investisseurs des moyens supplémentaires de participer au gonflement d'une bulle spéculative.

Quelle que soit la manière dont la phase d'expansion commence ou la façon dont les investisseurs y prennent part, un actif donné devient l'objet d'un vif intérêt. Ce pourrait être n'importe quoi, mais les actions, le logement et les biens immobiliers sont les plus fréquemment concernés. Lorsque le prix de l'actif atteint des sommets, les optimistes tentent fébrilement de justifier cette surévaluation. Quand on leur remet en mémoire les récessions antérieures, ils répondent que « cette fois-ci, c'est différent ». Des hommes et des femmes généralement avisés affirment – et croient – que l'économie est entrée dans une phase dans laquelle les règles du passé ne s'appliquent plus. La récente bulle immobilière américaine suivit ce scénario avec une grande fidélité : l'immobilier passait pour un « investissement sûr » qui « ne perdait jamais sa valeur » parce que « les prix de l'immobilier ne baissent jamais ». On dit la même chose des produits financiers complexes construits à partir de milliers de prêts hypothécaires.

Après de tels débuts, les désastres financiers suivent un chemin prévisible. À mesure que le crédit devient de moins en moins cher et de plus en plus abondant, l'actif convoité devient plus aisé à acquérir. La demande croît et dépasse l'offre ; en conséquence, les prix augmentent. Mais ce n'est que le commencement. Parce que les actifs au cœur de la bulle peuvent servir de collatéral, et parce que la valeur du collatéral augmente, un spéculateur pourra emprunter chaque jour davantage. En un mot, les emprunteurs tentent de faire jouer l'effet de levier.

Ce modèle fut à l'œuvre aux États-Unis à partir de l'an 2000 : parce que la valeur des maisons s'accroissait de façon marquée alors que les salaires stagnaient, les ménages utilisèrent leur logement comme collatéral pour emprunter davantage, généralement sous forme de prêts sur capital immobilier ou d'extraction de liquidité du capital immobilier par un prêt hypothécaire : les gens firent de leur logement un distributeur de billets. Tandis que les prix de l'immobilier grimpaient, les emprunteurs pouvaient emprunter davantage encore en utilisant ce qu'ils avaient acquis – les embellissements apportés à leur logement, voire leur résidence secondaire – comme collatéral additionnel. Au quatrième trimestre 2005, les prêts sur capitaux immobiliers crûrent d'un billion de dollars en valeur annualisée, autorisant des millions de ménages à vivre bien au-delà de leurs moyens. Au même moment, le taux d'épargne des ménages tomba à zéro avant de s'aventurer dans des zones négatives pour la première fois depuis la Grande Dépression. Bien qu'elle fût insoutenable, cette consommation financée par endettement eut des effets économiques réels : les ménages et les entreprises qui achetaient des biens et des services nourrissaient la croissance économique.

Une telle dynamique crée un cercle vicieux. Lorsque l'économie croît, les revenus augmentent et les entreprises enregistrent des profits supérieurs. L'inquiétude relative au risque chute à des niveaux record, le coût des emprunts diminue, les ménages et les entreprises empruntent et dépensent davantage et toujours plus tranquillement. Parvenue à ce point, la bulle n'est pas un simple état d'esprit : c'est une force de changement économique qui tire la croissance et garantit des opérations de plus en plus risquées, comme la construction de lotissements dans le désert.

Dans un cycle expansion-récession typique, les gens continuent à dire que « cette fois-ci, c'est différent » et à affirmer que la phase d'expansion sera illimitée bien que tous les éléments caractéristiques d'une folie spéculative soient en place : l'« exubérance irrationnelle » et des preuves de plus en plus abondantes de comportements imprudents, voire frauduleux. Les propriétaires de logements américains adoptèrent ainsi avec enthousiasme la fiction selon laquelle les prix des logements pourraient éternellement augmenter de 20 % par an ; ils continuèrent à emprunter sur la base de cette croyance. Une semblable euphorie régnait dans le système bancaire parallèle constitué de fonds spéculatifs, de banques d'investissement, de compagnies d'assurances, de fonds du marché monétaire et d'autres établissements détenant des actifs qui s'appréciaient à mesure que les prix des logements augmentaient.

À un certain point, la bulle cesse de gonfler, typiquement lorsque l'offre de l'actif concerné dépasse la demande. La certitude que les prix poursuivront leur hausse s'évanouit, et il devient plus difficile d'emprunter. Tout comme un feu a besoin d'oxygène, une bulle a besoin d'effet de levier et d'argent facile ; quand ils disparaissent, les prix entament leur chute et l'« effet de levier inverse » se déclenche. Ce processus débuta aux États-Unis lorsque l'offre de nouveaux logements excéda la demande. Le nombre trop important de logements construits durant la phase d'expansion se heurta à une demande réduite lorsque la hausse des prix ainsi que des taux appliqués au crédit hypothécaire dissuada les acheteurs de s'aventurer sur ce marché.

Le passage de l'expansion à la récession est tout aussi prévisible. La chute de la valeur de l'actif sur lequel s'est formée la bulle finit par provoquer des « appels de marges » : les emprunteurs doivent apporter plus de liquidités ou de garanties pour compenser la chute des prix. Ceci peut contraindre les emprunteurs à brader certains de leurs actifs. L'offre de l'actif concerné dépasse de loin la demande, les prix continuent leur chute et la valeur des garanties restantes plonge, ce qui déclenche de nouveaux appels de marges ainsi que de nouvelles tentatives de réduction de l'exposition au risque. Dans cette course vers la sortie, tout le monde se déplace vers des actifs plus sûrs et plus liquides et évite l'actif au cœur de la bulle. Une panique s'ensuit, et tout comme les prix ont dépassé leur valeur fondamentale pendant la phase de gonflement de la bulle, ils tombent bien en dessous de leur valeur fondamentale durant la récession.

C'est ce qui s'est passé en 2007 et en 2008. Lorsque les propriétaires immobiliers firent défaut sur leur dette, la valeur des titres dérivés de leurs emprunts s'est effondrée et le ralentissement de l'activité a débuté. Les pertes enregistrées par les établissements financiers qui avaient largement usé de l'effet de levier les contraignirent à réduire la voilure et à limiter leur exposition au risque. Comme cela se produit lors de toute récession, les banques surréagirent : elles cessèrent de prêter et provoquèrent une crise de liquidité et un resserrement du crédit dont l'ensemble de l'économie eut à souffrir. Les individus comme les entreprises ne pouvaient plus refinancer leur dette, encore moins acquérir des biens et des services, et l'économie commença à se contracter. Ce qui avait débuté comme une crise financière se diffusa à l'économie réelle et produisit de nombreux dommages collatéraux.

Ces quelques lignes s'efforcent de résumer la crise récente, mais ce pourrait être l'histoire de presque n'importe quelle crise financière. Contrairement à l'opinion communément admise, les crises ne sont pas des cygnes noirs mais des cygnes blancs : le déroulement du cycle expansion-récession est remarquablement prévisible. Fouillez dans le passé récent et vous trouverez des douzaines de crises financières. Beaucoup d'autres sont cachées dans les replis de l'histoire. Certaines frappèrent une seule nation ; d'autres se répandirent de pays en continents et semèrent la désolation à l'échelle du globe. Mais la plupart d'entre elles ont été oubliées ou ne sont considérées que comme les vestiges d'une époque moins éclairée.

L'âge des ténèbres

Les crises financières prennent des formes diverses. Avant l'essor du capitalisme, elles résultaient des malversations des gouvernements. À partir du XIIe siècle, les gouvernements de pays et de royaumes aussi différents que l'Espagne et l'Angleterre dépréciièrent leur monnaie en réduisant la quantité d'or ou d'argent contenue dans les pièces tout en maintenant la fiction selon laquelle ces nouvelles pièces auraient la même valeur que les anciennes. Se défaire d'une partie de sa dette par le jeu de la dépréciation monétaire devint plus aisé encore avec l'apparition de la monnaie-papier : les gouvernements firent marcher la planche à billets. Les Chinois adoptèrent cette pratique dès 1072 ; les Européens leur emboîtèrent le pas beaucoup plus tard, au début du XVIIIe siècle.

Un gouvernement qui devait de l'argent à des créanciers étrangers pouvait se conduire plus honnêtement et faire défaut sur sa dette, comme le fit Edouard III d'Angleterre au milieu du XIVe siècle : en refusant de rembourser les sommes qu'il avait empruntées à des banquiers florentins, il sema le chaos dans les centres commerciaux italiens. Il ne fut pas le seul à se comporter de la sorte : de nombreux autres souverains l'imitèrent. La période débutant au XIVe siècle vit l'Autriche, la France, la Prusse, le Portugal et l'Espagne faire défaut sur leur dette.

Bien qu'importants et déstabilisants, ces épisodes n'étaient que des manifestations d'une crise de confiance en des gouvernements surendettés, non des crises du capitalisme. Mais un nouveau type de crise apparut avec l'émergence des Pays-Bas comme moteur du capitalisme mondial au XVIe et au XVIIe siècle : la bulle d'actif. Dans les années 1630, une « manie des tulipes » s'empara du pays lorsque des spéculateurs poussèrent le prix des bulbes de tulipes rares à des niveaux stratosphériques. En dépit du fait que les historiens continuent à débattre des conséquences de cet accès de fièvre spéculative (et que certains économistes nient qu'il se soit agi d'une bulle au motif que toutes les bulles sont liées à une évolution des fondamentaux), il prépara le terrain pour des bulles plus vastes dont les effets destructeurs ne font aucun doute. L'épisode de la Compagnie du Mississippi fut bien plus abominable. Fondée par John Law, cette entreprise domina l'économie française à la fin des années 1710. En 1719, à son apogée, la compagnie de Law contrôlait plusieurs autres sociétés commerciales, la Monnaie nationale, la banque nationale, toute la dette publique française et, pour faire bonne mesure, une large part du territoire futur des États-Unis.

Ne voulant pas être en reste, les Britanniques attrapèrent le virus de la bulle à peu près à la même époque. En son cœur se trouvait la Compagnie des mers du Sud (*South Sea Company*) qui, à son plus haut, contrôla une bonne partie de la dette publique britannique. La spéculation sur ses parts donna naissance à une manie spéculative touchant toutes sortes d'actions, y compris celles d'entreprises frauduleuses. Après que le prix de l'action de la Compagnie des mers du Sud eut augmenté de 1 000 %, le moment d'expier arriva : le marché des actions s'effondra, laissant l'économie en lambeaux et provoquant la méfiance d'une génération d'investisseurs britanniques à l'égard des marchés financiers. Une crise plus dévastatrice encore frappa la France à la même époque, quand le système de Law s'écroula spectaculairement et, ce faisant, enraya le développement des établissements financiers pour des décennies.

Ces crises figurent dans toutes les histoires des folies spéculatives, des paniques et des krachs. Elles ne déclenchèrent toutefois pas de crise financière mondiale, contrairement à la panique de 1825. Celle-ci débuta en Grande-Bretagne et présenta toutes les caractéristiques d'une crise classique : de l'argent facile (grâce à la Banque d'Angleterre), une bulle d'actifs (sur les actions et les obligations liées aux investissements réalisés sur un marché émergent, le Pérou devenu indépendant), et même une escroquerie (la vente à des investisseurs crédules d'obligations d'une nation fictive, la République des Poyais).

Lorsque la bulle éclata, plusieurs banques et de nombreux établissements non financiers firent faillite en Grande-Bretagne. Ce fut, comme le rappela l'économiste anglais Walter Bagehot, « une période de violence frénétique et à peu près inconcevable ; presque personne ne savait à qui faire confiance : le crédit était quasiment suspendu ; [et] le pays fut… bien près de revenir à l'économie de troc ». Bagehot, qui fut l'un des premiers à défendre l'idée selon laquelle une banque centrale devrait jouer le rôle de prêteur en dernier ressort en cas de panique et de course aux guichets, déplora que « des demandes d'aide [aient] été présentées au Gouvernement, mais… le Gouvernement refusa d'agir ». La crise financière se répandit rapidement au reste de l'Europe ; saisis de panique, les investisseurs retirèrent leurs capitaux d'Amérique latine. En 1828, tous les pays du continent à l'exception du Brésil avaient fait défaut sur leur dette publique. Il fallut trois décennies pour que les flux de capitaux en direction de cette région reviennent à leurs niveaux antérieurs.

La panique de 1857 ne fut pas de moindre portée. La phase d'expansion débuta aux États-Unis et se caractérisa par des mouvements de spéculation sur les esclaves, les chemins de fer, les instruments financiers et la terre. La bulle éclata et les banques new-yorkaises, saisies d'effroi, fermèrent les robinets du crédit et tentèrent de consolider leurs positions – mais en vain : les détenteurs de créances bancaires exigèrent leur remboursement et vidèrent ainsi les réserves d'or et d'argent détenues par les établissements concernés. Un peu plus d'un mois plus tard, la panique atteignit Londres et les réserves de la Banque d'Angleterre furent mises à sec en un rien de temps. Le mouvement s'étendit au reste de l'Europe avant de gagner l'Inde, la Chine, les Caraïbes, l'Afrique du Sud et l'Amérique latine. Tous les pays du monde eurent à souffrir d'une crise qui mit un terme à la plus longue phase d'expansion des temps modernes.

La crise de 1873 a sans doute été la plus spectaculaire du XIXe siècle. Une fois encore, les investisseurs du Royaume-Uni et d'Europe continentale avaient massivement spéculé sur les chemins de fer aux États-Unis et en Amérique latine ainsi que sur d'autres opérations. Les réparations versées par la France à l'Allemagne après la guerre franco-prussienne provoquèrent par ailleurs une flambée des prix de l'immobilier en Allemagne et en Autriche. Lorsque cette phase d'expansion prit fin, les marchés boursiers s'effondrèrent à Vienne, Amsterdam et Zurich, ce qui conduisit les investisseurs européens à liquider leurs investissements outre-mer. Cela accrut la tension sur les États-Unis, qui étaient déjà aux prises avec une bulle spéculative portant sur les titres des compagnies de chemins de fer. Quand le banquier d'investissement Jay Cooke échoua à trouver des acheteurs pour des titres émis afin de financer la construction de la nouvelle ligne de chemin de fer nord-Pacifique, sa banque ainsi que la compagnie firent faillite, ce qui déclencha une vague de panique à Wall Street. Celle-ci atteignit l'Europe ; bientôt, une grande partie du monde s'enfonça dans la dépression et fut victime d'une spirale déflationniste. Un quart des compagnies américaines de chemin de fer succombèrent à la crise, tandis que la montée du chômage et les réductions de salaires provoquèrent des émeutes et des grèves sanglantes. La chute de l'économie mondiale exerça des effets particulièrement pernicieux hors des États-Unis et de l'Europe : elle frappa l'Empire ottoman, la Grèce, la Tunisie, le Honduras et le Paraguay.

Les pages qui précèdent ne présentent qu'un échantillon des crises qui marquèrent le XIXe siècle. Il y en eut beaucoup, beaucoup d'autres : celles de 1819, 1837, 1866 et 1893, pour n'en citer que quelques-unes. Elles avaient toutes des particularités, mais la plupart avaient des traits en commun. Elles débutèrent typiquement dans les économies développées par une crise bancaire éclatant au terme d'une vague de prêts et d'investissements à caractère spéculatif. Alors que l'économie considérée crachotait, les pays de la périphérie qui dépendaient de l'exportation de matières premières furent touchés par le ralentissement. Les recettes publiques chutèrent, ce qui amena certains pays à faire défaut sur la partie de leur dette détenue nationalement, sinon sur celle détenue à l'étranger. Dans certains cas, les pertes réalisées par les investisseurs sur les marchés émergents contribuèrent à nourrir le déclin de l'activité dans les pays développés.

Le début du XXe siècle connut lui aussi son lot de paniques. La crise de 1907 débuta aux États-Unis avec l'arrêt d'une phase d'expansion spéculative fondée sur les actions et l'immobilier. Des compagnies fiduciaires – des banques commerciales faiblement régulées unies par des chaînes de propriété complexes – souffrirent d'une ruée sur leurs réserves, et la panique se répandit dans tout le pays. Le marché des actions s'effondra : lorsque la crise devint hors de contrôle, le banquier le plus puissant du pays, J. P. Morgan, convoqua la fine fleur des banquiers new-yorkais à une série de réunions d'urgence afin d'enrayer la panique bancaire. Lors du premier week-end de novembre, Morgan se livra à un coup de force devenu célèbre : quand les banquiers qu'il recevait dans sa bibliothèque personnelle refusèrent de venir en aide les uns aux autres, il les enferma et mit la clé dans sa poche. Les banquiers finirent par trouver un accord et la crise fut rapidement enrayée. Le mérite en fut attribué à Morgan, mais les événements de 1907 montrèrent la nécessité de créer une banque centrale capable de jouer le rôle de prêteur en dernier ressort. La Réserve fédérale naquit six ans plus tard.

Une banque centrale comme la Réserve fédérale peut théoriquement servir de rempart contre les crises financières. Mais pendant le krach de 1929, alors que la crise devenait hors de contrôle, la Réserve fédérale ne fit rien. Plutôt que de mener une politique monétaire expansionniste, elle serra la bride – et la situation empira. La forte contraction de l'offre de monnaie entre 1929 et 1933 provoqua une sévère crise de liquidité et un resserrement du crédit qui transformèrent la chute du marché boursier en crise bancaire et, finalement, en dépression.

La réaction du gouvernement fédéral ne fut guère plus appropriée. Andrew Mellon, qui était le secrétaire au Trésor de Herbert Hoover, croyait en la nécessité d'une purge. Hoover décrivit Mellon comme un partisan du « laissez-faire les liquidateurs » (*leave-it-alone liquidationists*) sans pitié pour ceux que la crise avait frappés. « Liquidez le travail, liquidez les actions, liquidez les paysans, liquidez l'immobilier » : voici ce que Mellon aurait recommandé de faire. Mellon croyait que la panique financière « purgera[it] le système de sa mauvaise graisse. Le coût de la vie et le niveau de vie baisseront. Les gens travailleront plus dur et vivront une vie plus morale ».

Peut-être. Mais de 1929 à 1933, les États-Unis connurent la pire dépression de leur histoire. Le taux de chômage passa de 3,2 % à 24,9 % ; plus de neuf mille banques suspendirent leurs opérations ou fermèrent leurs portes ; et à l'époque où Franklin Delano Roosevelt arriva au pouvoir, un vaste pan du système financier américain s'était effondré, comme d'ailleurs ceux de plusieurs autres pays. Beaucoup d'entre eux connurent également une hausse du chômage et un déclin de l'activité économique. Les guerres monétaires menèrent aux guerres commerciales. Aux États-Unis, l'adoption du tarif Smoot-Hawley provoqua une remontée des droits de douane à travers le monde et contribua à l'arrêt du commerce international. De nombreux pays européens dévaluèrent leur monnaie, érodèrent leur dette en laissant filer l'inflation et finirent même par faire défaut ; c'est ainsi qu'en Allemagne, la crise facilita l'avènement de Hitler et le déclenchement de la pire guerre de l'histoire.

En dépit de ses horribles conséquences, la Seconde Guerre mondiale autorisa une transformation d'ensemble du système financier mondial. En 1944, alors que la guerre approchait de sa fin, des économistes et des responsables publics des pays alliés se réunirent à Bretton Woods, dans le New Hampshire, afin de façonner un nouvel ordre économique mondial. Leurs débats donnèrent naissance au Fonds monétaire international, à l'ancêtre de la Banque mondiale ainsi qu'à un nouveau régime de change connu sous le nom de système de Bretton Woods ou *dollar exchange standard*. Dans ce système, la monnaie de chaque pays avait une parité fixe avec le dollar. Les pays étrangers détenant des dollars avaient la possibilité d'en demander le remboursement en or au prix de 35 dollars l'once. Le dollar devint de fait la monnaie de réserve internationale ; seuls les États-Unis continuèrent de bénéficier du *gold standard* dans leurs échanges avec les pays tiers. L'adoption de ce nouveau régime de change marqua l'avènement d'une remarquable – et extraordinaire au regard des crises survenues lors des siècles antérieurs – ère de stabilité financière, une *pax moneta* fondée sur le dollar ainsi que sur le pouvoir militaire et économique des États-Unis, alors en pleine ascension. Cette stabilité reposait aussi sur la mise en œuvre de garanties de dépôts destinées à prévenir les paniques bancaires, d'une stricte réglementation du système financier incluant aux États-Unis la séparation des banques de dépôts et des banques d'investissement, et de contrôles des mouvements de capitaux permettant de réduire la volatilité des changes. L'ensemble de ces restrictions, nationales et internationales, prévint les excès de la sphère financière et plaça les bulles sous contrôle durant plus d'un quart de siècle.

Toutes les bonnes choses ont une fin, et les années d'après-guerre ne firent pas exception à la règle : le système de Bretton Woods se disloqua en 1971 lorsque les États-Unis balayèrent les derniers vestiges du *gold standard*. Pour quelle raison ? Les déficits jumeaux américains, c'est-à-dire le déficit budgétaire et le déficit de la balance des paiements courants (que nous évoquerons au chapitre 10), qui avaient crû sous l'effet de la guerre du Vietnam, se traduisirent par une accumulation devenue insoutenable de réserves en dollars par les créanciers des États-Unis, au premier rang desquels les pays d'Europe de l'Ouest et le Japon. Ces créanciers comprirent en effet que les États-Unis ne détenaient pas suffisamment d'or pour garantir les dollars en circulation. Lorsque cela se produisit, le système de Bretton Woods s'effondra, le dollar se déprécia et le monde se dirigea vers un régime de change flexible.

Cette évolution libéra les autorités monétaires qui, débarrassées des contraintes d'un régime de change fixe, pouvaient désormais émettre autant de monnaie qu'elles le souhaitaient. La hausse de l'inflation et des prix des matières premières qui en résulta débuta avant même que l'embargo dû à la guerre du Kippour ne provoque le quadruplement du prix du pétrole. Une combinaison mortelle d'inflation élevée et de récession, connue sous le nom de stagflation, suivit les deux chocs pétroliers de 1973 et 1979 (le second fut déclenché par la révolution iranienne) ainsi que la réponse monétaire inappropriée qui leur fut faite. Il fallut attendre l'entrée en fonctions d'un nouveau président de la Réserve fédérale, Paul Volcker, pour que l'ordre soit rétabli : il porta les taux d'intérêt à des niveaux très élevés, ce qui provoqua une deuxième phase de récession au début des années 1980. Quoique brutale, cette thérapie de choc produisit des résultats : elle enraya l'inflation et ouvrit la voie à une décennie de croissance.

Mais chaque médaille a son revers : les politiques mises en œuvre par Volcker contribuèrent au déclenchement de la crise de la dette latino-américaine des années 1980. Dans les années 1970, de nombreux pays d'Amérique latine s'engagèrent dans des projets massifs de développement économique financés au moyen de capitaux étrangers. Les déficits budgétaires et les déficits des paiements courants qui en résultèrent furent financés par des prêts accordés par des banques américaines et européennes. Les taux d'intérêt exigés pour ces prêts étaient liés à un taux de référence du marché monétaire, le *London Interbank Offered Rate* (LIBOR). Quand Volcker remonta les taux d'intérêt, le LIBOR suivit le même mouvement, ce qui mit les pays d'Amérique latine dans l'impossibilité de rembourser les intérêts de leur dette. Pis encore : la valeur réelle de ces dettes augmenta à mesure que les monnaies des pays concernés se dépréciérent.

De nombreux gouvernements firent défaut sur leur dette. En 1982, le défaut de paiement du Mexique provoqua un effondrement de l'économie qui conduisit à la nationalisation du système bancaire et à une récession foudroyante. Le Brésil, l'Argentine et d'autres pays d'Amérique latine en firent autant. Ce processus rappelle des crises antérieures lors desquelles des événements survenus dans les économies les plus puissantes du monde exercèrent un impact sur des pays moins développés.

La crise de la dette latino-américaine eut de lourdes conséquences : l'ensemble de la région souffrit d'une croissance minorée, d'une instabilité politique et d'un grave malaise social. Ce n'est qu'à la fin des années 1980 qu'elle amorça son rétablissement, lorsque la valeur faciale des prêts consentis fut réduite et qu'ils furent transformés en obligations (les « obligations Brady »). De nombreuses banques américaines et européennes luttèrent pour se remettre de cette crise et bénéficièrent d'un soutien international coordonné par les États-Unis et le FMI.

La Pas-Si-Grande Modération

Au milieu des années 1980, alors que Volcker avait vaincu l'inflation, les banques centrales du monde entier réaffirmèrent leur détermination à contenir la hausse générale du niveau des prix. À la même époque, le cycle des affaires des pays industrialisés perdit de sa volatilité : les phases de récession produisaient moins de dommages et les phases d'expansion duraient plus longtemps. Aux États-Unis, les flirts avec le désastre et la crise financière, illustrés notamment par l'effondrement du marché boursier en 1987, n'évoluaient pas vers quelque chose de plus destructeur : le krach de 1987 ne provoqua pas de récession ; la récession de 1990-1991 ne dura quant à elle que huit mois, et son impact fut relativement restreint. La Grande Modération était née : une ère de faible inflation, de croissance élevée et de récessions en demi-teinte.

Les causes profondes de la Grande Modération demeurent mystérieuses. Certains économistes affirmèrent que le climat des affaires, la déréglementation financière et l'innovation technologique avaient créé un système économique plus flexible et adaptable, mieux à même de faire face aux hauts et aux bas du cycle. D'autres suggérèrent que l'approfondissement de la mondialisation et des échanges internationaux, ainsi que l'essor de la Chine et d'autres économies émergentes produisant des biens toujours moins chers, tiendraient l'inflation en échec même si le rythme de la croissance mondiale s'accélérait. D'autres encore soulignèrent que le déclin du syndicalisme permettrait de maintenir la croissance des salaires en ligne avec la productivité.

Certains attribuèrent la Grande Modération à la politique monétaire. Dans un discours prononcé en 2004, Ben Bernanke soutint cette thèse avec force ; il se déclara « optimiste pour le futur » et remarqua qu'une seule économie avancée ne présentait pas cette combinaison tant célébrée de stabilité financière et de récessions de faible ampleur : il s'agissait du Japon, qui souffrait d'un « ensemble distinctif de problèmes économiques ».

C'était une litote. Dans les années 1980, une vague spéculative d'une ampleur inédite s'empara du Japon ; elle portait sur les actions et l'immobilier. Les responsables de la formation de la bulle furent les suspects habituels. Généreusement fourni par la Banque du Japon, l'argent facile maintint les taux d'intérêt à un faible niveau ; la banque centrale ne les releva qu'à la toute fin de la phase d'expansion. L'innovation financière et la déréglementation permirent aux banques de sortir de leur domaine de compétence traditionnel et de distribuer massivement des prêts immobiliers. À cela s'ajoutait l'euphorie habituelle, la croyance selon laquelle les prix ne pourraient que monter. L'indice du marché boursier domestique, le Nikkei, passa d'environ 10 000 à près de 40 000, et les prix des actifs immobiliers suivirent une trajectoire similaire : les prix de l'immobilier résidentiel doublèrent presque à la fin des années 1980, et les prix de l'immobilier commercial triplèrent. Au plus fort de la bulle, les terrains situés sous le Palais impérial de Tokyo et immédiatement autour – quelques centaines d'acres en tout – atteignirent selon certaines estimations une valeur de marché équivalente à celle de tous les actifs immobiliers de Californie.

Le marché se stabilisa vers la fin de l'année 1989 ; et lorsque la Banque du Japon commença à relever ses taux pour mettre un terme à la spéculation, la bulle éclata. Après un premier krach du marché boursier, l'économie entama un lent déclin : le prix des actions ainsi que la valeur des terrains se mirent à déraper. Les années 1990 portent un nom au Japon : *ushinawareta jūnen*, la Décennie Perdue. Pendant plus de dix ans, l'économie japonaise flirta avec la récession sans jamais retrouver son rythme de croissance antérieur de 4 % : le taux de croissance annuel moyen ne dépassa pas 1 %. Bien que beaucoup de sociétés et de banques aient été effectivement insolvables, les régulateurs fermaient les yeux lorsqu'elles dissimulaient l'étendue de leurs pertes au moyen de pratiques comptables créatives, voire frauduleuses. L'incapacité à engager des restructurations agressives autorisa des banques et des entreprises zombies à rester en vie. La fermeture de certaines banques, les vagues de regroupements dans le secteur bancaire et la recapitalisation de divers établissements financiers à la fin des années 1990 contribuèrent à résoudre un certain nombre de problèmes. Mais les prix des terrains et des actions ne se rétablirent jamais.

Dans son discours de 2004, Bernanke avait soutenu que le Japon n'était pas la norme mais l'exception. Était-ce le cas ? Une crise financière submergea la Norvège à la fin des années 1980 et persista jusqu'au début des années 1990. À cette époque, un vaste pan des systèmes bancaires finlandais et suédois s'effondra sous l'effet de la diminution de la demande russe pour les biens scandinaves provoquée par la chute du mur de Berlin. Aux États-Unis, à la fin des années 1980 et au début des années 1990, les caisses d'épargne furent confrontées à une diminution de la demande due au dégonflement de la bulle immobilière. Plus de mille six cents banques finirent par fermer leurs portes ; et bien que cette crise bancaire ait été infiniment moins grave que la récente crise financière, elle n'en produisit pas moins un resserrement du crédit, une récession douloureuse en 1990-1991, et des coûts budgétaires voisins de 200 milliards de dollars (en dollars de 2009).

Tandis que les années 1990 voyaient la volatilité de l'économie américaine se réduire, les pays d'Amérique latine et d'Asie subirent un certain nombre de crises paralysantes centrées sur des mouvements spéculatifs et des accumulations de dettes dans divers secteurs d'activité. Après la résolution de la crise de la dette latino-américaine des années 1980, les investisseurs qui revinrent dans la région s'y brûlèrent à nouveau. Les capitaux recommencèrent à affluer, mais les mêmes problèmes réapparurent. En raison de déficits insoutenables et d'une devise surévaluée, le Mexique se rapprocha d'une situation de crise dès 1994. La valeur du peso plongea après que la santé du système bancaire national eut été mise en doute et que le gouvernement se fut montré incapable de refinancer son vaste stock de dette à court terme libellée en monnaie étrangère, les *tesobonos*. Seule la mise en œuvre par les États-Unis et le FMI d'un plan de sauvetage massif autorisa la stabilisation du Mexique. Mais les dégâts étaient importants : après le sauvetage par le gouvernement des banques nationales, les contribuables durent payer la note, laquelle s'éleva à 50 milliards de dollars.

La crise mexicaine fut la première des « crises du compte de capital » qui frappèrent les économies émergentes. Toutes avaient un trait commun : des déficits insoutenables des paiements courants qui avaient été financés de façon risquée. En comptant tellement sur de la dette à court terme – et de la dette libellée en monnaie étrangère –, ces pays avaient mis en place les conditions d'une catastrophe. Lorsque les investisseurs étrangers furent pris de panique et refusèrent de refinancer leur dette à court terme, les monnaies locales surévaluées s'effondrèrent. À mesure que la valeur relative de ces monnaies déclinait, la valeur réelle des dettes libellées en dollars et en d'autres monnaies étrangères montait, ce qui accroissait la probabilité de défaut.

De nombreuses économies émergentes furent en proie à ce type de crise en 1997 et 1998. Les investisseurs de pays plus développés apportèrent des fonds à la Thaïlande, l'Indonésie, la Corée du Sud et la Malaisie, ce qui déclencha la formation de bulles spéculatives dans chacun de ces pays. Les marchés boursiers devinrent surévalués ; des bulles immobilières apparurent ; les banques accordèrent des prêts de plus en plus risqués ; les déficits des paiements courants gonflèrent ; l'investissement privé, peu rentable, devint supérieur à l'épargne nationale. Les doutes relatifs à la capacité du gouvernement thaïlandais à soutenir sa monnaie (le baht) conduisirent le pays au bord du désastre. Lorsque les investisseurs étrangers se retirèrent de Thaïlande et que le pays ne disposa plus des réserves en devises nécessaires pour maintenir le cours de sa monnaie, les banques, les marchés boursiers et les prix de l'immobilier s'effondrèrent. La panique gagna l'Indonésie, la Corée et la Malaisie. Comme la Thaïlande, ces pays virent leur monnaie se déprécier et leur dette exploser. Les coûts liés au sauvetage de ces économies pesèrent sur les contribuables, alors même que des millions d'entre eux s'enfoncèrent dans la pauvreté lorsque l'économie se contracta.

Le tour de la Russie vint en 1998. Secouée par la crise financière asiatique et la baisse du prix du pétrole, l'économie russe entra dans une zone de turbulences. Le doute grandit quant à sa capacité de défendre la valeur du rouble et son engagement à honorer ses dettes. Les investisseurs se mirent à fuir le pays à l'été 1998, et le cours du rouble s'effondra. Le gouvernement fit défaut sur la partie de sa dette détenue par les citoyens russes et mit un terme à une bonne part des versements destinés aux créanciers étrangers.

Les effets de ces décisions se firent sentir tout autour du monde. Un fonds spéculatif installé aux États-Unis, Long-Term Capital Management (LTCM), avait pris des paris très sophistiqués sur les prix des obligations d'État de divers pays, mais il n'avait pas intégré la possibilité d'une crise financière. Quand la panique liée au défaut de paiement russe prit de l'ampleur, la relation entre les prix de différents types d'obligations se détraqua et LTCM fut contraint de liquider ses actifs pour survivre. La crainte que ces ventes à prix cassés ne fassent plonger la valeur des actifs détenus par d'autres firmes amena la Réserve fédérale à organiser le sauvetage de LTCM par des banques privées, ce qui empêcha la panique de se propager.

Les crises continuèrent d'apparaître sur les marchés émergents, bien qu'aucune d'entre elles n'ait menacé le système financier. En 1999, l'Équateur et le Pakistan souffrirent de crises de la dette souveraine tandis que le Brésil traversait une crise de change. D'autres crises financières suivirent : l'Ukraine (2000), la Turquie et l'Argentine (2001), l'Uruguay et, à nouveau, le Brésil (2002). Ces catastrophes prirent des formes variées. En Argentine par exemple, la crise toucha tous les secteurs de l'économie. Les ménages ne pouvaient plus payer les intérêts de leurs crédits – en particulier les crédits immobiliers et les crédits à la consommation – qui étaient souvent libellés en devises étrangères. Les entreprises connaissaient des problèmes similaires avec leur dette commerciale. Les déposants assiégèrent les banques nationales pour tenter de récupérer les économies de toute une vie, tandis que le gouvernement faisait défaut sur sa dette et voyait s'effondrer la valeur de la monnaie.

Ces crises avaient, comme souvent, été provoquées par la conjonction d'un mouvement spéculatif et d'un endettement excessif. Les gouvernements, les entreprises et les ménages avaient emprunté trop d'argent, dont une part trop importante était libellée en monnaie étrangère. Dans le même temps, les banques et les autres établissements financiers avaient consenti trop de prêts sur la base de garanties douteuses. Cette situation était insoutenable ; et finalement, les doutes relatifs à la viabilité de ces prêts provoquèrent une panique. La crise qui en résulta frappa des emprunteurs trop lourdement endettés ainsi que des prêteurs ayant multiplié les engagements.

Les crises qui éclatèrent sur les marchés émergents eurent un coût élevé. Des devises furent dévaluées, des gouvernements chutèrent et des millions de personnes tombèrent dans la pauvreté. De nombreux pays connurent des troubles politiques. La crise russe marqua le début de la fin de la présidence de Boris Eltsine et le retour d'un pouvoir autoritaire avec Vladimir Poutine. En Indonésie, les événements de 1998 mirent fin aux trente années de règne de Suharto. Et en Argentine, les paniques bancaires et les émeutes urbaines provoquèrent la démission du président Fernando de la Rúa et ouvrirent une période de chaos politique et économique.

Ces événements ne semblent pas avoir marqué les esprits des investisseurs et des responsables publics américains. La Grande Modération était bien vivante et se portait comme un charme. Quelques sceptiques se demandaient si le calme qui régnait dans la plupart des économies industrielles n'était qu'une illusion : après tout, la passion pour les actions des entreprises de l'Internet et des compagnies high-tech qui s'empara de l'économie américaine à la fin des années 1990 ressemblait fort à une bulle spéculative annonciatrice d'une crise financière. Mais l'impact de l'éclatement de la bulle et de l'effondrement du marché boursier fut relativement modéré : une récession d'ampleur limitée précéda une reprise molle. Alors que des milliers de dotcoms firent faillite, il n'y eut pas de crise bancaire parce que ces entreprises s'étaient essentiellement financées en vendant des actions à des investisseurs nationaux et étrangers, non en ayant recours au crédit bancaire.

Mais les ennuis couvaient. Les symptômes avant-coureurs qui étaient apparus sur les marchés émergents dans les années 1990 commencèrent à se manifester aux États-Unis. Ramenés à un niveau historiquement bas par les interventions de la Réserve fédérale destinées à lutter contre les retombées de l'explosion de la bulle technologique, les taux d'intérêt nourrirent le gonflement de bulles immobilières, aux États-Unis d'abord puis dans d'autres pays. Les maux dont souffraient les États-Unis – l'argent facile, le crédit facile, l'insuffisance de surveillance et de réglementation – atteignirent d'autres économies : le Royaume-Uni, l'Irlande, l'Espagne, l'Islande, l'Estonie, la Lettonie, Dubaï, l'Australie, la Nouvelle-Zélande, et même la Chine et Singapour.

En 2006, le crédit était si aisément disponible aux États-Unis que l'écart entre le rendement sur les obligations à haut risque (*junk bonds*) et les bons du Trésor devint inférieur à 2,5 %, ce qui représentait son plus bas historique. Une poignée d'économistes sonnèrent l'alarme, mais ils ne furent guère entendus. Comme pour toutes les bulles, une foule de pousse-au-crime affirmèrent que la hausse des prix était justifiée par les fondamentaux. David A. Lereah, qui était alors l'économiste en chef de l'association nationale des agents immobiliers, était le plus visible d'entre eux. « Il n'y a pas de bulle sur le marché immobilier national, déclara-t-il au *Washington Post* en 2005. Il est ridicule d'évoquer son effondrement. »

Le retour de la crise

Aldous Huxley a fait remarquer que « le charme de l'histoire et sa mystérieuse leçon consistent en ce que rien ne change d'une époque à l'autre, mais que tout soit complètement différent ». Bien que la crise récente ait beaucoup en partage avec celles qui l'ont précédée, plusieurs de ses causes lui ont été particulières – ou, du moins, ont joué un rôle plus important dans le système financier du XXIe siècle qu'elles ne l'avaient fait par le passé.

Prenons l'explication la plus évidente et la plus éculée de la crise : la cupidité. Lorsque les digues protégeant le système financier cédèrent, d'innombrables commentateurs affirmèrent que la soif infinie d'argent qui régnait à Wall Street avait ruiné le système financier. Cela revenait à considérer que les financiers de 2007 étaient plus cupides que les Gordon Gekko de la génération précédente. La différence n'est pas venue du degré de cupidité mais de l'existence d'incitations et de rémunérations orientant la cupidité dans des directions inédites et dangereuses. Lors des deux décennies écoulées, la part des bonus liés aux profits de court terme devint de plus en plus importante dans la rémunération des banquiers et des traders, ce qui les conduisit à prendre des risques excessifs, à recourir de façon croissante à l'effet de levier et à miser l'existence de la banque tout entière sur des stratégies d'investissement étonnamment imprudentes.

C'est précisément ce qui s'est passé lors de la crise récente : les sorciers de la finance créèrent des *credits default swaps* (voir chapitre 8) destinés à s'assurer contre le risque de défaillance d'un emprunteur. Ces *swaps* produisirent des rendements vertigineux tant que tout allait bien, mais ils conduisirent des compagnies comme AIG au bord du gouffre lorsque le climat des affaires se détériora. Oui, les traders étaient cupides, et arrogants, et insensés ; mais cela n'aurait pas suffi à déclencher l'équivalent d'une catastrophe nucléaire si les bonus n'étaient pas devenus la forme dominante de rémunération dans le secteur financier.

En théorie, les actionnaires de ces compagnies auraient dû mettre un terme à de telles pratiques. En réalité, l'échec de la gouvernance d'entreprise était devenu patent bien avant que le système financier n'entame sa décomposition : les conseils d'administration étaient parcourus de conflits d'intérêts. Cela n'avait rien de nouveau, mais le système financier qui avait émergé à la fin du XXe siècle était particulièrement opaque et impénétrable. Les intérêts des banquiers, des traders et des gestionnaires étaient devenus très différents de ceux des actionnaires.

Les régulateurs auraient pu entrer dans la brèche. Mais comme bien des périodes d'expansion, la fin du XXe siècle fut une ère de fondamentalisme du libre-marché. Les autorités chargées de la surveillance des marchés aux États-Unis – la Réserve fédérale, mais aussi des douzaines d'autorités fédérales ou locales – s'étaient assoupies et ignoraient, volontairement ou non, la manière dont les établissements financiers contournaient toutes les règles qui leur étaient applicables, des ratios de solvabilité aux réglementations comptables. Nombre de ces autorités soutinrent activement les innovations financières qui deviendraient les catalyseurs de la crise : hypothèques avec paiement des seuls intérêts, prêts à amortissement négatif, prêts à taux initial inférieur au taux fixe d'un emprunt normal, options ARM, mais aussi les titres de plus en plus ésotériques qui reposaient sur ces actifs toxiques. Une situation similaire existait au Royaume-Uni.

Les marchés sont meilleurs juges et ne se trompent jamais : telle était l'opinion dominante à Washington, à Londres, et partout ailleurs dans le monde d'expression anglaise. Alan Greenspan, qui fut peut-être le partisan le plus acharné de l'autorégulation du système financier, affirma que le marché arrangerait les choses. Il soutint le recours à l'innovation financière, déclarant en 1997 que « nous devrions nous montrer prudents en adoptant des lois ou en créant des réglementations qui entravent sans nécessité le développement du marché ». Greenspan alla jusqu'à défendre l'essor des prêts *subprime* : il déclara en 2005 que « les prêteurs sont à présent capables d'évaluer efficacement le risque posé par des emprunteurs individuels et de le valoriser correctement ».

Rétrospectivement, ces jugements prêtent à sourire. Les innovations financières permirent d'écarter la question de l'évaluation du risque par les prêteurs : les banques et les autres établissements financiers accordèrent des prêts sans se soucier de la solvabilité des emprunteurs et les envoyèrent à Wall Street, où ils furent transformés en titres de plus en plus complexes vendus dans le monde entier à des investisseurs incapables d'appréhender le risque associé aux prêts d'origine. C'est ce que l'on appelle la titrisation : les banques et les autres établissements de Wall Street gagnèrent beaucoup d'argent en transmettant les risques qu'ils avaient pris à des investisseurs inconscients.

Les différentes agences de notation – Fitch, Moody's, Standard & Poors – auraient pu et auraient dû empêcher cela. Mais la titrisation leur permit également de gagner beaucoup d'argent, et elles furent ravies de contribuer à la transformation d'actifs toxiques en titres plaqués or produisant des rendements sans risque. Loin de critiquer cette relation endogamique, Greenspan et d'autres partisans de l'innovation financière la bénirent.

Greenspan joua également un rôle déterminant en adoptant une politique monétaire expansionniste et en réduisant le taux auquel la Réserve fédérale prêtait de l'argent au reste du système financier. Du début de l'année 2001 au milieu de l'année 2003, Greenspan réduisit le principal taux directeur de la Réserve fédérale de près de 5,5 % (ou, en jargon bancaire, de 550 points de base). En le maintenant trop longtemps à un trop faible niveau, il mit en œuvre une politique monétaire expansionniste qui vint nourrir la bulle immobilière. Mais l'histoire est plus compliquée encore. Bien que la Réserve fédérale ait relevé ses taux directeurs entre 2004 et 2006, les taux d'intérêt de long terme et les taux fixes des prêts immobiliers restèrent quasiment inchangés : la politique monétaire n'exerça pas d'effet sur eux. C'est que les sources d'argent facile ne manquaient pas à l'étranger. Lors de la décennie précédente, la Chine, le Japon et l'Allemagne avaient accumulé des montagnes d'épargne qui furent prêtées aux États-Unis et autorisèrent le financement des déficits budgétaires ainsi que de l'endettement des ménages et des entreprises. La Chine prêta aux Américains la corde pour se pendre. Rien ne change, mais tout est différent.

Les débuts de la crise associèrent l'ancien et le nouveau. Les prix des logements finirent par marquer un temps d'arrêt. À la fin de l'année 2006 et au début de l'année 2007, les premiers prêteurs immobiliers non bancaires spécialisés dans les prêts *subprime* firent faillite après que les défaillances des emprunteurs se furent multipliées. En juin 2007, deux fonds spéculatifs contrôlés par Bear Stearns s'effondrèrent après avoir massivement investi dans des titres assis sur des prêts *subprime* ; cela incita l'ensemble des acteurs à se débarrasser des titres liés au marché du crédit hypothécaire à risque. La panique se répandit à mesure qu'était révélée la contamination de l'ensemble du système financier par les *subprimes*.

Comme dans la plupart des situations comparables, des décisions furent prises dans un climat d'incertitude. Grâce à la titrisation, le risque de crédit fut transféré des banques commerciales aux banques d'investissement, puis à d'autres établissements financiers et aux investisseurs du monde entier. Mais ce processus était inachevé au moment où la crise éclata : les banques conservaient des actifs toxiques dans leurs bilans et dans des fonds d'investissement spécialisés (*structured investment vehicles* et *conduits*) qui n'apparaissaient pas dans leurs comptes avant que la crise ne les oblige à reconnaître leurs pertes.

L'information selon laquelle de vénérables banques n'avaient transféré qu'une partie du risque à des investisseurs extérieurs accrut la panique. La prise de conscience de l'exposition à des actifs toxiques de tous les acteurs du système financier conduisit au déclenchement de la crise. Nul ne savait qui détenait ces actifs ni quels montants ils représentaient. Le système financier, qui s'était nourri de l'opacité et de la complexité, commença à partir en lambeaux.

Tout cela ressemblait à une crise classique avec ses paniques bancaires, sauf que les « banques » concernées n'étaient pas uniquement des banques commerciales comme celles qui s'étaient trouvées assiégées durant la Grande Dépression. Il y avait aussi des prêteurs immobiliers non bancaires, des fonds d'investissement spécialisés, des rehausseurs de crédit, des fonds du marché monétaire, des fonds spéculatifs, des banques d'investissement et d'autres entités. Ces établissements, qui faisaient partie du système bancaire parallèle (voir chapitre 3), avaient une chose en commun : ils empruntaient auprès de « déposants » (par exemple des acheteurs de titres de créance négociables) qui leur prêtaient de l'argent à court terme. Les acteurs du système bancaire parallèle utilisaient cet argent pour acheter des titres moins liquides et plus risqués : des valeurs adossées à des prêts hypothécaires, des *collateralized debt obligations* (CDO), ainsi que d'autres titres désignés par de mystérieux acronymes. Quand la panique s'empara du système, les « déposants » qui avaient consenti des prêts à court terme demandèrent à être remboursés ou refusèrent de renouveler leurs prêts, contraignant de la sorte le système bancaire parallèle à brader ces actifs complexes et difficiles à évaluer.

Ce processus s'accéléra en 2008. Après que plus de trois cents prêteurs immobiliers non bancaires se furent effondrés, les acteurs du système bancaire parallèle nés du contournement de la réglementation – *structured investment vehicles*, *conduits* et autres entités *ad hoc* permettant l'externalisation d'actifs titrisés – commencèrent à s'écrouler. L'étape suivante consista en la disparition des principales banques d'investissement de Wall Street, lesquelles périrent lorsque les prêts à très court terme (*overnight repo financing*) qui leur étaient indispensables s'asséchèrent. Bear Stearns fut la première, suivie par Lehman Brothers. Merrill Lynch aurait également fait faillite si elle n'avait pas été rachetée par Bank of America. Goldman Sachs et Morgan Stanley esquivèrent les balles en se transformant en banques commerciales, ce qui les rendit éligibles au soutien de la Réserve fédérale mais les contraignit à se soumettre à une surveillance accrue.

Le mouvement se poursuivit par une ruée sur les fonds du marché monétaire, lesquels représentaient quatre billions de dollars. En raison de son exposition à Lehman Brothers, l'un des fonds considérés comme sûrs, le Reserve Primary Fund, « cassa le dollar », ce qui signifie qu'un dollar investi dans ce fonds ne valait plus un dollar. Cette étape fut décisive : les investisseurs paniquèrent et cherchèrent à récupérer les billions de dollars placés dans ces fonds. Afin d'éviter l'écroulement du système, le gouvernement dut apporter sa garantie à l'ensemble des fonds du marché monétaire.

La panique ne s'arrêta pas là. La mise à mort du système bancaire parallèle continua avec la chute des marchés d'instruments plus exotiques encore (*auction rate securities*, *tender-option bond*, *variable rate demand obligation*, etc.) utilisés par les collectivités publiques pour financer leurs dépenses. Ces marchés se désintégrèrent lorsque les banques d'investissement cessèrent de proposer ces instruments, ce qui poussa à la hausse les taux d'intérêt exigés des emprunteurs – même de ceux qui ne présentaient pas de risques particuliers.

Puis vint le tour des fonds spéculatifs. Les difficultés des établissements proposant des services spécifiques aux fonds spéculatifs (*prime brokerage*), qui les finançaient avec des prêts à un jour, et les pertes réalisées par de nombreux fonds en 2008 provoquèrent l'équivalent d'une ruée sur les fonds spéculatifs. Des centaines d'entre eux durent fermer ; d'autres furent contraints de réduire leur recours à l'effet de levier et de se défaire d'une partie de leurs actifs, ce qui poussa à la baisse les prix d'un certain nombre d'actifs exotiques.

Un niveau dangereux fut atteint à la fin de l'été et à l'automne 2008, quand tout le système bancaire parallèle eut à souffrir d'une ruée sur ses actifs. Lehman Brothers fut durement touchée, AIG fut à deux doigts de la ruine, et la Réserve fédérale fit ce qui avait fini par être fait lors de la

Grande Dépression : elle joua le rôle de prêteur en dernier ressort et garantit les dépôts bancaires. Mais les retombées de l'effondrement de Lehman et la débâcle financière qui en résulta à l'automne 2008 grippèrent le marché du crédit ainsi que le marché monétaire. Les importations et les exportations faillirent s'arrêter parce que les entreprises ne disposaient plus des moyens de financer les mouvements de marchandises.

À la fin de l'année, la crise s'était étendue bien au-delà des États-Unis : ses effets se faisaient sentir tant en Chine et au Japon qu'en Irlande et en Islande. L'effondrement du crédit n'en était pas la seule cause : de nombreuses économies présentaient des troubles sous-jacents. Des faiblesses similaires à celles de l'économie américaine – une bulle immobilière, des banques ayant abusé de l'effet de levier, des déficits excessifs des paiements courants, des monnaies surévaluées – existaient un peu partout dans le monde. Les banques européennes avaient consenti des prêts à haut risque en Roumanie, en Hongrie, en Ukraine et dans les pays baltes. Bien des économies européennes émergentes – la vingtaine de pays qui appartenaient jadis à la sphère d'influence soviétique – étaient particulièrement fragiles, car leur expansion reposait sur la surévaluation de leur monnaie et sur d'importants déficits de la balance des paiements courants.

Nul n'était à l'abri de la crise. La détérioration de la situation économique aux États-Unis eut des conséquences négatives sur des économies dépendant largement de leurs exportations de produits manufacturés, notamment la Chine et le Japon. Les exportateurs de matières premières du Proche-Orient et d'ailleurs virent s'effondrer la demande qui leur était adressée. Des économies aussi diverses que la Lettonie et Dubaï furent victimes de ce qui était devenu une pandémie financière. Le crédit s'assécha aux États-Unis comme ailleurs, et la contraction des économies se répercuta sur des géants industriels comme la Chine et des exportateurs de matières premières comme la Russie.

Lorsque la situation empira vers la fin 2008, l'histoire de crises oubliées depuis longtemps devint de plus en plus utile pour expliquer ce qui se passait. Ce fut aussi le cas des écrits d'économistes tombés dans l'obscurité au fil du temps. John Maynard Keynes redevint à la mode, tout comme Joseph Schumpeter, Hyman Minsky, Irving Fisher et même Karl Marx. Leur soudaine réapparition était de mauvais augure : ils s'étaient distingués en montrant comment le capitalisme pourrait succomber aux crises. Bien que leurs recommandations divergent notablement, le fait que leurs noms soient prononcés avec respect indiquait que les choses étaient en train de changer. Les économistes qui avaient vanté les mérites de la déréglementation, de l'efficience des marchés et de l'innovation financière ne soutenaient pas la comparaison avec ces penseurs si peu conventionnels. Mais qui étaient-ils et qu'avaient-ils à nous dire ?

2. Économistes de crise

Demandez à des économistes pourquoi les phases d'expansion sont suivies de récessions, et vous obtiendrez un large éventail de réponses. Certains vous diront que les crises sont la conséquence inévitable de l'intervention du gouvernement dans le fonctionnement des marchés. D'autres soutiendront que c'est l'insuffisance de cette intervention qui en est responsable. D'autres encore affirmeront que les bulles n'existent pas : les marchés fonctionnent parfaitement, et si les prix des logements s'effondrent après avoir doublé ou triplé en l'espace de quelques années, c'est simplement parce qu'ils incorporent de nouvelles informations.

Les mêmes contradictions apparaîtront si vous demandez à des économistes ce qu'il faut faire une fois que la crise s'est déclenchée. Certains répondront que le gouvernement doit intervenir, jouer le rôle de prêteur en dernier ressort et mettre en œuvre une relance budgétaire massive afin de compenser la chute de la demande privée. D'autres écarteront une approche qu'ils jugent risible et soutiendront que le gouvernement ne doit jamais intervenir dans la mécanique du marché. Agir de la sorte ne ferait que prolonger la crise et provoquerait une dangereuse accumulation de dette publique. D'autres encore affirmeront sans rire que l'idée même de la crise n'est qu'une illusion, une fiction entretenue par ceux qui doutent de la capacité du marché à procéder à une allocation efficace des ressources et des biens.

Tout cela peut sembler déconcertant aux non-économistes. Après tout, l'analyse économique s'efforce de réunir tous les attributs d'une science, riche d'équations, de lois, de modèles mathématiques et d'autres caractéristiques destinées à garantir l'objectivité de sa démarche. Mais cette apparence de vérité scientifique unique dissimule une immense variété d'opinions contradictoires, en particulier lorsqu'il s'agit d'un sujet aussi controversé que les crises financières. C'était vrai au XIXe et au XXe siècle ; cela reste vrai aujourd'hui.

Minimiser l'importance de ces divergences en les considérant comme la simple expression d'obscures controverses universitaires serait une grave erreur. Ces débats ont modelé notre réponse à la crise récente : ils ont tracé les lignes des politiques qui ont été conduites, des réactions des banques centrales à la définition de plans de relance. Ainsi que John Maynard Keynes l'avait judicieusement remarqué, « les hommes d'action qui se croient parfaitement affranchis des influences doctrinales sont d'ordinaire les esclaves de quelque économiste passé ». Les idées comptent ; et sans une connaissance approfondie des idées à l'œuvre durant la crise, il est impossible de comprendre comment nous y sommes entrés et, ce qui importe davantage encore, comment nous en sortirons.

En donnant un aperçu des différentes manières d'appréhender les crises, ce chapitre tente de rassembler les éléments d'une théorie unifiée. Il offre une histoire évidemment sélective de la théorie économique, mais son ambition est claire : il s'agit d'insister sur ce qui est utile. Comme toujours, nos choix ont été pragmatiques. Keynes est là, de même que le plus radical de ses disciples, Hyman Minsky. Mais les figures du camp adverse sont également présentes : Robert Shiller, l'un des avocats les plus fervents de l'économie comportementale ; Joseph Schumpeter, le grand théoricien de la « destruction créatrice » ; et des économistes qui abordent la discipline sous un angle historique, de Charles Kindleberger à Carmen Reinhart et Kenneth Rogoff. Ces divers courants de pensée nourrissent notre approche idiosyncratique de la compréhension des crises.

Quand les marchés se comportent mal

L'économie de crise s'efforce de comprendre pourquoi et comment les marchés échouent. L'essentiel de l'analyse économique traditionnelle cherche au contraire à montrer pourquoi et comment les marchés fonctionnent, et fonctionnent bien. Cette préoccupation remonte aux origines de la discipline ; elle était par exemple celle de son fondateur, l'Écossais Adam Smith. Il proposa dans sa *Richesse des nations* la célèbre métaphore de la « main invisible » afin d'illustrer le processus apparemment miraculeux par lequel les intérêts égoïstes et divergents des agents économiques se fondent en un système économique stable et autorégulateur. Du chaos naît l'ordre.

Smith ne reconnaissait guère de faiblesses au capitalisme. C'est compréhensible : comme beaucoup des premiers économistes, il s'est attaché à montrer comment les marchés réussissaient, et non pourquoi ils échouaient. Lors du siècle suivant, de nombreux économistes reprirent les idées de Smith et les affinèrent. Si l'analyse économique du XIXe siècle avait un sujet de consensus, c'était l'idée selon laquelle les marchés sont fondamentalement autorégulateurs et se rapprochent d'une sorte d'équilibre magique. Un grand nombre d'économistes – David Ricardo, Jean-Baptiste Say, Léon Walras, Alfred Marshall – adoptèrent la vision de Smith et entreprirent de donner une preuve mathématique de la tendance des marchés à l'équilibre.

La foi en la stabilité des marchés avait un corollaire important : si les marchés sont fondamentalement autorégulateurs et que leur sagesse collective ait toujours raison, alors les prix des actifs achetés et vendus sur le marché sont précis et justifiés. Les économistes du début du XXe siècle ont tenté de valider mathématiquement cette théorie. Ils s'appuyèrent notamment sur les travaux du mathématicien français Louis Bachelier dont la *Théorie de la spéculation*, achevée en 1900, affirmait que le prix d'un actif reflète toute l'information disponible. Il ne peut exister selon lui d'actifs sous-évalués ou surévalués : le marché traduit parfaitement l'ensemble des données sous-jacentes. Les prix des actifs varient, de façon parfois spectaculaire, mais ces variations ne sont que la réponse logique et automatique à l'arrivée d'informations nouvelles.

Bien qu'elles soient demeurées quelque peu méconnues en France, les idées de Bachelier se sont diffusées aux États-Unis. Peu avant le krach qui marqua le début de la Grande Dépression, l'économiste de Princeton Joseph Lawrence déclara que « l'opinion des millions de personnes qui interviennent sur cet admirable marché, le *Stock Exchange*, est que les actifs ne sont pas surévalués actuellement ». Lawrence avait foi en la sagesse des foules et défiait quiconque de « mettre en défaut le jugement de cette intelligente multitude ».

En théorie, la Grande Dépression aurait dû balayer ce type d'absurdité, mais les départements universitaires d'économie et de finance ranimèrent ces vieilles lunes après la Seconde Guerre mondiale. Nous en sommes largement redevables – si tel est le terme qui convient – au département d'économie de l'université de Chicago. Un professeur nommé Eugène Fama et d'autres partisans du laissez-faire commencèrent à élaborer des modèles mathématiques sophistiqués destinés à prouver que les marchés sont parfaitement rationnels et efficients.

Ils croyaient que le prix de tout actif à tout moment est toujours parfaitement juste. En d'autres termes, un actif ne peut pas être surévalué ou sous-évalué ; le prix constaté est le prix juste, ni plus ni moins. Cette théorie pose en principe que toute l'information disponible est immédiatement et correctement incorporée dans le prix de l'actif et que tout changement de prix futur dépendra d'éléments encore inconnus. Prédire comment les prix évolueront est donc impossible. Cette conception est au fondement de la théorie de la « marche au hasard » : lorsqu'il s'agit de choisir des titres, il est inutile de chercher à faire mieux que le marché.

Mieux vaut donc choisir des titres au hasard et s'en tenir à ce choix.

Les économistes qui adoptèrent en grand nombre cette thèse au lendemain de la Seconde Guerre mondiale lui apportèrent des nuances. Ils reconnurent que l'efficience des marchés dépendait de la qualité de l'information disponible. Mais l'idée selon laquelle les marchés sont efficients et incorporent toute l'information disponible dans les prix continua de hanter les écoles de commerce et les départements d'économie. Dans les années 1970, l'hypothèse d'efficience des marchés était communément admise et était prêchée en chaire à l'université de Chicago et ailleurs.

Tous n'adhéraient cependant pas à cette hypothèse. Une plaisanterie bien connue des économistes mettait adroitement l'accent sur son illogisme. Un économiste et son ami marchent dans la rue quand ils aperçoivent un billet de cent dollars sur le sol. L'ami se penche pour le ramasser, mais l'économiste l'en empêche en lui disant : « Ne t'inquiète pas, si c'était vraiment un billet de cent dollars, quelqu'un l'aurait déjà ramassé. »

L'auteur de cette plaisanterie a mis le doigt sur quelque chose : les marchés paraissent particulièrement peu efficaces, et des investisseurs dotés d'un peu de jugeote réussissent à ramasser plein de vrais billets de cent dollars. De nombreux économistes ont pointé les faiblesses de l'hypothèse d'efficience des marchés au moyen d'une analyse statistique rigoureuse. L'économiste de Yale Robert Shiller est celui qui l'a le plus férocement critiquée. Au début des années 1980, Shiller a montré que la volatilité des prix des titres était bien supérieure à ce que l'hypothèse d'efficience des marchés pouvait expliquer. À la fin de cette décennie, lui et d'autres avaient accumulé une quantité considérable de preuves montrant que les prix des actifs ne restaient pas à l'équilibre mais, à l'opposé, fluctuaient sauvagement. Les investisseurs peuvent se porter massivement sur un actif et pousser son cours à des hauteurs vertigineuses avant de paniquer le lendemain et de s'en débarrasser à des prix bradés. Ces mouvements n'ont rien de rationnel : ils ne font que traduire les impulsions des foules. Ainsi que l'a remarqué Shiller, « bien que les marchés ne soient pas totalement fous, ils ne sont pas à l'abri d'un bruit de fond qui l'emporte sur les raisonnements des agents ».

Mettre en doute le mythe de l'efficience des marchés était une chose ; expliquer précisément pourquoi les marchés ne sont pas efficients en était une autre. Cette tâche revint aux spécialistes d'un nouveau domaine de recherche : l'économie et la finance comportementales. Les chercheurs qui s'y rattachent développent, selon l'expression de Shiller, « des modèles reliant le fonctionnement des marchés à la psychologie humaine ». Lors des dernières années, ces domaines jumeaux ont attiré un nombre incalculable d'économistes. Nombre d'entre eux ont conduit des expériences destinées à montrer comment le comportement des intervenants sur les marchés de titres peut contribuer à la formation de bulles et au déclenchement de paniques financières.

La recherche récente en économie comportementale a mis en évidence diverses manières selon lesquelles les bulles spéculatives peuvent gonfler et s'auto-entretenir jusqu'à ce qu'elles éclatent et détruisent le reste de l'économie. La théorie de la rétroaction (*feedback theory*) suggère que les investisseurs qui voient les prix monter prendront le train en marche et pousseront de la sorte les prix vers le haut, ce qui attirera de nouveaux investisseurs qui, à leur tour, feront gonfler la bulle. Ce mécanisme porte les prix à des niveaux qui n'ont plus rien de rationnel et les fait monter jusqu'à ce qu'ils ne puissent pas aller plus haut. Alors ils s'effondrent et créent une « bulle négative » dans laquelle les prix tombent à pic. Ce mouvement n'a, lui non plus, rien de rationnel : tout comme les prix peuvent monter bien trop haut, ils peuvent tomber beaucoup plus bas que les fondamentaux ne le justifient.

Les économistes comportementaux ont identifié un grand nombre de facteurs qui aggravent ce type de rétroactions – des « paramètres fondamentaux du comportement humain », ainsi que les nomme Shiller. Le « biais d'autocomplaisance » (*biased self-attribution*) est l'un d'entre eux : les investisseurs pris dans une bulle attribuent l'accroissement de leur profit à leur sagacité et non au fait que des milliers d'imbéciles poussent les prix vers le haut. Une foule de biais, de distorsions et de penchants irrationnels contribuent à nourrir les bulles spéculatives et à entretenir les étranges justifications qui les accompagnent, dont la croyance selon laquelle les vieilles règles des affaires ne s'appliquent plus maintenant que l'économie est entrée dans une ère nouvelle.

L'accent mis sur l'irrationalité de certains comportements économiques a conduit à brosser un portrait moins flatteur du fonctionnement des marchés. Les travaux de Shiller et d'autres suggèrent que le capitalisme n'est pas un système autorégulé qui ronronne sans interruption : il est porté à l'« exubérance irrationnelle » et au pessimisme infondé. En d'autres termes, il est extraordinairement instable.

Cette vision est à la fois nouvelle et très ancienne. Longtemps avant que les économistes comportementaux ne réduisent à néant le mythe de l'efficience des marchés, un grand nombre de penseurs du XIXe siècle observèrent que la capacité du capitalisme à produire de la richesse s'accompagnait d'alternances de phases d'expansion et de récession. Bien qu'ils ne soient plus guère lus aujourd'hui, leurs travaux sont importants parce qu'ils laissent apparaître les clivages qui séparent les différentes conceptions des crises et de leurs conséquences.

Le berceau de l'économie de crise

Les Américains ont la réputation d'être optimistes, ce qui peut expliquer pourquoi ils ont largement contribué à la popularisation de l'hypothèse d'efficience des marchés. Les Européens, à l'opposé, sont souvent considérés comme austères et lugubres. Il n'est donc pas très étonnant que les premiers économistes à avoir écrit à propos des crises aient été originaires d'Europe.

Philosophe politique avant de devenir économiste, John Stuart Mill a sans doute été le premier à écrire sur les crises de façon soutenue. Dans ses célèbres *Principes d'économie politique* (1848), il tenta d'identifier les causes de la succession des phases d'expansion et de récession, devenue fréquente au cours de sa vie. Le langage utilisé par Mill pour décrire ces phénomènes anticipe sur celui d'économistes comportementaux comme Shiller. Mill pense que les bulles spéculatives commencent à se former lorsqu'un choc externe ou un « accident » – par exemple l'apparition d'un nouveau marché – « déclenche un mouvement de spéculation ». À mesure que les prix montent, le constat que beaucoup s'enrichissent « amène de nombreux imitateurs, et la spéculation non seulement va très au-delà de ce que justifient les fondamentaux, mais s'étend également à des biens dont les prix n'ont jamais eu de raison d'augmenter ; leurs prix ne s'en mettent pas moins à monter dès que le mouvement de spéculation est lancé ». Les hausses de prix engendrent d'autres hausses de prix, et une bulle spéculative auto-entretenue se forme.

Mill admet que l'existence d'une bulle ne suffit pas à créer une crise : le crédit et la dette jouent un rôle essentiel. Tandis que la bulle se forme, « le recours au crédit se développe. Ceux qui sont atteints par la contagion font usage de leur crédit beaucoup plus librement qu'à l'accoutumée ; mais ils en ont réellement davantage parce qu'ils paraissent réaliser des gains inhabituels et que le sentiment général est à la témérité et à l'audace, ce qui incite les gens à accorder ainsi qu'à solliciter des crédits plus largement qu'en d'autres circonstances – et à en accorder à des personnes qui ne devraient pas en obtenir ». Invariablement, la phase d'expansion s'achève lorsque la défaillance inattendue d'une ou de plusieurs entreprises produit un climat de « défiance générale » : l'incertitude se propage et il devient presque impossible de s'endetter, sinon à des conditions très onéreuses.

Devenues incapables de rembourser leurs dettes, les entreprises s'effondrent et les faillites se multiplient. Tandis que le crédit s'assèche, les prix chutent et la panique s'empare du marché ; une « crise du commerce » s'ensuit ainsi que, « dans les cas extrêmes, une panique aussi irraisonnée que la confiance excessive qui l'a précédée ». Tout comme il avait poussé les prix vers le haut, le mécanisme de rétroaction se met en œuvre et ramène les prix vers le bas. Mill observe que cette chute des prix est elle aussi excessive : les prix « tombent d'autant plus en dessous de leur niveau habituel qu'ils étaient montés au-dessus au cours de la phase de spéculation ». La débâcle déborde du secteur financier et s'étend au reste de l'économie, détruisant des entreprises, poussant le chômage à la hausse et contribuant à « un appauvrissement plus ou moins marqué ».

Mill nous propose un modèle assez précis du cycle classique expansion-dépression, dont les caractéristiques trouvent à s'appliquer tant au monde d'aujourd'hui qu'à l'époque où il écrivait : un choc externe ou un catalyseur à l'origine d'une phase d'expansion ; une folie spéculative animée par des motifs psychologiques ; des effets de rétroaction qui poussent les prix vers le haut ; un crédit facile, accessible à presque tout le monde ; et l'inévitable effondrement du système financier, suivi par de nombreux dommages collatéraux sur l'« économie réelle » – les entreprises et les travailleurs.

De nombreux penseurs ont suivi la voie ouverte par Mill et ont tenté de donner une portée générale à l'analyse de ce que l'on appelait de plus en plus souvent le cycle économique. L'un des plus influents fut William Stanley Jevons dont la théorie, vue du XXIe siècle, prête à sourire mais n'en demeure pas moins révélatrice. Comme Mill, Jevons pensait qu'une circonstance extérieure pouvait provoquer une succession d'événements conduisant au déclenchement d'une crise. Cette circonstance extérieure, c'était… l'apparition de taches à la surface du soleil. L'évolution de ces taches modifie les conditions météorologiques terrestres, ce qui affecte la production agricole. Ces changements finissent par exercer un effet déséquilibrant sur les économies avancées, parmi lesquelles la Grande-Bretagne. Voilà ! De telles perturbations nourrissent les fièvres spéculatives et pavent le chemin des crises.

Aussi absurde que cela puisse paraître, l'hypothèse fondamentale de Jevons – les crises naissent d'événements étrangers au capitalisme – exerçait un fort attrait au XIXe siècle, et il en va d'ailleurs toujours ainsi. Selon Jevons, le problème ne vient pas de l'intérieur du système mais de l'extérieur – dans ce cas précis, de l'espace intersidéral. Si on laisse les taches solaires de côté, l'idée d'une cause externe séduisit les économistes classiques, lesquels considéraient les marchés comme autorégulateurs : ils peuvent être perturbés par des événements extérieurs, mais ils sont résilients et ne peuvent pas s'effondrer.

Un penseur controversé avait une vision plus sombre à offrir. Contrairement à Mill et à Jevons (et à la plupart des économistes du XIXe siècle), Karl Marx croyait que les crises faisaient partie intégrante du capitalisme et annonçaient son inévitable déclin. Si Adam Smith écrivait pour faire l'éloge du capitalisme, Karl Marx voulait l'enterrer. Selon lui, l'histoire est déterminée par la lutte entre deux groupes sociaux antagonistes : une classe capitaliste, la bourgeoisie, qui possède les usines et les autres « moyens de production » ; et un prolétariat dépourvu de terre et toujours plus nombreux. L'argument selon lequel la valeur réelle des biens dépend de la quantité de travail qu'ils incorporent est central dans l'analyse de Marx. Tandis que les capitalistes substitueront des machines aux travailleurs afin de réduire les coûts de production, le taux de profit tendra à décliner. Ce déclin incitera les capitalistes à tailler davantage encore dans les coûts de production, ce qui entraînera l'économie dans une crise née de la conjonction de la surproduction et du sous-emploi. Un choc brutal provoquera une vague de faillites et de regroupements d'entreprises. Enfin, une ultime crise marquera l'avènement d'une révolution conduite par la classe ouvrière.

Dans le *Manifeste du parti communiste*, publié en 1848 (l'année de la publication des *Principes* de Mill), Marx brossa un tableau très vivant de cette société en pleine évolution. « La société bourgeoise moderne, observa-t-il, ressemble au magicien qui ne sait plus dominer les puissances infernales qu'il a libérées. » « Les crises commerciales, par leur retour périodique, menacent de plus en plus l'existence de la société bourgeoise. » Les crises ne feraient que gagner en intensité. « Comment la bourgeoisie surmonte-t-elle ces crises ? s'interrogea-t-il. D'un côté, en détruisant par la violence une masse de forces productives ; de l'autre, en conquérant de nouveaux marchés et en exploitant plus à fond les anciens. » Mais ces solutions ne feraient que « préparer des crises plus générales et plus formidables et [...] diminuer les moyens de les prévenir ».

Les idées de Marx, qui sont beaucoup plus sophistiquées que ce résumé ne le suggère, demeurent controversées. Mais ce qui importe ici est que Marx fut le premier à penser que le capitalisme était intrinsèquement instable et enclin aux crises. Selon lui, le capitalisme est l'incarnation du chaos. Marx se distingua ainsi d'une précédente génération d'économistes qui voyaient dans le capitalisme un système autorégulateur. Le capitalisme est condamné, affirma-t-il. Jusqu'à présent, l'histoire ne lui a pas donné raison. Mais son idée d'ensemble – les crises font partie intégrante du capitalisme – est extrêmement importante : après Marx, les économistes ont dû prendre en compte la possibilité que le capitalisme contienne sa disparition en germe. Les crises ne sont pas la conséquence de choses aussi banales que l'ouverture de nouveaux marchés ou de changements de la psychologie des investisseurs, encore moins de taches solaires. Le capitalisme est synonyme de crise : il est porteur d'un niveau d'instabilité et d'incertitude qui n'a pas de précédent dans l'histoire de l'humanité.

La vision de Marx n'a pas été largement partagée. La très grande majorité des économistes de la fin du XIXe et du début du XXe siècle adhéraient à l'idée selon laquelle l'économie était une entité autorégulatrice qui, laissée à elle-même, reviendrait généralement à l'équilibre et produirait la stabilité et le plein-emploi. Des crises étaient bien sûr susceptibles d'apparaître, mais elles ne feraient que passer.

Cette étrange foi en les marchés disparut avec la Grande Dépression. Cet événement transforma tant l'analyse économique que les politiques publiques. Pour cette raison, la Grande Dépression est très présente dans les débats relatifs à la gestion de la crise récente. Ce qui s'est produit voilà quatre-vingts ans explique la nature des réponses apportées à la crise en 2007 et 2008 et continue d'influencer les politiques économiques et financières.

La longue éclipse de John Maynard Keynes

John Maynard Keynes est le plus important des économistes qui ont analysé la Grande Dépression – et il est sans doute l'économiste majeur du siècle dernier. Fils d'un économiste britannique respecté, Keynes naquit l'année de la mort de Marx. Il étudia à Eton et Cambridge, où il brilla en mathématiques puis en économie. Il commença à enseigner l'économie à Cambridge et entreprit des recherches allant de la politique monétaire aux probabilités.

Keynes n'était pas un économiste ordinaire. Il collectionnait des œuvres d'art contemporain, épousa une ballerine russe et fit partie du groupe de Bloomsbury, une coterie d'écrivains, de peintres et d'intellectuels bohèmes qui s'installèrent à Londres lors des premières décennies du XXe siècle. Spirituel, courtois, débordant d'entrain, il était à l'aise hors des cercles universitaires et travailla à plusieurs reprises pour le gouvernement britannique.

Publiée en 1936, la *Théorie générale de l'emploi, de l'intérêt et de la monnaie* est l'ouvrage le plus célèbre de Keynes. Alors qu'il était sur le point de l'achever, il en parla en ces termes à George Bernard Shaw : « Je crois que je suis en train d'écrire un livre de théorie économique qui devrait largement révolutionner la manière dont le monde pense les problèmes économiques. » Cette promesse fut tenue : une grande partie de la recherche économique réalisée au XXe siècle repose, explicitement ou implicitement, sur les idées développées par Keynes.

La *Théorie générale* est une œuvre dont la complexité défie les tentatives d'interprétation. Le moyen le plus simple d'appréhender Keynes consiste peut-être à tenter de comprendre ce qui l'a séparé des économistes classiques et néoclassiques. La plupart des économistes des années 1930 croyaient que l'économie était capable de s'autoréguler. Ils considéraient par ailleurs que le plein-emploi était l'état naturel des choses et que l'économie se contracterait si les salaires augmentaient trop. Lorsque le chômage progresse, les salaires diminuent et les entrepreneurs – attirés par la perspective de profits supérieurs – recommencent à embaucher. Et un nouveau cycle débute.

L'approche de Keynes est totalement différente. Pour lui, c'est la demande effective ou agrégée – la demande collective de biens et de services au sein d'une économie donnée – qui détermine le niveau de l'emploi : si les salaires diminuent et que les salariés soient licenciés, les gens consommeront moins et la demande s'affaissera. Cette thèse allait à l'encontre de la théorie économique dominante. Lorsque la demande diminue, les entrepreneurs rechignent à investir, ce qui se traduit par de nouvelles baisses de salaires et de nouveaux licenciements. Les consommateurs épargnent davantage et dépensent moins, ce qui est louable sur le fond mais contribue à déprimer la demande : ce phénomène est connu sous le nom de « paradoxe de l'épargne ». Ces réductions de dépenses enclenchent selon Keynes un cycle autoréalisateur : l'économie atteint un « équilibre de sous-emploi », un état de suspension de l'activité dans lequel les travailleurs restent sans emploi et les usines ferment leurs portes. Lorsque le niveau de la demande atteint un niveau inférieur à l'offre agrégée de biens, les entreprises sont forcées de réduire leurs prix pour se défaire de leurs stocks ; la déflation, très marquée durant la Grande Dépression, provoque une nouvelle réduction des profits et des liquidités disponibles.

Keynes a compris que ce processus s'enracine tant dans les esprits que dans les cœurs : lors d'un événement comme la Grande Dépression, les « esprits animaux » du capitalisme, ce « besoin spontané d'agir plutôt que de ne rien faire », perdent de leur vigueur même s'il reste des opportunités de profit. Keynes reconnaît que la prise de décision économique ne se réduit pas à un simple calcul mathématique : elle est impulsive et contingente, incertaine et aléatoire. « Si les esprits animaux faiblissent, si l'optimisme spontané chancelle, et si par suite on est abandonné au seul ressort de la prévision mathématique, l'entreprise s'évanouit et meurt », observe-t-il. Que les « fondamentaux » justifient ou non le retour de l'expansion importe peu : si les « esprits animaux » font défaut, l'économie plongera dans un état permanent de torpeur.

Pour Keynes, la solution était simple : les pouvoirs publics entreraient dans cette brèche et créeraient de la demande afin de renverser le mouvement. Cette vision devint constitutive de l'orthodoxie économique dans les années d'après-guerre, lorsque les gouvernements du monde entier adoptèrent la médecine keynésienne afin de prévenir l'extension des crises. Les plus enthousiastes crurent qu'ils pourraient utiliser les idées de Keynes afin de maintenir l'économie à un niveau voisin du plein-emploi. Un type d'intervention qui avait été conçu comme une mesure d'urgence destinée à enrayer la dépression devint un moyen de stabiliser l'économie nationale. En 1965, Keynes fut qualifié de visionnaire en couverture du *Time*. La citation reprise en titre de l'article – « à présent, nous sommes tous keynésiens » – traduisait l'esprit de l'époque. Ce point de vue, qui n'était pas exempt d'ironie mauvaise, était celui de l'économiste conservateur Milton Friedman.

Friedman renia plus tard ce commentaire, et il avait de bonnes raisons pour le faire : il était le père de l'école monétariste, laquelle soutient que l'instabilité de l'économie peut être expliquée par les variations de l'offre de monnaie. Friedman et son coauteur, l'économiste Anna Jacobson Schwartz, proposèrent une vision de la Grande Dépression très différente de celle de Keynes. Selon Friedman et Schwartz, la Grande Dépression ne résulta pas d'un écroulement de la demande, comme Keynes le pensait, mais d'une réduction des dépôts et des réserves bancaires qui s'aggrava lorsque les clients terrifiés retirèrent leurs économies et que les banques fermèrent. Selon les monétaristes, cette réduction de l'offre de monnaie, qu'ils nommèrent la « Grande Contraction », provoqua une chute de la demande agrégée qui entraîna une baisse des dépenses, des revenus, des prix et, enfin, de l'emploi.

Friedman et Schwartz s'opposaient par principe à l'intervention publique, en particulier s'il s'agissait de dépenses publiques « à la Keynes ». Ils pensaient toutefois que la chute de l'offre de monnaie aurait pu être évitée si la Réserve fédérale avait fortement réduit les taux auxquels les banques pouvaient se refinancer auprès d'elle. Les monétaristes reprochaient également à la Réserve fédérale de ne pas avoir agi en prêteur en dernier ressort et de ne pas avoir mis des lignes de crédit à la disposition des banques et des établissements financiers menacés. Si la Réserve fédérale avait su empêcher les vagues de défaillances bancaires du début des années 1930, la Grande Dépression n'aurait pas été si grande et le pays n'aurait connu qu'une récession ordinaire.

L'analyse monétariste de la Grande Dépression a quelque mérite : la chute de l'offre de monnaie dans les années 1930 a indubitablement aggravé le resserrement du crédit, et la Réserve fédérale n'a fait qu'empirer les choses. Mais d'autres historiens de l'économie, parmi lesquels Peter Temin, ont montré depuis que la chute de la demande agrégée a été la principale cause du désastre. Selon eux, Keynes a eu raison sur l'essentiel : seul un accroissement de la demande publique aurait pu soutenir la demande agrégée, bien qu'une politique monétaire plus agressive eût favorisé le redressement final.

C'est cependant Friedman qui devint l'économiste le plus influent des années 1970 et 1980 – et non Keynes. Ce qui restait de l'économie keynésienne à cette époque n'était qu'une pâle copie de l'original. Des parties significatives de l'œuvre de Keynes – non seulement la *Théorie générale*, mais aussi son *Traité sur la monnaie* publié antérieurement – contenaient un grand nombre d'autres idées que les économistes de l'après-guerre ignorèrent afin de rendre la pensée keynésienne compatible avec les enseignements d'écoles plus anciennes, notamment ceux des économistes classiques. Connue sous le nom de synthèse néoclassique, cette tentative donna des résultats mitigés. (Un critique la qualifia de « keynésianisme bâtard ».) On retint la confiance des économistes en la capacité des pouvoirs publics à relancer la demande, mais on oublia presque tout le reste.

Tous ne faisaient pas si peu de cas des autres implications du travail de Keynes. Hyman Minsky, qui était professeur d'économie à la Washington University de Saint Louis, consacra sa vie à la construction d'un édifice théorique fondé sur les hypothèses keynésiennes. Minsky publia une biographie intellectuelle de Keynes ainsi qu'une somme présentant sa propre interprétation de la pensée keynésienne intitulée *Stabiliser une économie instable*.

Dans ces ouvrages comme dans de nombreux articles, Minsky soutint que Keynes avait été mal compris. Il se concentra sur plusieurs chapitres un peu négligés de la *Théorie générale* consacrés aux banques, au crédit et aux établissements financiers, et il les rapprocha d'idées présentées dans le *Traité sur la monnaie*. Selon Minsky, Keynes avait justement souligné que le capitalisme était par nature instable et enclin à s'écrouler. « L'instabilité est un défaut inhérent au capitalisme », note Minsky.

Selon Minsky, cette instabilité s'enracine dans le fonctionnement des établissements financiers qui autorisent l'existence du capitalisme. « L'idée selon laquelle l'économie capitaliste a un point faible est implicite dans l'analyse de Keynes. Ce point faible existe parce que le système financier qui est nécessaire à la vitalité et à la vigueur du capitalisme – qui transforme les esprits animaux des entrepreneurs en investissements – contient en puissance une expansion très rapide reposant sur l'essor de l'investissement. » Une telle expansion peut s'arrêter brutalement parce que « l'accumulation d'innovations financières fragilise le système ».

Minsky s'est à plusieurs reprises référé à l'observation de Keynes selon laquelle les intermédiaires financiers – et en particulier les banques – jouent un rôle essentiel et croissant dans les économies modernes en tissant des relations financières sophistiquées entre créanciers et débiteurs. « L'interposition de ce voile monétaire, écrit Keynes, [...] est une caractéristique très marquée du monde moderne. » Selon Minsky, Keynes a offert une « analyse approfondie » de la manière dont les forces financières interagissent avec d'un côté les variables expliquant la consommation et la production et, de l'autre, la production, l'emploi et les prix.

Tout cela contrastait vivement avec la situation de la profession économique après la Seconde Guerre mondiale : les équations et les modèles déployés par les architectes de la synthèse néoclassique ne donnaient que peu ou pas de place aux banques et aux autres établissements financiers, en dépit du fait que leur défaillance était susceptible de détruire l'ensemble de l'économie. Minsky entreprit de modifier cet état de fait en montrant comment la complexité et l'interdépendance grandissantes des banques et des établissements financiers pouvaient menacer l'ensemble du système. L'accumulation, la répartition et l'évaluation de la dette étaient au cœur de son analyse. Comme Keynes, Minsky considérait que la dette faisait partie d'un système dynamique appelé à évoluer dans le temps et reconnaissait que ce dynamisme introduisait de l'incertitude dans les calculs économiques. Dans les bonnes périodes, la promesse d'une croissance continue et de profits réguliers atténuait cette incertitude. Mais dans les mauvaises périodes, l'incertitude inciterait les agents financiers à cesser de prêter, à réduire leur exposition au risque et à thésauriser leurs capitaux.

Cette idée n'avait rien de révolutionnaire en soi. Mais l'hypothèse d'instabilité financière de Minsky comportait une autre dimension. Il répartit les débiteurs d'une économie donnée en trois catégories : ceux qui empruntent sur la base de leurs revenus futurs (*hedge borrowers*), ceux qui empruntent pour spéculer (*speculative borrowers*) et ceux qui empruntent sur la valeur de leur actif futur (*Ponzi borrowers*). Les flux de liquidités dont disposent les emprunteurs de la première catégorie leur permettront de rembourser tant les intérêts que le principal de leur dette. Les revenus des emprunteurs de la deuxième catégorie les autoriseront à rembourser les intérêts de leur dette mais pas le principal ; ils devront recourir à de nouveaux emprunts pour rembourser les anciens. La situation des emprunteurs appartenant à la troisième catégorie est la plus précaire : leur revenu ne couvrira ni le principal ni les intérêts de leur dette. Leur seule option consistera à continuer à emprunter en espérant que la valeur des actifs acquis avec les sommes empruntées croîtra.

Pendant une phase d'expansion accompagnée de spéculation, le nombre d'emprunteurs de la première catégorie diminue tandis que le nombre d'emprunteurs des deux autres catégories augmente. Les *hedge borrowers*, qui disposent de fonds grâce aux investissements prudents qu'ils ont réalisés, commencent à prêter aux *speculative borrowers* et aux *Ponzi borrowers*. Le prix de l'actif sur lequel cette phase d'expansion est fondée – l'immobilier par exemple – augmente, ce qui incite tous les emprunteurs à s'endetter davantage encore. Plus le montant de dette dont les intérêts ne sont pas remboursés augmente, plus la probabilité d'une défaillance de l'ensemble du système croît. Selon Minsky, l'élément déclenchant de la crise peut lui être presque étranger : ce peut être la faillite d'une entreprise (de la même manière que la faillite de fonds spéculatifs et de grandes banques provoqua l'explosion de la bulle en 2007 et 2008) ou la révélation d'une escroquerie (comme la mise au jour du système de Bernard Madoff en 2008).

Quand les pyramides de dette commencent à s'effriter et que le crédit s'assèche, des établissements financiers parfaitement sains, des entreprises et des consommateurs peuvent se trouver à court de liquidités, dans l'incapacité de rembourser leurs dettes sans brader leurs actifs. Lorsqu'un nombre croissant de gens cherchent à se débarrasser de leurs actifs, les prix de ceux-ci chutent, amorçant un cycle auto-entretenu de ventes à prix cassés et de baisses de prix. Quand la demande agrégée devient inférieure à l'offre de biens, l'économie entre en déflation : la quantité de biens qu'un dollar permet d'acheter augmente de jour en jour.

Cela ressemble à une bénédiction, mais c'est une malédiction pour les emprunteurs. L'économiste Irving Fisher, qui a beaucoup travaillé sur la Grande Dépression et a forgé l'expression de « déflation par la dette » pour décrire ce processus (voir chapitre 6), a fait remarquer que si les prix des biens chutent plus vite que la dette ne s'érode, la valeur réelle de la dette privée tendra à augmenter. Imaginons par exemple que quelqu'un emprunte un million de dollars pour acheter une maison. La maison vaut un million de dollars : l'emprunteur possède un million de dollars. La déflation entre en jeu et tous les prix baissent, du prix de la maison au salaire de son propriétaire. Tout coûte moins cher, mais tout le monde a moins d'argent. Malheureusement, la valeur réelle de l'emprunt a augmenté : le fardeau constitué par une dette d'un million de dollars est plus lourd qu'avant.

Parce que la déflation accroît le poids de la dette, elle augmente aussi le risque de défaut et de faillite. Lorsque ce risque se réalise, la chute des prix s'accélère et entraîne le pays dans la dépression. Entre octobre 1929 et mars 1933, par exemple, les liquidations d'actifs provoquèrent une réduction de 20 % de la valeur nominale de l'endettement privé. Mais en raison de la déflation, la valeur réelle de cet endettement augmenta de 40 %.

Afin d'éviter une répétition de la Grande Dépression, Fisher (rejoint sur ce point par Friedman et Minsky) recommanda que la banque centrale – la Réserve fédérale, dans le cas des États-Unis – joue le rôle de prêteur en dernier ressort et fournisse les liquidités nécessaires aux banques, voire aux entreprises et aux individus. Dans les cas les plus graves, les pouvoirs publics devraient mener une politique de « reflation » et ramener l'économie à la vie en l'inondant d'argent bon marché.

C'est exactement ce qui a été fait lors de la crise qui nous occupe. En 2007 et 2008, alors que la crise s'aggravait, les responsables publics américains tirèrent les leçons de la Grande Dépression et s'y conformèrent. Plutôt que de laisser succomber des milliers de banques et d'entreprises, comme le fit Hoover au début des années 1930, la Réserve fédérale ouvrit les vannes du crédit. Elle préserva ainsi la solvabilité des banques d'investissement, des compagnies d'assurances, des fonds spéculatifs, des fonds du marché monétaire et d'autres encore, et brisa de la sorte le cercle vicieux des braderies et des chutes de prix. Des lignes de crédit furent accordées à de grandes entreprises comme Chrysler et General Motors afin de les empêcher de tomber sous le coup du chapitre 7 de la loi sur les faillites et d'assister à la liquidation de leurs actifs. Le gouvernement eut recours au chapitre 11 de cette loi, ce qui permit aux entreprises concernées de se restructurer et de reprendre leur activité. Tout cela n'a qu'un lointain rapport avec la politique de « laissez-faire les liquidateurs » menée par l'administration Hoover.

Les politiques budgétaires mises en œuvre contrastent tout aussi violemment avec ce qui se passa pendant la Grande Dépression. Lorsque la crise des années 1930 devint hors de contrôle, l'idée d'utiliser la dépense publique pour freiner le ralentissement de la demande n'existait que dans l'esprit de Keynes. En quête d'équilibre budgéraire, les gouvernements du monde entier choisirent le pire moment pour tailler dans les dépenses et augmenter les impôts. En 2009 par contre, l'administration Obama adopta le plus important plan de relance de l'histoire américaine, lequel comprenait de nombreuses réductions d'impôts. De la politique monétaire (les divers outils de contrôle de l'offre de monnaie dont disposent les pouvoirs publics) à la politique budgétaire (prélever des impôts et réaliser des dépenses publiques), tout ce qui devait être fait l'a été, même imparfaitement.

Indépendamment de leurs préférences théoriques, les économistes de toute obédience devraient se réjouir de la manière dont la crise a été gérée, non ? Tel n'est pas le cas. Il existe une autre manière d'appréhender les crises financières ; elle propose une vision très différente de la Grande Dépression des années 1930, de la quasi-dépression japonaise et de la Décennie Perdue des années 1990, ainsi que de la Grande Récession que nous traversons.

Aller-retour en Autriche

L'école autrichienne naquit à la fin du XIXe siècle et au début du XXe autour d'un petit groupe faiblement structuré : Carl Menger, Ludwig von Mises, Eugen von Böhm-Bawerk et Friedrich Hayek. Ces économistes et leurs nombreux étudiants, parmi lesquels Joseph Schumpeter, formaient une bande de rebelles à peu près impossibles à ranger dans une catégorie. On peut dire la même chose des économistes du XXIe siècle qui se considèrent comme les héritiers des Autrichiens.

Quelques généralisations sont néanmoins possibles. Revendiquer aujourd'hui une affiliation à l'école autrichienne revient à proférer des idées économiques libertariennes. Un profond scepticisme à l'égard de l'intervention de l'État dans l'économie, en particulier dans la sphère monétaire, constitue l'un des piliers de l'école autrichienne. Nombre de ses tenants font par exemple une nette distinction entre une expansion de l'économie durable car financée par l'épargne privée, et une expansion malsaine parce que financée par une banque centrale. Bien qu'ils s'accordent à penser, avec Keynes et Minsky, que les bulles d'actifs et de crédit peuvent conduire à des crises dangereuses, ils n'en tiennent pas le capitalisme pour responsable. Ce sont les politiques publiques qui, selon eux, sont coupables : une politique monétaire exagérément accommodante, ainsi que des réglementations et des interventions supposées interférer avec le fonctionnement des marchés.

Ce scepticisme à l'égard de l'intervention des pouvoirs publics s'accompagne d'une autre marque de fabrique du capitalisme autrichien : la place centrale accordée à l'entrepreneur individuel. Bien qu'il n'eût rien d'un libertarien, Joseph Schumpeter développa une théorie de l'entrepreneuriat qui est souvent résumée en deux mots : « destruction créatrice ». Selon la vision du monde de Schumpeter, le capitalisme consiste en des vagues d'innovations dont seul un petit nombre survivent aux phases de dépression économique. Il ne faut pas tenter d'éviter ou d'atténuer ce processus de sélection : c'est un phénomène douloureux mais nécessaire, car les survivants créeront un nouvel ordre économique.

Pour ceux qui adhèrent au point de vue des Autrichiens, la Grande Dépression montra les dangers liés à un excès d'intervention en temps de crise. Selon certains économistes de l'école autrichienne, Roosevelt prolongea la Grande Dépression en intervenant dans l'économie. Les Autrichiens vont jusqu'à reprocher à Herbert Hoover d'avoir créé la *Reconstruction Finance Corporation*, une agence publique qui accordait des prêts aux banques et aux gouvernements locaux menacés de défaillance : il aurait entravé de la sorte le processus de « destruction créatrice ».

Ces débats relatifs à des crises éloignées dans le temps peuvent sembler académiques, mais ils ne le sont pas : les économistes de l'école autrichienne soutiennent que la réponse apportée par la puissance publique à la crise récente prépare le pire des mondes. Au lieu de laisser périr les banques, les entreprises et les ménages les plus faibles et les plus endettés, et de permettre ainsi aux plus forts de survivre et de se développer, les pouvoirs publics ont créé une économie de morts vivants : des banques zombies qui s'accrochent aux lignes de crédit des banques centrales pour rester en vie ; des entreprises zombies comme General Motors et Chrysler qui dépendent désormais de participations publiques ; et des ménages zombis qui, d'un bout à l'autre des États-Unis, comptent sur la législation pour les protéger de leurs créanciers et leur permettre de conserver des logements qu'ils n'avaient pas les moyens d'acheter.

Dans ce processus, les pertes privées sont socialisées : elles deviennent le fardeau de la société dans son ensemble et, par conséquent, du gouvernement national, puisque les déficits budgétaires conduisent à des hausses insoutenables de l'endettement public. Le poids de la dette peut finir par mettre les finances publiques sous tension et réduire la croissance économique de long terme. Dans des cas extrêmes, le gouvernement peut être amené à faire défaut sur sa dette ou à faire marcher la planche à billets afin d'en réduire la charge, ce qui est susceptible de porter l'inflation à des niveaux dangereusement élevés. Les tenants de l'école autrichienne soutiennent qu'il eût mieux valu laisser les liquidations avoir lieu aussi rapidement que possible. Si Andrew Mellon était vivant, il se ferait des amis dans le camp autrichien.

La course à la réglementation qui se produit si fréquemment à la suite d'une crise inspire également un profond scepticisme aux économistes d'obédience autrichienne. Selon eux, l'excès de réglementation a été à l'origine de la crise, et y ajouter ne fera que rendre les crises à venir plus violentes. Cela semble contre-intuitif : comment la réglementation peut-elle provoquer une crise ? Les Autrichiens répondraient que des innovations comme les garanties de dépôts bancaires et l'existence d'un prêteur en dernier ressort ont apporté davantage de sécurité à tous ceux qui détiennent un compte-épargne, mais ont aussi accru l'appétit des banquiers pour le risque. Un peu comme celui qui est tenté de conduire plus vite parce qu'il porte une ceinture de sécurité, les banques prennent de plus grands risques – et espèrent des profits supérieurs – parce qu'elles ont l'assurance que le gouvernement s'occupera des déposants en cas de défaillance.

Cette même logique s'étend à un certain nombre d'autres interventions publiques dans l'économie. Voilà quelques années, les analystes de Wall Street parlaient d'un « put Greenspan » pour désigner la croyance selon laquelle la Réserve fédérale viendrait à la rescousse du système financier en pratiquant une politique monétaire expansionniste, en multipliant les lignes de crédit spéciales et en jouant le rôle de prêteur en dernier ressort. (Un « put » est une option qu'un investisseur peut acheter pour se couvrir contre une chute brutale du marché.) Le « put Greenspan » correspond exactement à ce qui s'est produit lorsque la crise a éclaté : la Réserve fédérale est intervenue et a récompensé par des largesses monétaires les risques pris par des incompétents – c'est du moins ainsi que les Autrichiens l'interpréteraient. Une telle politique n'a fait que préparer un cycle expansion-récession plus désastreux encore.

Les Autrichiens soutiennent que nombre des remèdes couramment employés pour traiter les catastrophes financières sont pires que le mal. Si les gouvernements recourent aux déficits publics pour maintenir l'économie à flot, la dette publique atteint des niveaux insoutenables. Les pouvoirs publics sont obligés d'augmenter les taux d'intérêt et tuent ainsi la reprise dans l'œuf. Les Autrichiens critiquent tout aussi vivement la solution « douce » à ce problème : faire marcher la planche à billets pour monétiser les déficits. Agir de la sorte conduira inévitablement à une conjonction d'inflation et de croissance économique anémique comparable à la stagflation qui paralysa les États-Unis dans les années 1970. Quelle que soit la forme de son intervention, le gouvernement ne fait qu'empirer la situation et semer les graines d'une bulle plus importante encore, puisque tout le monde est convaincu qu'un plan de sauvetage sera mis en œuvre en cas de crise financière.

Les conceptions de l'école autrichienne semblent pour une large part extrêmes, ou à tout le moins dépourvues de sensibilité. Elles sont à l'opposé de la pensée de Keynes, tout comme Joseph Schumpeter a été le principal rival de Keynes quand tous deux étaient en vie. Tandis que Keynes concevait le capitalisme comme un système susceptible de connaître des déséquilibres (mais que l'intervention publique pouvait aisément stabiliser), Schumpeter pensait que l'instabilité était la conséquence du type d'innovation qui autorisait l'existence même du capitalisme.

Du point de vue autrichien, la crainte est que les États-Unis ne suivent la pente que le Japon avait dévalée dans les années 1990, lorsque ce pays répondit à sa lente agonie financière en soutenant des banques et des entreprises zombies et en ramenant les taux d'intérêt à zéro, inondant l'économie avec encore plus d'argent facile. Le gouvernement japonais creusa par ailleurs son déficit budgétaire pour financer les dépenses de relance préconisées par Keynes. Au lieu d'autoriser une « destruction créatrice », les Japonais construisirent des ponts qui n'allaient nulle part et alourdirent spectaculairement le fardeau de la dette publique. Le résultat, affirment les économistes de l'école autrichienne, fut la Décennie Perdue.

Les Autrichiens ont-ils un quelconque mérite ? Les économistes qui ont juré fidélité à Keynes soutiennent que le Japon a tardé à mettre en place une relance budgétaire et une politique monétaire appropriées. Ils soulignent que le gouvernement japonais a attendu deux ans après l'explosion de la bulle pour mettre en œuvre un plan de relance. Pis encore : la Banque du Japon attendit huit ans avant de ramener les taux d'intérêt de 8 % à 0 % et abandonna trop tôt sa politique de taux d'intérêt zéro. Tout comme Roosevelt provoqua une chute de l'activité économique en mettant un terme dès 1937 aux politiques budgétaire et monétaire de soutien de l'activité, le Japon déclencha une récession qui dura de 1998 à 2000. Selon cette logique, les États-Unis risqueraient de faire la même erreur s'ils renonçaient au soutien budgétaire de l'activité ou serraient les brides à la politique monétaire alors que la reprise a à peine commencé.

L'approche autrichienne est erronée lorsqu'il s'agit des politiques de court terme. Ainsi que Keynes et Minsky le reconnaissent, une crise produite par des excès financiers peut se muer en dépression en l'absence d'intervention publique, et ce qui paraît être une prudente retraite devant le risque finit par ressembler à une déroute. Quand les « esprits animaux » du capitalisme se volatilisent, la « destruction créatrice » vantée par les Autrichiens peut rapidement se transformer en effondrement autoréalisateur de la demande agrégée privée. En conséquence, des entreprises, des banques et des ménages solvables bien qu'en situation difficile n'ont plus accès au crédit nécessaire à leur survie. Que des banques, des entreprises et des ménages qui ne sont vraiment plus solvables fassent faillite, c'est une chose ; mais que des spectateurs innocents de la crise économique soient contraints à la faillite parce que le crédit s'est asséché, c'en est une autre.

Afin d'empêcher ce type de dommage collatéral, il est judicieux de suivre le scénario imaginé par Keynes pour faire face aux crises, même si les fondamentaux suggèrent que des parties non négligeables de l'économie sont non seulement dépourvues d'actifs liquides mais aussi insolvables. À court terme, il vaut mieux prévenir un effondrement désordonné de l'ensemble du système financier grâce à la mise en œuvre d'une politique monétaire accommodante et à l'édification de remparts : l'intervention de prêteurs en dernier ressort ou des injections de capital dans des banques fragilisées. Il est également utile de soutenir la demande agrégée au moyen de dépenses publiques et de réductions d'impôts. Agir de la sorte permet d'éviter qu'une crise financière ne se transforme en quelque chose de comparable à la Décennie Perdue japonaise ou, pire encore, à la Grande Dépression.

Mais les Autrichiens ont des choses à nous apprendre lorsqu'on en vient au moyen et au long terme. Minsky lui-même fit remarquer que la résorption d'une crise économique en moyenne et longue période exigeait que tous les agents économiques – ménages, entreprises, banques – réduisent leur niveau d'endettement. Remettre cela à plus tard est toujours une erreur. Engloutis sous leur dette, les banques, les entreprises et les ménages deviennent incapables de prêter, dépenser, consommer ou investir. Il n'est pas davantage tenable de socialiser ces pertes au moyen de plans de sauvetage répétés. Le même raisonnement vaut pour la tentation de se débarrasser du fardeau de la dette en laissant filer l'inflation. Ces interventions ne font que déplacer le problème d'une partie de l'économie à une autre. À long terme, il est absolument indispensable que les agents économiques insolvables fassent faillite et se reconstruisent : les maintenir en vie indéfiniment ne fait que prolonger le problème.

En règle générale, les disciples de Keynes et ceux de Schumpeter ne s'adressent pas la parole. C'est malheureux, parce que ces deux penseurs – et les écoles qui leur sont associées – ont quelque chose à dire de ce qui devrait être fait. Une synthèse de leurs visions pourrait contribuer à résoudre les problèmes auxquels nous sommes confrontés : sortir de la crise exige de mettre en œuvre une approche pragmatique retenant le meilleur de chaque camp et reconnaissant que les dépenses publiques, les plans de sauvetage, le soutien de prêteurs en dernier ressort et la politique monétaire peuvent être d'un grand secours à court terme, mais que cela ne suffira pas pour renouer avec la prospérité.

Ce que nous recommandons est une sorte de « destruction créatrice » contrôlée. Les crises financières ressemblent un peu à l'énergie nucléaire : elles sont terriblement destructrices si toute l'énergie est libérée en une seule fois, mais beaucoup moins si elle est canalisée et contrôlée. Les interventions massives de la Réserve fédérale et des pouvoirs publics du monde entier ont mis la crise financière sous contrôle. Mais il reste beaucoup à faire : les actifs radioactifs doivent être identifiés, isolés et traités. De nouvelles réglementations doivent être adoptées et les institutions financières internationales doivent être réformées.

Il est urgent de trouver le moyen d'accomplir cette tâche. Keynes fit remarquer que « les économistes s'adonnent à une tâche trop facile, trop primitive si, dans la saison des tempêtes, ils nous annoncent seulement que lorsque l'orage sera terminé, l'océan retrouvera son calme ». Les flots finiront par cesser de bouillonner, mais le temps qu'il leur faudra pour s'apaiser dépend de la capacité des économistes à appréhender le problème, forger des solutions et prendre des décisions difficiles.

Pour relever ces défis, il est bon d'ajouter une flèche au carquois de l'économie de crise. L'analyse des crises ne relève pas des seules théories économiques. Il est nécessaire de leur adjoindre une dimension qui n'est pas aisément réductible à une école de pensée, à un modèle ou à une équation : l'étude du passé.

Les usages de l'histoire

En juillet 2007, le légendaire Paul Samuelson accepta de donner un entretien. Samuelson, qui restait extrêmement productif alors qu'il avait passé les quatre-vingt-dix ans, est considéré comme le plus grand économiste du dernier demi-siècle. Ce codificateur de l'analyse économique néoclassique a vu sa discipline s'orienter vers la description de phénomènes économiques intemporels au moyen de modèles mathématiques ésotériques. Mais lorsque l'interviewer lui demanda innocemment ce qu'il conseillerait à quelqu'un s'engageant dans des études doctorales en économie, Samuelson donna une réponse inattendue. « Je dirais quelque chose que je n'aurais probablement pas dit quand j'étais plus jeune : ayez le plus grand respect pour l'étude de l'histoire économique, parce que c'est la matière première d'où proviendront toutes vos hypothèses et toutes les données permettant de les tester. »

Samuelson a raison : l'histoire économique est importante, bien plus que les théories de l'efficience des marchés et de la rationalité des investisseurs ne voudraient nous le faire croire. Non que l'histoire se répète d'une manière simpliste et cyclique, bien que les points de comparaison entre le passé et le présent soient nombreux. L'histoire est importante parce que sa matière première peut informer et infléchir les théories économiques. Elle injecte des éléments de réalité dans les élégants modèles mathématiques conçus par Samuelson et ses pairs. C'est une bonne chose : une foi quasi religieuse en la modélisation crée les conditions d'une crise en dissimulant aux yeux des traders et des autres acteurs du marché les risques bien réels accumulés au cours des ans. L'histoire encourage l'humilité, qualité précieuse pour prendre la mesure de crises qui suivent généralement de près des déclarations arrogantes selon lesquelles les règles habituelles de l'économie ne trouvent plus à s'appliquer.

Nous ne sommes pas seuls à souhaiter tirer les leçons de l'histoire. Depuis que les crises existent, il y a eu des tentatives destinées à les replacer dans leur contexte historique. Des amateurs comme le journaliste écossais Charles Mackay, dont les *Memoirs of Extraordinary Popular Delusions and the Madness of Crowds* furent publiés en 1841, ouvrirent cette voie. Bien qu'il ne soit que partiellement consacré aux crises économiques (et qu'il soit bourré d'inexactitudes), le livre de Mackay a été l'une des premières tentatives de tirer des leçons de l'histoire des crises économiques. Sa principale conclusion – les êtres humains sont irrationnels et enclins à des bouffées d'exubérance et d'euphorie économiques – a précédé le développement de l'économie comportementale comme celui de l'analyse historique des crises.

Plusieurs économistes et historiens professionnels marchèrent sur les traces de Mackay, mais l'économiste Charles P. Kindleberger fut le premier à proposer une théorie historique générale des crises dans son *Histoire mondiale de la spéculation financière* (1978). Ce livre devint un classique ; bien que ses conclusions aient à l'évidence été ignorées au cours des années précédant le récent désastre, la curiosité qui l'anime continue de nous inspirer. Elle a également influencé le travail systématique et rigoureux de Carmen Reinhart et Kenneth Rogoff. Pour *This Time Is Different : Eight Centuries of Financial Folly* (2009), ces deux économistes ont réuni une quantité impressionnante de données historiques relatives aux crises et ont montré que bien que les détails des débâcles monétaires, des paniques bancaires et des non-remboursements de dettes varient, la trajectoire d'ensemble des crises reste identique d'une décennie à l'autre et d'un siècle au suivant.

Ce travail, comme tant d'autres réalisés par des historiens ou des économistes ayant développé une approche historique, nous aide à identifier les origines profondes de la crise ainsi que ses effets secondaires. Le meilleur moyen de comprendre les crises consiste clairement à les considérer comme une partie d'un enchaînement de causes et de conséquences qui ont débuté longtemps avant et se poursuivront longtemps après la phase aiguë de la crise. C'est dans cet esprit que nous nous apprêtons à mettre en évidence certaines des forces profondes qui, des années durant, ont préparé l'explosion de la crise.

3. La tectonique des plaques

Voici la façon dont est généralement présentée la crise actuelle : une bulle immobilière qui s'était formée aux États-Unis devint hors de contrôle en 2005 ou en 2006. Ceux qui ne pouvaient pas véritablement s'offrir les prêts hypothécaires qu'ils avaient obtenus finirent par faire défaut. Parce qu'ils avaient été titrisés, ces prêts contaminèrent l'ensemble du système financier et provoquèrent sa chute.

Cette présentation fait porter la responsabilité de la catastrophe sur des acteurs isolés, les titulaires de prêts *subprime*. C'est rassurant, mais faux : bien que la bulle immobilière ait partiellement reposé sur des prêts hypothécaires à risque, les problèmes étaient nettement plus nombreux. Ils étaient aussi anciens, puisqu'ils trouvaient leur origine dans les profonds changements structurels de l'économie qui étaient à l'œuvre depuis plusieurs années.

En d'autres termes, la titrisation de prêts de mauvaise qualité ne fut qu'un des éléments en cause ; les changements intervenus au fil du temps dans la gouvernance d'entreprise et les systèmes de rémunération jouèrent également un rôle. Les pouvoirs publics portèrent eux aussi une part de responsabilité ; ce fut notamment le cas de la politique monétaire conduite par Alan Greenspan ainsi que des politiques menées depuis plusieurs décennies en faveur de l'appropriation de leur logement par les ménages américains.

La portée de l'intervention publique fut finalement minorée par celle de l'inaction du gouvernement. Des années durant, les régulateurs avaient fermé les yeux sur l'apparition d'un système bancaire parallèle dont l'existence fragilisait et menaçait l'ensemble du système financier. Ces nouveaux établissements financiers s'enrichirent grâce à l'argent facile et au crédit bon marché mis à leur disposition non seulement par la Réserve fédérale, mais aussi par des économies émergentes comme la Chine.

Ces évolutions sont restées invisibles aux yeux de la plupart des observateurs de marché ; ils ne prirent du moins pas pleinement conscience de leur importance. Les prêts *subprime* n'étaient que le symptôme le plus évident du pourrissement du système. Cela met en lumière un principe cardinal de l'économie de crise : les désastres financiers les plus destructeurs ne résultent pas de phénomènes aussi limités que les prêts hypothécaires à risque ou l'existence de quelques investisseurs imprudents. Ils ne sont pas non plus le produit de l'euphorie entourant la formation d'une bulle spéculative.

Comme dans le cas d'un tremblement de terre, les tensions s'accumulent durant de nombreuses années ; et lorsque le choc se déclenche enfin, il peut être ravageur. Entre 2006 et 2008, ce ne sont pas seulement les valeurs garanties par hypothèque qui furent touchées : l'ensemble du système financier fut frappé. Cette catastrophe révéla une vérité terrifiante : les maisons des titulaires de prêts *subprime* n'étaient pas les seuls bâtiments à se trouver sur la ligne de faille : d'innombrables tours faites de leviers d'endettement et de dettes avaient été construites sur des zones menacées.

L'innovation financière

Bien des bulles commencent à se former lorsque la mise en œuvre d'une innovation annonce l'avènement d'une économie nouvelle. Dans les années 1840, une manie spéculative entoura en Grande-Bretagne l'apparition d'une nouvelle technologie : le chemin de fer. En 1830, le transport de passagers entre Manchester et Liverpool autorisa le succès commercial d'une première ligne de chemin de fer ; par la suite, les investisseurs acquirent les actions de compagnies qui construiraient des lignes encore plus rentables. Vers 1845-1846, à l'apogée de cette phase d'expansion, les prix des actions des compagnies de chemin de fer montèrent en flèche et les entreprises concernées construisirent des milliers de kilomètres de voies ferrées, dont beaucoup étaient redondantes et ne présentaient aucun caractère de nécessité. Bien que cette expansion ait pris fin brutalement, elle était partiellement justifiée par des éléments fondamentaux : une technologie nouvelle avait produit de nouvelles opportunités commerciales. La plupart des compagnies de chemin de fer des années 1840 firent faillite, mais elles laissèrent des infrastructures essentielles au développement économique de la nation tout au long du XIXe siècle.

On peut dire la même chose du développement des entreprises dans les années 1990. Quoiqu'il se soit rapidement transformé en bulle spéculative, il était au moins partiellement justifié par une nouvelle technologie ainsi que par ses multiples promesses d'applications. Beaucoup d'entreprises survécurent lorsque cette bulle explosa, et les nouvelles infrastructures – câble coaxial, relais de téléphonie mobile et autres innovations tangibles – restèrent en place.

La crise récente n'a en revanche guère laissé de bénéfices tangibles : les lotissements laissés à l'abandon à Las Vegas sont à peu près inutiles. L'essor du marché du logement n'était pas étayé par une révolution technologique : les maisons construites en 2006 ne différaient guère de celles bâties une ou deux décennies plus tôt. La phase d'expansion récente est une créature rare : une expansion sans évolution des fondamentaux. Ce n'était rien d'autre qu'une bulle spéculative.

Mais si l'innovation ne permet pas d'expliquer l'expansion du marché du logement, qu'est-ce qui peut le faire ? Il y avait en réalité de nombreuses innovations – ça, c'est la bonne nouvelle. La mauvaise, c'est qu'elles étaient concentrées dans un secteur de l'économie : l'industrie des services financiers. Ce n'était pas un problème en soi. Après tout, bien des innovations financières des siècles passés – par exemple l'assurance et les dérivés de matières premières – ont prouvé leur valeur en autorisant les acteurs des marchés à gérer et à contenir le risque.

Le même esprit animait à l'origine les innovations financières les plus récentes. Elles tentaient en effet d'améliorer le fonctionnement de l'industrie du crédit. Voilà plusieurs décennies, les banques qui offraient des prêts immobiliers suivaient le modèle *originate and hold* (octroi et détention du crédit). Un acheteur immobilier potentiel faisait une demande de crédit ; la banque lui prêtait de l'argent, puis attendait tranquillement qu'il rembourse le principal et les intérêts. La banque qui avait consenti le prêt le conservait dans ses comptes ; c'était strictement une transaction entre l'acheteur immobilier et la banque.

L'innovation financière modifia cette relation. Dans les années 1970, la Government National Mortgage Association, plus connue sous le nom de Ginnie Mae, créa les premières valeurs garanties par hypothèque en émettant des obligations sur la base de portefeuilles regroupant les prêts hypothécaires qu'elle avait accordés. Cela lui permit de recevoir un paiement forfaitaire en provenance des acquéreurs de ces obligations plutôt que d'attendre trente ans pour bénéficier des gains liés aux prêts consentis. En échange, les acquéreurs de ces nouvelles obligations recevraient une fraction des revenus provenant des remboursements d'emprunts de milliers d'acheteurs immobiliers.

Ce système était révolutionnaire. Grâce à ce qui fut très vite appelé « titrisation », des actifs illiquides, tels les prêts hypothécaires, pouvaient être transformés en actifs liquides échangeables sur le marché. Ces nouveaux instruments portaient le nom de *mortgage-backed securities*. Des agences gouvernementales comme Freddie Mac et Fannie Mae mirent en œuvre des procédures de titrisation ; des banques d'affaires, des sociétés de courtage et même des promoteurs immobiliers fusionnèrent un nombre croissant de prêts immobiliers sous forme de titres toujours plus rentables. Les investisseurs du monde entier se les arrachèrent. Après tout, il était communément admis que les prix des logements ne baisseraient jamais.

Les banques d'affaires pilotèrent la création des *mortgage-backed securities*. Elles aidèrent ceux qui avaient créé un portefeuille de prêts immobiliers – une banque, un prêteur non bancaire ou une société fondée par le gouvernement fédéral – à mettre en place un fonds commun de créances (*special purpose vehicle* ou SPV). Le SPV émettrait ensuite des obligations, les *mortgage-backed securities*, et les vendrait à des investisseurs. En théorie, ce système permettait à chacun d'obtenir ce qu'il voulait. L'acheteur immobilier bénéficiait d'un prêt, tandis que le courtier immobilier et l'évaluateur recevaient des honoraires. Le prêteur immobilier réalisait un profit rondelet sans avoir à attendre trente ans. La banque d'affaires percevait de coquets honoraires pour son aide, même si celle-ci consistait à transférer à quelqu'un d'autre le risque lié au prêt immobilier. Enfin, les investisseurs qui achetaient ces titres s'attendaient à percevoir un revenu fixe aussi longtemps que les acheteurs immobiliers rembourseraient leurs emprunts.

Bien que les *mortgage-backed securities* soient devenues de plus en plus populaires dans les années 1980, elles ne décollèrent pas vraiment avant les années 1990. Il y a quelque ironie à constater que la crise des caisses d'épargne américaines assura le succès de la titrisation. Plus de mille six cents organismes d'épargne logement firent faillite parce qu'ils avaient réalisé de mauvais prêts immobiliers résidentiels et commerciaux et qu'ils les avaient gardés dans leurs comptes conformément au modèle *originate and hold*. Cela ne se serait pas produit si ces prêts avaient été titrisés – ou, plus exactement, c'est la leçon que de nombreux banquiers tirèrent de la crise des caisses d'épargne. Le nouveau mode de pensée était assez simple : mieux valait revendre les prêts et empocher immédiatement un profit non négligeable plutôt que de les conserver et d'assumer un risque de défaillance. Céder les prêts à des établissements mieux à même de supporter les risques qui leur étaient associés – des fonds de pension, des compagnies d'assurances et d'autres investisseurs institutionnels – permettrait de réduire le risque de crise bancaire systémique. Le modèle *originate and distribute* (octroi puis cession du crédit) se substitua au modèle *originate and hold*.

Ce principe est valable aussi longtemps que les acheteurs de ces titres peuvent évaluer précisément leur degré de risque. Mais si vous êtes une banque qui vend des prêts hypothécaires passés à la moulinette de la titrisation, votre objectif premier consiste à vous défaire le plus rapidement possible du plus grand nombre de prêts possibles. Chaque vente vous procurera de l'argent qui servira à accorder de nouveaux prêts. Puisque la banque ne supporte plus les conséquences liées au fait de consentir de mauvais prêts, elle a malheureusement moins d'incitations à surveiller le risque sous-jacent des prêts hypothécaires. Lorsque le modèle *originate and hold* est remplacé par le modèle *originate and distribute*, on se refile les prêts risqués comme on le ferait d'une patate chaude.

Dans les années 1990 et 2000, lorsque la titrisation devint de plus en plus répandue, les courtiers hypothécaires, les évaluateurs d'hypothèque, les banques ordinaires, les banques d'affaires, et même les établissements quasi publics comme Fannie Mae et Freddie Mac cessèrent de soumettre les emprunteurs potentiels à un examen minutieux. Les « prêts menteurs » devinrent monnaie courante : les emprunteurs mentaient à propos de leur revenu et ne parvenaient pas à fournir de preuve écrite de leur salaire. Consentis à des emprunteurs n'ayant ni revenu, ni emploi, ni actifs (*« No Income, No Job, (no) Assets »*), les « prêts NINJA » étaient les pires de tous.

La titrisation ne s'arrêta pas là. Les établissements financiers supervisaient la titrisation de prêts hypothécaires garantis par des biens immobiliers commerciaux ainsi que de nombreux types de prêts à la consommation : l'endettement accumulé sur les cartes de crédit, les prêts étudiants, les prêts destinés à financer l'achat d'automobiles. Les prêts aux entreprises furent aussi titrisés, tout comme les prêts à effet de levier et les prêts industriels et commerciaux. Les obligations produites par la titrisation – les valeurs adossées à des actifs (*asset-backed securities*) – se révélèrent populaires, et la titrisation se répandit davantage encore. Comme le concluait en 2001 un manuel consacré à la gestion du risque, « il semble parfois que tout ou presque puisse faire l'objet d'une titrisation ». Ce n'était pas excessif : au moment où la crise se déclencha, la titrisation avait été appliquée aux locations d'avions, aux recettes des activités forestières et minières, aux droits de rétention sur les biens dont les propriétaires n'avaient pas payé leurs impôts, aux recettes des relais hertziens, aux crédits permettant de financer l'achat de bateaux, aux recettes du gouvernement fédéral et des gouvernements locaux, et même aux redevances dues à des groupes de rock.

Nombre de ces produits d'un genre nouveau souffraient de problèmes et de tentations associés à la première génération de valeurs adossées à des prêts hypothécaires : la banque ou l'entreprise à l'origine de ces titres n'avaient pas d'incitation à réaliser le travail de surveillance et de vérification (*due diligence*) nécessaire afin de s'assurer que les prêts sous-jacents seraient remboursés. Les banques d'affaires qui avaient donné le jour à ces titres ne remplirent pas non plus cette tâche : elles voulaient céder les prêts qu'elles avaient transformés en valeurs mobilières et les faire disparaître de leurs bilans.

En théorie, les agences de notation – Moody's, Fitch, Standard & Poor's – auraient dû donner l'alerte. Mais compter sur les agences de notation revenait à faire garder un poulailler par un renard : elles étaient incitées de toutes les façons possibles à attribuer une note élevée aux titres qu'elles suivaient (voir chapitre 8). Agir de la sorte leur permettait de se faire verser de jolis honoraires par les entités qu'elles évaluaient et de s'assurer leur clientèle ; à l'opposé, évaluer la situation de façon réaliste pouvait conduire à perdre un mandat en cours ainsi que des mandats futurs. Mieux valait attribuer à une banque l'équivalent financier du *Good Housekeeping Seal of Approval* et croiser les doigts. À la veille de la crise, plus de la moitié des profits des agences de notation venait de l'attribution de notes AAA à des produits financiers structurés exotiques – notes dont beaucoup n'étaient pas méritées.

Les agences de notation eurent cependant de réelles difficultés à évaluer la probabilité de défaut des prêts fondus dans ces titres, car il y avait très peu de données disponibles relatives aux prêts *subprime* et à leurs taux de défaut. C'était particulièrement vrai des nouveaux, exotiques et complexes *mortgage-backed* et *asset-backed securities* fabriqués par les banques d'affaires dans les années 1980. Ces titres portaient différents noms et acronymes : obligations adossées à des prêts hypothécaires (*collateralized mortgage obligations* ou CMO), obligations adossées à des actifs de natures diverses (*collateralized debt obligations* ou CDO) et obligations adossées à des crédits bancaires (*collateralized loan obligations* ou CLO).

Tous fonctionnaient selon le même principe. Quiconque détenait une valeur adossée à des prêts hypothécaires dite « vanille » prenait un certain risque : le propriétaire d'une maison pouvait faire défaut ou, plus simplement, rembourser son emprunt par anticipation, privant de la sorte le prêteur des versements d'intérêts additionnels qui auraient été dus si le remboursement s'était déroulé selon le calendrier initialement retenu. Les « ingénieurs » de Wall Street fournirent une solution élégante : les CDO. Les CDO étaient divisés en tranches. Les plus simples n'avaient que trois tranches : *equity*, *mezzanine* et *senior*. Les acheteurs d'une tranche *equity* recevaient le rendement le plus élevé assorti du risque le plus important : si les propriétaires de logement faisant partie du portefeuille sous-jacent venaient à faire défaut, les détenteurs d'une tranche *equity* seraient les premiers à réaliser des pertes. La tranche *mezzanine* était moins risquée : ses détenteurs subiraient des pertes en cas de défaut d'un pourcentage plus élevé de propriétaires de logement du portefeuille sous-jacent. Au sommet se trouvait la tranche *senior*. Elle était considérée comme la moins risquée, mais en contrepartie, son rendement était le plus faible. Les détenteurs de la tranche *senior* étaient payés en premier et étaient les derniers à subir des pertes.

L'impressionnant édifice du financement structuré reposait sur des bases précaires. Il relevait d'un tour de passe-passe : un portefeuille de prêts hypothécaires à risque notés BBB était transformé en *mortgage-backed securities* également notés BBB avant d'être découpés en tranches ; la tranche *senior*, qui représentait environ 80 % des actifs sous-jacents, était notée AAA. Cette opération permettait de transformer des déchets toxiques en titres plaqués or sans que le risque associé aux prêts hypothécaires sous-jacents ait diminué.

La titrisation atteignit des degrés de complexité encore plus élevés. Il devint par exemple à la mode de combiner des CDO avec d'autres CDO avant de les découper en tranches. Ces CDO de CDO (parfois appelés CDO au carré) pâlissaient de la comparaison avec des produits plus baroques sortis des laboratoires de Wall Street : des CDO de CDO de CDO, mieux connus sous le nom de CDO au cube ; et des CDO synthétiques, qui associent des *credit default swaps* de manière à imiter un CDO sous-jacent. Certains produits plus ésotériques avaient bien plus de trois tranches : ils pouvaient en avoir cinquante voire cent, chacune représentant un certain niveau de tolérance au risque.

Rétrospectivement, il est facile d'appréhender les dangers liés à ce type d'innovation financière. Découper le risque de crédit en morceaux et l'expédier partout dans le monde provoqua la diffusion d'instruments financiers exotiques, complexes et illiquides. Ces produits devinrent si diaboliquement sophistiqués qu'il était difficile de les évaluer au moyen des méthodes conventionnelles : plutôt que de se fonder sur les prix du marché, les établissements financiers eurent recours à des modèles mathématiques. Ces modèles reposaient malheureusement sur des hypothèses optimistes qui minimisaient la mesure du risque. Il en sortit un système financier totalement opaque, insondable, et mûr pour une panique.

Cet état de choses peut paraître inédit – et il l'était, mais seulement dans ses détails. Le manque de transparence, la sous-estimation du risque et l'ignorance de la manière dont les nouveaux produits financiers se comporteraient s'ils étaient mis sous tension sont des problèmes récurrents, communs aux crises passées et à la crise récente.

L'aléa moral

Les ingénieurs financiers auxquels nous devons des monstruosités comme les CDO au cube méritent des reproches. Mais de nombreux autres problèmes s'étaient accumulés, qui allaient bien au-delà des faiblesses évidentes de la titrisation. La gestion défaillante des établissements financiers prépara elle aussi le terrain à la crise récente.

Le concept d'aléa moral est essentiel pour comprendre la situation de ces établissements. Présenté simplement, l'aléa moral traduit la volonté d'un agent de prendre des risques – et en particulier des risques excessifs – qu'il chercherait normalement à éviter parce qu'il sait que quelqu'un d'autre en assumera les conséquences négatives ou viendra au secours de ceux qui ont pris ces risques. Quelqu'un qui dispose d'une assurance automobile pourrait être plus disposé à garer son véhicule dans un endroit où il est susceptible d'être volé ou à se passer de dispositif antivol que celui qui n'a pas souscrit une telle assurance. Le propriétaire de la voiture sait que la compagnie d'assurances couvrira ses pertes : son problème deviendra celui de quelqu'un d'autre. De la même manière, celui qui loue une voiture à laquelle est associé un contrat de maintenance est plus susceptible d'adopter une conduite détériorant son véhicule que quelqu'un qui n'a pas souscrit un tel contrat. Le locataire sait qu'il pourra se décharger des problèmes éventuels sur quelqu'un d'autre.

L'aléa moral a joué un rôle significatif lors de la crise récente. Dans le processus de titrisation, le courtier qui apportait sciemment un « prêt menteur » à une banque était récompensé de ses efforts mais ne portait pas la responsabilité de ce qui se passerait en cas de défaillance de l'emprunteur. De façon similaire, le trader qui faisait d'énormes paris sur un CDO était grassement rémunéré en cas de succès mais ne risquait guère d'être sanctionné en cas d'échec. Même s'il était licencié, il conserverait les rémunérations accumulées au fil des ans. Les conséquences de ses décisions devenaient le problème de quelqu'un d'autre, c'est-à-dire de la compagnie qui l'employait.

Ce constat est assez courant. Ce qui est moins connu est le fait que l'aléa moral était particulièrement répandu dans l'industrie des services financiers en raison du mode de rémunération qui y prévalait. Les traders et les banquiers qui travaillaient pour des banques d'affaires, des fonds spéculatifs ou d'autres établissements de services financiers percevaient certes un salaire, mais leurs performances étaient également récompensées par l'attribution de bonus annuels. Bien que les bonus aient été utilisés de longue date dans ce type d'entreprises, leur importance avait considérablement crû lors des années récentes : toutes les grandes banques d'affaires – Goldman Sachs, Morgan Stanley, Merrill Lynch, Lehman Brothers et Bear Stearns – y consacraient des sommes toujours plus vertigineuses. En 2005, ces cinq firmes versèrent 25 milliards de dollars sous forme de bonus, contre 36 milliards en 2006 et 38 milliards un an plus tard.

Le ratio des bonus aux salaires de base était par ailleurs monté en flèche. En 2006, le bonus moyen représentait 60 % de la rémunération totale dans les cinq plus grandes banques d'affaires. Dans certains cas, le chiffre était beaucoup plus élevé : des bonus s'élevant à dix ou douze fois le salaire de base étaient courants dans certains des établissements situés au cœur de la tourmente. Même lorsque ces firmes furent placées sous assistance, elles continuèrent à verser des bonus.

Le système des bonus, qui mettait l'accent sur les profits de court terme réalisés en l'espace d'une année, encourageait la prise de risque et le recours massif à l'effet de levier. Cela n'était nulle part plus évident que chez AIG, qui s'était spécialisé dans la vente d'assurances contre des événements qui n'étaient guère susceptibles de se produire lors d'une année donnée – la faillite de Lehman Brothers, par exemple. À court terme, la volonté de parier des sommes considérables sur la réalisation de telles catastrophes permit de dégager des recettes et des profits importants et de verser des bonus aux traders comme aux banquiers. À long terme, l'inévitable se produisit, et les compagnies comme AIG furent menacées d'effondrement. Les conséquences des décisions de ces parieurs furent assumées par d'autres qu'eux – en l'espèce, les contribuables américains.

Ces premières manifestations d'aléa moral auraient théoriquement dû être évitées, mais tel ne fut pas le cas. Pourquoi ? La réponse se trouve dans ce que les économistes appellent le problème principal-agent. Dans les entreprises capitalistes de grande taille, les « principaux » (les actionnaires et le conseil d'administration) doivent engager d'autres personnes, les gestionnaires (les « agents »), afin de mettre à exécution leurs projets et de tenir la boutique. Les agents en savent malheureusement davantage que les principaux sur ce qui se passe dans l'entreprise ; ils peuvent donc poursuivre leur propre intérêt jusqu'à ce que celui-ci ait des effets destructeurs.

Songez par exemple au problème d'un commerçant dont les employés s'occupent des caisses. C'est un exemple particulièrement simple du problème principal-agent. Le propriétaire du magasin a évidemment intérêt à avoir des employés honnêtes qui ne se remplissent pas les poches. Mais il n'est pas omniscient : il ne peut pas être au courant de tout ce qui se passe dans son magasin. Il souffre de ce que les économistes appellent le problème de l'asymétrie d'information, dans lequel le principal (le propriétaire du magasin) en sait moins que l'agent (le caissier). Le commerçant doit faire en sorte que ses employés servent ses propres intérêts, ce qui n'est pas une mince affaire.

Multipliez à présent ce problème en imaginant de nombreuses couches d'employés ou « agents » ayant tous la possibilité de poursuivre leurs propres intérêts aux dépens des « principaux » qui les surveillent. De surcroît, de nombreux employés sont à la fois principaux (ils sont responsables de la surveillance des employés de niveau inférieur) et agents (ils doivent rendre compte à une personne de rang hiérarchique supérieur). Le problème est enfin plus complexe : il ne s'agit pas d'empêcher les agents de voler, mais d'utiliser les ressources de l'entreprise pour réaliser des paris risqués d'une ampleur exceptionnelle de manière à toucher le bonus le plus élevé possible, même si cela signifie conduire l'entreprise à la ruine.

Ceci correspond plus ou moins à la structure d'un établissement financier typique. Les dangers d'une telle organisation sont devenus de plus en plus évidents lors de la récente crise financière. L'effondrement de AIG constitue peut-être l'illustration la plus extrême des dangers de l'aléa moral, du problème principal-agent et de l'asymétrie d'information : les actes d'un petit groupe d'employés basés à Londres mirent à genoux non seulement l'entreprise à laquelle ils appartenaient, mais aussi le système financier mondial.

Les actionnaires devraient théoriquement être capables de prévenir de tels désastres : ils sont le dernier maillon de la chaîne, les propriétaires ultimes de l'établissement financier. Mais en réalité, les actionnaires ne sont généralement pas fortement incités à serrer la bride aux banquiers, aux traders et aux gestionnaires imprudents. Pourquoi ? Les établissements financiers recourent bien plus largement à l'emprunt pour financer leurs activités que ne le font les entreprises ordinaires ; les actionnaires n'assument donc qu'une faible part du risque lié aux opérations au jour le jour. Ils n'étaient que faiblement incités à empêcher les traders de prendre des risques élevés ; en fait, ils étaient fortement incités à faire le contraire. Si ces prises de risques se révélaient payantes, les actionnaires avaient beaucoup à y gagner. Dans le cas contraire, ils pouvaient finir par perdre ce qu'ils avaient engagé dans l'entreprise. C'eût été bien sûr une mauvaise nouvelle, mais le risque valait d'être pris si on le comparait aux gains réalisables en jouant avec l'argent des autres. C'est ainsi que les actionnaires « pariaient pour se refaire ».

Ceux qui prêtaient de l'argent aux banques comme aux autres établissements financiers constituaient théoriquement un ultime pare-feu susceptible de faire échec à l'aléa moral. Nul n'a de plus forte incitation à surveiller les banques : ils peuvent perdre leur chemise si la banque fait quelque chose de stupide. On trouve malheureusement ici une nouvelle illustration de la loi des conséquences indésirables. Les fonds prêtés aux banques ordinaires se présentent généralement sous forme de dépôts. Or la plupart des dépôts font l'objet d'une garantie. Même si une banque joue imprudemment avec l'argent des déposants, ces derniers peuvent dormir sur leurs deux oreilles parce qu'ils savent qu'ils seront indemnisés. Ils ne sont donc nullement incités à prendre des mesures destinées à sanctionner la banque pour ses mauvaises décisions.

En principe, les créanciers chirographaires des banques et des autres établissements financiers pourraient imposer la discipline de marché : après tout, leurs fonds pourraient être mis en péril si ces institutions prenaient trop de risques. Mais cela n'a pas été le cas lors de la crise récente. Il y eut plusieurs raisons à cela : les créances dépourvues de garantie étaient trop peu nombreuses pour produire un effet ; les créanciers chirographaires furent le plus souvent traités comme les créanciers nantis et ne subirent pas de pertes puisqu'ils bénéficièrent d'opérations de sauvetage ; le soutien des banques centrales, qui jouèrent le rôle de prêteur en dernier ressort, empêcha la mise en œuvre de la discipline de marché.

Tous les établissements financiers ne bénéficiaient pas de la garantie des dépôts. Mais la leçon que chacun tire des crises financières, c'est qu'un prêteur en dernier ressort apparaît quand les choses tournent mal. Depuis la Grande Dépression, les banques centrales ont constamment joué ce rôle en cas de nécessité. Cela se produisit en 1998, lorsque la Réserve fédérale de New York orchestra le sauvetage de LTCM par des banques privées. Et cela se produisit à nouveau lors de la crise récente : la Réserve fédérale mit des quantités inédites de liquidités à la disposition des banques d'affaires et d'autres établissements qui ne bénéficiaient pas de la garantie des dépôts.

Savoir qu'un prêteur en dernier ressort finira par intervenir réduit l'incitation des établissements financiers à détenir une vaste quantité d'actifs liquides destinée à faire face à une course aux dépôts. Cela contribue également à décourager les déposants de fait à surveiller les performances de ces établissements : ils savent qu'en cas de crise ils pourront compter sur les banques centrales pour leur sauver la mise. Et à cet égard, les calculs de tous les acteurs du système financier furent remarquablement bons : aux États-Unis comme ailleurs, les banques centrales se battirent pour fournir une assistance aux établissements menacés. Une tentative spectaculaire de traiter le problème de l'aléa moral – laisser Lehman Brothers faire faillite – fut suivie d'efforts frénétiques destinés à sauver de vastes pans du système financier.

S'il y a jamais eu un argument en faveur d'une réglementation forte de l'activité des banques et des autres établissements financiers, c'est celui-là. Les banques doivent avoir l'obligation de détenir suffisamment de liquidités, et le risque supporté par les actionnaires doit être suffisamment élevé pour les inciter à surveiller les établissements qu'ils sont supposés diriger. Ces impératifs exigent que le gouvernement joue un rôle important bien que controversé. Mais lors des années qui conduisirent à la crise, le gouvernement était malheureusement absent. Il contribua en réalité à provoquer cette crise, tant par son absence que par ses interventions maladroites.

Le gouvernement et ses mécontents

La Réserve fédérale est sans doute l'instrument le plus puissant dont dispose le gouvernement pour contrôler l'économie. Il peut être utilisé pour le meilleur et pour le pire, comme le suggère la carrière d'Alan Greenspan. Que Greenspan ait présidé la Réserve fédérale ne manque pas de sel : lorsqu'il était jeune, il tomba amoureux du pouvoir du libre-marché. Dans les années 1950, il devint même un proche d'Ayn Rand, dont il admirait les croyances libertariennes. Mais la conviction de Greenspan selon laquelle le gouvernement ne devait pas interférer dans le fonctionnement de l'économie ne l'empêcha pas d'accepter les fonctions gouvernementales qui lui furent proposées.

Greenspan obtint son premier poste important en 1974, année où il fut nommé à la tête du Council of Economic Advisers du président Gerald Ford. Mais l'éclat de cette fonction pâlit en comparaison de sa nomination en 1987 à la présidence de la Réserve fédérale. Son ambivalence quant au rôle que doit jouer le gouvernement en matière de régulation du marché fut évidente dès le début. Le marché boursier s'effondra quatre mois après son entrée en fonctions, et Greenspan proposa immédiatement son aide. Il semblait avoir oublié son opposition de principe à l'intervention du gouvernement. Ainsi qu'il le déclara alors, « en temps de crise… nous ne devrions pas nous concentrer sur des questions relatives aux politiques de long terme avant d'avoir traversé cette période de chaos ». Si Greenspan pouvait reconnaître que la banque centrale avait un rôle à jouer dans l'atténuation des effets d'une crise financière, il refusa de faire quoi que ce soit pour empêcher de telles crises de se produire. Il semble avoir eu peu d'intérêt pour l'idée selon laquelle les banques centrales devraient prévenir la formation des bulles spéculatives. L'un des anciens présidents de la Réserve fédérale, William McChesney Martin Jr., illustra joliment cette conception en disant que le travail du banquier central consistait à « enlever le punch quand la fête bat son plein ».

Greenspan ne manifesta aucune intention d'enlever le punch. En 1996, alors que le marché boursier s'envolait et qu'une bulle se formait sur les valeurs technologiques, il mit en garde contre l'« exubérance irrationnelle » mais ne fit rien pour enrayer le gonflement de la bulle, si ce n'est procéder à une hausse symbolique de 25 points de base des taux directeurs de la Réserve fédérale. Lorsque la bulle des valeurs technologiques éclata en 2000, Greenspan versa des flots d'alcool dans le punch. Après les attaques du 11 septembre, il réduisit régulièrement les taux directeurs, même après l'apparition des premiers signes de rétablissement de l'économie. Quand il recommença en 2004 à élever les taux directeurs, il le fit de façon modeste, lente et prévisible : la politique de resserrement monétaire « à pas comptés » consistait à augmenter les taux directeurs de 25 points de base toutes les six semaines, lors de la réunion du Federal Open Market Committee. Cette politique maintint les taux d'intérêt à un niveau trop faible pendant trop longtemps et ne les ramena à la normale que trop tard et trop lentement.

La bulle du logement et du prêt hypothécaire en fut le résultat. En injectant de grandes quantités de liquidités dans l'économie et en les y maintenant trop longtemps, Greenspan atténua les effets de l'explosion d'une bulle en en créant une nouvelle. Cette politique était la conséquence inévitable de la contradiction qui se trouvait au cœur de sa conception du rôle des banques centrales : contempler les bulles sans rien faire pendant qu'elles gonflent et se précipiter pour empêcher l'économie de s'effondrer lorsqu'elles éclatent. Elle produisit malheureusement un « put Greenspan ». À la fin du dernier mandat de Greenspan à la tête de la Réserve fédérale, le « put Greenspan » faisait figure d'article de foi pour les traders : les marchés croyaient que la Réserve fédérale volerait toujours au secours de traders imprudents ruinés par l'explosion d'une bulle. Greenspan mérite des reproches pour avoir créé un aléa moral à grande échelle.

Il en mérite aussi pour avoir refusé de mettre le pouvoir de la Réserve fédérale au service de la régulation des marchés. En 1994 par exemple, le Congrès adopta le *Home Ownership and Equity Protection Act* afin de porter atteinte aux pratiques usuraires. Greenspan aurait pu utiliser cette loi pour réglementer le prêt *subprime*, mais il refusa de le faire. Il continua de refuser après qu'Edward Gramlich, l'un des membres du Federal Reserve Board, l'eut supplié d'agir en ce sens. Greenspan défendit plus tard son refus de surveiller les prêteurs *subprime* : « Pour nous, intervenir et contrôler la manière dont sont examinées les demandes de prêts hypothécaires aurait représenté un effort colossal, et je ne suis pas sûr que nous aurions trouvé quelque chose qui en vaille la peine sans réduire la disponibilité des prêts *subprime*. »

Ces mots sont révélateurs. Greenspan considérait l'avènement du prêt *subprime* comme un heureux produit du libre jeu des marchés. Il continua jusqu'à une date très récente à vanter la manière dont l'innovation financière avait permis à un nombre grandissant d'Américains d'avoir accès au crédit. Lors d'une manifestation publique qui se tint en 2005, il salua la façon dont l'innovation financière avait « conduit à une croissance rapide du prêt hypothécaire à risque, … favorisant une innovation constructive qui répond à la demande du marché et bénéficie aux consommateurs ».

Soyons équitables : Greenspan était très entouré dans cette course échevelée à la déréglementation. Lors des trois décennies précédentes, libérer les marchés financiers d'une réglementation « coûteuse » avait constitué un article de foi pour les conservateurs. C'était aussi devenu une politique publique. À partir des années 1980, les règles strictes qui régissaient le système financier depuis la Grande Dépression furent progressivement abandonnées ou éliminées.

Le cas le plus remarquable fut celui du Glass-Steagall Act de 1933. Cette loi avait notamment créé une muraille entre les banques commerciales (qui acceptaient des dépôts et consentaient des prêts) et les banques d'affaires (qui garantissaient, achetaient et vendaient des titres). Ce dispositif connut une mort lente. À la fin des années 1980, le Federal Reserve Board autorisa les banques commerciales à acheter et à vendre un certain type de titres. Au départ, les banques commerciales ne pouvaient pas réaliser plus de 10 % de leurs profits au moyen d'opérations de courtage ; mais en 1996, la Réserve fédérale porta ce seuil à 25 %. L'année suivante, Bankers Trust devint la première banque commerciale à acheter une entreprise de courtage ; d'autres banques suivirent rapidement.

Le projet de fusion de Travelers avec Citicorp servit de catalyseur à l'abrogation du Glass-Steagall Act. Ce rapprochement, qui consistait à réaliser sous un même toit des activités de banque commerciale, de garantie d'émission d'assurances et de garantie d'émission de titres, força la décision : le nouveau géant financier était illégal au regard des lois en vigueur. À la fin de l'année 1999, après avoir été l'objet d'un intense lobbying, le Congrès abrogea ce qui restait du Glass-Steagall Act *via* le Financial Services Modernization Act ; il ouvrit ainsi la voie à de nouvelles fusions entre banques d'affaires, banques commerciales et compagnies d'assurance.

L'un des principaux acteurs de l'abrogation du Glass-Steagall Act était Phil Gramm, un Républicain passé du métier d'économiste à la fonction de sénateur. Gramm continua à mener la croisade contre la réglementation financière, en particulier en 2000 lorsqu'il lia le *Commodity Futures Modernization Act* à une loi de finances. Ce projet de loi, qui n'a jamais été examiné ni au Sénat ni à la Chambre des représentants, protégeait de vastes pans du marché des produits dérivés de toute réglementation. Parmi les instruments concernés, on trouvait les *credit default swaps* qui permettaient d'acheter une « assurance » afin de se prémunir contre le défaut sur des obligations très simples (comme celles émises par un producteur automobile) ou très complexes (*collateralized-debt obligations* adossées à des portefeuilles de *mortgage-backed securities*). Les *credit default swaps*, qui proliférèrent jusqu'à atteindre une valeur notionnelle supérieure à 60 billions de dollars en 2008, devinrent l'une des sources les plus importantes de « risque systémique » – les périls qui menacent l'ensemble du système financier. (Sur les *credit default swaps*, voir le chapitre 8.)

Le mouvement en faveur de la déréglementation se développa également en dehors du Congrès. En 2004, les cinq plus grandes banques d'affaires tentèrent de convaincre la Securities and Exchange Commission (SEC) d'assouplir les règles restreignant la quantité de dette que leurs départements de courtage pouvaient porter. Obtenir une dispense autoriserait ces firmes à exploiter les milliards de dollars qu'elles détenaient sous forme de réserves destinées à faire face à des pertes sur investissements. Cela leur permettrait de réduire leurs réserves même si cela amplifiait leur potentiel de profit. La SEC accéda à l'unanimité à la demande des banques, non sans reconnaître qu'une telle évolution n'était pas exempte de risques. « Ce sont des établissements puissants », observa l'un des membres de la SEC devant le public clairsemé présent à l'audience, « mais cela signifie que si quelque chose va de travers, cela produira un désordre terrible ». Les banques d'affaires saluèrent la déréglementation en portant leur effet de levier à des ratios de 20, 25, voire plus encore, bien au-delà du ratio de 12,5 imposé à la plupart des banques commerciales.

Tout le monde ne s'accorde pas à faire porter la responsabilité de la crise sur la déréglementation. Certains commentateurs conservateurs ont affirmé qu'elle était le produit d'un excès de réglementation. Leur principal argument consiste à relever que le *Community Reinvestment Act* de 1977 a favorisé le gonflement de la bulle. En interdisant aux banques de discriminer les quartiers les plus défavorisés lorsqu'elles consentaient des prêts, elle facilita l'attribution de prêts hypothécaires aux ménages pauvres ou appartenant à une minorité. Aux yeux des conservateurs, cette loi ainsi que sa version amendée contribuèrent – avec l'aide de Fannie Mae et de Freddie Mac – au développement des *subprimes* et provoquèrent le désastre final.

Cet argument est intéressant, mais il n'est pas approprié. L'énorme croissance du marché des *subprimes* fut essentiellement garantie non par Fannie Mae et Freddie Mac, mais par des prêteurs hypothécaires privés comme Countrywide. Le *Community Reinvestment Act* précède par ailleurs de beaucoup l'apparition de la bulle immobilière. Il est vrai que l'évolution de la législation dans les années 1990 contraignit Fannie Mae et Freddie Mac à acheter des prêts hypothécaires qui comprenaient des prêts *subprime*. En 1997 par exemple, près de 42 % des prêts dont ils firent l'acquisition devaient venir d'emprunteurs dont le revenu était inférieur à la moyenne constatée dans leur quartier. Certains de ces prêts étaient *subprime*, même si on n'en connaît pas le nombre exact. Quoi qu'il en soit, les affirmations selon lesquelles Fannie Mae et Freddie Mac seraient seuls responsables de la crise des *subprimes* sont parfaitement erronées.

Il est toutefois exact que le gouvernement fédéral avait de longue date favorisé et subventionné la propriété immobilière et l'avait rendue beaucoup plus accessible qu'elle ne l'était antérieurement. Les propriétaires de logements pouvaient par exemple déduire leurs taxes foncières ainsi que le remboursement de leurs intérêts d'emprunt de leur revenu imposable. Une fraction de la plus-value réalisée sur la vente d'une résidence principale n'était pas imposée. Qui plus est, un certain nombre d'entreprises soutenues par le gouvernement – Fannie Mae, Freddie Mac, FHA et les Federal Home Loans Banks, pour n'en citer que quelques-unes – soutenaient et subventionnaient le marché du logement et du prêt hypothécaire. Ces subventions n'ont sans doute pas provoqué la naissance de la bulle immobilière, mais elles ont certainement créé les conditions favorables à sa croissance.

Le système bancaire parallèle

Si les politiques conduites par les pouvoirs publics contribuèrent au gonflement de la bulle et que la déréglementation leva les contraintes pesant sur les établissements financiers, l'incapacité du gouvernement à suivre le rythme de l'innovation financière joua aussi un rôle. Elle va au-delà de l'absence de réglementation de produits dérivés exotiques ou de la persistance du système des bonus : elle a autorisé la montée en puissance au cours des trente dernières années de ce que Paul McCulley, de la Pacific Investment Management Company, qualifia de système bancaire parallèle.

Le système bancaire parallèle est composé d'établissements financiers qui ressemblent à des banques, agissent comme des banques, empruntent, prêtent et investissent comme des banques, mais qui – et c'est là l'essentiel – ne sont pas régulés comme des banques. Songez un instant à ce qui caractérise une banque. Une banque emprunte de l'argent à court terme, généralement sous forme de dépôts qui lui sont « prêtés » par les déposants. Ces dépôts constituent la majeure partie des engagements de la banque : les déposants peuvent à tout moment réclamer leur argent, et la banque n'a pas d'autre choix que de les rembourser.

Mais les banques ne se contentent pas de s'asseoir sur les dépôts : elles les placent sous la forme de prêts hypothécaires et d'autres investissements à long terme, tel un prêt à dix ans consenti à une entreprise. En d'autres termes, elles empruntent les dépôts, consentent des prêts, et font un profit lié aux intérêts qu'elles demandent. Mais il y a un hic : alors que les engagements des banques sont liquides (ils se présentent sous forme de dépôts), ses actifs sont illiquides (ils sont immobilisés sous forme de terrains, d'équipements industriels ou d'autres éléments impossibles à transformer rapidement en espèces).

Cette disparité ne pose généralement pas de problème : il est hautement improbable que tous les déposants viennent réclamer leur argent au même moment. Mais cela se produit parfois. La Grande Dépression a montré ce qui se passe quand des déposants paniqués envahissent une banque. Les dangers de ce phénomène ont été admirablement illustrés par Frank Capra dans *La vie est belle*, qui raconte les hauts et les bas de la vie d'un banquier d'une petite ville, George Bailey.

Un jour, alors que Bailey est pris d'assaut par des déposants inquiets réclamant leur argent, il leur donne une leçon improvisée sur le métier de banquier. « Ce que vous pensez de cet endroit est complètement faux », dit-il à des clients convaincus que leur argent dort tranquillement dans des chambres fortes. « Comme si je conservais votre argent dans un coffre, proteste-t-il. L'argent n'est pas ici. Votre argent est dans la maison de Joe… Et dans la maison des Kennedy, et dans celle de Mme Backlin, et dans des centaines d'autres. » En d'autres termes, les dépôts liquides ont été transformés en investissements illiquides qui ne sont pas immédiatement convertibles en espèces. Comme l'explique Bailey aux déposants, « vous leur prêtez de l'argent pour construire leurs maisons, et ils feront de leur mieux pour vous rembourser ».

La situation fâcheuse de Bailey reflète celle des banques aux heures les plus sombres de la Grande Dépression. Il était aux prises avec un décalage de maturité (*maturity mismatch*) entre des engagements constitués de dépôts à vue et des actifs difficiles à transformer rapidement en espèces. Il est par conséquent à peu près impossible d'utiliser les uns pour rembourser les autres sans subir de pertes importantes. Une banque victime d'une ruée vers les dépôts peut vendre des actifs comme les prêts hypothécaires et les autres prêts qu'elle a consentis. Malheureusement, si le système bancaire est pris dans une panique générale, chaque banque tentera de faire de même, et ces ventes ne rapporteront qu'une fraction de ce qu'elles auraient produit en temps normal.

En pratique donc, les banques qui sont victimes de courses aux dépôts peuvent passer très rapidement d'une situation d'illiquidité à une situation d'insolvabilité. Elles méritent parfois ce sort : c'est le cas lorsque leurs actifs sont insuffisants pour répondre à la demande de leurs déposants, sans considération pour le prix auquel ils sont vendus. Dans beaucoup d'autres cas, une banque est solvable mais a simplement fait des investissements peu liquides ; ses engagements de court terme dépassent alors de loin ses actifs liquides. Ces deux raisons expliquent les faillites bancaires qui se produisirent lors de la Grande Dépression. Certaines banques n'auraient jamais été capables de remplir les engagements pris à l'égard des déposants, qu'il y ait une panique bancaire ou non. D'autres auraient pu le faire si elles avaient reçu de l'aide.

Cette aide aurait pu prendre deux formes : le soutien d'un prêteur en dernier ressort et la garantie des dépôts. La première existait pendant la Grande Dépression, mais la Réserve fédérale ne parvint pas à la mettre en œuvre. La seconde apparut lorsque la législation bancaire du New Deal créa la Federal Deposit Insurance Corporation (FDIC). Ces deux antidotes aux paniques bancaires sont légèrement différents. Le soutien d'un prêteur en dernier ressort enraie la course aux guichets en ouvrant rapidement aux banques un accès à des liquidités leur permettant de rembourser leurs déposants, et en leur évitant de la sorte de brader leurs actifs. La garantie des dépôts empêche quant à elle les paniques bancaires de se produire : elle donne aux déposants l'assurance qu'ils seront remboursés si la banque devient illiquide ou même insolvable.

L'existence d'un prêteur en dernier ressort et la garantie des dépôts devinrent la norme après la Seconde Guerre mondiale, tant aux États-Unis que dans la plupart des pays capitalistes. Ces protections eurent un coût pour les banques concernées : elles durent sacrifier une partie de leur autonomie afin de réduire l'aléa moral. Elles firent également l'objet d'une réglementation plus stricte ainsi que d'une surveillance sous forme de contrôles de leur liquidité, de leur recours à l'effet de levier et de leur capital, ce qui éroda leur capacité à gagner de l'argent. L'industrie bancaire en fut transformée : elle devint une activité sûre mais routinière. Selon une plaisanterie courante, le métier de banquier fonctionnait conformément à la règle des 3-6-3 : les banquiers servaient aux déposants un taux d'intérêt de 3 %, prêtaient cet argent à un taux de 6 %, et étaient sur les terrains de golf dès trois heures de l'après-midi. Bien qu'un peu caricaturale, cette plaisanterie contenait davantage qu'une parcelle de vérité.

Comme si tout cela ne suffisait pas à domestiquer l'activité bancaire, les réglementations internationales imposèrent des restrictions supplémentaires. En 1974, les banquiers centraux des pays du G10 créèrent le Comité de Bâle sur le contrôle bancaire, qui tire son nom de la ville abritant la Banque des règlements internationaux – l'un des pivots du système financier mondial. Ce comité proposa en 1988 la mise en place d'un ratio minimal de fonds propres par rapport à l'ensemble des crédits accordés et au degré de risque qui leur est associé. L'accord de Bâle obligeait les banques à détenir des fonds propres représentant au minimum 8 % de leur encours pondéré de prêts (les prêts étaient pondérés par le risque, ce qui signifie que les actifs les plus risqués devaient être garantis par un montant plus élevé de fonds propres). Bien que le comité ne dispose d'aucune autorité légale sur les pays membres, ses recommandations furent suivies dans le monde entier.

Le comité ne se reposa pas sur ses lauriers : il émit des recommandations complémentaires lors des années qui suivirent. Les enjeux de ces révisions étaient clairs. Ainsi que le nota en 1997 l'un des rapports du comité, « les faiblesses du système bancaire d'un pays, qu'il soit en voie de développement ou développé, peuvent menacer la stabilité financière à l'intérieur du pays comme à l'échelle internationale ». Cet esprit anima la mise au point d'une nouvelle version de l'accord de Bâle adoptée en 2006 et connue sous le nom de Bâle II. Contrairement à celles de l'accord original, toutes les recommandations de Bâle II n'ont pas été mises en œuvre. (Pour en savoir davantage sur les accords de Bâle, voir le chapitre 8.)

Pourquoi ? Pour le dire vite, tous les acteurs du système bancaire ne recherchaient pas davantage de stabilité et de sécurité. Un nombre croissant de ceux qui étaient entrés dans l'industrie des services financiers à partir des années 1980 comprirent qu'ils pourraient gagner beaucoup d'argent aussi longtemps qu'ils accepteraient de marcher sur une corde raide sans filet de sécurité. Pour exercer une activité bancaire sans subir les contraintes associées aux réglementations, il fallait accepter de se passer des protections accordées aux banques ordinaires. Ainsi débuta un jeu d'« arbitrage réglementaire » consistant à tenter de fuir toute réglementation afin de réaliser des profits supérieurs. Cette quête donna naissance au système bancaire parallèle.

Le système bancaire parallèle n'avait ni guichets ni agences dans tous les quartiers du pays. Les établissements qui en faisaient partie étaient désignés par des acronymes amusants, que Paul McCulley décrivit fort justement comme « une soupe de pâtes alphabet composée de conduits, de véhicules et de structures » dont beaucoup étaient dissimulés hors des bilans des banques classiques. Les établisssements du système bancaire parallèle étaient de formes et de tailles variées : prêteurs hypothécaires non bancaires ; *structured investment vehicles* et *conduits*, qui se finançaient par émission de papier commercial (*asset-backed commercial paper*) ; banques d'investissement et courtiers, qui se finançaient avec des prêts *repos* à un jour ; fonds du marché monétaire, qui comptaient sur des fonds mis à leur disposition à court terme par les investisseurs ; fonds spéculatifs et fonds de capital-investissement (*private equity*) ; portefeuilles d'*auction-rate securities* et de *tender option bonds* qui devaient être refinancés à taux variable lors de ventes aux enchères hebdomadaires. Beaucoup de ces « banques fantômes » présentaient un important décalage de maturité. Elles empruntaient essentiellement sur des marchés de court terme très liquides et investissaient à long terme dans des actifs peu liquides. Elles paraissaient très différentes de la banque de *La vie est belle*, mais la course aux dépôts les menaçait tout autant.

Cela n'aurait pas été un problème si les banques du système parallèle avaient passé le même marché que les banques ordinaires : se soumettre à une régulation accrue en contrepartie du soutien d'un prêteur en dernier ressort et de l'équivalent d'une garantie des dépôts. Mais ce ne fut pas le cas. Ces établissements en vinrent même à rivaliser avec le système bancaire conventionnel en prêtant des montants comparables. Il n'est pas très étonnant que le système bancaire parallèle se soit trouvé au cœur de ce qui deviendrait la mère de toutes les paniques bancaires.

Un monde inondé de liquidités

Tous ces facteurs – l'innovation financière, les échecs de la gouvernance d'entreprise, une politique monétaire expansionniste, les insuffisances des pouvoirs publics et le système bancaire parallèle – contribuèrent à l'explosion de la crise. À bien des égards, les États-Unis et d'autres pays de langue anglaise prirent la tête de ce mouvement. Mais le reste du monde les aida à préparer le terrain à la crise, même s'il n'avait pas l'intention de le faire.

Alan Greenspan fut l'un des premiers à voir le problème. Il en comprit la nature lorsqu'il remarqua que les taux d'intérêt à long terme et les taux des prêts hypothécaires à taux fixes avaient à peine bougé alors qu'il avait fait passer les taux directeurs de 1 % à 5,25 % entre 2004 et 2006. Ce resserrement monétaire tardif n'eut pas d'effet, ce qui n'était pas conforme aux leçons des manuels : en théorie, les taux d'intérêt à long terme et les taux hypothécaires auraient dû suivre l'évolution des taux directeurs.

Greenspan qualifia ce phénomène d'« énigme du marché obligataire », mais il apparut qu'il avait une explication. Dans un monde fortement intégré économiquement, les taux auxquels les États-Unis pouvaient emprunter étaient de plus en plus largement déterminés sur les marchés mondiaux. Or il y avait sur ces marchés un surplus d'épargne en provenance du Japon, d'Allemagne, de Chine et d'autres économies émergentes. Toute cette épargne devait être investie quelque part ; elle finit par financer l'achat de titres de dette émis par les États-Unis. Mais la faible rentabilité des bons du Trésor américains en détourna les investisseurs : ils leur préférèrent la dette de Fannie Mae et de Freddie Mac ainsi que les valeurs adossées à des prêts hypothécaires garanties par ces établissements. L'ensemble de ces titres bénéficiait d'une garantie implicite du Trésor américain.

Les investisseurs étrangers ne s'arrêtèrent pas là. Les créanciers privés des États-Unis – en particulier les investisseurs et les établissements financiers européens – devinrent des acheteurs importants de produits titrisés. Les estimations varient, mais 40 à 50 % des titres produits par les établissements financiers américains finirent par entrer dans les portefeuilles d'investisseurs étrangers. En d'autres termes, les flux de revenus provenant de la dette accumulée sur les cartes de crédit, des prêts gagés sur la valeur des logements, des prêts automobiles, des prêts étudiants et des prêts hypothécaires débouchèrent dans ces portefeuilles par le biais de la titrisation. En réalisant ces acquisitions, les créanciers étrangers participèrent au financement de la frénésie d'emprunts qui nourrit la bulle.

La question de l'ampleur du rôle joué par les investisseurs étrangers demeure ouverte. Certains commentateurs ont utilisé l'hypothèse de surabondance mondiale d'épargne pour faire porter la responsabilité de la crise à la Chine comme à d'autres créanciers des États-Unis. Cette analyse ne doit pas détourner l'attention des problèmes nés du fonctionnement de l'économie américaine. Mais il est incontestable que cette masse d'épargne en quête d'investissements aida les États-Unis à vivre trop longtemps très au-dessus de leurs moyens. Si les États-Unis avaient été une économie émergente et non l'unique superpuissance mondiale, ses créanciers auraient sonné la fin de la récréation bien plus tôt.

Mais ils n'en firent rien. Un flot d'argent facile continua à se déverser aux États-Unis et soutint l'expansion de l'économie. Combiné à une politique monétaire accommodante, à une innovation financière imprudente, aux problèmes liés à l'aléa moral et à la mauvaise gouvernance d'entreprise ainsi qu'à l'existence d'un système bancaire parallèle, cet argent facile contribua à préparer un désastre de taille légendaire. Mais ces évolutions n'auraient pas suffi à provoquer une crise. Que tous les acteurs du système financier aient eu recours de façon accrue à l'endettement et à l'effet de levier rendit la catastrophe inévitable.

Le piège de l'effet de levier

Rappelons ici la taxonomie des emprunteurs proposée par Minsky (voir chapitre 2). Les emprunteurs les plus prudents sont les *hedge borrowers*, dont le flux de revenu de courte période peut couvrir le paiement des intérêts comme le remboursement du principal de la dette. Les *speculative borrowers* prennent plus de risques : comme leur revenu ne les autorise qu'à payer les intérêts de leur dette, ils doivent refinancer le principal chaque fois qu'il devient exigible. La situation des *Ponzi borrowers* est la plus délicate : ils ne peuvent ni rembourser le principal ni régler les intérêts de leur dette, ce qui les oblige à se réendetter pour rester à flot.

Minsky a compris une chose essentielle : une économie est menacée d'effondrement si ses différents acteurs recourent à l'endettement pour financer leurs activités. Plus le système financier repose sur l'endettement et l'effet de levier, plus il devient fragile.

Le recours à l'effet de levier a crû des années durant. Entre 1960 et 1974, le levier d'endettement des banques augmenta d'environ 50 % aux États-Unis. Le mouvement s'accéléra à partir des années 1980. Regardez par exemple les chiffres de l'endettement des ménages, des établissements financiers et des autres entreprises qui constituent le secteur privé. En 1981, la dette du secteur privé des États-Unis était égale à 123 % du produit intérieur brut (PIB) ; elle représentait 290 % du PIB à la fin de l'année 2008.

L'endettement progressa dans l'ensemble du secteur privé. Les entreprises furent les plus prudentes : le montant total de leur dette progressa de 53 % à 76 % du PIB. Les ménages montrèrent moins de mesure. En 1981, la dette des ménages représentait 48 % du PIB aux États-Unis, mais elle atteignit 100 % en 2007. Le rapport entre la dette des ménages et leur revenu disponible passa de 65 % en 1981 à 135 % en 2008. Une grande partie de cette dette était liée à l'achat de logements : les acquéreurs achetaient des logements de plus en plus coûteux alors que les capitaux dont ils disposaient étaient de plus en plus réduits. Lorsque le marché atteignit son plus haut, des « innovations » comme les prêts hypothécaires de second rang permirent d'acheter un logement sans apport personnel.

L'accroissement de l'endettement des ménages et des entreprises au cours de cette période fut beaucoup moins marqué que celui du secteur financier : en passant de 22 % du PIB à 117 % entre 1981 et 2008, sa dette fit plus que quintupler. Utiliser la dette pour financer un investissement revient à faire jouer l'effet de levier. Une banque d'affaires qui finance l'achat de 20 millions de dollars de valeurs adossées à des prêts hypothécaires en y consacrant 1 million de dollars de capitaux propres et en empruntant 19 millions de dollars a un levier d'endettement de 1 à 20.

L'effet de levier prend des formes variées. Nous venons de présenter un levier d'endettement « vanille », mais des instruments déjà « leveragés » offrent un potentiel de gains (et de pertes) plusieurs fois supérieur à la valeur de l'actif sous-jacent. Nous avons vu qu'il existe différentes tranches de CDO, dont les plus risquées supportent le gros des pertes éventuelles. Cela signifie que les détenteurs de certaines tranches de CDO peuvent subir des pertes considérables : une petite diminution de valeur du portefeuille sous-jacent peut frapper certains investisseurs de façon particulièrement violente. Une grande partie de ce levier d'endettement est invisible à l'échelle du marché : il n'existe pas de moyen d'en prendre la mesure, mais les conséquences de son échec peuvent être dramatiques.

Il y a aussi l'effet de levier composé, dans lequel un premier levier d'endettement devient la pointe d'une vaste pyramide inversée de dette. Supposons par exemple qu'un riche individu emprunte 3 millions de dollars à une banque, y ajoute 1 million de fonds propres et place l'ensemble dans un « fonds de fonds » qui investit dans d'autres fonds spéculatifs. Son levier d'endettement est de 1 à 4. Supposons à présent que le fonds de fonds prenne ces 4 millions, emprunte 12 millions à une autre banque, et place le tout dans un fonds spéculatif. Le levier d'endettement est toujours de 1 à 4, mais la mise est passée de 4 millions de dollars à 16 millions de dollars. Imaginez maintenant que le fonds de fonds emprunte 48 millions de dollars – ce qui correspond toujours à un levier d'endettement de 1 à 4 – pour investir 64 millions de dollars dans des tranches risquées de CDO. Une mise initiale de 1 million de dollars est devenue la base d'un pari de 64 millions de dollars.

Tout cela est bel et bon si la valeur de ces titres se maintient ou si elle croît. Mais les choses sont très différentes si leur valeur se réduit. Reprenons l'exemple de la banque dont le levier d'endettement était de 1 à 20. Les capitaux propres de cette banque s'élevaient à 1 million de dollars. Admettons que la valeur des actifs qu'elle a acquis passe de 20 millions de dollars à 19 millions, ce qui représente une diminution de 5 %. Si cela se produisait, les capitaux propres de ladite banque seraient engloutis : le taux de retour sur investissement serait de *moins* 100 %. La même logique s'applique quel que soit le niveau du levier d'endettement. S'il était de 1 à 100 (1 dollar de capitaux propres pour 99 dollars de dette), une minuscule diminution de 1 % de la valeur des actifs suffirait à faire disparaître les capitaux propres.

Ce qui aggrave les choses, c'est que les prêteurs s'attendent généralement à ce que le levier d'endettement demeure constant, même si l'actif qui a été acquis avec le prêt consenti perd de sa valeur. Imaginons qu'un fonds spéculatif emprunte 95 millions de dollars à une banque d'investissement, y ajoute 5 millions de dollars, et achète des CDO pour un montant de 100 millions de dollars. La valeur de marché de cet actif chute ensuite à 95 millions de dollars. Les capitaux propres ont été balayés. Ce n'est pas nécessairement un problème, car la valeur de l'actif peut remonter à 100 millions de dollars. Mais la banque d'affaires peut s'inquiéter et procéder à un appel de marge afin que le levier d'endettement initial soit rétabli. Cela signifie que le fonds spéculatif doit apporter 4,75 millions de dollars de capitaux propres nouveaux (4,75 millions est le vingtième de 95 millions). Si le fonds spéculatif peut lever cette somme, les choses sont susceptibles de s'arranger. Si tel n'est pas le cas, le fonds devra céder son actif pour 95 millions de dollars et aura perdu ses capitaux propres.

Cela n'est pas une tragédie : les appels de marge sont monnaie courante, et les gens (ou les fonds spéculatifs) perdent tout le temps leur chemise. Ce qui pose problème, c'est le risque que le fonds spéculatif qui se bat pour lever des capitaux propres ne soit pas seul dans cette situation. Que se passe-t-il si un grand nombre de fonds spéculatifs et d'autres établissements financiers doivent répondre à des appels de marge au même moment ? Cela peut se produire si l'actif que tout le monde cherche à acquérir fait l'objet d'une bulle spéculative et que son prix a atteint un niveau insoutenable. Lors de la crise récente, l'actif concerné était l'immobilier : les terrains et les immeubles, mais aussi les produits dérivés exotiques dont la valeur provenait des remboursements de prêts hypothécaires.

Lorsque la valeur d'un actif plafonne puis diminue, par exemple parce que certains prêts *subprime* tournent mal et que le flux de revenu d'un CDO se réduit, les conséquences s'en font sentir dans l'ensemble du système financier. D'innombrables investisseurs voient soudain la valeur des CDO qu'ils ont achetés pour 100 millions de dollars tomber à 95 millions. Ils font l'objet d'appels de marges et sont priés d'apporter davantage de capitaux propres. Certains parviendront peut-être à en lever, mais beaucoup d'autres seront contraints de vendre leurs CDO au prix qu'on voudra bien leur en donner. Et s'ils sont trop nombreux à le faire simultanément, les CDO pourraient ne plus rapporter 95 millions de dollars, mais 90 ou 85.

Lorsque cela se produit, les emprunteurs doivent vendre d'autres actifs afin de répondre à de nouveaux appels de marges. Comme trop de vendeurs sollicitent trop peu d'acheteurs, les ventes à prix cassés se succèdent. Inquiets de la solvabilité de leurs emprunteurs, les prêteurs sont susceptibles de faire de nouveaux apports de capitaux propres ainsi que d'une réduction du levier d'endettement les conditions du refinancement de leurs dettes. Cela met de l'huile sur le feu, et la pression à la vente s'intensifie. Les emprunteurs peuvent bien sûr vendre d'autres actifs pour répondre aux appels de marges : des bons du Trésor ou des titres « vanille ». Malheureusement, si tout le monde met en œuvre ce type de stratégie au même moment, une évolution semblable à celle qu'ont connue les CDO affectera ces autres actifs : il y aura trop de vendeurs et trop peu d'acheteurs, et les prix d'un large éventail d'actifs chuteront.

Un problème apparu sur un marché donné, celui du logement par exemple, peut s'étendre de la sorte à d'autres marchés. Et les problèmes qui frappèrent le marché du *subprime* peuvent devenir les problèmes de tous. Cela ne vous semble-t-il pas familier ?

4. Le monde s'effondre

Walter Bagehot était un géant de la finance britannique du XIXe siècle. Celui qui fut des années durant le directeur de *The Economist* écrivit abondamment sur les crises économiques ; son texte le plus célèbre, *Lombard Street*, fut publié en 1873. Bagehot regrettait que les grandes banques de son époque soient « imprudentes en dissimulant avec tant de précautions la manière dont elles sont gérées et en s'efforçant d'empêcher que leur fonctionnement ne fasse l'objet de débats ». Ce culte du secret était bel et bon lorsque l'époque était prospère ; mais en cas de dépression, il pourrait avoir de lourdes conséquences. Supposons que l'une des « plus grandes sociétés de dépôt de Londres fasse faillite ». Cela produirait « une défiance instantanée en l'ensemble du système. Parce qu'on verrait en cet établissement une *terra incognita*, chaque établissement serait suspect d'être une *terra incognita* ». En bref, « la ruine de l'une de ces grandes banques compromettrait grandement le crédit de toutes les autres ».

Si Bagehot avait été vivant en 2007, il aurait immédiatement reconnu une scène familière mais profondément troublante. Citigroup, un établissement financier doté d'une réputation impeccable mais de comptes impénétrables, se trouvait dans une situation délicate en raison de mystérieuses opérations réalisées avec des *structured investment vehicles* (SIV), des *conduits* et tout un assortiment de produits financiers structurés. Une grande banque avait des problèmes, et l'étendue de ces problèmes n'était pas évidente. On commença à se poser des questions à propos d'autres établissements financiers ; l'incertitude et le malaise s'emparèrent des marchés.

Ce qui se produisit ensuite fut conforme à ce que prévoyait Bagehot. Les premières faillites de 2007 firent s'effondrer la confiance dans les banques du système parallèle comme dans les banques traditionnelles. En un rien de temps, le prêt interbancaire, qui autorise le fonctionnement du système financier, s'assécha. La raison en était simple : l'ensemble du système financier était devenu une immense *terra incognita*. Comme l'un des économistes de Lehman Brothers le fit remarquer à la fin de l'été 2007, alors que l'établissement pour lequel il travaillait était condamné, « nous sommes dans un champ de mines. Personne ne sait où les mines ont été posées ». Le résultat fut la paralysie de l'ensemble du système financier.

Cette paralysie était produite par l'impossibilité de distinguer les banques confrontées à un problème de liquidité de celles qui étaient devenues insolvables. Avoir des difficultés à refinancer certaines dettes en raison de l'état des marchés était une chose ; être en faillite en était une autre. Il est difficile de faire cette distinction au plus fort de la panique ; et, en l'absence de clarification, la panique ne fait que croître. Lorsque cela se produit, les établissements peuvent rapidement passer d'une situation d'illiquidité à une situation d'insolvabilité parce que la multiplication des ventes à prix cassés peut faire chuter la valeur de leurs actifs.

Seule l'existence d'un prêteur en dernier ressort peut empêcher cette descente aux enfers. On attribue généralement à Bagehot la paternité de cette idée. Il pensait qu'une banque des banques – une institution comme la Banque d'Angleterre ou la Réserve fédérale – devait intervenir et prêter de l'argent aux établissements frappés par le resserrement du crédit. Les détenteurs de ce qu'il appelait des « réserves de liquidités » devaient « les avancer à ceux qui en étaient dépourvus. Ils devaient les prêter aux marchands, aux banques moins importantes, aux uns et aux autres, à condition qu'ils aient de solides garanties ». Après tout, « une fois que l'alarme a été donnée, une faillite en provoque d'autres, et le meilleur moyen de prévenir les faillites suivantes consiste à empêcher la première ». Bagehot était toutefois opposé aux sauvetages généralisés : seuls les établissements solvables devaient avoir accès à ces prêts, lesquels seraient accordés à des taux punitifs de façon à décourager ceux qui n'étaient pas disposés à les payer. Sa philosophie a souvent été réduite à son essence : « prêter abondamment à un taux élevé et contre de solides garanties ».

En 2007 et 2008, le diagnostic posé par Bagehot se vérifia spectaculairement et fut suivi d'une mise en œuvre profondément défectueuse de ses prescriptions. La panique s'empara des marchés, l'incertitude se répandit, la liquidité s'évapora, et les banques centrales du monde entier offrirent leur aide aux banques petites et grandes ainsi qu'aux établissements financiers de toute nature. Ce plan de sauvetage fut mené à une échelle que Bagehot n'avait pas prévue. Car bien que cette crise eût été un cas d'école, elle fut plus étendue, plus rapide et plus brutale que toutes celles qui l'avaient précédée. C'était une panique du XIXe siècle se diffusant à la vitesse du XXIe.

Le moment Minsky

Au printemps 2006, le système financier, dont la confiance en l'effet de levier était aussi extraordinaire que sa foi aveugle dans le fait que les prix des actifs continueraient de monter, était mûr pour une catastrophe monumentale. Le financement reposait de plus en plus largement sur le type d'emprunt spéculatif et de chaîne de Ponzi que Minsky prévoyait. Le climat d'euphorie qui était apparu dans le secteur immobilier et s'était diffusé à l'ensemble du système financier n'avait fait qu'encourager la prise de risque, et les rares sceptiques qui tiraient la sonnette d'alarme ne furent pas écoutés. Ainsi que l'a écrit Minsky, « les Cassandre qui disent que rien de fondamental n'a changé et que la rupture sur le point de se produire dans le système financier conduira à une profonde dépression sont naturellement ignorés ».

Il en alla ainsi de cette phase d'expansion. Pendant toute l'année 2006 et jusqu'en 2007, l'un des auteurs de ce livre – Nouriel Roubini – mit en garde contre l'effondrement à venir, tout comme le firent une poignée d'autres commentateurs. Comme Minsky l'avait annoncé, leurs avertissements tombèrent le plus souvent dans l'oreille d'un sourd. Au plus fort d'une bulle, poursuit Minsky, les rabat-joie « n'ont guère de matériaux récents pour prouver la validité de leurs vues », et les membres de l'*establishment* « ignorent les arguments issus de la théorie non conventionnelle, de l'histoire et de l'analyse institutionnelle ».

Certes. Mais lorsque la phase d'expansion atteint son apogée, ceux qui y participent ne se contentent pas de mépriser les sceptiques : ils affirment qu'une ère nouvelle de prospérité a débuté. Les détails varient d'une époque à l'autre, mais le langage reste le même. Le 15 octobre 1929, Irving Fisher (qui était à part cela un économiste accompli) annonça qu'après être tombés des hauteurs où ils avaient grimpé, « les prix des actions [ont] atteint ce qui ressemble à un plateau élevé ». En décembre 2005, le porte-parole un peu moins accompli (et nettement plus subjectif) de l'association nationale des agents immobiliers, David Lereah, constata l'existence d'une chute d'avant-crise similaire et fit cette sage déclaration : « Les ventes de logements sont en train de descendre de leur sommet, mais elles vont atteindre un plateau élevé, un plateau plus élevé que les précédents sommets du cycle du logement. »

Rétrospectivement, cela semble étrange. Mais ce qui déclenche une crise financière est rarement quelque chose de spectaculaire ou qui sort de l'ordinaire. Ce peut être une stabilisation, un pas de côté, quelques signes troublants. Ces symptômes se manifestèrent au printemps 2006, lorsque la bulle immobilière commença à se dégonfler et que les prix des logements, qui avaient doublé en termes réels lors de la décennie écoulée, cessèrent de monter. La raison en était très simple : l'offre de nouveaux logements dépassait la demande et la hausse des taux d'intérêt rendait les prêts immobiliers à taux variables plus onéreux. Les prix marquèrent donc le pas.

Au même moment et comme dans toute crise financière, un « canari dans une mine de charbon » annonça que tout n'allait pas bien : les prêts *subprime* consentis en 2005 et 2006 présentèrent des taux d'accidents de paiement inhabituellement élevés. Les caractéristiques de ces prêts – taux initiaux extrêmement bas, option ARM (*adjustable rate mortgages*), amortissement négatif – les faisaient dépendre d'un refinancement à faibles taux. Mais l'option de refinancement n'était disponible que si les prix des logements continuaient de monter, particulièrement pour les prêts hypothécaires accordés en l'absence de versement initial et de capital. Par conséquent, les accidents et les défauts de paiement se multiplièrent. Des craquelures apparurent sur la façade.

Peu de choses laissaient toutefois deviner qu'une colossale crise bancaire était sur le point de débuter. Mais à partir de la fin 2006, le système bancaire parallèle devint l'objet d'une course aux dépôts au ralenti que George Bailey lui-même aurait identifiée. Les centaines de prêteurs immobiliers non bancaires et non réglementés qui avaient massivement accordé des prêts *subprime* recouraient largement à de grandes banques qui assuraient leur financement à court terme. Lorsque le mouvement de défaillance sur les prêts *subprime* s'accéléra, les grandes banques refusèrent de renouveler les lignes de crédit des prêteurs concernés. Puisqu'ils ne pouvaient solliciter l'aide d'un prêteur en dernier ressort, les prêteurs non bancaires commencèrent à faire faillite, victimes d'une panique bancaire du XXIe siècle.

Le premier à succomber fut le mal nommé Merit Financial, qui passait pour n'accorder qu'une formation de quinze minutes à ses gestionnaires de crédit avant de les lâcher dans la nature et de les laisser consentir des prêts sans garanties solides, des prêts menteurs et des prêts NINJA. Merit Financial n'était pas seul dans ce cas. D'autres prêteurs non bancaires soignaient davantage les apparences, mais les conditions dans lesquelles ils prêtaient n'étaient pas moins suspectes. Dix établissements avaient fait faillite fin 2006, et le flux de prêts hypothécaires faisant l'objet d'une titrisation commença à ralentir. À la fin du mois de mars 2007, plus de cinquante prêteurs non bancaires avaient disparu. Le 2 avril, le deuxième prêteur *subprime* du pays – New Century Financial – fit faillite après que son financement se fut asséché. Au même moment, des milliers de courtiers immobiliers qui avaient fait fortune dans ce métier cessèrent d'exercer.

La plupart des observateurs de marché affirmèrent que le problème était limité à un petit compartiment du système financier. Cela se produit souvent lorsque les crises financières s'intensifient : le problème est considéré comme « circonscrit » – dans le cas qui nous occupe, à une poignée de prêteurs hypothécaires imprudents et aux prêts qu'ils avaient consentis. Le président de la Réserve fédérale, Ben Bernanke, tomba dans ce piège lorsqu'il vint devant le Congrès en mai 2007. Bien qu'il concédât que le marché du prêt *subprime* avait de nombreux problèmes, il les décrivit comme les manifestations d'une maladie isolée plutôt que comme le début d'une pandémie.

C'est alors qu'une compagnie londonienne, Markit Group, présenta un indice – l'indice ABX – destiné à mesurer la tension existant sur le marché des titres *subprime*. Cet indice était fondé sur les prix d'un panier de *credit default swaps* utilisés pour transférer le risque de défaut sur des titres dérivant de prêts immobiliers *subprime*. Un porte-parole de la compagnie précisa que l'objectif de cet indice était « la visibilité et la transparence ». Grâce à l'indice ABX, il était possible de mesurer le coût de l'assurance – sous forme de *credit default swaps* – contre le défaut de tranches de *mortgage-backed securities* et de CDO dont les notes variaient entre un abyssal BBB et un très bon AAA. Durant l'année 2007, l'indice ABX entama une chute vertigineuse : les tranches de faible qualité perdirent plus de 80 % de leur valeur. Même les tranches notées AAA avaient perdu 10 % de leur valeur en juillet 2007.

La chute de l'indice ABX montra que quelque chose allait de travers. Son évolution incita les établissements du système bancaire parallèle à examiner leurs actifs et à réévaluer les titres qu'ils détenaient. Certaines *collateralized debt obligations* subirent des pertes énormes et laissèrent les établissements financiers avec moins d'actifs pour faire face à leurs engagements. Confrontées à l'amenuisement de leurs réserves, les banques traditionnelles comme celles appartenant au système bancaire parallèle commencèrent à thésauriser et refusèrent de prêter sur la base de garanties qui paraissaient plus douteuses de jour en jour.

Une soudaine aversion au risque, un soudain désir de démonter les pyramides de leviers d'endettement qui avaient produit des profits jusqu'à une date récente marquent le tournant d'une crise financière. On parlait jadis de « discrédit » ou de « revirement » ; plus récemment, on a appelé un tel tournant « moment Minsky ». Ce moment arriva à la fin du printemps 2007.

Le dénouement

Les fonds spéculatifs ne ressemblent pas aux banques, mais ils fonctionnent largement comme elles : ils recueillent des fonds auprès de particuliers ou d'investisseurs institutionnels ainsi que des accords de rachat (*repurchase agreement* ou *repos*) provenant de banques d'affaires. Tout comme les banques ordinaires, les fonds spéculatifs placent à long terme ce qu'ils ont emprunté à court terme. Deux fonds spéculatifs appartenant à Bear Stearns engloutirent ainsi des milliards de prêts à court terme dans des tranches de CDO risquées et très peu liquides.

L'écroulement de ces deux fonds à l'été 2007 annonça celui de centaines d'autres fonds spéculatifs ainsi que de l'ensemble du système bancaire parallèle. Comme d'autres acteurs de ce système, ces deux fonds présentaient un fort effet de levier et n'étaient pratiquement pas soumis à réglementation ; les plus risqués d'entre eux avaient un ratio d'endettement de 20 à 1. Quand l'indice ABX révéla la conviction du marché selon laquelle les CDO très risqués pourraient perdre tout ou partie de leur valeur, ces deux fonds spéculatifs commencèrent à subir des pertes importantes.

Les banques qui avaient prêté des milliards à ces deux fonds procédèrent alors à des appels de marges et menacèrent de vendre le collatéral – des tranches de CDO notées AAA – que ces fonds avaient apporté pour garantir leur financement. Cette étape fut décisive : jusque-là, les CDO et les autres types de produits structurés avaient rarement été négociés. L'indice ABX ne fournissait qu'une estimation de ces prix : il n'était pas le reflet des prix courants. Les gestionnaires de fonds spéculatifs savaient que ces titres ne retrouveraient jamais leur valeur initiale ; essayer de les vendre sur un marché pris de panique aurait révélé que les CDO étaient aussi nus que le roi du conte. Au lieu de procéder ainsi, Bear Stearns injecta de l'argent dans les fonds concernés. Mais ce fut en vain : à l'été 2007, l'un des fonds avait vu disparaître 90 % du capital apporté par les investisseurs ; le second, dont le levier d'endettement était plus fort, avait perdu la totalité de ses capitaux propres. Les deux fonds se placèrent sous le régime des faillites à la fin du mois de juillet. Ils ne furent pas les seuls : un autre fonds spéculatif créé par UBS périt dans des circonstances similaires.

Ces faillites précoces montrèrent comment les fonds spéculatifs pouvaient succomber à l'équivalent d'une course aux dépôts. Des créanciers institutionnels pouvaient soudain refuser de refinancer leurs prêts *repos* et les laisser à sec. Une autre possibilité consistait à voir les apporteurs de capitaux – de riches individus et d'autres – réclamer leur argent, tout comme les déposants de banques semblables à celle de *La vie est belle*. Quelle que soit la manière, le résultat était le même : le financement de court terme des fonds spéculatifs pouvait rapidement disparaître, ce qui les forcerait à fermer boutique.

La faillite de ces trois fonds spéculatifs était conforme au déroulement classique d'une crise financière. La plupart des crises débutent par quelques faillites spectaculaires que suit une période d'incertitude : les gens se demandent si ce qui est arrivé à des établissements jadis considérés comme sains n'est qu'une partie d'un problème plus vaste. C'est généralement le cas, et cette crise n'a pas fait exception à la règle : lors des deux années postérieures à la faillite des fonds de Bear Stearns et de UBS, quelque cinq cents fonds spéculatifs furent victimes d'une lente course aux dépôts et finirent par périr. La raison en est simple : les créanciers de ces fonds ne pouvaient ni ne voulaient connaître leur degré d'exposition individuelle à des actifs toxiques. Tous les fonds furent donc confrontés à un assèchement du crédit.

Tandis que la panique se répandait au printemps et à l'automne 2007, la recherche des actifs toxiques continuait de plus belle. Les investisseurs tentaient désespérément de savoir qui était exposé au risque *subprime*. Le soupçon se porta rapidement sur les véhicules hors bilan que les banques d'affaires et les sociétés de courtage avaient créés aux grandes heures de la titrisation. Ils étaient de deux sortes : les *conduits* et les *special investment vehicles* (SIV). Ils avaient joué un rôle essentiel lors de la frénésie de titrisation : les *conduits* avaient servi de zones de garage au début du processus et les SIV de dépotoir à son terme. Ces véhicules contenaient plus de 800 milliards de dollars d'actifs.

Voici comment ils fonctionnaient. Les banques d'affaires avaient besoin d'un endroit où stocker les prêts hypothécaires et les autres produits qu'elles fabriquaient. Plutôt que de les garder dans leurs bilans, ce qui les obligerait à conserver des réserves élevées pour garantir la valeur de ces actifs, elles les placèrent dans un *conduit*, une sorte d'obscure entité légale à laquelle s'appliquait un taux de réserves dix fois inférieur à celui des banques ordinaires. Ils resteraient là jusqu'au moment où ils seraient transformés en *mortgage-*

backed securities, *collateralized debt obligations* ou autres titres. Les *conduits* avaient besoin de financements afin de poursuivre ce processus : ils le trouvaient auprès des fonds du marché monétaire, des fonds de pension et des directions financières d'entreprises, lesquels accordaient aux *conduits* des prêts à court terme au moyen de papier commercial adossé à des actifs non bancaires (*asset-backed commercial paper* ou ABCP).

Les prêts étaient à court terme, mais les actifs – les prêts hypothécaires à risque et autres formes de dettes – étaient des instruments faiblement liquides et de long terme. La même dynamique était à l'œuvre à l'autre bout de la chaîne. Après avoir créé les produits titrisés, les banques d'affaires étaient inévitablement confrontées à un goulet d'étranglement : elles ne pouvaient pas se débarrasser immédiatement de ces nouveaux produits structurés auprès d'investisseurs crédules. Plutôt que de conserver ces actifs dans leur bilan, ce qui présentait un coût, les banques d'affaires créèrent le SIV. L'objet de ce véhicule hors bilan était d'acheter les titres concernés en utilisant les fonds disponibles sur le marché ABCP. C'était un peu comme si un constructeur automobile avait fondé une société écran pour racheter ses voitures aux revendeurs.

Citigroup, dont les sept SIV détenaient 100 milliards de dollars d'actifs, fut l'un des premiers à chanceler. Tout comme les difficultés d'un fonds spéculatif avaient conduit à un examen attentif de la situation de l'ensemble des fonds spéculatifs, les problèmes d'un SIV firent fuir les investisseurs méfiants. Ce mouvement se transforma rapidement en déroute : en l'espace de quatre semaines, les investisseurs retirèrent 200 milliards de dollars du marché ABCP, et les SIV comme les *conduits* durent supporter des coûts croissants pour continuer à emprunter sur ce marché. Les créanciers de certains SIV et *conduits* refusèrent de prêter à quelque taux que ce soit, ce qui empêcha ces derniers de poursuivre leur activité.

Quand la situation devint hors de contrôle, les banques qui avaient créé des SIV et des *conduits* se trouvèrent dans une position délicate. Afin de séduire les investisseurs, beaucoup d'entre elles avaient promis d'utiliser les propres liquidités de la banque en cas de crise ; elles avaient même garanti les taux d'intérêt et la valeur des instruments concernés. Elles étaient ainsi responsables de toutes les pertes. C'est le couteau sous la gorge qu'elles ramenèrent l'encours de leurs SIV dans leurs bilans, ce qui leur fit subir des pertes importantes.

Le pire était à venir. À partir d'août 2007, un choc beaucoup plus grave – une crise de liquidités et un resserrement du crédit généralisé – frappa les marchés financiers, atteignit son point culminant lors de l'effondrement de Lehman Brothers, et conduisit le système financier mondial au bord de la rupture. Les vestiges du système bancaire parallèle s'écroulèrent ; quant au système bancaire classique, il fut également pris d'assaut. La crise ne faisait que commencer.

La peur de l'inconnu

Publié pour la première fois en 1921, *Risk, Uncertainty, and Profit* contient la fameuse distinction entre risque et incertitude que proposa l'économiste iconoclaste Frank H. Knight. Knight soutenait que le risque pouvait être évalué par les marchés financiers parce qu'il dépend d'une distribution connue d'événements auxquels les investisseurs assignent des probabilités. Contrairement au risque, l'incertitude ne peut être évaluée : elle se rapporte à des événements, des circonstances et des éventualités qui ne peuvent être prévus, mesurés ou modélisés.

Pour comprendre cette distinction, imaginons deux hommes qui jouent à la roulette russe. Ils prennent un revolver pouvant contenir six cartouches, placent une cartouche dans l'une des chambres et font tourner le barillet. Le premier qui appuie sur la détente a une chance sur six de se brûler la cervelle. Cela, c'est le risque. Bien que les hommes qui jouent à ce jeu soient des idiots suicidaires, ils connaissent leurs chances. Imaginons à présent que l'on présente à ces deux hommes un mystérieux revolver préparé par quelqu'un d'autre. Ce revolver pourrait contenir une seule balle ; il pourrait en contenir six ; et il pourrait même n'en contenir aucune. Ce pourrait d'ailleurs ne pas être un vrai revolver : il pourrait être chargé à blanc. Les joueurs n'en savent rien. Cela, c'est l'incertitude : ils ignorent comment évaluer le risque. Les chances de mourir sont impossibles à quantifier.

La distinction entre risque et incertitude aide à expliquer ce qui s'est passé sur les marchés financiers à partir de la fin de l'été 2007. Avant que la crise n'éclate, le risque pouvait être réduit aux notes attribuées aux différents titres : certains étaient plus risqués que d'autres et le risque pouvait être quantifié – c'est du moins ce que l'on croyait. Quand le marché immobilier s'effondra et que l'incertitude entoura ces titres, le système financier ne sembla plus ni compréhensible ni prévisible. De vilaines choses s'étaient déjà produites, mais elles pâlissaient en comparaison de ce qui pouvait se passer. Ainsi que l'exprima un journaliste du *Financial Times* lors d'un entretien radiophonique diffusé au mois d'août, « ce ne sont pas les cadavres qui sont en surface qui sont effrayants ; ce sont ceux dont on ignore l'existence et qui peuvent remonter à la surface à tout instant. Personne ne sait où les corps sont enterrés ».

À la fin de l'été 2007, les bilans d'un large éventail d'établissements financiers offrirent une surprise déplaisante : une poignée de fonds spéculatifs, de banques, de *conduits*, de SIV et d'autres établissements avaient été forcés d'exhumer des « corps » et révélèrent qu'ils détenaient un choix ahurissant d'actifs toxiques. Où se trouvaient les autres ? Et combien y en avait-il ? Personne ne pouvait le dire : c'était le règne de l'incertitude. Les estimations de pertes liées aux prêts *subprime* variaient à présent de 50 milliards de dollars à plus de 500.

Cette évolution ne correspondait pas à l'espérance de risque standard. Quand les deux fonds spéculatifs de Goldman Sachs perdirent plus d'un tiers de leur valeur à la fin de cet été-là, la firme tenta de rassurer les investisseurs en affirmant que ces pertes étaient « des événements auxquels correspondait un écart-type de 25 ». C'était du jargon statistique pour dire que ce qui s'était passsé ne devrait se produire qu'une fois en un million d'années. En réalité, les modèles utilisés pour mesurer le risque étaient défectueux : ils reposaient sur des hypothèses absurdes – les prix des logements ne pouvaient qu'augmenter ! – et utilisaient des données qui ne remontaient qu'à quelques années.

Une analyse approfondie de l'histoire aurait pu préparer les observateurs de marché à ce qui allait se produire : l'incertitude se répandit, la défiance grandit, et d'anciens rapports de confiance se délitèrent. Bagehot sut saisir cette dynamique dès 1873 en écrivant que « chaque jour, à mesure que la panique croît, cette défiance diffuse devient plus intense et plus commune ; elle touche davantage de personnes ; et elle les atteint avec plus de virulence qu'au début ». Lorsque cela se produit, le marché monétaire – l'arène dans laquelle les banques empruntent et prêtent leurs excédents de liquidités – se grippe. Du temps de Bagehot, l'épicentre du marché monétaire mondial était Lombard Street ; les banques les plus importantes d'Angleterre y avaient leur siège.

En 2007, la paralysie frappa un réseau international d'établissements financiers situés à Londres, New York, Tokyo et ailleurs. C'était le marché interbancaire, sur lequel les banques et les autres établissements financiers se prêtent leurs excédents de liquidités. Toutes ces opérations sont réalisées dans le cyberespace, mais en hommage à la place particulière de Londres dans l'histoire de la finance, le principal taux auquel les liquidités sont prêtées porte le nom de *London Interbank Offered Rate* (LIBOR).

En temps normal, le LIBOR dit « overnight » (qui s'applique à des prêts consentis pour une durée d'un jour) ne dépasse que de quelques points de base les taux au jour le jour des banques centrales. La raison de cette quasi-convergence est simple : le risque associé aux prêts que les banques bien établies se consentent mutuellement n'est que faiblement supérieur à l'absence de risque associée aux prêts des banques centrales. De la même manière, les prêts interbancaires à plus long terme – les contrats sur LIBOR à trois mois – s'éloignent rarement des taux associés à des investissements ultra-sûrs comme les bons du Trésor à trois mois.

En août et septembre 2007, le malaise était croissant. La crise des *subprimes* battait son plein : les défaillances et les saisies se multipliaient. Les tuyaux de la titrisation se bouchèrent lorsque les agences de notation abaissèrent les notes accordées aux prêteurs hypothécaires ainsi qu'à une série de produits structurés. Au même moment, l'indice ABX révéla une détérioration marquée de la confiance en la valeur de diverses tranches de CDO tandis que la décomposition du marché du papier commercial se poursuivait. D'autres mauvais présages apparurent : les marchés boursiers devinrent extraordinairement volatils et les fonds spéculatifs qui utilisaient des modèles mathématiques sophistiqués pour gagner de l'argent subirent d'énormes pertes. Les prêteurs hypothécaires *subprime* continuaient de sombrer : c'est ce qui arriva à l'un des géants de ce marché, American Home Mortgage. Les *spreads* de crédit applicables aux entreprises privées augmentèrent fortement. Une ruée sur certains fonds du marché monétaire contrôlés par BNP Paribas ne fit qu'ajouter au sentiment selon lequel les choses allaient terriblement mal. Il en fut de même des ruptures sur le *carry trade*, qui consiste à emprunter dans une devise à faible taux d'intérêt et à placer les fonds empruntés dans une devise à taux d'intérêt plus élevé. La crise n'était plus un problème isolé : elle gagnait des territoires nouveaux et dangereux.

Par conséquent, le marché interbancaire commença à se resserrer en août et l'écart entre le LIBOR et les taux pratiqués par les banques centrales européennes passa de 10 points de base à près de 70. Ceci indiquait clairement que la liquidité sur les marchés monétaires au jour le jour avait quasiment disparu : les banques qui faisaient jadis des affaires en toute confiance se méfiaient à présent les unes des autres, redoutant qu'un nombre inconnu de « cadavres » ne soient cachés dans ou hors des bilans. Toutes les banques d'Europe et des États-Unis voulaient emprunter des liquidités, mais aucune ne voulait en prêter – sauf à des taux d'intérêt extraordinairement élevés.

Comme on pouvait s'y attendre, les banques centrales vinrent à la rescousse, ou du moins tentèrent de le faire. Le 9 août, la Banque centrale européenne prêta 94,8 milliards d'euros à une cinquantaine de banques, puis 61 milliards le lendemain. La Réserve fédérale lui emboîta le pas et prêta environ 60 milliards de dollars en deux jours. Bien que ces injections de liquidités aient aidé à réduire le *spread* sur le LIBOR au début de l'automne, il s'accrut une nouvelle fois en novembre et en décembre, quand les pertes des banques augmentèrent, que les marchés boursiers plongèrent et que la panique continua à se diffuser. La Réserve fédérale réduisit ses taux de 100 points de base durant l'automne, mais en vain. Elle facilita par ailleurs l'accès des banques à la « fenêtre d'escompte », mais y recourir était stigmatisant. Une banque qui avait besoin de se procurer des ressources auprès de la Réserve fédérale était considérée comme affaiblie et proche de l'effondrement.

Ces événements suivirent un schéma familier. Les preuves d'une dégradation accélérée de la situation s'accumulaient : il ne s'agissait pas de rumeurs ou de suppositions. Selon l'indice ABX, la valeur des CDO continuait de diminuer ; même les tranches *senior* notées AAA perdaient de leur valeur jour après jour. Soucieuse de compenser la négligence qu'elles avaient montrée lors des années d'expansion, les agences de notation dégradèrent les notes d'un certain nombre de titres. Quant au marché de la titrisation, il était gelé. Les prêts hypothécaires et les autres titres de dette qui avaient servi d'ingrédients pour la saucisse du financement structuré s'accumulaient, inutilisés et non désirés.

À la fin de l'année 2007, un climat de profonde incertitude régnait. Quelles étaient les banques qui avaient dissimulé des cadavres hors de leur bilan ? Quels étaient les fonds spéculatifs qui avaient réalisé des paris insensés ? Qui d'autre avait investi dans les CDO *subprime* ? Il était malheureusement à peu près impossible de le dire. Le système financier était incroyablement opaque et une large part de son activité – par exemple les *credit default swaps* – était réalisée hors de portée de toute réglementation. Il ressemblait de plus en plus à un vaste champ de mines. Quelques mines avaient explosé, mais la plupart restaient sous terre et attendaient ceux qui ne se doutaient de rien.

Illiquide et insolvable

À la fin de l'été 2007, lorsque la Banque d'Angleterre porta pour la première fois assistance aux banques britanniques, son gouverneur, Mervyn King, eut des mots très durs pour les banques insolvables qui demandaient à être sauvées. « Nous ne protégerons certainement pas les gens des conséquences de leurs décisions de prêts imprudentes », déclara-t-il non sans emphase.

Le message sous-jacent était clair : les banques centrales joueraient leur rôle de prêteur en dernier ressort, mais elles n'aideraient que ceux qui le méritaient. Mervyn King parlait une langue que Walter Bagehot aurait appréciée. Ainsi que Bagehot l'avait souligné, « toute aide apportée à une mauvaise banque est le plus sûr moyen d'empêcher la création de bonnes banques ».

Aujourd'hui comme naguère, la difficulté consiste à distinguer les banques qui sont simplement illiquides (les « bonnes » banques) de celles qui sont insolvables (les « mauvaises »). Pour le dire autrement, il s'agit d'identifier les banques qui ont plus d'actifs que d'engagements, même si ces actifs ne peuvent être transformés rapidement en liquidités ; et de repérer les banques qui ont plus d'engagements que d'actifs, ce qui les conduit à engloutir leurs fonds propres et les mène droit à l'insolvabilité.

Il est délicat de procéder à cette distinction au cœur d'une panique parce que les établissements financiers peuvent rapidement passer d'un état à l'autre en raison de la valeur changeante des actifs qu'ils détiennent. La question de l'évaluation fut particulièrement complexe lors de la crise récente. Prenons par exemple les CDO détenus par les banques et les autres établissements financiers. Lors des premiers mois de la crise, l'indice ABX laissait entendre que la valeur des CDO déclinait. Mais il ne s'agissait pas là de leur valeur de marché : c'était simplement le reflet du coût de l'assurance contre des cessations de paiement futures. Les banques soutinrent assez rapidement que ces pertes étaient théoriques et non réelles : le taux de défaillance sur les prêts hypothécaires sous-jacents n'avait pas encore atteint les niveaux découlant de cet indice.

L'idée était qu'une panique irrationnelle était à l'œuvre sur les marchés. Les banques jugèrent que la psychologie des marchés était seule responsable de leurs pertes, qu'il s'agisse des baisses découlant de l'indice ABX ou de la chute réelle des prix de certains actifs comme les actions. On croyait que lorsque les investisseurs retrouveraient leurs esprits, les prix reviendraient à leurs niveaux normaux. Les marchés deviendraient plus liquides et les menaces d'insolvabilité perdraient de leur intensité. C'était du moins la théorie.

Cette idée était naïve. La crise ne s'est jamais réduite à une insuffisance de liquidités ; l'insolvabilité y était pour beaucoup. Cela devint évident lorsque l'impensable se produisit : les taux d'accidents de paiement et de défaillances sur les prêts hypothécaires commencèrent à monter et le flot de liquidités provenant de ces actifs se tarit. Les pertes hypothétiques sur les tranches *supersenior* notées AAA devinrent réelles, et la valeur de ces actifs s'effondra. La valeur des *mortgage-backed securities*, des *collateralized loan obligations*, des obligations émises par les entreprises et des obligations municipales chuta également.

Même les actifs « vanille » des banques commencèrent à souffrir : les prêts immobiliers classiques, les prêts commerciaux, les encours de dette sur cartes de crédit, les prêts automobiles, les prêts étudiants et les autres formes de crédit à la consommation. Les banques avaient également consenti des prêts industriels et commerciaux et avaient participé au financement de prises de contrôle d'entreprises par recours à l'emprunt (*leveraged buyouts*). Tous ces prêts se déprécièrent, en particulier après l'entrée des États-Unis en récession à la fin de l'année 2007.

Ces développements montrèrent que la santé d'une banque était quelque chose de flottant et d'évolutif. Aussi longtemps que les prix des actifs sous-jacents poursuivirent leur déclin, des banques qui étaient parfaitement en règle virent leurs positions se détériorer et arrivèrent à la limite de l'insolvabilité. Elles pouvaient aussi s'effondrer en cas de ruée sur leurs engagements. En raison de l'absence de garantie des dépôts, les banques du système bancaire parallèle étaient très vulnérables sur ce point. Les banques classiques ne l'étaient pas ; c'est du moins ce que l'on pensait.

Lorsque la ruée sur le système bancaire parallèle s'accéléra, les banques classiques firent l'objet d'une course aux guichets pour la première fois depuis les années 1930. L'une des premières à être dans ce cas fut Countrywide Bank, la branche épargne de Countrywide Financial qui était le plus important prêteur hypothécaire du pays. Fondé par Angelo Mozilo, ce prêteur avait été au cœur de la crise des *subprimes*. Quand la situation se dégrada, les doutes relatifs à cet établissement s'accrurent et finirent par s'étendre à sa division bancaire. En août 2007, les déposants prirent d'assaut les succursales de Countrywide Bank et réclamèrent leur argent d'une manière inédite depuis des décennies. Un retraité qui faisait la queue devant une succursale traduisit l'esprit de cette panique lorsqu'il dit à un journaliste : « Je suis à un âge où je ne peux pas me permettre de prendre des risques. Je serais heureux de remettre mon argent à la banque dès que je serai sûr que la tempête est passée. »

Des paroles comme celles-ci avaient été prononcées lors de paniques survenues à l'époque de Bagehot, mais les entendre au XXIe siècle était stupéfiant. Quelque chose de plus extraordinaire encore se produisit : les courses au guichet se multiplièrent dans le monde entier. Northern Rock, un prêteur hypothécaire britannique de belle taille doté d'une division bancaire, connut le sort de Countrywide un mois plus tard. Tout comme Countrywide, l'essentiel de son financement ne venait pas de déposants ordinaires ; mais cela n'empêcha pas les déposants ordinaires de faire la queue devant ses succursales à la mi-septembre, sous les lumières aveuglantes des médias mondiaux. La Banque d'Angleterre intervint et offrit son aide, mais la ruée ne cessa pas. « Je ne pense pas que la banque finisse par s'effondrer, mais nous manquons de courage, expliqua un déposant. Je retire mon argent pour avoir l'esprit tranquille. »

Tandis que la ruée se poursuivait, on commença à craindre que ce phénomène n'atteigne d'autres banques bénéficiant de la garantie des dépôts et qu'elles passent de l'illiquidité à l'insolvabilité. Bien que ces courses aux guichets aient pu paraître irrationnelles, les déposants avaient en réalité du souci à se faire. Comme Countrywide, Northern Rock n'offrait une garantie des dépôts que jusqu'à un certain point : 100 000 dollars dans le cas de Countrywide et 30 000 livres dans celui de Northern Rock. De nombreux déposants disposaient de sommes très supérieures à ces montants ; si la banque devenait insolvable, ils perdraient leurs économies – qu'il y ait ou non un prêteur en dernier ressort. Près de 40 % des dépôts classiques n'étaient pas assurés aux États-Unis en 2007. En d'autres termes, les paniques bancaires étaient plutôt rationnelles.

Les cas de Countrywide et de Northern Rock mirent en évidence la difficulté à orienter l'aide vers les seules « bonnes » banques. Les banques étaient de plus en plus fortement menacées d'insolvabilité. Selon les critères habituels, elles ne méritaient ni apports de liquidités ni garanties de dépôts complémentaires. Mais ce qui sonne bien en théorie est difficile à mettre en pratique lors d'une crise, quand les déposants prennent les banques d'assaut et que le système financier part en morceaux. Mervyn King, le gouverneur de la Banque d'Angleterre, finit par se trouver dans une position embarrassante. Un mois après avoir expliqué aux marchés qu'il fallait laisser les banques faire faillite, il fit machine arrière en promettant de garantir l'ensemble des dépôts de Northern Rock et d'apporter des liquidités supplémentaires à cette banque. L'extension de la garantie des dépôts fut bientôt accordée à l'ensemble des établissements bancaires du Royaume-Uni. La plupart des autres pays firent de même ou, du moins, relevèrent le plafond de la garantie des dépôts.

Ces interventions n'étaient que les premières. Durant une brève période de l'hiver 2007-2008, certains affirmèrent que la crise était terminée parce que les marchés semblaient se stabiliser. Comme tout étudiant en économie de crise aurait dû le savoir, ce n'était qu'une illusion. Les crises marquent souvent le pas avant de reprendre de la vigueur : une période de calme peut précéder les pires moments de panique et de désordre.

L'œil du cyclone

En mai 1930, le président Herbert Hoover annonça d'un ton assuré que « nous venons de traverser l'une de ces grandes tempêtes économiques qui apportent périodiquement épreuves et souffrances à notre peuple... Je suis convaincu que le pire est derrière nous – et en continuant d'unir nos efforts, nous devrions rapidement nous rétablir. Il n'y a pas eu de faillite bancaire ou industrielle majeure. Ce danger est lui aussi loin derrière nous ». Un autre jour de mai, soixante-dix-huit ans plus tard, le secrétaire au Trésor Henry Paulson annonça d'un ton assuré que « le pire semble être derrière nous », ajoutant une semaine après que « nous sommes plus près de la fin de la période de troubles qui s'est emparée des marchés que du début ».

Hoover comme Paulson commettaient l'erreur classique de ceux qui sont pris dans un ouragan économique et qui confondent l'œil du cyclone avec la fin de la crise. Ils ne furent pas les seuls hommes d'expérience à faire de telles déclarations au milieu d'une tempête : chaque crise a son lot d'optimistes qui, à un moment donné, déclarent que le pire est passé. Il est intéressant de constater que cet optimisme est généralement sincère : ce n'est pas une tentative d'influencer les marchés, mais l'expression de la conviction selon laquelle la tempête s'éloigne.

Les crises sont malheureusement sujettes à des fluctuations : elles se contentent rarement de frapper un coup avant de s'apaiser. Elles ressemblent aux ouragans : elles prennent de la vigueur avant de marquer un temps d'arrêt et de devenir plus destructrices qu'elles ne l'étaient. Cela traduit le fait que les faiblesses accumulées avant une crise importante sont généralisées et systémiques. Elles ne peuvent être traitées par la disparition ou le sauvetage d'une seule banque, ni même par l'implosion de pans entiers du secteur financier.

Beaucoup de crises suivent ce modèle. En Grande-Bretagne par exemple, la crise de 1847 fit irruption en deux temps, en avril puis octobre. La crise de 1873 fut plus complexe encore : elle éclata et s'éteignit à Vienne en avril, se manifesta plus violemment aux États-Unis en septembre, et atteignit la majeure partie de l'Europe en novembre. La Grande Dépression fut la plus compliquée de toutes, avec une explosion à Wall Street, de nombreuses paniques bancaires scandées par des périodes de calme relatif, et des mouvements de panique s'emparant de différents centres financiers à divers moments des trois années suivantes.

De façon surprenante, un semblant de calme s'installa sur les marchés lors de l'hiver 2007-2008. À la fin de l'automne, les dépréciations d'actifs et les pertes firent tomber les fonds propres des établissements financiers à des niveaux inédits et dangereusement bas. De nombreuses banques se préparèrent à faire face à la catastrophe en prêtant moins, en durcissant leurs conditions de prêts et en réduisant leur exposition à des actifs risqués. La valeur des actifs continua néanmoins sa chute tandis que les passifs devenaient plus importants. Aux États-Unis comme en Europe, les régulateurs suggérèrent aux banques de lever davantage de capital afin d'étayer leurs bilans.

Comme l'ensemble du système financier était dans la même situation, les banques avaient peu d'endroits où aller. Leur unique solution était de solliciter les fonds souverains, des fonds de placements financiers détenus par des gouvernements du Proche-Orient ou d'Asie. La perspective que des investisseurs saoudiens ou chinois contrôlent des banques américaines et européennes était politiquement insoutenable ; c'est pourquoi la recapitalisation des banques en difficulté prit la forme d'actions préférentielles. Cela signifie que les fonds souverains ne prirent qu'une participation minoritaire et ne disposèrent ni de représentants au conseil d'administration ni de droits de vote.

Citigroup leva 7,5 milliards de dollars auprès d'un fonds d'Abou Dabi ; UBS reçut 11 milliards de dollars du fonds de Singapour et d'un groupe d'investisseurs privés du Proche-Orient. Le fonds de Singapour versa 5 milliards de dollars à Merrill Lynch, et la Chine apporta 5 milliards de dollars à Morgan Stanley. À plus petite échelle, les compagnies américaines de *private equity* injectèrent 3 milliards de dollars dans Washington Mutual et près de 7 milliards de dollars dans Wachovia.

Ces injections contribuèrent à donner l'illusion que les choses pourraient s'arranger. Il en alla de même des interventions de la Réserve fédérale. En décembre, la Réserve fédérale et d'autres banques centrales commencèrent à consentir des prêts de long terme aux banques. Créé conjointement avec la Banque centrale européenne et la Banque d'Angleterre, le *Term Auction Facility* (TAF) était destiné à débloquer le marché du crédit interbancaire en apportant des prêts de long terme aux banques. Au moment de son adoption, les prêts interbancaires à un, trois et six mois avaient quasiment disparu, et le *spread* entre les taux LIBOR et les taux des banques centrales avait atteint des sommets.

Au début, le TAF réussit à réduire la tension sur le marché interbancaire. L'un des indicateurs de stress – le *spread* LIBOR-OIS – passa de 110 points de base à moins de 50. Ce plan parut donner un peu d'oxygène à l'économie, et l'on espéra que le pire était passé. « Je suis optimiste en ce qui concerne l'économie, déclara le président George W. Bush à la presse le 8 janvier 2008. Les fondamentaux me plaisent, ils ont l'air solides. » Il reconnaissait qu'il y avait quelques nuages à l'horizon, mais cela ne l'empêchait pas de se montrer confiant : « Nous nous en sortirons... L'esprit d'entreprise est fort. »

En réalité, l'économie américaine était officiellement entrée en récession le mois précédent, et le système financier tout entier était au bord de l'écroulement. La crise était sur le point d'entrer dans sa phase la plus dangereuse et la plus spectaculaire. Tout comme le soulagement de Hoover face à l'absence de faillite « majeure » au printemps de l'année 1930, la conviction de Bush que les choses allaient s'arranger était extraordinairement complaisante. Les digues étaient sur le point de céder.

L'heure des comptes

Comme la crise actuelle, celle de 1825 naquit d'une bulle spéculative qui avait mal tourné. Cet automne-là, une seule faillite bancaire déclencha une ruée massive sur les banques. La Banque d'Angleterre commença par refuser d'intervenir. Mais en décembre 1825, quand la crise devint hors de contrôle, la Banque d'Angleterre fit machine arrière et commença à prêter de l'argent selon des méthodes nouvelles et peu conventionnelles. Elle devint le prêteur en dernier ressort de tous les participants au système financier. Ainsi que le rappela Bagehot, les résultats furent spectaculaires : « Après un jour ou deux de ce traitement, le mouvement de panique s'apaisa et la City était presque calme. »

Ce scénario – une banque centrale obligée de prendre des mesures extrêmes et inédites afin d'enrayer la panique – se déroulera plus d'une fois lors des décennies suivantes ; 2008 ne fit pas exception. Lors de la crise récente, la Réserve fédérale et les autres banques centrales ne parvinrent pas à placer immédiatement la crise sous contrôle. L'une des raisons en était que les banques centrales opéraient en territoire inconnu : la taille et l'étendue de la catastrophe privaient bien des outils habituels de leur efficacité. Beaucoup d'établissements en grande difficulté – des banques d'affaires et d'autres acteurs du système bancaire parallèle – n'eurent pas rapidement accès à l'assistance qui s'était révélée si utile lors de crises antérieures. Les banquiers centraux pris dans la crise durent improviser, tout comme leurs précédesseurs l'avaient fait deux siècles plus tôt.

Au printemps 2008, la pression en faveur d'une intervention augmenta rapidement. La titrisation s'était interrompue, qu'il s'agisse de prêts hypothécaires classiques ou d'encours de dette sur cartes de crédit, de prêts automobiles ou d'autres types de crédit à la consommation. La transformation de prêts aux entreprises et de prêts « leveragés » en *collateralized loan obligations* fut gelée en raison de l'effondrement de la demande et d'une aversion croissante pour le risque. Lorsque les marchés du crédit cessèrent de fonctionner, les banques et les banques d'affaires se retrouvèrent coincées avec leurs prêts : elles ne pouvaient plus les transformer en titres et s'en débarrasser. Il leur restait également sur les bras 300 milliards de dollars de prêts-relais accordés à des fonds de *private equity* qui souhaitaient financer des acquisitions par emprunt. Les banques et les courtiers qui tentèrent de se défaire de ces prêts comprirent rapidement que ces actifs ne pouvaient plus être vendus que sur des marchés extrêmement peu liquides et avec une forte décote.

Tout cela se déroulait dans un contexte de diminution de la valeur de certaines catégories d'actifs. Le marché boursier continuait à s'enfoncer et les banques continuaient à annoncer des réductions de la valeur de leurs actifs et des pertes liées à l'abaissement de la note de divers produits structurés. Même des tranches de CDO notées AAA subirent une dégradation de leur note ; leurs prix chutèrent de 10 % et plus. Alors que les banques et les courtiers pouvaient utiliser des astuces comptables pour dissimuler certaines de leurs pertes, des produits structurés comme les CDO devaient être évalués à leur prix de marché.

Le résultat final de ces baisses de prix, qu'elles concernent des actifs ésotériques ou des actifs classiques, fut que les banques durent procéder à la réduction de la valeur comptable de leurs portefeuilles d'actifs. En mars 2008, des banques situées un peu partout dans le monde annoncèrent des réductions d'actifs supérieures à 260 milliards de dollars. Citigroup en était pour 40 milliards de dollars, et d'autres grandes banques publièrent des chiffres comparables. Beaucoup de celles qui affichèrent alors leurs pertes n'étaient pas encore insolvables, mais leurs jours étaient comptés. Deux établissements dont les déboires feraient les gros titres des journaux lors des mois suivants, AIG et Wachovia, procédèrent à des réductions d'actifs de 30 milliards de dollars pour la première et de 47 milliards de dollars pour la seconde.

Les banques commerciales ordinaires souffraient, mais elles furent touchées plus tardivement que les banques d'affaires. Certaines d'entre elles, comme celles qui étaient liées à des banques commerciales – les unités spécialisées de Citigroup, JPMorgan Chase et Bank of America –, pouvaient compter sur le soutien de leurs maisons-mères. Mais les banques d'affaires indépendantes – Lehman Brothers, Merrill Lynch, Morgan Stanley, Goldman Sachs et Bear Stearns – devaient faire face seules. Elles empruntaient à court terme et prêtaient à long terme comme les banques classiques, mais elles n'avaient pas accès à un prêteur en dernier ressort et leurs créanciers ne bénéficiaient pas de la garantie des dépôts. Parce qu'elles étaient moins réglementées, elles tendaient par ailleurs à recourir davantage à l'effet de levier. Elles dépendaient enfin très fortement du financement à court terme qu'elles se procuraient sur le marché *repo*.

Tous ces *broker dealers* perdirent leur indépendance avant la fin de l'année. Bear Stearns fut le premier à disparaître en mars 2008. Il avait été comme ses homologues l'un des principaux fabricants de CDO, et il avait conservé dans ses comptes de nombreux actifs devenus toxiques. Les pertes s'accrurent durant l'automne et l'hiver 2007 à mesure que la valeur des CDO – et en particulier des tranches notées AAA – diminuait. La situation devenait de plus en plus claire : Bear Stearns était en difficulté, et tout comme les déposants qui réclamaient leur argent à Countrywide, à Northern Rock ou à d'autres banques, les fonds spéculatifs qui empruntaient à Bear Stearns et les établissements qui prêtaient des fonds à cette banque si malade retirèrent leurs billes. Le 13 mars, la banque fit savoir qu'elle avait perdu 88 % de ses actifs liquides en raison du refus de ses créanciers d'assurer son refinancement à court terme. Bear Stearns était moribonde ; et lors d'un week-end frénétique, la firme légendaire fut sommairement vendue à JPMorgan Chase. La Réserve fédérale intervint massivement : elle facilita la vente et accepta d'assumer l'essentiel des pertes liées aux actifs toxiques détenus par l'ancien établissement.

L'intervention de la Réserve fédérale ne consistait pas en un renflouement complet : les actionnaires de Bear Stearns ne furent pas indemnisés. Mais ses créanciers et ses contreparties furent intégralement remboursés. L'intervention de la Réserve fédérale s'inspira de l'appel de Bagehot à sauver la banque dont la défaillance menace les banques solvables. Dans le cas de Bear Stearns, elle jugea qu'il était nécessaire d'agir : cet établissement avait été l'un des acteurs majeurs de la vente de *credit default swaps* destinés à se prémunir du risque associé à des actifs détenus par d'autres banques et investisseurs. Son effondrement aurait entraîné la nullité de ces contrats d'assurance, ce qui aurait pu déclencher des « faillites dérivées » dans l'ensemble du système financier mondial.

La Réserve fédérale n'avait pas fini d'intervenir. Un peu comme la Banque d'Angleterre avait utilisé des *swaps* en 1825, la Réserve fédérale commença à échanger des bons du Trésor à court terme, liquides et sûrs, contre les actifs moins liquides qui plombaient les bilans des banques d'affaires. Cette facilité de prêt (que nous discuterons dans le chapitre 6) aida les banques à circonscrire la trappe d'illiquidité que la panique avait créée. Il en alla de même de la création ultérieure par la Réserve fédérale d'une autre facilité de prêt qui donna à des banques d'affaires comme Goldman Sachs et Morgan Stanley un accès au soutien d'un prêteur en dernier ressort. Cela constituait une rupture radicale avec le passé : pour la première fois depuis des décennies, le gouvernement avait choisi d'apporter ce type de soutien à des acteurs clés du système bancaire parallèle.

La création de deux nouvelles facilités de prêt réduisit le risque de ruée sur les *broker dealers* mais ne l'élimina pas. Pour commencer, les *brokers dealers* n'avaient pas accès à la garantie des dépôts, qui constitue la meilleure protection contre une course aux guichets. Leur accès au soutien de la Réserve fédérale dans son rôle de prêteur en dernier ressort était par ailleurs conditionnel et limité. Si un *broker dealer* était vraiment insolvable, la Réserve fédérale refuserait de venir à son secours. C'est du moins ce que commandait l'exercice prudent du métier de banquier central. Cela revenait presque à annoncer la faillite de quelques établissements importants.

En même temps, le renflouement de Bear Stearns semblait indiquer que la Réserve fédérale ne voudrait pas rester de côté au cas où la faillite d'un établissement financier sèmerait la panique à grande échelle. Bear Stearns était le plus petit des *broker dealers* indépendants ; la Réserve fédérale interviendrait certainement pour sauver une victime de plus grande taille si cela permettait d'empêcher l'extension de la crise. Autoriser une telle faillite reviendrait à prendre le risque d'un écroulement de l'ensemble du système financier.

Chacune de ces visions a ses mérites. Malheureusement, toutes deux se révélèrent justes. Ce qui se passa lors des mois suivants envoya des messages contradictoires sur la manière dont la Réserve fédérale traiterait la question de l'aléa moral.

Le centre ne peut pas rester debout

Chaque fois que le récit d'une crise financière est dominé par une faillite majeure, on est tenté d'analyser la crise tout entière au regard de cet événement, comme si tout ce qui s'est produit avant et après pouvait être réduit à un point d'inflexion. La faillite de Lehman Brothers joua ce rôle lors de la crise récente : beaucoup d'observateurs de marché sont convaincus qu'elle fut la principale responsable de la transformation de la crise américaine en une conflagration mondiale.

Cette interprétation est compréhensible : réduire une crise à une faillite spectaculaire permet de simplifier une chaîne d'événements extraordinairement complexe. Elle est malheureusement trompeuse. La faillite de Lehman Brothers fut moins une cause de la crise qu'un symptôme de sa gravité. Lorsque Lehman Brothers décida de se placer sous le régime des faillites, le 15 septembre 2008, l'économie des États-Unis était en récession depuis dix mois et d'autres pays industrialisés étaient sur le point de l'y rejoindre. Le marché immobilier s'effondrait depuis deux ans et les prix élevés du pétrole envoyaient des ondes de choc à l'économie mondiale. Quelque deux cents prêteurs immobiliers non bancaires s'étaient écroulés ; et comme la titrisation s'était interrompue, les SIV et les *conduits* s'étaient désagrégés. Les banques classiques étaient elles aussi en difficulté : leurs bilans continuèrent de se dégrader en 2008 et de nouvelles dépréciations de la valeur de leurs actifs étaient inévitables. Après avoir montré quelques signes d'amélioration durant l'hiver, le prêt interbancaire s'était à nouveau grippé au printemps et à l'été.

Les établissements chargés de garantir le système – de petites compagnies d'assurance comme Ambac et ACA, qui étaient spécialisées dans la garantie des obligations (également connues sous le nom de compagnies d'assurance *monolines*), ainsi que des compagnies tentaculaires comme AIG – étaient entrés dans une zone de turbulences bien avant que Lehman ne s'écroule. Ils avaient assuré plusieurs billions de dollars de tranches de CDO au moyen de *credit default swaps*, ce qui revenait à transférer leurs propres notes AAA à une série de produits financiers structurés. Lorsque la marée des pertes monta, il devint de plus en plus probable que les assureurs seraient contraints de payer. Comme leur levier d'endettement était excessivement élevé, ils ne disposaient malheureusement pas des capitaux nécessaires. Les agences de notation le savaient et commencèrent à dégrader les notes des *monolines* à l'automne 2007.

Ces dégradations, effectives ou attendues, menacèrent de priver des compagnies comme Ambac et AIG de leur capacité à attribuer des notes AAA à une série de titres. Dans le cas de petites compagnies comme Ambac, cela ne concernait pas uniquement les CDO, mais aussi les obligations municipales qui, à l'origine, leur procuraient l'essentiel de leurs revenus. Au printemps 2008, les difficultés croissantes des compagnies d'assurances *monolines* entraînèrent dans la tourmente les marchés des obligations municipales, qui étaient d'ordinaire parfaitement ennuyeux mais très stables. Beaucoup de banques d'affaires qui jouaient un rôle clé sur ces marchés les abandonnèrent parce qu'elles redoutaient d'y perdre de l'argent. Les ventes aux enchères d'obligations municipales commencèrent à mal se passer et la panique se répandit. Bien des produits plus sophistiqués utilisés par les municipalités pour se refinancer à court terme – *auction-rate securities* et *tender option bonds* – partirent en lambeaux. En l'espace de quelques mois, des gouvernements locaux solvables virent monter en flèche le coût de l'emprunt.

Cette facette de la crise débuta en raison d'une insuffisance de liquidités. Mais là aussi, le spectre de l'insolvabilité menaçait : de nombreuses municipalités qui avaient bénéficié de l'augmentation de la valeur du foncier virent leurs recettes fiscales tomber à pic en raison de la montée des accidents et des défauts de paiement. Les difficultés grandissantes de la Californie, qui étaient devenues évidentes à l'été 2008, offraient un aperçu de ce qui attendait d'autres États et d'autres municipalités. Le problème était réel : il ne relevait pas uniquement de la psychologie des investisseurs.

Fannie Mae et Freddie Mac commencèrent également à chanceler. Patronnées par le gouvernement fédéral, ces entreprises avaient atteint des leviers d'endettement de 40 pour 1 en émettant de la dette disposant de la garantie implicite du Trésor américain. Elles avaient utilisé une partie de cette dette supposée sans risque pour acheter des prêts hypothécaires à risque et des valeurs adossées à des prêts hypothécaires. En 2008, les deux institutions subirent des pertes importantes qui érodèrent rapidement leur capital. Ces pertes avaient deux origines. Pour commencer, les commissions qu'elles percevaient en contrepartie de la garantie des prêts hypothécaires qu'elles transformaient en *mortgage-backed securities* ne suffisaient pas à couvrir leurs pertes. Durant la pire crise du logement depuis la Grande Dépression, même des emprunteurs jugés sûrs firent défaut dans des proportions très supérieures à ce que Fannie Mae et Freddie Mac avaient prévu. Les primes d'assurance ne couvraient plus les pertes, qui commencèrent à apparaître dans les bilans des deux établissements.

Le fait que leurs portefeuilles d'investissements débordent de prêts hypothécaires et de titres *subprime* était beaucoup plus significatif. Cet été-là, les pertes sur ces investissements étaient devenues si importantes – et le capital des deux institutions avait tant diminué – que les investisseurs paniquèrent. Ils redoutaient que le duo ne soit plus capable de couvrir les titres qu'ils avaient garantis. Les investisseurs qui avaient acheté de la dette émise par les deux géants évoquaient désormais ouvertement la possibilité qu'ils fassent défaut. L'hypothèse selon laquelle le gouvernement des États-Unis assumerait cette dette n'avait jamais été testée.

La question de l'aléa moral se posait une nouvelle fois. Si le gouvernement n'en prenait pas le contrôle, Fannie Mae et Freddie Mac feraient faillite, ce qui entraînerait les marchés financiers et les marchés du prêt hypothécaire dans une panique d'ampleur inédite – sans parler des différents investisseurs étrangers qui avaient acheté leur dette. Le risque s'étendait au-delà du marché des prêts *subprime* : la solvabilité des États-Unis était en jeu. Laisser ces deux établissements faire faillite afin d'envoyer un message aux marchés n'était pas une option.

En septembre, le gouvernement prit officiellement le contrôle de ces deux établissements. Les conditions de l'accord protégeaient ceux qui avaient acheté la dette de Fannie Mae et de Freddie Mac, mais l'ensemble des actionnaires, ordinaires comme privilégiés, perdirent leurs investissements. Il y avait malheureusement un grand nombre de banques régionales parmi les actionnaires privilégiés, et elles perdirent leurs investissements supposés sans risque en l'espace d'une nuit. Ces pertes provoquèrent des ondes de choc qui se diffusèrent dans un système financier en train de s'effondrer.

L'essentiel des dégâts datait d'avant la faillite de Lehman. Lehman et les autres banques d'affaires, en particulier Merrill Lynch, luttaient pour survivre aux pertes dues à l'exposition à des actifs toxiques ; leur capacité à rester liquides et solvables était sérieusement mise en doute. Il suffirait d'une chiquenaude pour précipiter le système financier dans une panique absolue.

L'anarchie à l'état pur se répand sur le monde

La panique de 1907 tient une place particulière dans l'histoire des catastrophes financières. Plus que d'autres, elle a son héros, J. P. Morgan, le banquier le plus important et le plus puissant de son temps. Avant que la Réserve fédérale ne soit créée, Morgan était aux États-Unis ce qui ressemblait le plus à un prêteur en dernier ressort. La panique s'était d'abord emparée d'une série d'établissements financiers faiblement réglementés et à forts leviers d'endettement qui étaient les ancêtres du système bancaire parallèle actuel. Comme les banques d'affaires du XXIe siècle, les « sociétés d'investissement » de l'époque de Morgan étaient peu transparentes.

La panique abattit quelques acteurs secondaires avant de faire sauter la puissante Knickerbocker Trust Company. De là, elle se répandit rapidement, menaçant de dévorer les autres banques et sociétés prisonnières de l'enchevêtrement de liens qui unissaient la communauté financière. Morgan ne parvint pas à sauver Knickerbocker, mais il décida de porter assistance à d'autres établissements menacés comme la Trust Company of America. La crise hésita des jours durant avant d'atteindre son point culminant lors d'une réunion qui se tint dans l'immense bibliothèque personnelle de Morgan, où il réunit un samedi les financiers les plus influents de la place.

Morgan leur demanda de mettre leurs ressources en commun et de soutenir la Trust Company of America. Les banquiers commencèrent par refuser, et les débats se poursuivirent tard dans la nuit. Au petit matin, les banquiers réalisèrent que Morgan les avait enfermés dans la bibliothèque et avait mis la clé dans sa poche. Il émit alors un ultimatum : ils devaient choisir entre soutenir la Trust Company ou faire face aux conséquences de sa disparition. Comme toujours ou presque, Morgan obtint ce qu'il voulait : la réunion s'acheva à 4 h 45 du matin après que les banquiers eurent signé un accord d'aide mutuelle. La panique s'éloigna rapidement.

Cent un ans plus tard, lors d'un week-end très similaire, le secrétaire au Trésor Henry Paulson tenta de réaliser un coup de force tout aussi audacieux. Tandis que Lehman Brothers et Merrill Lynch glissaient inexorablement vers une situation d'insolvabilité, il convoqua l'élite financière de la place dans son bureau de la Réserve fédérale de Lower Manhattan le samedi 13 septembre 2008. Faisant appel à l'esprit de Morgan, il dit aux banquiers réunis que la responsabilité de la gestion de la panique leur incombait collectivement. « Tout le monde est exposé », leur aurait-il dit dans l'espoir que cela les inciterait soit à racheter Lehman, soit à organiser sa liquidation.

Les banquiers revinrent le lendemain matin et se séparèrent plus tard dans la journée sans avoir trouvé d'accord : Lehman n'avait plus qu'à faire faillite. La tentative de Paulson d'imiter J. P. Morgan avait échoué. Merrill Lynch se jeta dans les bras de Bank of America pour éviter de connaître le même sort que Lehman. « Nous avons recréé l'aléa moral, déclara l'un des participants à ces réunions. Est-ce une bonne chose ou une mauvaise chose ? Nous n'allons pas tarder à le savoir. »

Une bonne part de ce qui se produisit lors des jours et des semaines qui suivirent aurait probablement eu lieu même si Lehman avait été sauvé. Mais la vitesse à laquelle ces événements s'enchaînèrent et la dramatisation qui les accompagna étaient liées aux ondes de choc émises par la faillite de Lehman.

Ces ondes de choc frappèrent AIG en premier. Le 15 septembre, Lehman se plaça sous le régime des faillites et toutes les grandes agences de notation dégradèrent la note de solvabilité d'AIG. Ses pertes croissaient depuis des mois, mais cette dégradation fut le coup de grâce : elle mettait en question les garanties accordées par le géant de l'assurance à un demi-billion de dollars de tranches de CDO notées AAA. Le jour de la dégradation, le gouvernement des États-Unis offrit à la firme une aide de 85 milliards de dollars ; des fonds supplémentaires lui seraient apportés lors des mois à venir. En échange, AIG devint pupille de la Nation : la majorité de ses actions ordinaires appartenaient désormais au gouvernement.

Ce fut moins le sauvetage d'AIG que de toutes les banques qui lui avaient acheté des produits d'assurance. Après avoir pris le contrôle de la compagnie, le gouvernement des États-Unis se tourna vers les banques et racheta les tranches de CDO que AIG avait assurées. Il aurait pu exiger que les banques assument une marge de sécurité (*haircut*) sur ces tranches afin de les sanctionner pour avoir stupidement fait confiance à AIG. Mais il ne le fit pas. Le gouvernement racheta ces actifs à leur valeur faciale, même si la valeur de marché de ces tranches était tombée à un niveau très inférieur. Il n'était plus question de laisser jouer l'aléa moral.

Les pans du système financier qui avaient jusque-là échappé à la crise entamèrent leur descente aux enfers. Les fonds du marché monétaire furent parmi les premiers à succomber. Ils étaient supposés fonctionner sérieusement : des investisseurs leur confiaient des liquidités qu'ils plaçaient dans des titres de court terme liquides et sûrs. Quelques-uns d'entre eux avaient vacillé l'été précédent ; mais après la faillite de Lehman, les choses se mirent à aller de travers. L'un des principaux acteurs de ce marché, Reserve Primary Fund, « cassa le dollar », ce qui signifie qu'un dollar qui y avait été placé ne valait plus un dollar. Cette situation à peu près inédite déclencha une ruée sur ce fonds.

Cette ruée était-elle rationnelle ? Oui. Il s'avéra que Reserve Primary Fund avait subrepticement versé une partie de l'argent de ses investisseurs dans des titres toxiques comme la dette de Lehman. Quand ce fait fut connu, le soupçon gagna les 4 billions de dollars placés dans les fonds du marché monétaire, lesquels devinrent une vaste *terra incognita* : la dangereuse incertitude décrite par Frank Knight s'empara de ce secteur. En un rien de temps, le gouvernement fut contraint d'accorder une garantie générale – l'équivalent de la garantie des dépôts – à tous les fonds du marché monétaire.

La panique qui s'était emparée des fonds du marché monétaire gagna bientôt d'autres marchés, à commencer par celui du papier commercial, la dette que les entreprises ordinaires utilisent pour financer leur fonds de roulement. Les fonds du marché monétaire avaient été les principaux acquéreurs de ce type de dette ; quand ils connurent des revers de fortune, le marché du papier commercial se grippa à son tour. Des entreprises parfaitement solvables furent exclues du marché lorsque les taux d'intérêt atteignirent des sommets. Pendant quelques semaines, l'emprunt des entreprises s'effondra, et même les grandes sociétés industrielles se trouvèrent à court de liquidités.

Les situations d'urgence appellent des mesures d'urgence. La chute du marché du papier commercial, qui représentait environ 1,2 billion de dollars de prêts, était susceptible de provoquer l'insolvabilité d'entreprises solides par le biais d'une ruée sur leurs engagements de court terme. De façon à éviter toute ruée future, la Réserve fédérale choisit d'étendre son soutien de prêteur en dernier ressort aux entreprises non financières. Elle créa le 7 octobre une nouvelle facilité de prêt destinée aux entreprises émettant du papier commercial ; seules les entreprises disposant au minimum d'une note A pouvaient emprunter auprès de la Réserve fédérale. C'était une manière de lutter contre les effets de l'aléa moral.

Le gouvernement fédéral ne faisait généralement pas de telles distinctions. Après la chute d'IndyMac au cours de l'été, la menace de nouvelles ruées sur les banques apparut. Washington Mutual et Wachovia, deux des plus grandes banques du pays, commencèrent à perdre des dépôts. Toutes deux étaient insolvables, mais le gouvernement s'efforça d'empêcher leur effondrement. L'Office of Thrift Supervision prit le contrôle de Washington Mutual avant de céder cette banque à JPMorgan. Quatre jours après la saisie et la vente de Washington Mutual, la FDIC invoqua l'urgence de la situation pour faciliter la vente de Wachovia, d'abord à Citigroup puis à Wells Fargo.

Les deux banques d'affaires restées indépendantes, Goldman Sachs et Morgan Stanley, avaient choisi de ne pas attendre d'assistance. Toutes deux virent leur situation se dégrader rapidement après la faillite de Lehman. Et à la fin du mois de septembre, elles demandèrent à bénéficier du statut de *bank holding company*. Ce changement de statut leur donnerait accès au soutien d'un prêteur en dernier ressort et les autorisait à chercher des moyens plus traditionnels de financer leurs activités : les bons vieux dépôts bancaires. Le prix à payer était élevé : soumettre lesdites activités à une réglementation plus stricte. Leur conversion représenta une étape déterminante de l'histoire financière du pays : en l'espace de sept mois, les cinq banques d'affaires indépendantes de Wall Street avaient été détruites, absorbées, ou temporairement neutralisées.

La transformation de l'activité bancaire n'était toutefois pas achevée. En dépit du fait que la Réserve fédérale avait relevé les plafonds de la garantie des dépôts, les banques restaient confrontées à des menaces de ruées, de nature différente cette fois. Beaucoup de banques avaient d'autres engagements que les seuls dépôts, notamment des obligations qu'elles émettaient pour financer leurs actifs. Ces obligations présentaient différentes maturités et différents degrés d'exigibilité. Quand les obligations bancaires arrivèrent à échéance lors des derniers mois de la crise financière, les banques ne parvinrent pas à refinancer cette dette au même taux. Emprunter de l'argent devint extraordinairement coûteux, et les banques furent confrontées à la perspective d'une nouvelle ruée sur leurs engagements.

La solution consistait à bénéficier d'une garantie gouvernementale sur le principal et les intérêts de ce type de dette. Le 14 octobre, la FDIC annonça qu'elle garantissait toute la nouvelle dette *senior* (la dette qui doit être remboursée avant la dette *junior* ou « subordonnée ») des établissements financiers réglementés, ce qui incluait les banques classiques et les *bank holding companies*. Cette garantie constituait une intervention inédite dans le système bancaire : elle autorisait les banques à émettre de la dette aux taux d'intérêt « sans risque », peu élevés, que pratiquait le Trésor des États-Unis lorsque le gouvernement émettait de la dette. En l'espace de six mois, les banques et les autres établissements financiers qui remplissaient les conditions requises réussirent à refinancer 360 milliards de dollars de dettes à des taux extrêmement bas. Des garanties similaires furent mises en place en Europe. Au début de l'automne, plusieurs très grandes banques européennes – Hypo Real Estate, Dexia, Fortis, et Bradford & Bingley – furent menacées d'effondrement. L'Irlande fut la première à garantir la dette de ses banques, suivie par le Royaume-Uni qui adopta un programme de garantie du crédit. D'autres pays européens ainsi que le Canada suivirent en octobre et annoncèrent qu'ils garantiraient la dette de leurs banques. Cette garantie générale produisit l'effet désiré : le risque de panique bancaire diminua.

C'est à la fin de l'automne, quand s'acheva la phase la plus spectaculaire de la crise financière, que furent organisés d'autres interventions et d'autres sauvetages. Des lignes de crédit furent attribuées à toute une série d'établissements, qu'il s'agisse de constructeurs automobiles comme General Motors ou de compagnies financières comme GE Capital. De façon générale, on accorda peu d'attention à la question de savoir si les bénéfiaires de cette aide étaient solvables ou s'ils méritaient d'être sauvés : l'unique objectif était de mettre un terme à la panique.

Les prêts consentis arrêtèrent la panique, mais ses effets secondaires se prolongeraient des mois durant, voire des années. Ce calme étrange avait été obtenu à un prix élevé. Walter Bagehot et d'autres théoriciens du rôle des banques centrales avaient mis en garde contre le fait de prêter sans distinction en période de crise : les prêteurs devraient faire la différence entre les établissements ayant un problème de liquidité et ceux qui avaient un problème de solvabilité, et ne prêter qu'à des taux qualifiés de « punitifs » par Bagehot.

Cette fois-ci, les banquiers centraux sauvèrent des banques et des établissements non bancaires en leur donnant accès à des lignes de crédit dont les taux n'avaient rien de punitif. Certes, la mère de toutes les ruées vers les dépôts avait balayé des prêteurs hypothécaires non bancaires, des SIV et des *conduits*, des fonds spéculatifs, les marchés interbancaires, des *broker dealers*, des fonds du marché monétaire, des compagnies financières, et même des banques classiques et des sociétés non financières. Comme les banques ne prêtaient plus ni aux autres banques, ni aux établissements financiers non bancaires, ni même aux sociétés non financières, les banques centrales furent contraintes de devenir des prêteurs en premier, dernier, et unique ressort. La tempête ne produisait pas les « destructions créatrices » que Schumpeter aurait célébrées. Les forts comme les faibles étaient dans un état de suspension et attendaient le dénouement.

5. Une pandémie mondiale

Selon un vieil adage des marchés financiers, « quand les États-Unis éternuent, le reste du monde attrape un rhume ». Cette observation contient une part de vérité : l'économie américaine est la plus grande et la plus puissante du monde, et lorsqu'elle tombe malade, les pays qui dépendent de son insatiable demande pour tous les produits possibles, des matières premières aux biens de consommation, connaissent eux aussi des difficultés.

Cette dynamique devient destructrice en temps de crise. L'apparition d'une maladie financière dans le moteur de l'économie mondiale peut rapidement se transformer en une pandémie dévastatrice. La chute du marché boursier, la faillite d'une grande banque ou tout autre effondrement inattendu à l'épicentre de la finance mondiale peuvent provoquer une panique nationale puis un désastre global. Ce scénario s'est déroulé maintes fois, que ce soit dans la Grande-Bretagne du XIXe siècle ou aux États-Unis à une époque plus récente.

Mais alors que les États-Unis succombaient à la maladie du *subprime* fin 2006 et début 2007, l'opinion dominante considérait que le reste du monde se « découplerait » de la superpuissance fragilisée. Lancée par des analystes de Goldman Sachs puis largement reprise, cette idée voulait que les économies en expansion du Brésil, de Russie, d'Inde et de Chine soient soutenues par la demande domestique et ne soient pas touchées par les désordres liés aux *subprimes*. Les nouveaux riches de l'économie mondiale échapperaient à la malédiction de l'histoire.

Il en irait de même de l'Europe, où beaucoup adhéraient à la même croyance. Seuls les États-Unis avaient pratiqué un « capitalisme sauvage », ainsi que le désignaient les Français avec mépris ; ils seraient seuls à en payer les conséquences. En septembre 2008, le ministre allemand des Finances Peer Steinbrück déclara que « la crise est avant tout un problème américain », avant d'ajouter que « les autres ministres des Finances des pays d'Europe continentale membres du G7 partagent cette opinion ». Mais, quelques jours plus tard, une grande partie du système bancaire européen s'effondra. L'Allemagne fut contrainte de renflouer la banque géante Hypo Real Estate, et Steinbrück reconnut que l'Europe « regardait l'abîme ». Des plans de sauvetage furent rapidement adoptés en faveur des mégabanques européennes, et l'Irlande accorda une garantie générale à ses six principaux prêteurs. D'autres pays européens lui emboîtèrent le pas, dont la Grande-Bretagne qui nationalisa un large pan de son système bancaire. En octobre 2008, de nombreux pays européens ainsi que le Canada étaient allés jusqu'à garantir non seulement les dépôts, mais aussi les dettes des banques.

La crise ne se limitait cependant pas à l'Europe et au Canada. Elle frappa des pays de tous les continents et n'épargna ni le Brésil, ni la Russie, ni l'Inde, ni la Chine. Dans certains cas, la diffusion de la maladie fut le produit de l'interdépendance économique mondiale : la crise se répandait par divers canaux et infectait des secteurs jugés sains d'économies étrangères. Mais la métaphore de la contagion si souvent invoquée ne suffit pas à expliquer le déroulement de la crise. Il ne s'agissait pas simplement d'une maladie qui, partie d'une superpuissance, gagnerait des pays en bonne santé. D'autres pays avaient de longue date mené des politiques favorisant le développement de bulles sur les marchés nationaux, ce qui les rendit vulnérables à la crise. Ce qui apparut d'abord comme un mal exclusivement américain était en réalité plus répandu qu'on ne voulait bien l'admettre.

Tout cela prit les commentateurs par surprise. Après être passés à côté de la crise aux États-Unis, de nombreux experts financiers excessivement optimistes soutinrent la thèse du découplage jusqu'à ce qu'elle ne puisse plus être défendue. À la fin de l'année 2008, la plupart des économies développées étaient entrées en récession, et beaucoup d'économies émergentes d'Asie, d'Europe de l'Est et d'Amérique latine leur avaient emboîté le pas. La plupart de ces économies souffraient d'un effondrement du marché boursier, de crises bancaires et d'autres difficultés initialement apparues aux États-Unis. Ce qui avait commencé comme une crise nationale devint ainsi une crise mondiale. La crise empruntait un chemin usé par des siècles de précédents. D'une certaine manière, cette tempête venait du passé.

Financer une pandémie

Les crises frappent rarement des économies parfaitement saines : des faiblesses sous-jacentes facilitent leur effondrement. Il n'en demeure pas moins que certains canaux de diffusion devaient exister pour que les économies autres que les États-Unis attrapent le rhume de l'adage. Les institutions qui forment le système financier mondial sont les plus visibles d'entre eux.

Les marchés monétaires sont l'une de ces institutions : c'est là que les banques et les autres établissements financiers empruntent et prêtent à court terme. Ces entrelacs de dette et de crédit se sont toujours montrés fragiles par temps de crise : ils autorisent la diffusion des problèmes d'un bout de l'économie mondiale à l'autre. La raison en est simple : quand l'un des maillons de cette chaîne très complexe cède et fait défaut sur sa dette, il peut laisser ses créanciers à court de fonds, ce qui les rend incapables de garantir le crédit d'autres établissements. C'est ainsi que les conséquences d'une faillite peuvent se diffuser à l'ensemble du marché monétaire.

Pour cette raison, les difficultés du marché monétaire ont longtemps constitué une marque de fabrique des crises financières. Lors de la panique de 1837, la Banque d'Angleterre refusa de refinancer des prêts consentis à trois des plus importants établissements financiers britanniques, après quoi ils firent faillite. Les conséquences furent désastreuses : ces établissements avaient accordé des prêts à court terme à des marchands du monde entier, et leur disparition rendit caducs des dizaines de millions de livres de papier commercial. Des financiers de Liverpool, Glasgow, New York, La Nouvelle-Orléans, Montréal, Hambourg, Anvers, Paris, Buenos Aires, Mexico, Calcutta et d'ailleurs se trouvèrent à court de crédit. Le *Times* de Londres se lamenta : « Il faudra très longtemps, des années peut-être, avant que l'ensemble des conséquences de ces faillites ne soit connu, car elles s'étendront à la quasi-totalité du monde. »

Ces mots pourraient avoir été prononcés après n'importe laquelle des crises qui paralysèrent les marchés monétaires internationaux au XIXe siècle et au début du XXe. Les crises les plus graves suivent généralement la chute inattendue d'une entreprise vénérable qui occupait une place très importante sur le marché monétaire mondial. Lors de la panique de 1873 par exemple, la faillite de la société d'investissement géante de Jay Cooke contribua au déclenchement d'une crise mondiale. Pour la Grande Dépression, ce fut la soudaine implosion de la plus grande banque autrichienne, le Kreditanstalt. Un grand nombre des banques les plus puissantes et les plus importantes du monde lui avaient prêté de l'argent, et sa faillite provoqua d'autres faillites bancaires autour du globe.

Lors des décennies suivantes, les marchés financiers devinrent encore plus intégrés et interdépendants. Lors de la crise récente, il était à peu près impossible d'identifier et de démêler les réseaux complexes d'emprunt et de prêt qui reliaient les divers éléments du système financier mondial. En réalité, peu de gens comprenaient vraiment que les tensions sur le marché *repo* ou sur le marché du papier commercial d'un pays pouvaient se transmettre rapidement à un autre. Bien que certaines crises aient débordé des frontières nationales, nulle ne le fit comme la Grande Dépression : la compréhension de la manière dont le système financier mondial pourrait se disloquer était limitée.

Cette ignorance prit fin après l'effondrement de Lehman Brothers le 15 septembre 2008. Lorsque cette banque fit faillite, les centaines de milliards de dollars de dette à court terme qu'elle avait émis – essentiellement sous forme de papier commercial et de dette obligataire – perdirent toute valeur, ce qui provoqua la panique des investisseurs et des fonds qui détenaient ces titres. Cette panique déclencha une ruée sur les fonds du marché monétaire qui finançaient le marché du papier commercial et se répandit dans l'ensemble du système financier. Les banques qui avaient accordé des prêts à court terme à des banques étrangères augmentèrent leurs taux de plus de 400 points de base, ce qui constitue une hausse astronomique. Ce que les investisseurs étrangers appelèrent le « choc Lehman » sema la peur sur les marchés monétaires mondiaux, ce qui se traduisit par une diminution des prêts et, finalement, par la paralysie du commerce international.

Bien que la faillite de Lehman Brothers ait contribué à la diffusion de la crise dans le système financier mondial, elle ne fut pas l'unique catalyseur. L'un des mécanismes classiques de la diffusion des crises est lié au fait que les investisseurs de divers pays détiennent des actifs identiques. Lors de plusieurs crises du XIXe siècle, les investisseurs du monde entier détenaient les mêmes titres de compagnies de chemins de fer, un investissement qui était alors en vogue. Quand la bulle sur ces titres éclata, les investisseurs des États-Unis, de Grande-Bretagne, de France et d'ailleurs virent simultanément leurs portefeuilles partir en fumée. Invariablement, ils resserraient le crédit, mettaient des liquidités en réserve et provoquaient une panique.

La crise récente fut similaire. La tempête des *subprimes* souffla des États-Unis vers l'Europe, l'Australie et d'autres parties du monde pour la simple raison que la moitié environ des produits titrisés fabriqués à Wall Street (les *collateralized debt obligations* et les *mortgage-backed securities* dont ces dernières tiraient leur valeur) avait été vendue à des investisseurs étrangers. Durant la phase d'expansion du marché immobilier, des banques étrangères, des fonds de pension et une foule d'autres établissements avaient sauté sur ces titres. La défaillance d'un emprunteur *subprime* de Las Vegas ou de Cleveland se diffusait par le biais de la titrisation et touchait tant les retraités norvégiens que les banques d'affaires néo-zélandaises.

La majeure partie de ces titres finit par atterrir dans les portefeuilles d'actifs des banques européennes et de leurs filiales. Certaines banques étaient directement exposées à la crise des *subprimes* parce qu'elles détenaient des tranches de CDO ainsi que d'autres instruments. Dans d'autres cas, notamment ceux de BNP Paribas et d'UBS, les fonds spéculatifs rattachés à ces banques jouèrent le rôle de vecteur de la maladie en réalisant des paris très risqués sur une série de titres *subprime*. Quand ces investissements tournèrent mal, les pertes qui en résultèrent se répercutèrent sur le résultat de la banque.

Les entreprises européennes subirent des dommages considérables en raison des pertes réalisées par ces banques. Contrairement aux entreprises américaines, qui ont davantage recours aux marchés pour se financer, les entreprises européennes dépendent largement du financement bancaire. Lorsque la crise des *subprimes* commença à frapper des banques européennes réputées, celles-ci resserrèrent le crédit et limitèrent de la sorte la capacité des entreprises à produire, embaucher et investir. Cela prépara le terrain pour la récession qui paralysa la région lors des derniers mois de la crise.

Les dégâts ne s'arrêtèrent pas là. Beaucoup de banques européennes avaient des filiales dans d'autres pays, en particulier dans les pays européens émergents – les pays qui avaient été libérés du joug soviétique à la fin de la guerre froide. Ces filiales avaient injecté des montants substantiels de crédits en Ukraine, en Hongrie, en Lettonie et dans d'autres pays. Une fois que leurs maisons-mères eurent subi des pertes massives, elles développèrent une aversion pour le risque et commencèrent à se désengager, affamant de la sorte leurs homologues étrangers. La chute du crédit qui en résulta dans cette partie de l'Europe contribua à plonger ces pays dans la récession.

C'est de cette manière que le problème des *subprimes* se diffusa hors des États-Unis. Il affecta des pays dont l'activité bancaire était étroitement liée à celle des États-Unis avant de toucher des établissements financiers situés dans des pays à la périphérie de l'économie mondiale. C'était un cas classique de contagion dans lequel le système bancaire servit de vecteur aux maux des *subprimes*.

Mais les banques ne furent pas les seuls éléments du système financier à diffuser la crise dans le monde entier. Les marchés boursiers jouèrent également un rôle important. Lors d'un tournant spectaculaire de la crise, le marché boursier américain plongea ; ce phénomène fut suivi d'une chute des transactions à Londres, Paris, Francfort, Shanghai, Tokyo, et sur de plus petites places financières. Cette diffusion s'expliquait partiellement par le degré élevé d'interdépendance entre les marchés boursiers internationaux. Dans un monde dans lequel les traders peuvent suivre instantanément l'évolution des marchés de la moitié du globe, le sentiment d'un investisseur peut se diffuser très rapidement.

Cette synchronisation croissante ne se réduisait pas à un cas classique de comportement moutonnier. Tandis que s'accumulaient les présages de catastrophe, le marché boursier devint le moyen par lequel les investisseurs manifestaient leur aversion grandissante pour le risque en vendant des titres pour acheter des actifs moins risqués.

La contagion qui embrasa les marchés boursiers a peut-être été plus marquée, plus rapide et plus synchronisée qu'elle ne l'avait été par le passé. Il s'agissait simplement de la version la plus récente et la plus sophistiquée d'une dynamique vieille de plus d'un siècle. En d'autres termes, la mondialisation financière n'a rien de nouveau. En 1875, le banquier Karl Mayer von Rothschild ne fit qu'une remarque après avoir observé que les marchés boursiers mondiaux avaient plongé simultanément : « Le monde est devenu une ville. »

Du temps du baron Rothschild, l'intégration allait bien au-delà des marchés financiers : le commerce mondial était également très interdépendant et sensible aux crises financières. Malheureusement, peu de choses ont changé depuis. Après que la panique se fut emparée du système financier en 2008, le commerce international contribua à la diffusion de la crise.

Les vecteurs de la maladie

L'empire britannique était la puissance économique dominante du XIXe siècle. Chaque fois qu'il était pris dans une crise financière, ses partenaires commerciaux souffraient de dommages collatéraux parce que la demande de matières premières et de produits finis chutait. Les États-Unis héritèrent au XXe siècle de ce sceptre : à la veille de la crise, ils représentaient environ le quart du produit intérieur brut mondial. Grâce aux 700 milliards de dollars de déficit de leur balance des paiements courants, leur poids réel dans l'économie mondiale était plus important encore. Lorsque les États-Unis s'enfoncèrent dans une grave récession, ses effets se firent sentir à travers le monde, dans des pays aussi divers que le Mexique, le Canada, la Chine, le Japon, la Corée du Sud, Singapour, la Malaisie, la Thaïlande et les Philippines. La Chine était particulièrement menacée : une grande partie de sa croissance récente était liée aux exportations en direction des États-Unis. Des milliers d'usines chinoises fermèrent leurs portes et leurs employés retournèrent dans les campagnes : ils étaient victimes d'un désastre qui s'était produit à l'autre bout du monde.

Les effets de la crise sur la Chine ne se limitèrent pas aux rapports commerciaux. De nombreux pays asiatiques produisaient des puces informatiques et les exportaient vers la Chine où elles étaient utilisées pour fabriquer des ordinateurs, des produits électroniques et d'autres biens destinés à être envoyés aux États-Unis. Quand la crise frappa les États-Unis, elle ne toucha pas uniquement la Chine mais également tous les pays qui faisaient partie de sa chaîne logistique. Le découplage était à peu près impossible : un grand nombre d'économies asiatiques dépendaient largement de liens commerciaux, directs ou indirects, avec les États-Unis.

Le débat relatif au découplage fut particulièrement difficile à éviter après la chute de Lehman Brothers : l'univers habituellement ennuyeux du financement du commerce international fut l'une de ses premières victimes. Les banques émettent normalement des lettres de créance afin de garantir que des biens voyageant par exemple entre la Chine et les États-Unis seront payés lorsqu'ils atteindront leur destination finale. Quand le marché du crédit se grippa après la faillite de Lehman, les banques cessèrent de fournir ce financement pourtant indispensable. Les échanges internationaux faillirent s'arrêter ; des indices de référence jadis méconnus comme le Baltic Dry Index – un indicateur du coût de transport des marchandises – plongèrent de près de 90 %. Comme le fit remarquer un expert du transport mondial peu après la chute de Lehman, « toutes sortes de marchandises sont actuellement entassées sur les docks et ne peuvent être expédiées parce que les gens n'arrivent pas à obtenir des lettres de créance ».

L'effondrement du commerce international qui débuta avec la récession aux États-Unis et gagna en intensité avec la disparition de Lehman Brothers était inédit : il ne peut être comparé qu'avec la Grande Dépression. Au début de l'année 2009, à l'apogée de la crise, les exportations avaient chuté – en comparaison avec la même période de l'année précédente – de 30 % en Chine et en Allemagne, de 37 % à Singapour et de 45 % au Japon. À l'exception de la Chine, tous ces pays connurent une grave récession ; la Chine vit pour sa part son taux de croissance annuel tomber de 13 % à 7 % environ, en dessous du niveau jugé soutenable dans ce pays.

Tout cela se produisit avec une vitesse et une simultanéité qui frappèrent la plupart des observateurs de marché. « La Grande Synchronisation » – c'est le surnom que deux économistes de l'OCDE donnèrent à la chute du commerce international – était clairement une conséquence du resserrement mondial du crédit, mais cela ne suffit pas à expliquer ce qui s'est passé. Quand la crise empira, et bien qu'ils aient prétendu le contraire, de nombreux pays mirent en place des droits de douane, des quotas et d'autres barrières à l'échange international – par exemple des réglementations contraignant les contractants publics à faire appel à des fabricants nationaux. Ces guerres commerciales avaient été défavorables aux échanges internationaux et à la croissance lors de la Grande Dépression ; bien que moins prononcée, leur réapparition ne favorisa pas le rétablissement des échanges internationaux.

La crise s'étendit enfin aux chemins empruntés par les individus. Quand les États-Unis entrèrent en récession, les travailleurs migrants cessèrent d'envoyer de l'argent dans leur pays : le Mexique, le Nicaragua, le Guatemala, la Colombie, le Pakistan, l'Égypte et les Philippines furent particulièrement concernés. Un grand nombre de ces travailleurs migrants avaient obtenu des emplois réguliers durant la phase d'expansion du marché immobilier, aux États-Unis mais aussi en Espagne et à Dubaï ; quand l'expansion se transforma en récession, les envois de fonds vers leurs pays d'origine marquèrent le pas. Il est difficile d'exagérer l'effet de la diminution de ces envois de fonds. Dans certains pays d'Amérique centrale, plus de 10 % du revenu national vient de citoyens travaillant à l'étranger. Par ce canal, la crise frappa des pays qui ne s'étaient jamais livrés à des pratiques financières imprudentes.

Les échanges commerciaux et la mobilité des travailleurs ont souvent permis aux crises de s'affranchir des frontières nationales. Mais les prix des matières premières et des devises ont joué un rôle plus important encore. La raison en est simple : les prix des matières premières et des devises sont déterminés sur les marchés mondiaux. Quand le prix du pétrole ou du cuivre ou du dollar monte à un endroit, il monte partout ; quand il diminue, il diminue partout. C'est pourquoi les fluctuations soudaines des prix des matières premières et des devises peuvent entretenir l'instabilité à grande échelle.

Ce degré d'intégration est vieux d'au moins deux siècles. Lorsque le prix du coton à La Nouvelle-Orléans atteignit des sommets en 1836 avant de s'effondrer durant la panique de 1837, l'effet ne s'en fit pas uniquement sentir sur le marché domestique mais aussi dans tous les pays exportateurs de coton. De la même manière, quand les prix d'une série de matières premières chutèrent de près de 50 % durant l'année précédant la crise de 1929, les économies tournées vers l'exportation souffrirent terriblement. Comme de nombreuses matières premières étaient concernées, du café au coton en passant par le caoutchouc et la soie, les économies du Brésil, de Colombie, des Indes orientales néerlandaises et de l'Australie furent sinistrées. Le Japon souffrit également en raison de l'étiolement de la demande de soie grège. La chute des prix des matières premières mit les finances de ces pays en danger et provoqua la dépréciation de leurs devises.

Les prix des matières premières jouèrent aussi un rôle lors de la crise récente, mais d'une manière différente de ce que le schéma classique expansion-récession laisserait attendre. Les prix du pétrole, des denrées alimentaires et des autres matières premières progressèrent spectaculairement en 2007 et en 2008. À l'été 2008, le prix du pétrole atteignit un sommet à 145 dollars le baril contre 80 dollars un an plus tôt. Les fondamentaux ne permettent pas d'expliquer cette hausse : elle était liée aux investissements et à la spéculation auxquels se livraient les fonds spéculatifs, les fonds de dotation, les *broker dealers* et différents fonds de matières premières qui avaient investi une partie de leurs portefeuilles dans les matières premières. Si la hausse du prix du pétrole bénéficia aux pays exportateurs, elle frappa durement les pays importateurs : les États-Unis, la zone euro, le Japon, la Chine, l'Inde, d'autres encore. Plusieurs de ces pays chancelaient déjà sous les coups de la crise financière ; le choc pétrolier les fit entrer en récession.

Ce qui était vrai en phase d'expansion restait vrai en phase de récession. Les exportateurs de pétrole et d'autres matières premières qui étaient restés à l'écart de la crise financière en 2007-2008 durent lutter quand la demande en provenance des États-Unis et de Chine s'effondra. Durant la seconde moitié de l'année 2008, la demande de pétrole, d'énergie, de denrées alimentaires et de minéraux continua à baisser. L'effet produit fut comparable à ce qui s'était passé pendant la Grande Dépression : les pays exportateurs d'Afrique, d'Asie et d'Amérique latine virent leur économie tomber en ruine. Les producteurs de pétrole furent particulièrement touchés : le prix du pétrole tomba à 30 dollars le baril lors du premier trimestre 2009. Les dégâts s'étendaient à toute une série de matières premières. La chute de la demande de cuivre provoqua par exemple l'entrée du Chili en récession. La hausse du prix des matières premières avait fait entrer les pays importateurs en récession ; la chute du prix des matières premières qui en résulta frappa les pays exportateurs.

Les fluctuations des monnaies obéirent à une dynamique similaire et se révélèrent tout aussi paralysantes. En 2007, lors des premiers tours de chauffe de la crise, le ralentissement de l'économie américaine et la diminution des taux d'intérêt qui en découla contribuèrent à saper la valeur du dollar. Cette dépréciation eut un impact sur les pays qui dépendaient des exportations en direction des États-Unis : le Royaume-Uni, le Japon et de nombreux pays de la zone euro. À mesure que leurs devises respectives s'appréciaient face au dollar, le coût de leurs produits augmenta pour le consommateur américain. Cela altéra la compétitivité de ces pays et les prépara à une récession.

Mais quand la crise empira, ce processus s'inversa subitement. La peur et la panique qui paralysèrent les marchés financiers en 2008 incitèrent les investisseurs internationaux à chercher des havres de paix. Le dollar était paradoxalement l'un de ces havres. Même si les États-Unis se trouvaient à l'épicentre de la crise, il semblait plus sûr de parier sur eux que sur un certain nombre d'économies émergentes. Tandis que les investisseurs accumulaient les dollars ainsi que les monnaies d'autres pays développés, ils se débarrassaient des actions et des obligations en provenance des pays émergents, contribuant de la sorte à accroître l'écart entre les monnaies de ces pays et celles, plus sûres, des pays développés.

Les conséquences furent désastreuses. Avant la crise, les ménages et les entreprises des pays européens émergents avaient obtenu des prêts hypothécaires et des prêts aux entreprises auprès de banques situées dans des pays à la réputation mieux établie. Ils avaient frappé à la porte de ces banques parce que les taux d'intérêt sur les prêts en euros, en francs suisses et même en yen japonais étaient inférieurs à ceux pratiqués dans leur propre pays. Des entreprises russes, coréennes et mexicaines mirent en œuvre la même stratégie d'emprunt. Mais lorsque la crise se déclencha et que les investisseurs fuirent les devises des marchés émergents pour rallier des havres de paix comme le dollar, l'euro et le yen, le coût du service de la dette augmenta vertigineusement et mit les économies émergentes sous tension.

Tout cela suivit un modèle établi par les crises précédentes. Comme le système financier international et les échanges commerciaux internationaux, les matières premières et les devises permirent à une crise nationale de s'étendre et de prendre des dimensions mondiales.

Il y a cependant des limites à ce que la contagion peut expliquer. L'idée implicite de ce modèle est qu'un pays malade – les États-Unis – passa au reste du monde un très mauvais rhume. C'est une pensée réconfortante, mais elle est partiellement fausse. Beaucoup d'autres pays couvèrent leurs propres bulles indépendamment des États-Unis et mirent en œuvre des politiques qui n'étaient pas moins imprudentes ou moins stupides. Ils n'étaient guère protégés contre la maladie du *subprime* parce qu'ils avaient fragilisé leur propre système immunitaire.

Des excès partagés

En 1837, Martin Van Buren, qui venait tout juste d'être élu à la présidence des États-Unis, tenta d'expliquer pourquoi « deux nations » – les États-Unis et le Royaume-Uni – « les plus commerçantes du monde, qui jouissaient jusqu'à une date récente du degré le plus élevé de la prospérité… sont soudain… plongées dans l'embarras et la détresse ». Il faisait référence à l'horrible panique de 1837 qui battait son plein. Alors que de nombreux commentateurs jugeaient que le responsable de son déclenchement était soit les États-Unis soit la Grande-Bretagne, Van Buren considérait que la réalité était plus complexe. « Dans ces deux pays, écrivait-il, nous avons observé la même surabondance de papier-monnaie et d'autres facilités de crédit ; le même esprit de spéculation ; les mêmes succès injustes ; les mêmes difficultés et revers ; et, enfin, presque la même catastrophe écrasante. »

Van Buren avait vu juste. Bien que les États-Unis aient sans doute manifesté le plus grand enthousiasme pour les activités bancaires à haut risque et la spéculation immobilière dans les années 1830, les Britanniques s'étaient de leur côté pris de passion pour les banques à charte et avaient créé une bulle similaire, accompagnée d'une « extension imprudente du crédit et d'une spéculation sauvage ». Quand l'économie américaine commença à tanguer et à chuter, l'économie britannique fit de même. Ces deux économies étaient non seulement étroitement imbriquées, mais elles souffraient de faiblesses semblables qu'elles avaient accumulées durant les années d'expansion. La crise ne passa pas d'une économie malade à une économie saine ; elle frappa les deux pays à peu près à la même époque.

Un schéma similaire peut être distingué dans le déroulement d'autres crises. Quand un pays passe de l'expansion à la récession, les pays qui se sont livrés à des excès identiques ont eux aussi tendance à s'écrouler. En 1720 par exemple, la bulle britannique de la Compagnie des mers du Sud explosa à une époque voisine de la fondation par John Law de la Compagnie du Mississippi. Un siècle et demi plus tard, la crise de 1873 se déclencha peu de temps après l'apparition de phases d'expansion simultanées en Allemagne, en Europe centrale et aux États-Unis. Le retournement de conjoncture frappa d'abord l'Autriche-Hongrie puis les États-Unis, et enfin le reste de l'Europe. Un peu plus d'un siècle plus tard, les phases d'expansion marquées par la spéculation qu'avaient connues les pays émergents d'Asie et qui avaient été entretenues par des investissements étrangers prirent fin presque en même temps : la Corée du Sud, la Thaïlande, l'Indonésie et la Malaisie furent touchées. Leurs faiblesses communes jouèrent un rôle aussi important que la contagion.

Un grand nombre des économies qui se sont effondrées lors de la crise récente présentaient des faiblesses similaires à celles des États-Unis. Ceux-ci ne furent pas seuls à voir apparaître une bulle sur le marché du logement. Dubaï, l'Australie, l'Irlande, la Nouvelle-Zélande, l'Espagne, l'Islande, le Vietnam, l'Estonie, la Lituanie, la Thaïlande, la Chine, la Lettonie, l'Afrique du Sud et Singapour avaient vu à date récente la valeur des logements progresser au pas de charge. En 2005, *The Economist* calcula que la valeur totale de l'immobilier résidentiel dans les économies développées avait doublé entre 2000 et 2005. Cette progression, qui atteignait le montant étourdissant de 40 billions de dollars, était égale à la *totalité* des produits intérieurs bruts des pays considérés. Le magazine fit remarquer que « cela ressemble à la plus grosse bulle de l'histoire ».

Certaines de ces augmentations étaient vertigineuses. Alors que, selon *The Economist*, les prix des logements américains avaient progressé de 73 % entre 1997 et 2005, les prix australiens avait augmenté de 114 % et les prix espagnols de 145 %. À Dubaï, où s'était formée une bulle immobilière massive, les prix des villas montèrent de 226 % entre 2003 et 2007 selon la société de conseil immobilier Colliers International. Les chiffres relatifs à la hausse des prix des logements en Asie et en Europe de l'Est sont moins fiables, mais un certain nombre d'indices tendent à montrer que ces régions connurent un essor comparable. Les États-Unis n'étaient pas les plus coupables, même s'ils avaient consenti davantage de prêts à problèmes que n'importe quel autre pays.

Quel que soit le taux auquel les prix des logements avaient augmenté, les raisons de leur essor étaient toujours les mêmes. La plupart de ces pays avaient mené des politiques monétaires expansionnistes qui avaient porté le coût de l'emprunt à des niveaux historiquement bas ; cette tendance fut renforcée par l'existence d'un excédent d'épargne mondial. En 2006, les taux des prêts hypothécaires dans toutes les économies, développées ou en développement, avaient baissé jusqu'à ne plus être qu'à un chiffre. Et comme les États-Unis, la plupart des pays ne firent pas grand-chose pour réglementer les marchés des prêts hypothécaires et les marchés financiers. Le résultat fut identique : quand les prix des logements augmentèrent, les ménages de ces pays eurent le sentiment d'être plus riches ; ils dépensèrent davantage et épargnèrent moins. L'essor de l'immobilier résidentiel qui s'ensuivit contribua à la croissance du produit intérieur brut de beaucoup de ces pays.

Mais tout comme aux États-Unis, cela dissimulait un problème plus profond. De faibles taux d'épargne et des taux d'investissement élevés impliquaient que la balance des paiements courants – la différence entre l'épargne totale d'un pays et son investissement total – s'aventure dans des zones négatives. Contrairement aux pays qui dégagent un excédent des paiements courants, ceux dont la balance des paiements courants est déficitaire ont besoin de recourir à l'épargne d'autres pays pour financer leurs investissements. Les États-Unis ainsi que d'autres pays connaissant des bulles immobilières se trouvaient dans ce cas : ils étaient devenus de plus en plus dépendants des capitaux étrangers pour ramener leurs comptes à l'équilibre. Cela provoqua l'appréciation de certaines devises et se traduisit par une nouvelle détérioration des balances des paiements courants de ces pays.

Quand la bulle immobilière éclata aux États-Unis, les autres économies connaissant des bulles immobilières virent les prix de ces actifs décliner d'une façon au moins aussi marquée. Contrairement à l'opinion communément admise, l'explosion des bulles immobilières ne résulta pas directement de la crise américaine des *subprimes*. L'effondrement de ce marché aux États-Unis en fut peut-être le catalyseur, mais certainement pas la cause : la plupart des pays dont les marchés immobiliers avaient été en surchauffe connurent un phénomène semblable. Ils n'avaient besoin que d'une impulsion, qui leur fut donnée quand l'économie mondiale s'enfonça dans la crise et dans une récession généralisée en 2008.

Si les États-Unis n'étaient pas seuls à couver une énorme bulle immobilière, ils avaient aussi de la compagnie dans d'autres domaines. Prenons par exemple le problème du levier d'endettement et de la prise de risque. Les établissements financiers américains se montrèrent imprudents, mais leurs homologues du monde entier n'étaient pas moins coupables. En juin 2008, les leviers d'endettement des banques européennes atteignirent de nouveaux sommets. Le vénérable Crédit Suisse avait un levier d'endettement de 33 à 1, tandis que ING parvenait à 49 pour 1. Deutsche Bank était endetté jusqu'aux yeux à 53 pour 1, et Barclay's battait des records à 61 pour 1. Par comparaison, Lehman Brothers affichait un relativement modeste 31 pour 1, et Bank of America ne dépassait pas 11 pour 1.

De nombreuses banques européennes s'étaient associées avidement à cette frénésie de financement et de titrisation de prêts hypothécaires comme d'autres types de prêts. Elles avaient donc sur les bras des *mortgage-backed securities* et des

CDO qui perdirent de leur valeur lorsque la crise immobilière se déclencha aux États-Unis. Quand les marchés de ces actifs s'asséchèrent, les banques européennes virent leurs pertes potentielles atteindre des niveaux inquiétants. À la fin de l'année 2009, la Banque centrale européenne évaluait la diminution de la valeur de leurs actifs à 550 milliards de dollars, ce qui était supérieur aux estimations précédentes.

Tous ces actifs ne venaient pas des États-Unis. De nombreuses banques européennes s'étaient lancées dans la titrisation, tranchant et découpant des prêts hypothécaires accordés en Europe ; le Royaume-Uni, l'Espagne et les Pays-Bas fournirent l'essentiel de ces prêts. Rien qu'en 2007, 496,7 milliards de dollars de prêts européens furent transformés en *asset-backed securities*, *mortgage-backed securities* et CDO. Bien que les excès de ces marchés pâlissent en comparaison de leurs équivalents américains, les conditions demeuraient relâchées. Pis encore : un grand nombre des prêts et des titres qui avaient fait l'objet d'une titrisation furent stationnés dans des *conduits* et des SIV. Quand la crise se déclencha, les banques durent les ramener dans leur bilan, comme leurs homologues américains l'avaient fait avant elles.

De nombreuses banques européennes avaient enfin réalisé des prêts à haut risque dans les pays européens émergents, en particulier en Lettonie, en Hongrie, en Ukraine et en Bulgarie. Sous l'effet de la crise, plusieurs d'entre eux virent leur monnaie chuter brutalement et ne furent plus en mesure de rembourser leurs prêts. Les banques européennes – notamment autrichiennes, italiennes, belges, suédoises et allemandes – se retrouvèrent soudain avec des pertes massives sur leurs portefeuilles de prêts. Comme le fit remarquer un analyste danois au début de l'année 2009, « les marchés ont décidé que la région [émergente] était la zone *subprime* de l'Europe, et maintenant tout le monde court vers la sortie ». Ce n'était pas la même crise *subprime* que celle qui se produisit aux États-Unis, mais elle avait une origine similaire : trop de prêts à haut risque.

C'est pourquoi les États-Unis ne furent pas la seule économie développée à succomber à la crise. De nombreux établissements européens connurent des difficultés avant leurs homologues américains. BNP Paribas fut parmi les premiers : cette banque mit un terme à l'activité de plusieurs fonds spéculatifs à l'été 2007. Victime d'une ruée sur ses SIV, la banque allemande IKB implosa à la même époque ; une autre banque allemande, Sachsen LB, fut renflouée plus tard dans l'été. Ce n'était que le commencement : l'ensemble du système bancaire islandais allait s'effondrer et la plupart des banques britanniques seraient nationalisées. Des problèmes similaires apparurent enfin en Irlande, en Espagne et dans une foule d'autres pays européens. Quant à l'explosion de la bulle immobilière de Dubaï, elle conduisit Dubaï World, l'entreprise contrôlée par le gouvernement qui était fortement impliquée dans ces projets immobiliers risqués, à demander à Abou Dabi de la renflouer en décembre 2009.

Dans tous ses développements, la crise suivait un chemin familier. De nombreuses économies, en particulier celles d'Europe occidentale, ne pouvaient pas éviter cette crise parce qu'elles souffraient des mêmes faiblesses : des bulles immobilières, une confiance excessive en l'argent facile et l'effet de levier, et une adoption enthousiaste des actifs à haut risque comme de l'innovation financière.

Ce fait souligne une vérité plus large : des crises similaires apparaissent en divers endroits avec une apparence de synchronisation parce que ces pays ont des faiblesses en commun. Les observateurs de marché utilisent trop souvent le mot « pandémie » ou une comparaison avec telle ou telle maladie pour qualifier les crises financières. Cela revient à négliger une vérité importante : les maladies touchent plus facilement et rapidement ceux qui sont faibles et ont une immunité défaillante. Dans le cas de la crise récente, de nombreuses économies européennes présentaient les mêmes faiblesses que l'économie américaine. Il n'est donc pas surprenant que, lorsque les États-Unis éternuèrent, ils aient attrapé un rhume – ou, ce qui serait peut-être plus précis, une grippe.

Mais tout le monde ne tomba pas malade – et c'est également révélateur. Prenons par exemple le cas de l'Inde. Bien qu'elle ait été frappée par la tempête, son économie fit preuve d'une remarquable résilience. Lors des années précédant la crise, ses banquiers centraux se montrèrent prudents et choisirent de mener une politique différente de celles conduites dans le reste du monde. Les responsables publics indiens résistèrent aux tentatives de déréglementer le système financier et les banques furent contraintes de conserver de solides réserves. Alors que d'autres pays adoptèrent le mantra du libre-marché, l'Inde garda le contrôle de son système financier. Il resta par conséquent relativement protégé de la « maladie » en provenance des États-Unis.

On ne peut malheureusement pas dire la même chose des autres économies émergentes, dont beaucoup – en particulier en Europe centrale et orientale – suivirent une trajectoire classique expansion-récession. Leur destin n'était cependant pas exclusivement dû à des faiblesses partagées : il résulta davantage de la manière particulière dont les économies développées et moins développées s'étaient empêtrées dans une relation mutuellement destructrice.

Économies émergentes, problèmes existants

Les économies émergentes dépendent généralement de capitaux provenant de pays plus développés. Bien que cette dépendance puisse être mutuellement profitable aux deux parties quand tout va bien, elle peut se transformer en pacte suicidaire quand tout s'écroule. Lors de la crise de 1825, les investisseurs britanniques se précipitèrent au Mexique fraîchement indépendant ainsi que dans d'autres pays d'Amérique latine récemment libérés de la tutelle espagnole. Pendant la première année qui suivit l'indépendance, quelque 150 millions de livres furent apportés à la région ; une grande partie de ces investissements fut dirigée vers les mines d'or et d'argent. Cet apport de capitaux assura la prospérité des pays concernés. Les spéculateurs londoniens avaient eux aussi de quoi se réjouir : les investisseurs faisaient grimper les prix des actions et des obligations des compagnies minières. Malheureusement, un grand nombre de ces entreprises firent faillite ou se révélèrent frauduleuses – et le marché s'effondra. Les investisseurs se mirent à fuir ces titres et firent sortir leurs capitaux du Pérou, de Colombie et du Chili. Les pays d'Amérique latine se montrèrent incapables de payer les intérêts de leur dette ; le Pérou fit défaut en 1826 et provoqua ce que l'on appela une « panique considérable » dans la City de Londres. Les autres pays du continent firent bientôt de même.

Au XIXe siècle, le marché émergent le plus susceptible d'être frappé par une crise n'était autre que les États-Unis. Les investisseurs européens, en particulier britanniques, apportèrent une quantité considérable de capitaux à ce pays : ils se jetaient sur les obligations du gouvernement, les titres des compagnies de canaux et de chemins de fer, ainsi que sur une foule d'autres actifs. Cet afflux de fonds contribua à nourrir les phases d'expansion aux États-Unis comme les bulles spéculatives en Europe. La plupart d'entre elles finirent par exploser ; lorsque cela se produisait, les investisseurs étrangers se défaisaient brutalement de leurs actifs américains « risqués ».

Le résultat était toujours le même : les phases d'expansion se transformaient en récession des deux côtés de l'Atlantique. Un grand nombre des banques et des entreprises américaines qui avaient bénéficié de la surabondance de capitaux étrangers s'effondrèrent ; beaucoup de leurs homologues européens souffrirent aussi. Après la panique de 1837, les investisseurs étrangers fuirent en masse. Des centaines de banques disparurent aux États-Unis, et un quart des États firent défaut sur une partie de la dette qu'ils avaient émise. La panique s'empara simultanément de la City de Londres.

Un mouvement de fuite similaire se produisit en 1857, après quoi un commentateur affirma, avec quelque exagération, que « la défiance inspirée par l'avenir des États-Unis à la quasi-totalité des étrangers était si grande que la plus grande part des actifs américains… détenus à l'étranger furent remis sur le marché pour être vendus à perte ». L'histoire se répéta en 1873 : lorsque l'essor des chemins de fer prit fin, les investisseurs européens se précipitèrent une nouvelle fois vers la sortie.

D'autres marchés émergents connurent des destins semblables. Dans les années 1990, une nouvelle génération de marchés émergents fut frappée par une série de crises : le Mexique en 1994 ; la Corée du Sud, la Thaïlande, l'Indonésie et la Malaisie en 1997 ; la Russie, le Brésil, l'Équateur, le Pakistan et l'Ukraine en 1998 et 1999 ; la Turquie et l'Argentine en 2001. Après avoir inondé ces pays de capitaux, les investisseurs étrangers furent pris de panique et partirent en troupeaux, laissant derrière eux des crises de change, des vagues de faillites de banques et d'entreprises, et des défauts sur la dette publique. Seule l'intervention du FMI et des banques centrales du monde entier empêcha un désastre économique mondial.

Les marchés émergents jouèrent aussi un rôle lors de la crise récente, bien que d'une façon moins évidente et plus compliquée. Les économies émergentes européennes se conformèrent au schéma des crises antérieures : elles présentaient généralement d'importants déficits des paiements courants. Ces déficits avaient parfois été nourris par l'expansion du marché immobilier et de fortes augmentations des dépenses de consommation accompagnées d'une chute de l'épargne privée ; dans d'autres cas, ils étaient la conséquence des déficits publics ou d'emprunts réalisés par les entreprises. Quelle qu'en soit la raison, ces pays empruntaient largement auprès d'investisseurs et de banques de pays plus développés : entre 2002 et 2006, l'emprunt à l'étranger augmenta de 60 % chaque année. Une grande partie de cette dette était libellée en monnaies étrangères – une stratégie qui se révéla dangereuse quand leurs propres monnaies commencèrent à se déprécier durant la crise.

Bien que la crise ait frappé des pays aussi différents que la Roumanie, la Bulgarie, la Croatie et la Russie, ce sont les États baltes – Lettonie, Estonie et Lituanie – qui, avec la Hongrie et l'Ukraine, en souffrirent le plus. Tous furent confrontés à une inversion brutale des flux de capitaux lorsque des investisseurs capricieux se mirent à fuir des marchés « risqués » – en d'autres termes, les économies émergentes – et cherchèrent de plus sûrs asiles. Les résultats furent conformes à ce que l'on pouvait attendre. La Hongrie, l'Islande, la Biélorussie, l'Ukraine et la Lettonie supplièrent le FMI de les renflouer. Les trois États baltes connurent une hausse spectaculaire du chômage, qui atteignit des taux à deux chiffres au printemps 2009, et virent leur secteur bancaire menacé d'effondrement. La Lettonie, qui fut vraisemblablement la plus durement touchée des trois, connut des émeutes, assista à la chute de son gouvernement et vit sa solvabilité chuter.

Ces pays suivirent le modèle classique des économies émergentes qui prospèrent grâce à l'entrée de capitaux étrangers avant de s'écrouler quand les investisseurs se ruent vers la sortie. Mais un autre groupe d'économies émergentes frappées par la crise empruntèrent un chemin différent : certains pays présentaient un excédent de leur balance des paiements courants. La Chine était le membre le plus important de ce groupe, mais le Brésil et certains petits pays du Proche-Orient, d'Asie et d'Amérique latine étaient dans le même cas.

La plupart des pays ayant des excédents des paiements courants tendent à voir leur monnaie s'apprécier. Mais lors des années précédant la crise, les gouvernements de ces pays intervinrent de façon agressive sur les marchés des changes de façon à maintenir la sous-évaluation de leur monnaie. Ils agirent de la sorte parce que beaucoup d'entre eux dépendaient des exportations : plus leur monnaie était bon marché, plus ils étaient compétitifs sur les marchés mondiaux. Ce type d'intervention contribua à soutenir les exportations, mais au prix d'une accumulation de dollars et d'autres devises qui nourrit la croissance de l'offre de monnaie.

L'abondance d'argent bon marché et la faiblesse des taux d'intérêt entretinrent l'inflation et favorisèrent le gonflement des bulles d'actifs, en particulier sur les bourses domestiques. À leur apogée, les actions chinoises et indiennes atteignirent des *price-to-equity ratios* de 40 voire 50 à la fin de l'année 2007 – sans l'ombre d'un doute, il s'agissait là d'une bulle. Un grand nombre de ces économies entrèrent en surchauffe avant que ne débute la crise financière américaine, ce qui les rendit extraordinairement fragiles et sensibles à des chocs soudains. Jusqu'à un certain point, leurs faiblesses se développèrent indépendamment des excès auxquels se livrèrent les États-Unis. Leur effondrement final n'avait guère de relation directe à la crise américaine : il était le résultat de politiques menées lors des années antérieures. Ces pays furent considérés comme des victimes de la crise, mais ils furent dans une large mesure les architectes de leur propre malheur.

La mort du découplage

Lorsque la crise s'accéléra au début de l'année 2008, la plupart des responsables publics hors des États-Unis tergiversèrent en dépit des nombreux indices suggérant l'imminence d'une pandémie mondiale. Parce qu'ils étaient toujours sous l'emprise de la théorie du découplage, beaucoup d'entre eux redoutèrent que leurs économies n'entrent en surchauffe et ne souffrent d'un redémarrage de l'inflation. Les banquiers centraux d'un certain nombre d'économies émergentes relevèrent alors les taux d'intérêt afin de resserrer leur politique monétaire. Leurs homologues des économies plus avancées leur emboîtèrent le pas ; et à la mi-2008, la Banque centrale européenne engagea un malencontreux mouvement de hausse de ses taux directeurs.

Pour aggraver les choses, les responsables publics européens refusèrent d'adopter une politique de relance agressive. Les économies européennes qui étaient les mieux placées pour s'offrir un tel plan de relance (en particulier l'Allemagne) en firent assez peu au début, et celles qui en avaient le plus besoin (l'Espagne, le Portugal, l'Italie et la Grèce) n'avaient pas les moyens d'en financer un. Ces pays du « Club Med » souffraient déjà de déficits budgétaires importants et d'une lourde dette publique : ils avaient peu de marges de manœuvre.

Ces décisions préparaient mal les responsables publics des pays développés comme des économies émergentes à combattre les effets de la crise à venir. Elle les prit par surprise : en raison de leurs erreurs de jugement, l'économie mondiale sombra dans la pire récession depuis les années 1930. Lors du dernier trimestre 2008 et du premier trimestre 2009, l'économie mondiale se contracta à un rythme comparable à celui observé entre 1929 et 1931.

Pour ce qui est du découplage, le reste du monde souffrit davantage que les États-Unis cet hiver-là. Alors que le produit intérieur brut des États-Unis se réduisit durant ces deux trimestres à un taux annuel de 6 %, la contraction constatée ailleurs fut beaucoup plus brutale. Les économies qui étaient supposées se découpler ne le firent pas : elles se « recouplèrent » furieusement. Le Japon, dont beaucoup avaient initialement pensé qu'il resterait à l'écart de la crise, vit son économie se contracter à un taux annualisé de 12,7 % lors du dernier trimestre de l'année 2008. La Corée du Sud souffrit d'une réduction de 13,2 % de son PIB. La Chine parvint à éviter la récession, même si sa croissance tomba en dessous des niveaux politiquement soutenables. La majorité des autres pays n'eurent pas autant de chance. Lorsqu'il s'agit de chercher des coupables, les regards se tournèrent vers Lehman Brothers, dont la chute fut considérée comme la cause des maux dont souffrait la planète. Aujourd'hui encore, certains continuent de faire de cet événement le catalyseur de la crise.

Cette interprétation est réconfortante mais erronée. Lorsque Lehman s'effondra en septembre 2008, les États-Unis étaient en récession depuis dix mois et une large partie du reste du monde connaissait déjà le même sort. Le resserrement mondial du crédit et la déroute du marché des actions étaient engagés depuis plus d'un an. La crise de l'économie américaine, qui avait débuté un an et demi avant l'effondrement de Lehman, s'était déjà étendue au reste du monde par de nombreux canaux : le système financier, le commerce international, les matières premières et le marché des changes.

La crise ne contamina pas ces autres pays par accident. Depuis des années, beaucoup d'entre eux avaient abrité des bulles immobilières, des bulles d'actifs et des bulles de crédit, et n'avaient rien fait pour empêcher des prises de risques, des dépenses et des leviers d'endettement excessifs. Leurs faiblesses étaient apparues de longue date, et même les pays qui avaient adopté une ligne de conduite plus prudente – la Chine et une grande partie du reste de l'Asie – dépendaient beaucoup trop de leurs exportations. Eux aussi étaient vulnérables, bien que d'une manière différente : leur prospérité était liée à des bulles qui s'étaient formées de l'autre côté du globe et qui avaient éclaté avant la chute de Lehman.

L'effondrement de cette célèbre firme fit pourtant davantage que tout le reste pour attirer l'attention des décideurs publics sur la menace d'une nouvelle Grande Dépression. À la fin de l'année 2008, ils scrutèrent l'abîme et se firent une religion. Ils commencèrent à déployer toutes les armes qu'ils avaient dans leur arsenal. Certaines tactiques, comme la réduction des taux d'intérêt, faisaient partie de l'attirail habituel. D'autres semblaient venir d'un autre monde, et dans certains cas d'une autre époque. Pour les non-initiés, les noms de certaines d'entre elles – politique monétaire non conventionnelle, injections de fonds propres, lignes de *swap* des banques centrales – sont totalement obscurs. Tout comme d'autres armes non conventionnelles, on les sortit du placard et on les apporta sur le champ de bataille. Certaines d'entre elles avaient été utilisées par le passé, d'autres non. Certaines fonctionnèrent, d'autres non.

Leur effet collectif permit cependant d'éviter que la Grande Récession ne se transforme en une nouvelle Grande Dépression. Que le remède puisse se révéler pire que le mal est une autre affaire. C'est à cette question – celle des risques et des avantages associés à la mise en œuvre de mesures non conventionnelles pour traiter la crise financière – que nous allons maintenant nous intéresser.

6. Le dernier ressort

Quand la pire crise financière depuis des générations frappa les États-Unis en 2007, Ben Bernanke était président de la Réserve fédérale depuis un an seulement. Bernanke n'était pas uniquement un banquier central : il était aussi l'un des chercheurs faisant autorité sur la Grande Dépression. Bien davantage que presque tous les économistes vivants, il avait une conscience aiguë des dynamiques complexes qui furent alors à l'œuvre. Au cours de sa carrière universitaire, il avait publié des articles remarqués qui contribuèrent à identifier les causes et les conséquences de la pire dépression qu'avait connue le pays.

Bernanke emprunta la voie ouverte par les travaux des économistes monétaristes Milton Friedman et Anna Jacobson Schwartz, qu'il avait découverts pendant ses études doctorales. Comme nous l'avons vu dans le chapitre 2, ces deux chercheurs avaient rompu avec les interprétations antérieures de la Grande Dépression en soutenant que la politique monétaire mise en œuvre par la Réserve fédérale avait été responsable de ce désastre. L'inertie et le manque de discernement de la Réserve fédérale échouèrent selon eux à prévenir le désastre et contribuèrent même à aggraver le problème. Bernanke reprit cette thèse et la développa : il montra comment l'effondrement du système financier mit du sable dans les rouages de l'économie et entraîna la nation dans une dépression brutale.

La conscience profonde qu'avait Bernanke du poids de l'histoire et sa dette à l'égard de Friedman apparurent de façon éclatante lorsqu'il assista à la fête d'anniversaire donnée en l'honneur du vénérable économiste en 2002. Bernanke était alors membre du conseil des gouverneurs de la Réserve fédérale. Quand il se leva pour prononcer son discours, il se tourna vers le vieil homme et lui dit, en faisant référence à la Grande Dépression : « Vous avez raison, nous l'avons provoquée. Nous sommes désolés. Mais grâce à vous, nous ne le ferons plus. »

Tel était l'homme en charge de la politique monétaire lorsque la crise se déclencha. Il n'est guère surprenant qu'il ait regardé les événements à travers le prisme de ce qui s'était passé près de quatre-vingts ans auparavant et qu'il ait agi en conséquence. Des règles seraient violées et de nouveaux instruments seraient utilisés. La Grande Dépression ne se reproduirait pas. Comme il le dit à un journaliste à l'été 2009, « je n'allais pas être le président de la Réserve fédérale qui présiderait à la seconde Grande Dépression ».

C'est dans ce but que Bernanke révolutionna la politique monétaire et procéda à une série d'interventions dans le système financier que peu de gens comprirent réellement. Certaines d'entre elles avaient été projetées antérieurement ; d'autres furent conçues au fil des mois, à mesure que l'inflation et la dépression se faisaient plus menaçantes. Elles couvraient une gamme très large allant de la politique monétaire conventionnelle – ramener les taux d'intérêt à zéro, par exemple – à des mesures inédites annonçant une extension massive du pouvoir de la Réserve fédérale.

Ces interventions contribuèrent probablement à éviter une Grande Dépression du XXIe siècle, mais elles posent une foule de questions troublantes à l'étudiant en économie de crise. Il est difficile de revenir sur ces mesures une fois qu'elles ont été mises en œuvre. Beaucoup d'entre elles sont par ailleurs susceptibles de créer un aléa moral à grande échelle. Dans son empressement à se porter au secours du système financier, la Réserve fédérale sauva des établissements qui étaient à la fois illiquides et insolvables. Ce précédent sera difficile à faire oublier : à long terme, il pourrait conduire à une réduction de la discipline de marché, laquelle pourrait semer les germes de bulles plus importantes et de crises plus destructrices encore.

Le fait que certains éléments de la politique monétaire de Bernanke empiètent sur les pouvoirs budgétaires traditionnels du gouvernement – le pouvoir de dépenser de l'argent – n'est pas moins problématique. Lors de la crise récente, la Réserve fédérale repoussa les limites posées par son statut et prit la responsabilité d'échanger des obligations d'État sans risque contre des actifs toxiques – et, plus radicalement encore, d'acheter des actifs toxiques et de les conserver dans son bilan. Même si ces mesures s'avèrent efficaces, elles reviennent à contourner le processus législatif.

La réponse de Bernanke, qu'il conçut avec d'autres banquiers centraux, offre un aperçu des manières peu orthodoxes dont la politique monétaire peut être utilisée, abusivement peut-être, afin d'empêcher une crise de devenir hors de contrôle.

La déflation et ses mécontents

Le cycle économique américain avait suivi un chemin très prévisible depuis la fin de la Seconde Guerre mondiale. L'économie sortait d'une récession, croissait puis prospérait. La Réserve fédérale commençait alors à élever les taux d'intérêt afin de mettre l'inflation en échec et, plus largement, d'éviter la surchauffe de l'économie. Inévitablement, l'économie se contractait puis entrait en récession.

Dans certains cas, notamment en 1973, 1979 et 1990, la récession fut accentuée par ce que les économistes appellent un choc d'offre exogène négatif. Dans ces trois cas, une crise géopolitique au Proche-Orient provoqua une hausse soudaine des prix du pétrole qui réveilla l'inflation. La Réserve fédérale releva ses taux directeurs afin de juguler la hausse des prix, et l'économie commença à se contracter.

Quelles qu'en soient les causes, ces différentes contractions se traduisaient par une réduction de l'inflation, non par sa disparition. La chute du produit intérieur brut – typiquement d'un ou deux points de pourcentage – produisait une hausse déplaisante mais supportable du chômage ainsi que les rigueurs de la récession.

L'économie se remettait parfois d'elle-même à croître. Dans d'autres cas, les responsables publics favorisaient son rétablissement en recourant à un outil consacré par l'usage : ils procédaient à une diminution des taux d'intérêt, ce qui permettait aux ménages et aux entreprises d'emprunter plus facilement. Cela incitait les gens à dépenser davantage et stimulait la demande pour tous les types de biens, des maisons aux équipements industriels. La réduction des taux avait souvent pour effet de pousser le dollar à la baisse, ce qui rendait les exportations plus attrayantes, renchérissait les importations, créait une demande pour les biens nationaux et contribuait au rétablissement final. La relance budgétaire était également utilisée pour restaurer la croissance.

Les dix premières récessions qui se succédèrent aux États-Unis après la Seconde Guerre mondiale furent très fidèles à ce scénario. La plupart durèrent moins d'un an, à l'exception d'une vilaine récession déclenchée par la guerre du Kippour à la suite du choc pétrolier de 1973. Après un second choc pétrolier en 1979 provoqué par la révolution islamique iranienne, la Réserve fédérale utilisa des taux d'intérêt élevés pour tuer l'inflation, ce qui conduisit à une récession bien plus déplaisante encore. Quoique brutale, cette lutte contre l'inflation se révéla efficace et prépara le terrain à la Grande Modération tant célébrée. Par conséquent, les récessions de 1991 et 2002 ne durèrent que huit mois chacune ; bien que ces ralentissements de l'activité aient apporté leur lot de souffrances, ils s'achevèrent par un retour de la croissance et de l'optimisme dû pour partie à des doses variées d'assouplissement monétaire, de relance budgétaire et de réductions d'impôts.

La douzième récession de l'après-guerre, qui se déroula après la récente crise financière, a été différente des précédentes. Les prix diminuèrent pour la première fois en cinquante ou soixante ans. C'était la déflation, un phénomène qui fait perdre leur sang-froid aux responsables publics quelle que soit leur appartenance idéologique. Sa réapparition « donne des frissons aux économistes », écrivit le *New York Times* à l'automne 2008. Bernanke expliqua au printemps suivant que « nous sommes actuellement très agressifs parce que nous essayons d'éviter… la déflation ».

Cette agitation était quelque peu déroutante pour les non-initiés. Après tout, la chute des prix n'était-elle pas une bonne chose ? Les produits de consommation coûtent moins cher ; les gens peuvent en avoir plus pour chaque dollar dépensé ; qu'y a-t-il là de déplaisant ? Lors de quelques épisodes passés, une déflation modeste et régulière avait accompagné une robuste croissance économique : les avancées technologiques faisaient baisser le prix des biens. Entre 1869 et 1896 par exemple, la diffusion des chemins de fer et de nouvelles techniques de production autorisa une diminution des prix à un taux annuel de 2,9 %. À la même époque et en dépit de crises récurrentes, l'économie croissait à un taux annuel de 4,6 %.

Cet épisode est considéré comme une curiosité par les historiens de l'économie, parce que la déflation n'est généralement pas compatible avec la croissance économique. Pourquoi ? Dans la plupart des cas, la déflation ne résulte pas d'une révolution technologique : elle est le produit d'une forte diminution de la demande agrégée par comparaison avec l'offre de biens et les capacités de production de l'économie.

Une déflation de ce type peut avoir toutes sortes d'effets sur le fonctionnement quotidien de l'économie. Elle peut décourager les consommateurs d'acquérir des biens de valeur : acheter une voiture ou une maison devient alors risqué. De façon similaire, une usine qui envisage de réaliser des investissements peut préférer attendre que les prix cessent de chuter. Différer des dépenses ne stimule malheureusement pas la croissance économique : c'est le contraire qui se produit.

La déflation qui naît d'une crise financière est d'un genre encore différent et peut se révéler bien plus dangereuse et destructrice. Des accès de ce type se produisaient assez fréquemment après les crises continuelles du XIXe siècle, mais ils étaient devenus beaucoup plus rares au XXe siècle. Alors que la déflation accompagna la dépression mondiale des années 1930, elle disparut pratiquement ensuite. Elle ne refit surface que dans les années 1990, d'abord après l'explosion de la bulle d'actifs japonaise, puis durant la brutale récession qui frappa l'Argentine en 1998-2001.

Pendant la crise récente, la perspective d'une déflation de ce type donnait des sueurs froides aux économistes. Ils savaient que ses effets négatifs pourraient se diffuser dans l'économie. Même si elle ne produit pas de dépression, la déflation peut étouffer la croissance des années durant et conduire à une situation qui peut être qualifiée de « stagdéflation » – la combinaison de la stagnation de l'économie, voire de la récession, avec la déflation. Dans de telles circonstances, les outils habituels de la politique monétaire cessent de faire effet.

Irving Fisher fut l'un des premiers économistes à comprendre la dynamique de la déflation. Alors que Fisher a été vivement critiqué pour avoir affirmé, peu avant l'effondrement du marché en 1929, que les prix des actions resteraient sur un « plateau élevé », il se racheta en développant par la suite une passionnante théorie des liens entre crises financières, déflation et dépression : la « théorie des grandes dépressions par la dette et l'inflation ». Pour le dire simplement, Fisher croyait que les dépressions prenaient de l'ampleur à cause de deux facteurs : une accumulation excessive de dette avant la crise et une déflation trop marquée après.

Fisher commença par observer que certaines des pires crises de l'histoire américaine – 1837, 1857, 1893 et 1929 – s'étaient produites quand l'économie avait accumulé une quantité excessive de dette. Quand le choc se produit – l'effondrement du marché boursier de 1929 par exemple –, les appels de marges provoquent des tentatives frénétiques de rembourser la dette. Fisher croyait que cet empressement à se défaire de ses dettes et à stocker des liquidités pouvait porter atteinte à la santé de l'économie. Comme il l'expliqua en 1933, « l'effort consenti par les individus pour réduire le fardeau de leur dette conduit à l'accroître en raison de l'effet d'ensemble de cette débandade… plus les débiteurs remboursent, plus ils doivent de l'argent ». Fisher remarqua qu'entre octobre 1929 et mars 1933, alors que les débiteurs avaient réussi à réduire la valeur de leur dette de 20 %, la déflation accrut le poids de la dette restante de 40 %.

Pourquoi ? Fisher affirmait que l'empressement des agents à se débarrasser de leurs actifs provoquerait la chute des prix. Pour toute une série d'actifs allant des titres aux matières premières, l'offre dépasserait de loin la demande et les prix s'effondreraient. Au même moment, les agents retireraient les sommes déposées auprès des banques pour rembourser leurs dettes ou pour se protéger des faillites bancaires. Ces retraits produiraient une contraction de l'offre de monnaie, contraction qui ferait baisser les prix davantage encore. Les prix continuant à chuter, la valeur des actifs pris dans leur ensemble serait entraînée vers le bas et déclencherait une réduction proportionnée de la valeur nette des banques et des entreprises détenant ces actifs. De nouvelles ventes à perte et de nouvelles faillites en résulteraient, ce qui réduirait la liquidité des marchés, accentuerait le pessimisme ambiant, encouragerait la thésaurisation et stimulerait les ventes à perte.

La déflation qui en est le produit a des conséquences perverses. Quand les emprunteurs remboursent leurs dettes (et que, dans les cas les plus graves, la demande agrégée de biens commence à diminuer), les prix plus faibles des biens et des services accroissent paradoxalement le pouvoir d'achat du dollar, et par conséquent le poids réel de la dette restante.

En d'autres termes, la déflation accroît la valeur réelle de la dette. Au lieu de se débarrasser de leurs dettes, les gens en alourdissent le fardeau. Fisher appela ce phénomène le « grand paradoxe » : plus les gens remboursent, plus leurs dettes les entraînent vers le bas.

C'est la déflation par la dette. Pour mieux la comprendre, songeons à son pendant, que l'on pourrait appeler « inflation par la dette ». Imaginez que vous êtes une entreprise ou un ménage et que vous obtenez un prêt de 100 000 dollars sur dix ans à un taux d'intérêt de 5 %. L'inflation tourne alors autour de 3 %. Si l'inflation conserve ce rythme, votre taux d'intérêt réel sera de 2 % par an : c'est ce qui reste après que l'inflation a érodé le taux d'intérêt nominal. Si l'inflation atteint 5 % par an, elle fera disparaître la totalité du taux d'intérêt et vous disposerez de l'équivalent d'un prêt sans intérêt. Mais si l'inflation devient hors de contrôle et atteint par exemple 10 %, vous n'aurez pas seulement un prêt sans intérêt : votre principal commencera aussi à s'éroder. Ces exemples vous montrent comment calculer le « taux d'intérêt réel » – la différence entre le taux d'intérêt nominal et le taux d'inflation.

Vous êtes perdu ? Poussez les choses à l'extrême. Imaginez que vous empruntez les mêmes 100 000 dollars et que l'inflation devient complètement hors de contrôle. Les prix et les salaires atteignent des niveaux astronomiques. Il fallait jadis un dollar pour acheter une baguette de pain ; il faut à présent mille dollars. Dans le même temps, un emploi payé au salaire minimum qui rapportait jadis des cacahuètes rapporte aujourd'hui plusieurs millions de dollars par an ; un « bon » emploi est payé cent millions de dollars. Revenez à présent au prêt de 100 000 dollars que vous avez contracté. Il est toujours là, libellé dans ces vieux dollars qui avaient plus de valeur. Le montant du principal n'a pas changé. Il est donc beaucoup plus facile de rembourser votre prêt : cela ne représente pas davantage que le montant mensuel de votre facture d'épicerie.

La clé consiste en ce que les dollars que vous utilisez pour rembourser cette dette valent moins qu'à l'époque où vous l'avez contractée. C'est pour cela que l'inflation est l'amie du débiteur : elle érode la valeur de la dette originale.

Mais la déflation n'est pas l'amie du débiteur. Revenons à notre exemple d'un prêt à dix ans à un taux d'intérêt de 5 %. Contrairement aux attentes, l'économie subit une déflation de 2 %. Cela signifie que vous allez en réalité payer un taux d'intérêt de 7 % par an. Si la déflation atteint 5 %, le coût réel de votre emprunt a doublé : il est désormais de 10 % par an. En d'autres termes, les dollars que vous utilisez pour rembourser votre dette valent plus que ce qu'ils valaient quand vous l'avez contractée. Malheureusement, même si chaque dollar vaut davantage, vous en avez moins parce que votre salaire a diminué.

Le résultat de la déflation par la dette est que les débiteurs – les ménages, les entreprises, les banques et les autres – voient le coût de leur endettement grimper au-delà de ce qu'ils avaient initialement anticipé. Et pendant une crise financière majeure – avec une montée du chômage, une panique grandissante et une absence générale de volonté de prêter –, quiconque doit de l'argent éprouve beaucoup plus de difficultés à rembourser sa dette ou à la refinancer à des conditions moins onéreuses. Les investisseurs se débarrassent de leurs actifs risqués et se mettent en quête d'actifs liquides et sûrs comme les espèces et les bons du Trésor. Les gens thésaurisent les liquidités et refusent de les prêter, ce qui ne fait qu'exacerber la crise de liquidité. Quand le crédit s'assèche, de plus en plus de gens font défaut et nourrissent l'enchaînement déflation – déflation par la dette – défauts supplémentaires.

Le résultat final est la dépression : un effondrement économique brutal lors duquel l'économie d'un pays peut se contracter de 10 % ou plus. Lors de la Grande Dépression, qui traumatisa et inspira Irving Fisher, l'ampleur de la chute fut inédite : le marché boursier perdit 90 % de sa valeur, l'économie se contracta de près de 30 %, et 40 % des banques nationales firent faillite. Le chômage monta à près de 25 %. Et la déflation ? Les prix chutèrent vertigineusement. Une douzaine d'œufs coûtait 0,53 dollar en 1929 contre 0,29 dollar en 1933, ce qui représente une chute de près de 45 %. Des réductions comparables furent constatées partout, des salaires au prix du gaz.

Il n'est pas surprenant que la vision de Fisher ait été sombre. Comme il l'écrivit des profondeurs de la crise en 1933, « si rien ne vient contrecarrer la chute des prix, une telle dépression [...] s'installera et s'approfondira pendant de nombreuses années en formant un cercle vicieux. Rien n'empêchera alors le bateau de pencher jusqu'à ce qu'il chavire ». Bien que Fisher reconnaisse que les choses pourraient finalement se stabiliser – après « une faillite quasi universelle » –, il pensait que tout cela était « inutile et cruel ». Il recommandait que les responsables publics fassent remonter les prix à des niveaux antérieurs au krach. Ainsi qu'il l'indiqua, « si la théorie des grandes dépressions par la dette et la déflation est juste, la question du contrôle du niveau des prix prend une importance nouvelle ; et ceux qui sont aux commandes – la Réserve fédérale et le Secrétaire au Trésor – porteront à l'avenir de nouvelles responsabilités ».

Ces mots hantaient peut-être Ben Bernanke, Henry Paulson et Timothy Geithner alors qu'ils étaient confrontés à ce qui ressemblait à une reprise de la Grande Dépression. Malheureusement, comme presque tout ce qui concerne les crises financières, organiser une « reflation » – ou, pour le dire plus nettement, créer de l'inflation – n'est pas aussi simple qu'il y paraît. Quand une spirale déflationniste a pris de la vitesse, la politique monétaire conventionnelle n'est pas efficace. Elle ne l'est pas davantage face aux autres maux qui accompagnent les crises financières. D'autres armes doivent être forgées et jetées dans la bataille.

La trappe à liquidité

Quand les économistes évoquent l'impuissance de la politique monétaire traditionnelle, ils font référence à une « trappe à liquidité ». Les responsables publics redoutent cette situation. Pour comprendre pourquoi, nous devons étudier la manière dont les banques centrales contrôlent l'offre de monnaie, les taux d'intérêt et l'inflation.

Aux États-Unis, la Réserve fédérale contrôle essentiellement l'offre de monnaie par le biais des opérations d'*open market* : elle peut intervenir sur le marché secondaire et acheter ou vendre de la dette publique à court terme. Lorsqu'elle agit de la sorte, elle apporte de la monnaie au système bancaire national ou en retire. Elle modifie de cette façon ce que l'on appelle le taux des fonds fédéraux, c'est-à-dire le taux auquel les banques américaines se prêtent mutuellement au jour le jour leurs surplus de réserves déposés auprès de la Réserve fédérale. En temps normal, le taux des fonds fédéraux donne une estimation du coût de l'emprunt à tous les niveaux de l'économie ; le manipuler est l'un des outils les plus efficaces dont dispose la Réserve fédérale.

Voici comment cela fonctionne. Disons que la Réserve fédérale s'inquiète de l'inflation et veut protéger l'économie de la surchauffe. Elle vend alors 10 milliards de dollars de dette d'État à court terme. En agissant de la sorte, elle retire de l'argent du système bancaire. Pourquoi ? Parce que les acquéreurs de cette dette tirent des chèques sur leurs banques respectives, chèques qui sont ensuite encaissés par la Réserve fédérale. Le système bancaire et l'économie dans son ensemble ont perdu 10 milliards de dollars. Parce que les banques utilisent chaque dollar déposé auprès d'elles pour créer bien plus de dollars sous forme de prêts, le vrai coup porté au système bancaire – et, par extension, à l'offre de monnaie – approche les 25 ou les 30 milliards de dollars.

La Réserve fédérale a ainsi resserré l'offre de monnaie et rendu le crédit plus difficile à obtenir : elle a renchéri le coût de l'emprunt. Comme toute marchandise, la monnaie répond à la loi de l'offre et de la demande : maintenant que l'offre est plus faible, emprunter de l'argent coûte plus cher. En d'autres termes, les taux d'intérêt montent parce que les emprunteurs peuvent à présent exiger un taux plus élevé. Quand les médias rapportent que la Réserve fédérale a « relevé » ses taux d'intérêt, elle ne l'a pas fait littéralement : elle a « ciblé » un taux d'intérêt plus élevé, le taux des fonds fédéraux, à travers les opérations d'*open market*.

Imaginons à présent que la Réserve fédérale ne se préoccupe plus de l'inflation : elle s'inquiète du fait que l'économie, au lieu de surchauffer, s'oriente vers une récession. La Réserve fédérale choisit une nouvelle cible pour le taux des fonds fédéraux et inonde l'économie de liquidités en achetant de la dette d'État à court terme. Où trouve-t-elle cet argent ? Elle le crée en partant de rien. La Réserve fédérale signe un chèque de 10 milliards de dollars et le donne aux vendeurs de dette d'État. Ces vendeurs déposent l'argent qu'ils ont reçu de la Réserve fédérale dans différentes banques. Ces banques peuvent maintenant l'utiliser pour consentir des prêts pour une valeur plusieurs fois supérieure à ce montant. La monnaie est soudain plus disponible, et il est par conséquent plus facile d'obtenir un crédit. Celui-ci est par ailleurs moins cher : l'effet net de l'ajout de monnaie dans l'économie est que le taux des fonds fédéraux chute, ainsi que les taux d'intérêt de façon générale.

Voici ce qui se passe en temps normal. Mais une trappe à liquidité n'est pas quelque chose de normal. C'est ce qui se produit quand la Réserve fédérale a épuisé l'impact des opérations d'*open market*. Ce moment redouté arrive quand la Réserve fédérale a fait baisser le taux d'intérêt des fonds fédéraux jusqu'à zéro. En temps normal, porter ce taux à un tel niveau se traduirait par l'injection d'une quantité importante d'argent facile et de liquidités dans l'économie et par l'apparition d'une croissance sauvage. Mais après une crise financière, réduire les taux d'intérêt à zéro peut ne pas suffire à restaurer la confiance et à contraindre les banques à se prêter les unes aux autres. Les banques sont tellement inquiètes en ce qui concerne leurs besoins en liquidités – et font preuve d'une telle méfiance mutuelle – qu'elles préfèrent conserver toutes les liquidités possibles plutôt que de les prêter. Dans ce climat de peur, même si le taux des fonds fédéraux est de zéro, les taux d'intérêt auxquels les banques acceptent de se prêter les unes aux autres seront beaucoup plus élevés ; emprunter restera donc cher. Parce qu'il est presque impossible de faire baisser les taux d'intérêt en dessous de zéro – vous ne pouvez pas obliger les banques à prêter de l'argent si cela les pénalise –, les responsables publics se retrouvent dans une situation embarrassante. Ils sont dans la trappe à liquidité tant redoutée.

Pendant la crise récente, les banques centrales du monde entier se trouvèrent précisément dans cette position. Elles réduisirent les taux d'intérêt quand la crise empira ; à la fin de l'année 2008 et au début de l'année 2009, la Réserve fédérale, la Banque d'Angleterre, la Banque du Japon, la Banque nationale suisse, la Banque d'Israël, la Banque du Canada et même la Banque centrale européenne avaient ramené leurs taux directeurs près de zéro. En comparaison avec les crises financières précédentes, cet exercice de politique monétaire fut remarquablement rapide et partiellement coordonné. Mais ces coupes collectives ne parvinrent guère à stimuler les prêts et moins encore la consommation ou l'investissement : les taux du marché restaient très élevés en raison de la peur et de l'incertitude qui paralysaient les banques, les ménages et les entreprises. La réduction des taux d'intérêt n'enraya pas le glissement des économies vers la déflation. La politique monétaire conventionnelle cessa d'avoir de l'effet sur les marchés : elle était inutile.

La raison en était simple : la diminution du taux des fonds fédéraux (ou de son équivalent dans d'autres pays) ne se diffusa pas au reste du système financier. Les banques avaient de l'argent, mais elles ne voulaient pas le prêter :

l'incertitude qui était née de la crise et la crainte que beaucoup de leurs prêts et investissements existants tournent mal nourrissent leur aversion pour le risque. Cet échec de la politique monétaire conventionnelle illustre joliment un vieil adage : on ne fait pas boire un âne qui n'a pas soif. La Réserve fédérale avait beau mettre de la liquidité à la disposition des banques, elle n'arrivait pas à faire en sorte qu'elles consentent des prêts. Elles se contentaient de déverser leurs réserves excédentaires dans ce qui se rapproche le plus de la liquidité : la dette publique sans risque.

Nous pouvons distinguer cette trappe à liquidité dans l'écart ou *spread* entre les taux d'intérêt versés sur des investissements sans risque, ou du moins solides, et les taux d'intérêt versés sur des investissements plus risqués. Il existe de nombreuses manières de mesurer ce *spread*. Par exemple, le *TED spread* désigne la différence entre le taux d'intérêt sur un emprunt d'État à court terme émis par le Trésor des États-Unis et le LIBOR à trois mois (voir chapitre 1), le taux d'intérêt que les banques exigent pour les prêts à trois mois qu'elles s'accordent mutuellement. En temps normal, le *TED spread* tourne autour de 30 points de base, ce qui reflète le fait que le marché considère les prêts interbancaires comme à peine plus risqués que les prêts au gouvernement.

À l'apogée de la crise, le *TED spread* grimpa à 465 points de base parce que les banques ne se faisaient plus suffisamment confiance pour se prêter de l'argent à un horizon de trois mois, sauf à des taux d'intérêt exorbitants. Au même moment, les investisseurs qui avaient développé une aversion pour le risque fuirent vers le plus sûr de tous les actifs : la dette du gouvernement des États-Unis. Ces forces concoururent à faire monter le coût de l'emprunt pour les banques et à faire baisser le coût de l'emprunt pour le gouvernement américain. L'élargissement du *spread* traduisait cette dynamique ; plus il était élevé, plus la tension croissait sur les marchés. Alors que la Réserve fédérale était disposée à prêter de l'argent à de faibles taux d'intérêt, les taux auxquels les banques prêtaient les unes aux autres – le LIBOR – restaient très élevés. Pis encore : parce que les taux d'un grand nombre d'autres prêts à court terme et de prêts hypothécaires à taux variables étaient partiellement liés au LIBOR, le coût de l'emprunt resta très élevé pour les entreprises privées et les ménages.

Les indicateurs comme le *TED spread* ressemblent un peu aux tables de lecture de la tension artérielle : ils traduisent l'état de santé du système circulatoire de l'économie. Ils montrent avec quelle facilité la monnaie se diffuse dans l'économie – ou, pour le dire autrement, ils indiquent le degré de liquidité des marchés à un moment donné. Quand les conditions sont normales, les marchés sont relativement liquides et la confiance règne : les gens se prêtent de l'argent sans difficulté et les coûts de l'emprunt restent à des niveaux normaux. En temps de crise, quand le patient (le système financier) est très malade, le sang (l'argent) ne circule pas dans le système en dépit des mesures habituelles destinées à le garder en bonne santé – c'est-à-dire les opérations d'*open market* destinées à pousser les taux d'intérêt vers le bas. La déflation devient une réelle possibilité.

Comment traite-t-on ce type de problème ? En 2002, quand Bernanke évoqua les dangers de la déflation, il fit allusion à un certain nombre d'interventions. Comme il le reconnut alors, ces mesures expérimentales présentaient des risques significatifs étant donné « notre relatif manque d'expérience en ce qui concerne de telles politiques ». Les Japonais avaient expérimenté quelques-unes de ces politiques dans les années 1990, mais elles demeuraient très controversées.

Quand la crise se déclencha, Bernanke mit en œuvre une série de mesures destinées à réduire les écarts entre les taux à court terme – et, par conséquent, les taux à long terme – déterminés par le marché et les taux à court terme fixés par les responsables publics. Afin de réaliser ce tour de force, la Réserve fédérale créa de nouvelles facilités de trésorerie qui mirent des prêts bon marché à la disposition de quiconque en avait besoin. Le gouvernement fit directement appel aux marchés en allant bien au-delà des mécanismes traditionnels d'injection de liquidité (réduire le taux des fonds fédéraux au jour le jour) et accorda directement des prêts à des établissements financiers menacés. Il devint le prêteur en dernier ressort par excellence, accordant des prêts et mettant des liquidités à la disposition d'un pan toujours plus vaste du système financier.

À l'origine, la Réserve fédérale destinait ces manœuvres à des établissements – des banques de dépôt ou d'autres banques – qui avaient déjà le droit d'emprunter au jour le jour auprès de la Réserve fédérale à travers la « fenêtre de l'escompte » (cette expression fait référence à une époque ancienne durant laquelle les banques à court de liquidités allaient frapper à la fenêtre d'un guichet de la Réserve fédérale). Peu de banques exerçaient ce droit, tout simplement parce qu'en temps normal, la Réserve fédérale imposait un taux punitif à ceux qui utilisaient cette fenêtre. Elle avait été conçue pour fournir de petits prêts d'urgence, non pour affronter une crise. Lorsque les conditions se détériorèrent, la Réserve fédérale allégea les pénalités d'emprunt et autorisa les banques à obtenir des prêts pour des périodes plus longues. Dès mars 2008, les banques pouvaient obtenir des prêts allant jusqu'à quatre-vingt-dix jours grâce à la fenêtre de l'escompte, avec des pénalités très réduites.

Quant la crise empira, la Réserve fédérale introduisit de nouvelles facilités de trésorerie. Le *Term Auction Facility (TAF)* visait les banques de dépôt en leur donnant de nouveaux moyens de se procurer facilement des liquidités pour des périodes plus longues que le jour le jour. Mais cela ne permit pas d'enrayer la crise de liquidité ni l'horrible cycle des ventes à pertes, des liquidations forcées et des réductions d'actifs que Fisher avait annoncées. La Réserve fédérale devait adopter d'autres instruments destinés à des pans du système financier qui n'avait pas accès à ses ressources.

La Réserve fédérale créa donc la *Primary Dealer Credit Facility (PDCF)*, qui accordait des prêts au jour le jour aux *primary dealers*, les banques et les *broker dealers* avec lesquels la Réserve fédérale négocie lorsqu'elle réalise des opérations d'*open market*. Une autre facilité, la *Term Securities Lending Facility (TSLF)*, accordait des prêts à moyen terme aux mêmes bénéficiaires en échange des titres faiblement liquides que détenaient ces établissements. Pour la première fois depuis la Grande Dépression, la Réserve fédérale utilisa donc ses pouvoirs d'urgence pour prêter à des établissements financiers non autorisés à recevoir des dépôts. À partir de là, les facilités se multiplièrent, avec des acronymes capables de rivaliser avec tout ce qui avait été imaginé pendant le New Deal : la *Commercial Paper Funding Facility (CPFF)*, la *Money Market Investor Funding Facility (MMIFF)* et la plus imprononçable de toutes, l'*Asset-Backed Commercial Paper Money Market Mutual Fund Liquidity Fund (ABCPMMM-FLF)* plus connu sous l'abréviation *AMLF*.

Ces multiples facilités de prêts fonctionnaient de manières diverses et avaient différents objectifs ou cibles. Elles autorisaient parfois les établissements financiers à emprunter directement auprès de la Réserve fédérale. Dans d'autres cas, elles permettaient à des établissements financiers d'échanger des actifs illiquides – *asset-backed securities* de bonne qualité, obligations émises par des entreprises, papier commercial – contre de la dette d'État liquide et sûre. Dans d'autres cas encore, les facilités finançaient directement ou indirectement l'achat de dette illiquide à court terme. Quel que soit le mécanisme, l'objectif était le même : injecter de la liquidité dans des marchés spécifiques qui montraient des signes de trouble et de tension. Cette intervention inédite fut moins générale qu'elle ne le semblait. La Réserve fédérale n'acceptait pas d'obligations pourries ou d'autres formes de dette de mauvaise qualité : elle acceptait uniquement ce qui était, en théorie du moins, de la dette de bonne qualité.

Ces efforts finirent par porter quelques fruits : à la fin de l'année 2008, après la chute de Lehman, la Réserve fédérale et d'autres banques centrales inondèrent les marchés financiers de centaines de milliards de dollars de liquidités, et les écarts entre les taux du marché à court terme et les taux des titres de dette d'État commencèrent à se réduire. Bien que ces mesures aient été embarrassantes et radicales, elles permirent d'injecter avec succès une dose de liquidité dans les marchés du crédit à court terme. Ce fut néanmoins une victoire à la Pyrrhus. La Réserve fédérale et les autres banques centrales qui mirent en place des programmes similaires étaient devenues des prêteurs en premier, dernier, et unique ressort. Dans ce processus, elles traversèrent de nombreuses fois le Rubicon.

En temps normal, le prêteur en dernier ressort vient en aide à des banques individuelles qui ont des problèmes de liquidité. Mais lors de cette crise particulière, les banques centrales finirent par accorder leur soutien à pratiquement toutes les banques. Et elles ne le firent pas uniquement sous forme de prêts au jour le jour, comme c'est généralement le cas : cette fois-ci, la crise de liquidité était si grave que la Réserve fédérale prêta de l'argent pour des semaines ou même des mois. Elle prêta par ailleurs à des établissements qui n'avaient jamais bénéficié d'une telle aide : les *primary dealers*, dont faisaient partie de nombreuses firmes qui n'étaient en aucune façon des banques, et les fonds du marché monétaire. La Réserve fédérale prêta même de l'argent à des entreprises *via* la CPFF. Elle procura également des liquidités – des lignes spéciales de crédit à faible coût – à une foule d'établissements considérés comme trop importants pour qu'on les laisse faire faillite : AIG, Fannie Mae et Freddie Mac, et Citigroup. Les banquiers centraux européens adoptèrent des mesures similaires.

Ces interventions n'avaient guère de précédents dans l'histoire des banques centrales. Elles constituaient une extension massive du soutien apporté par le gouvernement au système financier. Mais ce n'était que le début.

La position de prêteur en dernier ressort

Quand une crise traditionnelle prend de la vigueur, on assiste à des ruées sur les banques et les autres établissements financiers du pays. Les déposants mexicains demandent à récupérer leurs pesos ; les investisseurs japonais veulent récupérer les yen qu'ils ont prêtés. Ce n'est pas une scène agréable, mais les banquiers centraux de chacune de ces nations peuvent sauver la mise parce qu'ils ont la possibilité d'imprimer de la monnaie pour faire face à la demande. On réclame de la monnaie nationale, et les banquiers centraux peuvent en fournir pour mettre un terme à la panique.

Mais quand les engagements des établissements financiers, des entreprises, des ménages, et même du gouvernement sont libellés dans une monnaie étrangère, la situation peut se détériorer. Les économies émergentes ont trouvé une grande partie de leur financement auprès des banques et d'autres établissements financiers de pays tiers. La monnaie étrangère en question est le plus souvent le dollar, mais ce peut aussi être l'euro ou un certain nombre d'autres monnaies.

Si, pour une raison ou une autre, les créanciers d'une économie émergente décident de ne pas refinancer sa dette lorsqu'elle devient exigible, elle doit être remboursée par quelqu'un qui détient des dollars. Cela met les débiteurs dans une situation délicate : ils n'ont pas les dollars nécessaires. Ils peuvent s'adresser à la banque centrale, mais il n'est guère probable qu'elle possède d'importantes réserves de monnaies étrangères : elle ne sera donc d'aucune aide. Elle ne peut pas non plus imprimer des dollars : ce serait de la contrefaçon. Les débiteurs sont donc extrêmement vulnérables. Leur situation fut au cœur d'un certain nombre de crises récentes sur les marchés émergents : le Mexique en 1994, l'Asie de l'Est en 1997 et en 1998, la Russie et le Brésil en 1998, la Turquie et l'Argentine en 2001.

Arrive le Fonds monétaire international. Le FMI est né à la fin de la Seconde Guerre mondiale ; l'une de ses principales responsabilités a consisté à jouer le rôle de prêteur en dernier ressort pour les gouvernements et les banques centrales qui se trouvaient dans une position que connurent tant de pays dans les années 1990. Le FMI fut très occupé durant cette décennie, mais le médecin urgentiste du monde eut peu de choses à faire dans les années 2000 – du moins jusqu'au déclenchement de la crise. Il renoua alors avec son vieux rôle et joua les prêteurs en dernier ressort pour une foule de pays émergents.

Son soutien prit deux formes. Il étendit sa forme d'aide la plus traditionnelle, les accords de confirmation (*stand-by arrangement*), à quatorze pays parmi lesquels la Hongrie, l'Ukraine et le Pakistan. Comme dans le cas de l'aide apportée aux pays émergents dans les années 1990, le FMI n'accorda ces prêts libellés en monnaie étrangère qu'en contrepartie de l'adoption de réformes économiques supposées donner aux pays bénéficiaires une assise plus solide. D'autres pays plus stables avec un meilleur historique de réformes financières – le Mexique, la Pologne et la Colombie – eurent accès à des lignes de crédit non conditionnelles connues sous le nom de lignes de crédit modulables (*flexible credit lines*). Contrairement aux accords de confirmation, les lignes de crédit modulables étaient préventives ou prophylactiques : le FMI s'engageait à apporter son aide mais **ne** débloquait pas immédiatement des fonds.

L'importance de ces prêts fut remarquable. À l'été 2009, le FMI avait accordé plus de 50 milliards de dollars sous forme d'accords de confirmation et 78 milliards de dollars de lignes de crédit modulables. Ces lignes de survie faisaient de l'ombre aux plans de sauvetage mis en œuvre une décennie plus tôt. En 1997 par exemple, la Corée du Sud reçut un prêt inférieur à 10 milliards de dollars pour l'aider à surmonter la crise qui submergeait alors l'Asie. Par comparaison, l'Ukraine, un pays dont l'économie est de taille beaucoup plus réduite que celle de la Corée du Sud, bénéficia de 16,4 milliards de dollars en 2008.

Le FMI n'était pas le seul prêteur en dernier ressort. Parallèlement à ses multiples interventions domestiques, la Réserve fédérale joua un important rôle international en accordant des lignes de *swap* (*swap lines*). Dans le cadre d'un accord de *swap*, la Réserve fédérale échange des dollars contre la monnaie d'une autre banque centrale. Cela autorise donc les banques centrales à prêter des dollars à ceux qui en ont besoin dans les pays concernés. En avril 2009 par exemple, le Mexique activa une ligne de *swap* de 30 milliards de dollars auprès de la Réserve fédérale. Cet apport de monnaie accrut la liquidité du marché du dollar et aida ceux qui devaient des dollars à rembourser leur dette ou à la refinancer.

Ces interventions étaient à elles seules remarquables. Mais l'une des particularités de la crise récente est que les économies avancées les plus stables ont affronté des crises de liquidité comparables à celles des pays émergents. De nombreux établissements financiers européens avaient emprunté d'énormes quantités de dollars sous forme de prêts à court terme afin de se livrer à diverses spéculations. Quand le marché interbancaire se figea, ils furent incapables de refinancer leurs dettes libellées en dollars. Tout le monde avait besoin de dollars, et par conséquent, la valeur du dollar atteignit des sommets. C'était terriblement ironique : le pays situé à l'épicentre de la crise financière voyait sa devise s'apprécier fortement en 2008.

La solution de Bernanke consistait en un nouveau tour de passe-passe du prêteur en dernier ressort. La Réserve fédérale ne peut prêter directement à des établissements financiers situés en dehors des États-Unis, mais elle peut prêter des dollars à des banques centrales étrangères qui peuvent à leur tour les prêter aux établissements financiers qui en ont désespérément besoin. La Réserve fédérale reçoit en échange une somme équivalente libellée dans la monnaie de la banque centrale concernée. De cette manière, d'importantes quantités de dollars sont allées de la Réserve fédérale vers la

Banque centrale européenne, la Banque nationale suisse et la Banque d'Angleterre ainsi que vers les banques centrales de Suède, du Danemark et de Norvège. En contrepartie, la Réserve fédérale prit sous sa garde des montants équivalents d'euros, de livres, de francs et d'autres monnaies. À la fin de l'année 2008, ces lignes de *swap* représentaient un total d'un demi-billion de dollars ; elles ne commencèrent à diminuer qu'au printemps de l'année 2009.

La crise s'apaisa grâce aux efforts extraordinaires engagés pour ramener de la liquidité et de la stabilité sur les marchés. Mais comme les responsables publics le découvrirent, mettre un terme à la crise la plus rapide et la plus spectaculaire qu'ait connue le prêt à court terme était une chose ; obtenir des banques qu'elles enrayent la marche vers la déflation et la récession en était une autre.

L'option nucléaire

L'une des armes les plus remarquables que la Réserve fédérale et d'autres banques centrales ont utilisées pour lutter contre la crise est l'« assouplissement quantitatif », que Ben Bernanke préfère appeler « assouplissement du crédit » ; l'économiste Paul Krugman soutient qu'il faut parler d'« assouplissement qualitatif ». Une version modeste de cette stratégie avait été testée au Japon dans les années 1990. Le principe consiste à faire intervenir les banques centrales sur les marchés de la dette à long terme comme elles le font sur les marchés de la dette à court terme.

Pourquoi emprunter le chemin de l'assouplissement du crédit ? Les mesures adoptées jusque-là n'avaient pas produit de résultats magiques. Grâce à la baisse du taux des fonds fédéraux au jour le jour, les banques avaient accès à une profusion de liquidités ; et grâce à une foule de facilités de trésorerie, les établissements financiers de tout poil disposaient également des liquidités dont ils avaient besoin, ce qui finit par pousser vers le bas le coût de l'emprunt à court terme tel que le mesure le LIBOR. Mais en dépit de toutes ces largesses, les banques continuaient de refuser à accorder des prêts à plus long terme aux nombreuses entreprises qui avaient besoin de crédit pour rester en vie. Les banques recevaient des prêts à taux zéro de la Réserve fédérale, mais les taux du marché destinés à l'ensemble des autres agents économiques restaient élevés. Les établissements financiers continuaient de thésauriser des liquidités dans l'attente de pertes futures, ou bien elles les versaient dans les investissements les plus sûrs : de la dette d'État ou de la dette émise par une agence publique, comme les obligations de Fannie Mae et Freddie Mac.

La propension des banques à placer de l'argent dans de la dette d'État ou de la dette émise par une agence publique – en particulier de la dette à long terme – était compréhensible. En empruntant de l'argent auprès de la Réserve fédérale à un taux proche de zéro et en le versant dans des bons du Trésor à dix ans ou trente ans rapportant 3 ou 4 %, elles pouvaient dégager un profit sûr et éviter tous les emprunteurs risqués qui réclamaient des prêts. Bien que cette stratégie n'ait en rien permis d'atténuer le resserrement du crédit, elle était éminemment raisonnable du point de vue des établissements concernés.

Grâce aux politiques d'assouplissement quantitatif, la Réserve fédérale s'attaqua à ce problème sous plusieurs angles. Elle entra dans le système financier et commença à acheter de la dette publique à long terme : des bons du Trésor à dix ans et trente ans. Cela injecta immédiatement des quantités massives de liquidités sur le marché parce que la Réserve fédérale payait ces bons en créant de la monnaie. Comme elle acquit des centaines de milliards de dollars de bons du Trésor, les liquidités affluèrent dans les coffres des banques qui les vendaient. Munies de davantage de liquidités, les banques seraient peut-être tentées de les prêter.

Les actions de la Réserve fédérale avaient été conçues pour exercer un impact positif supplémentaire : réduire l'attractivité de ces obligations. Pourquoi ? Parce que le prix d'une obligation et son rendement varient en sens inverse. Si le prix augmente, le rendement diminue. Quand le gouvernement créa une demande pour les obligations en les achetant en masse, leur prix monta et leur rendement descendit. Elles devinrent donc moins attractives pour les banques qui cherchaient à parquer de l'argent. En théorie, les banques chercheraient de nouveaux endroits où placer leur argent et examineraient donc la possibilité de consentir des prêts à ceux qui en avaient désespérément besoin.

Annoncée en mars 2009, cette politique alla de pair avec des acquisitions massives d'autres types d'actifs. Le jour même où la Réserve fédérale annonça qu'elle achèterait plus de 300 milliards de dollars de bons du Trésor à long terme, elle annonça aussi qu'elle ferait l'acquisition d'un billion de dollars de *mortgage-backed securities* et de 55 milliards de dollars de dette émise par des agences publiques. Comme ce fut le cas lorsqu'elle avait projeté d'acheter des obligations d'État, la Réserve fédérale avait déjà fait des incursions sur ces marchés à l'automne précédent. L'ampleur de ces interventions – en particulier sur le marché des *mortgage-backed securities* – n'en fut pas moins étonnante. Il en alla de même de l'annonce que la Réserve fédérale consacrerait un billion de dollars au *Term Asset-Backed Securities Loan Facility (TALF)* de manière à soutenir avec des prêts de la Fed la titrisation privée d'encours de dette sur cartes de crédit et de crédits automobiles.

En élargissant le choix des actifs qu'elle détenait, la Réserve fédérale cherchait à soutenir les marchés de divers types de dette à long terme. Son intervention par la voie du programme TALF consistait en une tentative relativement modeste de relancer le marché de la titrisation. La Réserve fédérale avait de plus grandes ambitions lorsqu'elle entra sur le marché du logement. Ses achats de *mortgage-backed securities* permirent à Fannie Mae et Freddie Mac de garantir davantage de prêts hypothécaires ou de lots de prêts hypothécaires. Cette stratégie alla de pair avec la campagne de la

Réserve fédérale destinée à faire baisser le rendement des obligations du gouvernement à dix ans et trente ans. Parce que les taux d'intérêt à long terme tendent à évoluer de concert, cette intervention permettrait de faire baisser les taux des prêts hypothécaires et de faire redémarrer le marché du prêt hypothécaire. Elle contribuerait aussi à réduire le coût de l'emprunt pour les entreprises.

La Réserve fédérale n'était pas seule à mettre en œuvre des politiques d'assouplissement quantitatif. La Banque d'Angleterre était elle aussi prise dans une trappe à liquidité. Elle avait ramené ses taux directeurs à un niveau proche de zéro, leur point le plus bas depuis sa création en 1694, et elle avait créé des facilités de trésorerie comparables à celles qui avaient été inventées aux États-Unis. Mais ces mesures échouèrent à éloigner la perspective de la déflation par la dette. En mars 2009, la Banque d'Angleterre céda à la tentation de l'assouplissement quantitatif et s'engagea à acheter quelque 150 milliards de livres sterling de dette publique et d'obligations émises par des entreprises. La Banque centrale européenne lui emboîta le pas deux mois plus tard en annonçant qu'elle achèterait pour 60 milliards de dollars d'obligations collatéralisées (*covered bonds*), une forme de dette hypothécaire.

L'ensemble de ces interventions constitua un changement spectaculaire du rôle des banques centrales. Lors des crises précédentes, les banques centrales s'étaient contentées de jouer les prêteurs en dernier ressort. Cette fois-ci, les banques centrales du monde entier avaient adopté par étapes un rôle nouveau : celui d'investisseur en dernier ressort. Elles commencèrent par créer des facilités de trésorerie qui autorisèrent les établissements financiers à échanger des actifs toxiques contre de la dette publique parfaitement sûre ; elles créèrent ce faisant un marché artificiel pour des actifs dont personne ne voulait. Elles se mirent par ailleurs à accepter toute une série de collatéraux pour les prêts qu'elles consentaient : cela allait des obligations émises par des entreprises au papier commercial en passant par des prêts immobiliers commerciaux. Cela aussi contribua à soutenir la valeur d'un ensemble d'actifs.

L'adoption par la Réserve fédérale et par d'autres banques centrales d'une politique d'assouplissement quantitatif marqua le point culminant de cette évolution : l'achat au comptant de dette à long terme sur l'*open market*. Les bilans des banques centrales subirent par conséquent une profonde transformation. En 2007 par exemple, la Réserve fédérale détenait approximativement 900 milliards de dollars d'actifs, essentiellement de la dette du gouvernement américain. À l'été 2009, le bilan de la Réserve fédérale avait gonflé jusqu'à atteindre 2,3 ou 2,4 billions de dollars ; ce gonflement était très largement dû à l'accumulation d'actifs pendant la crise. Certains de ces actifs étaient assez sûrs : c'était le cas de la dette de Fannie Mae et de Freddie Mac. D'autres étaient moins sûrs, notamment ceux qui dérivaient de prêts immobiliers, de dette accumulée sur des cartes de crédit et de prêts automobiles.

Les actifs qui posaient les problèmes les plus délicats étaient les *collateralized debt obligations* ainsi que les autres actifs potentiellement toxiques acquis durant le sauvetage de Bear Stearns et d'AIG. Selon des déclarations du personnel de la Réserve fédérale datant de février 2009, ces actifs étaient au nombre des « éléments les plus ésotériques du bilan de la Réserve fédérale ». C'était une litote. Contrairement à la plupart des actifs qu'elle détient au moment où nous écrivons, la Réserve fédérale « possédait » ces actifs à travers trois sociétés à responsabilité limitée : Maiden Lane I, II et III. Toutes trois sont gérées par BlackRock Financial Management. Cet arrangement très inhabituel a provoqué le scepticisme et a fait l'objet de critiques considérables. Il ne connaît pas de précédent dans l'histoire de la Réserve fédérale.

L'ensemble de ces actions constitue une intervention massive et inédite dans le système financier au moyen de politiques monétaires conventionnelles et non conventionnelles. Tout au long de la crise, Bernanke (et, dans une moindre mesure, d'autres banquiers centraux) chercha à contrarier les effets de la crise financière avec trois types d'instruments. Le plus traditionnel était l'apport de liquidités (le soutien d'un prêteur en dernier ressort) à une foule d'établissements financiers incluant des banques, des *broker dealers* et même des banques centrales étrangères. La création de facilités spéciales qui achetaient ou finançaient l'achat de certaines catégories de dette à court terme (du papier commercial par exemple) était moins conventionnelle. La Réserve fédérale commença ensuite à jouer le rôle d'investisseur en dernier ressort, ce qui donna naissance au programme le plus radical : son engagement à intervenir sur les marchés de la dette à long terme (diverses valeurs adossées à des actifs ainsi que des titres de dette publique à long terme).

Bien que l'observation de ces mesures provoque quelque étonnement, elles n'étaient pas aussi insensées que certaines des autres mesures envisagées pendant la crise. La Réserve fédérale aurait par exemple pu intervenir directement sur les marchés boursiers en achetant les actifs dont personne ne voulait. Cette tactique avait été utilisée pendant la crise financière asiatique de 1998, lorsque les autorités monétaires de Hong Kong firent l'acquisition de 5 % des actions échangées sur le marché domestique. Cette mesure fut alors violemment critiquée, mais elle permit de prévenir une crise de change en faisant échouer les tentatives de certains grands fonds spéculatifs de jouer un double jeu en vendant à découvert sur le marché des changes comme sur le marché boursier. Cet investissement valut même un joli profit au gouvernement. La Banque du Japon mit en œuvre une politique similaire en 2002, mais son intervention se limita à soutenir les prix des actions de certaines banques, et donc ces banques elles-mêmes. Elle reproduisit ces mesures en 2009 pour atteindre un but semblable.

La Réserve fédérale n'emprunta pas ce chemin, et elle avait de bonnes raisons pour cela : elle aurait pu être accusée de manipuler les marchés de la plus grande économie du monde, ce qui aurait mis à mal une crédibilité déjà fragilisée. La même inquiétude explique pourquoi la Réserve fédérale mit certaines limites à ses autres interventions. Elle n'accepta que des actifs présentant un faible niveau de risque en guise de collatéral et refusa d'acheter du papier commercial de mauvaise qualité lorsqu'elle entra sur ce marché. Il y avait des limites à ce que la Réserve fédérale accepterait de faire pour enrayer la crise.

La Réserve fédérale n'utilisa pas non plus d'autres armes très controversées. Elle aurait pu mettre en œuvre un assouplissement quantitatif à bien plus grande échelle en manipulant les marchés des changes afin de pousser la valeur du dollar à la baisse, voire utiliser la stratégie proposée en manière de plaisanterie par Milton Friedman : imprimer des billets de banque et les lâcher d'un hélicoptère. Friedman ne recommanda jamais aux responsables publics de distribuer de l'argent comme s'il s'agissait de la manne céleste, mais il existait des mesures qui équivalaient à cela : accorder aux gens des réductions d'impôts financées par émission monétaire, par exemple. Bernanke avait repris cette idée en 2002 mais ne l'exploita pas durant la crise.

Bernanke comme d'autres banquiers centraux employèrent cependant quelques mesures très peu conventionnelles pour mettre fin à la crise. Mais administrer un remède radical par temps de crise peut se traduire par l'apparition de conséquences indésirables. Pour commencer, la Réserve fédérale avait clairement fait savoir aux marchés financiers qu'elle ferait à peu près tout et n'importe quoi pour empêcher la crise financière de devenir hors de contrôle. C'est merveilleusement rassurant, mais cela crée de l'aléa moral à grande échelle. La prochaine fois qu'une crise éclatera, on ne pourra pas reprocher aux banques et aux autres établissements financiers de croire que la Réserve fédérale les sauvera une fois de plus. Puisque des facilités de trésorerie ont été accordées et que de larges pans du système financier mondial ont bénéficié du soutien d'un prêteur en dernier ressort, ces établissements peuvent raisonnablement espérer que de telles mesures seront adoptées à la moindre difficulté.

Cela pose un problème. Comme Frank Borman, le responsable d'Eastern Airlines, l'avait dit au début des années 1980, « le capitalisme sans faillite, c'est comme le christianisme sans l'enfer ». Les interventions de la Réserve fédérale avaient malheureusement maintenu à flot ceux qui manquaient de liquidités comme ceux qui étaient insolvables : il y avait eu très peu de faillites parmi les banques et les établissements financiers les plus importants. Des institutions qui n'auraient pas pu être sauvées par un apport de liquidités ou grâce à l'indulgence du régulateur restèrent en activité. Telles les banques zombies qui étaient devenues un symbole de la Décennie Perdue japonaise, ces firmes auraient dû faire faillite – et le plus tôt aurait été le mieux.

L'ampleur du problème dépendra de la réponse apportée à une autre question : comment démanteler les différentes facilités spéciales que la Réserve fédérale avait créées au plus fort de la crise. Dès janvier 2009, Bernanke évoqua avec confiance la « stratégie de sortie » de la Réserve fédérale : il avait la conviction que la dépendance du système financier à l'égard de l'argent facile s'estomperait quand les conditions du crédit redeviendraient normales. Peut-être. Mais l'effort de sauvetage consenti par les banquiers centraux, dont Bernanke lui-même, s'était déroulé à une échelle inédite. Il était très difficile de savoir ce qui se passerait lorsque certains pans du système financier seraient privés de l'argent facile auquel ils avaient eu largement accès. Bernanke s'est efforcé de rassurer des législateurs anxieux en évoquant l'existence d'un plan, mais nous naviguons en eaux inconnues : ce degré d'intervention ne connaît pas de précédent.

L'un des aspects des politiques monétaires inventées par Bernanke a été moins remarqué : beaucoup d'entre elles ne sont pas réellement destinées à gérer l'offre de monnaie. La Réserve fédérale a pris pied dans le système financier et a subventionné ses opérations, ce qui signifie que les pertes qu'elle pourrait réaliser finiraient par retomber sur les contribuables. Formulé autrement, cela consiste à développer des politiques monétaires qui empiètent sur le domaine traditionnel de la politique budgétaire – le pouvoir de taxer et dépenser. Ces prérogatives sont celles du pouvoir législatif, mais les politiques mises en œuvre par Bernanke pour contrer la crise ont brouillé les lignes et ont transformé le pouvoir de la Réserve fédérale de prêter de l'argent en un moyen d'injecter des fonds dans le système financier. Elle a accordé de nombreuses subventions au système financier et a acheté des *asset-backed securities* potentiellement risqués. Même sa politique d'achat de dette d'État à long terme pourrait finir par coûter de l'argent : elle pourrait réaliser des pertes quand viendra le moment de la vendre.

Ces empiètements sur le terrain de la politique budgétaire étaient peut-être inévitables. Après tout, l'idée d'utiliser l'argent du contribuable pour sauver le système financier avait rencontré une forte opposition politique, qu'il s'agisse de la première tentative de financement du *Troubled Assets Relief Program* ou du plan de relance du printemps 2009. L'utilisation de l'arme budgétaire pour combattre la crise a été contestée dès le début.

C'est regrettable : la capacité du gouvernement à taxer et dépenser est l'un des instruments les plus puissants dont dispose l'économie de crise, même si ses résultats ne sont pas immédiats. Son utilisation présente cependant de nombreux risques, notamment – comme ce fut le cas lors de la crise récente – lorsque le législateur se sert de l'argent du contribuable pour financer des opérations de renflouement, des garanties et des engagements de *backstop* destinés tant aux banques qu'aux constructeurs automobiles et aux emprunteurs immobiliers dont les difficultés contribuèrent au déclenchement de la crise.

7. Dépenser plus, taxer moins ?

Quand le président Herbert Hoover prononça le discours sur l'état de l'Union de 1930, les États-Unis étaient entrés depuis un an dans ce qui deviendrait une énorme catastrophe économique. Mais ce jour-là, il déclara avec emphase que « la dépression économique ne peut être soignée par l'action législative ou les déclarations de l'exécutif » et que « les blessures économiques doivent être guéries par l'action des cellules du corps économique – les producteurs et les consommateurs eux-mêmes ». Hoover recommanda que « tous les individus gardent foi et courage » et que « chacun conserve son indépendance ».

C'est à cause de propos comme ceux-ci que Hoover devint le symbole de l'apathie et de l'inaction du gouvernement. La vérité est en fait beaucoup plus compliquée – et plus intéressante. Hoover remarqua dans le même discours que les dépenses publiques d'infrastructures avaient tendance à diminuer lors des retournements de conjoncture. Cette fois-ci, annonça-t-il fièrement, le gouvernement des États-Unis, les États et les gouvernements locaux avaient choisi de réaliser des dépenses d'infrastructures pour compenser l'effet de la dépression. Il se félicita qu'« afin de prendre sa part de la situation actuelle, le gouvernement fédéral [se soit] engagé dans le plus grand programme de voies navigables, de ports, de prévention des inondations, de constructions publiques, d'autoroutes et d'autres améliorations de toute notre histoire ». Sous ce président favorable à l'absence d'intervention publique, le gouvernement fédéral doubla les dépenses consacrées à des projets de cette nature.

Bien que Hoover ait soutenu de telles dépenses, il était convaincu qu'elles devaient avoir des limites. « Je ne saurais souligner trop fortement la nécessité absolue de reporter tout autre projet consistant en l'augmentation des dépenses du gouvernement », déclara-t-il. Seule une « stricte économie » permettrait de maintenir le budget fédéral à l'équilibre. Le message était clair : il n'y aurait pas de déficit sous son règne.

Ayons de la compassion pour Hoover : il a vécu à un tournant de l'histoire de l'économie de crise. Son discours montre un homme pris au piège entre deux paradigmes très différents de la gestion des crises. L'un, qui regardait vers le passé, recommandait la patience et des budgets à l'équilibre ; l'autre, qui représentait le futur, prescrivait des déficits publics et des travaux publics massifs. Hoover avait les yeux ouverts sur l'avenir, mais il était attaché au passé. Il voulait réconcilier des objectifs contradictoires : cultiver l'indépendance, apporter l'aide du gouvernement en temps de crise et maintenir la discipline budgétaire. C'était impossible.

Six ans après le discours prononcé par Hoover devant le Congrès, John Maynard Keynes formula ce qui deviendrait la nouvelle orthodoxie : lors des crises futures, le gouvernement utiliserait la politique budgétaire pour amortir le choc, pour accroître la demande de biens et de services, et pour ranimer les « esprits animaux » indispensables à la renaissance du capitalisme. En d'autres termes, le gouvernement dépenserait agressivement et, dans une moindre mesure, réduirait les impôts ; ces mesures produiraient des déficits publics. L'ancienne politique consistant à laisser l'économie guérir toute seule équivalait désormais à laisser le patient souffrir. Pendant les décennies suivantes, la politique budgétaire devint l'arme de choix lorsqu'il s'agissait de faire face au ralentissement économique, qu'il résulte ou non d'une crise.

Hoover s'exprimait à un moment critique de l'histoire de la politique budgétaire ; il se pourrait que nous en vivions un autre. La boîte à outils de Keynes s'est enrichie : elle ne contient plus seulement quelques instruments de confiance, mais un choix ahurissant de techniques que les gouvernements utilisent pour intervenir dans l'économie. Aux États-Unis comme dans beaucoup d'autres pays, les gouvernements nationaux dépensent de l'argent pour financer des travaux publics, mais aussi pour garantir des prêts bancaires, des dettes et des dépôts. Ils ont même utilisé l'argent du contribuable pour prendre des participations significatives dans des entreprises industrielles et bancaires géantes. Tandis que la politique monétaire empruntait des voies inattendues et complexes, la politique budgétaire devint un énorme – et onéreux – sac d'astuces.

Les artisans contemporains des politiques publiques se trouvent dans une situation aussi embarrassante que celle de Hoover. Ils voudraient accorder des réductions d'impôts et dépenser de l'argent afin de soutenir le marché du travail et d'accroître la demande comme la production, mais de nombreux gouvernements présentent déjà des déficits budgétaires massifs qui portent la dette publique à des niveaux insoutenables. Ils veulent forcer « les producteurs et les consommateurs » de Hoover à s'aider eux-mêmes, mais ils continuent de les renflouer à des coûts toujours plus élevés. Et alors qu'ils veulent lutter contre l'aléa moral, ils ne cessent d'inciter les ménages, les établissements financiers et les entreprises à se comporter d'une manière qui contribua au déclenchement de la crise.

Il y a en résumé tout un lot de contradictions au cœur de la politique budgétaire du XXIe siècle. Bien que notre situation ne soit peut-être pas aussi fâcheuse que celle de Hoover, la vieille façon de faire les choses n'est plus compatible avec les réalités qui apparaissent à l'horizon.

La politique budgétaire traditionnelle

John Maynard Keynes fut le premier économiste majeur à suggérer au gouvernement d'utiliser son pouvoir de taxer et de dépenser de façon à soulager les souffrances économiques. Son analyse était simple : lors d'un ralentissement de l'activité, la demande totale de biens et de services devient inférieure à l'offre, ce qui provoque du chômage et une diminution de la production. Keynes, qui écrivait à l'ombre de la Grande Dépression, considérait que ce cycle pouvait s'auto-alimenter si on ne l'enrayait pas. Si la crise devenait suffisamment grave, les « esprits animaux » de l'économie s'éteindraient ; des entrepreneurs et des consommateurs apeurés réduiraient leurs dépenses plus fortement que la baisse des revenus et les conditions économiques ne le justifiaient. Bien que les ouvriers désespérés soient de plus en plus nombreux et que les usines tournent à vide, un cercle vicieux de chute de la demande, de l'emploi, de la production et des prix entraînerait l'économie dans une spirale déflationniste et produirait un état permanent de stagnation.

Keynes croyait que l'économie ne sortirait pas toute seule d'un tel marasme. Elle ne pourrait se stabiliser puis retourner à la prospérité que si le gouvernement prenait le relais et compensait l'insuffisance de la demande. Il faudrait en passer par le déficit budgétaire, mais Keynes soutenait qu'il fallait dépenser de l'argent pour empêcher la situation d'empirer ; ramener le budget à l'équilibre pouvait attendre que la crise soit passée. Keynes croyait en fait qu'un retour prématuré à la discipline budgétaire étoufferait probablement le rétablissement économique dans l'œuf.

Bien que Keynes n'ait publié ses idées qu'en 1936, les politiques publiques mises en œuvre plus tôt dans la décennie anticipèrent sur ses recommandations. Des projets de travaux publics de tailles variées – des premières expériences de Hoover au New Deal de Roosevelt – permirent de remettre les gens au travail et de soutenir la demande de biens et de services. Aujourd'hui encore, le nombre de constructions entreprises reste impressionnant. La Public Works Administration, la Works Progress Administration et le Civilian Conservation Corps construisirent 38 400 kilomètres d'égouts, 480 aéroports, 78 000 ponts, 780 hôpitaux, 915 000 kilomètres d'autoroutes et plus de 15 000 écoles, tribunaux et autres édifices publics.

Même s'ils n'avaient rien de miraculeux, les résultats furent spectaculaires : entre 1933 et 1937, le chômage tomba de 25 % environ à moins de 15 %. En 1937, une tentative de ramener le budget à l'équilibre provoqua une récession longue d'un an, après quoi l'administration Roosevelt renoua avec sa stratégie initiale de financement du New Deal par le déficit budgétaire. Le déclenchement de la Seconde Guerre mondiale, qui exigea la mise en œuvre de dépenses publiques à une échelle plus importante encore, aida les États-Unis à échapper aux effets prolongés de la Grande Dépression et entraîna un rétablissement plus soutenu de la croissance.

Keynes devint l'économiste dominant de l'après-guerre, et ses prescriptions constituèrent la réponse classiquement apportée non seulement aux crises mais aussi aux ralentissements économiques de toutes sortes. Il connut la défaveur dans les années 1970. Mais au début des années 1980, après l'explosion de la bulle immobilière qui ébranla l'économie japonaise, le gouvernement japonais redécouvrit ses idées : lors de la décennie suivante, il mit en œuvre pas moins de dix plans de relance qui représentaient au total plus d'un billion de dollars. Cet effort porta le déficit budgétaire japonais à des niveaux record et laissa un héritage mêlé : de nombreuses améliorations bienvenues furent apportées aux infrastructures, mais il y eut aussi beaucoup de projets inutiles et injustifiés dans les zones rurales. Les économistes continuent de débattre *ad nauseam* de l'utilité des uns et des autres. Beaucoup croient que l'échec de cette politique n'est pas dû au principe qui l'animait mais au choix des projets concernés. D'autres soutiennent que le gouvernement dépensa trop peu d'argent ou se retira trop tôt.

Ce type de relance budgétaire n'est que l'une des approches dont disposent les pouvoirs publics. La politique budgétaire comprend non seulement les dépenses directes permettant de soutenir la demande, mais aussi les réductions d'impôt et les dégrèvements fiscaux qui sont supposés encourager les consommateurs à dépenser en leur donnant un revenu supplémentaire. En d'autres termes, ils stimulent les dépenses – c'est du moins ce que dit la théorie. Cette stratégie ne faisait pas partie du scénario dans les années 1930 : Hoover et Roosevelt augmentèrent les impôts, même si ce fardeau fut en grande partie supporté par la bourgeoisie et les classes moyennes. Mais après la guerre, les réductions et les crédits d'impôt devinrent partie intégrante de la politique budgétaire par temps de crise et de récession. Le Japon par exemple ajouta les réductions d'impôts à son arsenal de lutte contre la crise.

Une troisième variante de la politique budgétaire consiste à verser des revenus de transfert : le gouvernement donne de l'argent à des personnes dans le besoin (les pauvres, les chômeurs) ou à des États et des gouvernements locaux en manque de fonds. Les revenus de transfert sont un élément de la politique budgétaire depuis les années 1930 : de nombreux programmes du New Deal comportaient des aides destinées à de tels bénéficiaires. Ils font partie comme les réductions d'impôt de l'arsenal classique de gestion des crises économiques et des récessions. Les revenus de transfert peuvent prendre de nombreuses formes : les allocations chômage en sont une, de même que les coupons alimentaires et les fonds destinés à financer le reclassement des chômeurs.

Il a été largement fait appel à ces trois aspects des politiques budgétaires lors de la crise récente. En janvier 2008, les législateurs tirèrent les premiers en adoptant un plan de réductions d'impôt destinées aux individus et aux entreprises pour un montant de 152 milliards de dollars. L'*Economic Stimulus Act* de 2008 fut éclipsé par l'*American Recovery and*

Reinvestment Act de 2009. Son coût total – 787 milliards de dollars – permettait de couvrir tout le champ de la politique budgétaire : achats par les pouvoirs publics de biens et de services, dépenses liées aux infrastructures et aux projets énergétiques (pour un montant de 140 milliards de dollars), projets divers allant des pêcheries aux systèmes de prévention des inondations.

Ce programme consacra également des sommes importantes aux crédits d'impôt et aux revenus de transfert. Les crédits d'impôt eurent la part du lion : les individus reçurent 237 milliards de dollars à ce titre. Certains étaient destinés à de grandes parties de la population ; d'autres, comme le crédit d'impôt pour les accédants à la propriété immobilière et le crédit d'impôt accordé pour l'achat d'automobiles moins gourmandes en carburant, visaient des segments particuliers de la population. La loi accordait également des milliards aux chômeurs, aux personnes âgées et à d'autres populations fragiles. Des milliards de dollars étaient enfin destinés aux États et aux gouvernements locaux.

De nombreux pays de par le monde adoptèrent des plans de relance budgétaire comparables, même s'ils étaient moins ambitieux. Adopté à l'automne 2008, le plan européen de relance de l'économie affecta quelque 200 milliards d'euros à une série de projets ; les différents pays européens adoptèrent leurs propres plans. Le Japon avait initialement l'intention de mettre en œuvre une relance budgétaire massive, mais cela provoqua des problèmes politiques ; il opta finalement pour un mélange plus modeste de réductions d'impôts et de dépenses publiques. L'ambitieux plan de relance chinois représentait 586 milliards de dollars qui permirent essentiellement de financer des travaux publics : voies ferrées, routes, systèmes d'irrigation et aéroports. Une partie de ces fonds fut allouée à la région du Sichuan, qui avait été frappée par un tremblement de terre. Des pays aussi différents que la Corée du Sud et l'Australie adoptèrent également des mesures destinées à relancer l'économie.

Ces interventions budgétaires contribuèrent certainement à arrêter la glissade vers la dépression. Mais il faut rester prudent. La politique budgétaire n'est pas ce que les économistes appellent un « déjeuner gratuit » (*free lunch*) : si le gouvernement augmente les dépenses et diminue les impôts – et procède de la sorte lors d'une récession, alors que les recettes fiscales se réduisent –, le déficit budgétaire croîtra. Le gouvernement devra émettre plus de dette, qu'il finira par devoir rembourser. S'il ne rembourse pas sa dette et si le déficit budgétaire prend chaque année de l'ampleur, il faudra encourager les investisseurs à acquérir davantage de titres de dette en élevant les taux d'intérêt. Ces rendements plus élevés entreront alors en concurrence avec les taux d'intérêt offerts pour d'autres investissements – prêts hypothécaires, crédit à la consommation, obligations émises par des entreprises, prêts automobiles – et feront monter le coût de l'emprunt pour l'ensemble des agents économiques, ce qui réduira les investissements des entreprises financés par recours à l'endettement et les dépenses de consommation des ménages.

La hausse de la dette publique peut finir par lier les mains du gouvernement. Les taux d'intérêt peuvent atteindre des niveaux trop élevés lorsque la peur du défaut de paiement s'intensifie. Parvenu à ce point, le gouvernement n'a plus guère d'options. Si la dette publique est libellée en monnaie nationale, il peut choisir de « tricher » et d'imprimer de la monnaie pour couvrir le déficit : c'est ce qu'on appelle la « monétisation » du déficit. Ce mécanisme ressemble à l'assouplissement quantitatif, sauf que l'achat de dette n'a rien à voir avec la lutte contre la déflation : il s'agit de faire disparaître la dette. Comme la monnaie chasse les marchandises et fait monter leurs prix, l'inflation est inévitable. Elle se traduira par une nouvelle hausse des taux d'intérêt et par de nouveaux détournements d'épargne privée destinés au soutien du secteur public.

Les contribuables sont conscients de ces risques. Dans certains pays ayant mis en œuvre des plans de relance, les consommateurs savaient que le gouvernement finirait par augmenter les impôts quels que soient les bénéfices à court terme de ces mesures. Afin de se préparer à la hausse des prélèvements fiscaux, les consommateurs réduisirent leurs dépenses au moment même où le plan de relance entrait en vigueur. Ils anticipaient les coûts de long terme de la dépense à court terme et annulaient de la sorte une partie de ses effets positifs.

Les réductions d'impôt, l'autre outil principal de la politique budgétaire, peuvent aussi rencontrer des obstacles. Plutôt que de dépenser l'argent provenant des dégrèvements fiscaux ou de la diminution des taux des prélèvements, les ménages peuvent l'épargner ou l'utiliser pour rembourser leurs dettes. C'est ce qui se produisit en 2008 et 2009, quand le produit de réductions d'impôt engagées en deux temps ne fut pour l'essentiel pas dépensé : les consommateurs ne dépensèrent que 25 à 30 cents de chaque dollar reçu du gouvernement. Les ménages consacrèrent les sommes restantes à l'apurement de leur situation financière. Une telle prudence ne permit pas de soutenir la demande. Elle se traduisit par ailleurs par un déplacement de la dette d'une partie de l'économie à une autre : la dette privée se réduisit, mais la dette publique augmenta. Il s'agissait moins d'une relance que d'un tour de passe-passe.

Certaines mesures budgétaires peuvent stimuler la demande actuelle aux dépens de la demande future. Un grand nombre des réductions d'impôt et des subventions destinées à encourager certains types de dépenses – l'achat d'automobiles ou de logements, les dépenses d'investissement des entreprises – ne font rien d'autre que gonfler la demande au-delà de la normale avant de la faire diminuer quand les subventions viennent à leur terme. En d'autres termes, elles volent la demande future. Cela semble s'être produit lors de la mise en œuvre des programmes de soutien à l'achat d'automobiles adoptés dans de nombreux pays : les ventes de voitures grimpèrent vertigineusement avant de chuter durement, ce qui déprima la demande future.

Il n'existe pas de relance budgétaire sans défaut, du moins dans la plupart des démocraties. Contrairement à la politique monétaire, qui peut être mise en œuvre immédiatement par une banque centrale protégée des pressions des électeurs, les mesures de politique budgétaire mettent du temps à être adoptées et sont généralement encombrées de dispositions électoralistes, de ponts qui ne mènent nulle part et d'autres formes inefficaces d'allocation des ressources. Un plan de relance budgétaire parfait permettrait de tirer un profit maximal des sommes dépensées, d'améliorer la qualité des infrastructures nationales et de contribuer à la croissance économique future. Mais comme le montrent l'expérience japonaise et certains projets douteux financés par l'*American Recovery and Reinvestment Act*, c'est plus facile à dire qu'à faire. Il est sans doute instructif que la Chine – un État autoritaire – ait mis en œuvre un plan de relance particulièrement efficace lors de la crise récente. Assez largement indifférent aux querelles de clocher, son gouvernement a simplement accéléré la modernisation des infrastructures qu'il avait engagée. Mais même dans ce cas, une partie des dépenses réalisées peut se révéler inutile ou inefficace, voire encourager la formation de bulles futures.

Le gouvernement qui met en œuvre une politique budgétaire classique utilise son pouvoir de taxer et de dépenser pour faire sortir l'économie de la crise. Mais les réductions d'impôt et les travaux publics ne sont que le début : le gouvernement peut déployer ses pouvoirs budgétaires de bien d'autres manières, plus subtiles mais coûteuses.

Que les renflouements commencent

Le gouvernement peut dépenser de l'argent, mais il peut également *garantir* l'argent des autres. Parce que ces garanties finissent souvent par coûter de l'argent au contribuable, elles font partie de la politique budgétaire. La mise en œuvre d'un certain nombre d'entre elles permit d'apaiser la crise récente, même si elle a rouvert la question de l'aléa moral.

La plus typique des garanties accordées par le gouvernement est celle qui protège d'une ruée les sommes déposées dans les banques. Bien que cette idée remonte au XIXe siècle, les États-Unis n'eurent pas de garantie des dépôts au niveau national avant 1933. Ce n'était pas faute d'avoir essayé : entre 1866 et 1933, le Congrès examina quelque cent cinquante propositions de création d'une garantie des dépôts. Certaines d'entre elles exigeaient que les banques achètent des *surety bonds*, une sorte d'assurance au tiers ; d'autres prévoyaient que les dépôts soient directement assurés par les banques. D'autres encore reposaient sur la création d'un fonds commun d'assurance qui permettrait de rembourser les déposants lésés.

Durant la Grande Dépression, les États-Unis finirent par adopter une forme de garantie des dépôts qui associait le principe d'un fonds d'assurance à une garantie fédérale. Conçue et née lors des premières semaines du New Deal, l'institution connue sous le nom de *Federal Deposit Insurance Corporation (FDIC)* ne dépendait pas réellement de l'argent du contribuable : elle collectait des fonds auprès des banques commerciales qui étaient ses membres. Ces contributions étaient réunies dans un fonds qui remboursait les déposants dont les banques avaient fait défaut. Le gouvernement fournit le personnel et assura la gestion de la FDIC, qui était également chargée de surveiller la santé des banques membres, de liquider les établissements insolvables ou de préparer leur prise de contrôle par des banques plus solides. Une institution similaire, la *Federal Savings and Loan Insurance Corporation (FSLIC)*, fut créée en 1934 pour protéger les déposants des caisses d'épargne.

Ces deux institutions fonctionnèrent sans heurt jusqu'aux années 1980, quand la faillite de plus de mille caisses d'épargne submergea la FSLIC. Devenue insolvable, elle fut reprise par la FDIC et recapitalisée avec l'argent du contribuable à hauteur de 153 milliards de dollars. Comme l'illustre cet épisode, une crise systémique du système bancaire peut facilement jeter à terre des fonds destinés à prévenir des faillites ponctuelles. Le gouvernement fédéral aurait pu laisser les déposants perdre leur argent, mais il choisit d'intervenir parce que les fonds en question disposaient de sa garantie implicite et qu'une ruée bancaire aurait pu détruire des banques solvables comme des banques qui ne l'étaient pas.

Cet épisode ranima le spectre de l'aléa moral. En renflouant les banques, le gouvernement indiquait qu'il viendrait probablement à nouveau à leur secours en cas de besoin. Les directeurs d'agence n'avaient plus à redouter la colère des déposants, et les déposants n'avaient plus à craindre de perdre leur argent : aussi longtemps que la banque était assurée par la FDIC, leur argent était en sécurité. La FDIC annonça effectivement que les dépôts placés sous sa protection étaient « soutenus par la foi et le crédit du gouvernement des États-Unis ».

La question de cette garantie se posa une nouvelle fois en 2008-2009. Avant la crise, la FDIC assurait les dépôts à hauteur de 100 000 dollars. Des garanties similaires existaient dans d'autres pays, même si le « plafond » variait d'un endroit à l'autre. Ces programmes ne pouvaient malheureusement pas couvrir tous les dépôts : de nombreuses personnes avaient sur leurs comptes des montant supérieurs au maximum garanti. Rien qu'aux États-Unis, plus de 40 % des dépôts n'étaient pas assurés et restaient donc vulnérables, ce que soulignèrent les ruées bancaires sur Countrywide, IndyMac et Washington Mutual.

La menace de nouvelles ruées déclencha l'extension des garanties gouvernementales. En septembre 2008, l'Irlande porta le plafond de la garantie des dépôts à 100 000 euros avant de garantir l'intégralité des dépôts des six plus grandes banques nationales. Aux États-Unis, la FDIC éleva le plafond de la garantie des dépôts bancaires à 250 000 dollars peu de temps après que l'Irlande eut adopté une garantie générale. Deux jours plus tard, l'Allemagne décida de garantir l'ensemble des comptes bancaires détenus par des agents privés ; le lendemain, la Suède étendit sa garantie à tous les dépôts à hauteur de 500 000 couronnes, soit environ 75 000 dollars ; le jour suivant, la Grande-Bretagne porta son plafond à 50 000 livres. Une semaine plus tard, l'Italie annonça qu'aucune de ses banques ne serait autorisée à faire défaut et que les déposants ne subiraient pas de pertes. Le mois d'après, la Suisse éleva le plafond de sa propre garantie des dépôts. D'autres pays leur emboîtèrent le pas.

Cette dynamique était comparable à une course aux armements : en annonçant la mise en œuvre d'une garantie générale, l'Irlande contraignit les autres pays à faire de même ou du moins à élever le plafond de leur garantie. La raison en était simple : des déposants pouvaient facilement faire sortir leur argent des pays offrant des garanties limitées et le placer ailleurs. Par conséquent, les gouvernements ne pouvaient continuer de lutter contre l'aléa moral : on assistait à un nivellement par le bas.

D'autres types de dépôts furent placés sous la protection des programmes d'assurance gouvernementaux. Aux États-Unis, la *National Credit Union Administration (NCUA)*, une sorte de FDIC pour les coopératives d'épargne et de crédit, prit le contrôle de deux de ses membres qui étaient menacés – U.S. Central et WesCorp – avant de consacrer 58 milliards de dollars à la couverture des pertes de tous les dépôts de toutes les coopératives d'épargne et de crédit du pays.

La garantie des dépôts n'était qu'un début. De nombreuses banques aux États-Unis et en Europe avaient emprunté des sommes massives par le biais d'emprunts obligataires sans garantie. Il fut presque impossible de refinancer la partie de cette dette qui arriva à échéance à l'apogée de la crise financière, tout particulièrement après la chute de Lehman Brothers. Parce que l'incapacité à renouveler cette dette aurait détruit les banques aussi sûrement qu'une ruée sur leurs dépôts, l'Union européenne accorda sa garantie à leur dette obligataire en octobre 2008. Ce même mois, la FDIC garantit à hauteur de 1,5 billion de dollars le remboursement du principal et des intérêts de la dette émise par les banques et les *bank holding companies*.

Il y avait un prix à payer pour ces garanties. Au troisième trimestre 2009, les fonds placés sous la protection de la FDIC entrèrent dans des zones négatives. Les contribuables seraient presque inévitablement invités à financer leur renflouement, comme ils le furent lors de la crise des caisses d'épargne. Une foule d'autres mesures nées de la crise récente mirent également les contribuables à contribution.

Ces renflouements hors normes commencèrent avec Fannie Mae et Freddie Mac. Lorsque les deux géants du prêt hypothécaire furent placés sous l'autorité du gouvernement, le département du Trésor versa 400 milliards de dollars pour financer cette prise de contrôle, bien que des sommes plus importantes encore puissent devenir nécessaires. Le gouvernement fédéral fit clairement comprendre que la dette de ces deux entreprises était désormais garantie par « sa foi et son crédit ».

Il faudra des années pour connaître le coût budgétaire total du sauvetage de Fannie Mae et Freddie Mac. En les plaçant sous sa tutelle, le gouvernement s'est engagé à couvrir les quelque 5 billions de dollars d'engagements assurés par ces deux établissements ainsi que la dette qu'ils avaient émise pour un montant de 1,5 billion de dollars. Le gouvernement n'aura évidemment pas à verser la totalité de ces sommes. Mais si les prix des logements continuent à baisser et si les saisies se multiplient, il pourrait subir des pertes considérables.

On pourrait dire la même chose de ses efforts pour soutenir le marché du logement. Adopté en juillet 2008, le *Housing and Economic Recovery Act* débloquait quelque 320 milliards de dollars pour aider les propriétaires de logement à se refinancer au moyen de prêts hypothécaires garantis par la *Federal Housing Administration*. Bien que le programme initialement associé à ces allocations de fonds ait échoué, le président Barack Obama mobilisa une partie de ces fonds lorsqu'il annonça son propre plan de 75 milliards de dollars de prévention des saisies. La forme de ces programmes continue d'évoluer, mais une chose est sûre : ils coûteront des milliards de dollars aux contribuables.

La plus grande opération de sauvetage consista en un ensemble de renflouements et de garanties financés par le *Troubled Asset Relief Program (TARP)*. Le texte initialement adopté par le Congrès prévoyait de consacrer 700 milliards de dollars à l'achat d'actifs toxiques. Or cet argent fut utilisé pour soutenir une foule d'entreprises qui mendièrent de l'aide, notamment les constructeurs automobiles General Motors et Chrysler ainsi que leurs branches financières, GMAC et Chrysler Financial. Au total, le renflouement de l'industrie automobile coûta 80 milliards de dollars. Une partie de cet argent fut versée sous forme de prêts ; le reste fut utilisé par le gouvernement pour acquérir une participation majoritaire dans ces compagnies.

Les compagnies automobiles n'étaient malheureusement que le début. Une partie importante des fonds du TARP – quelque 340 milliards de dollars – fut répartie entre près de sept cents établissements financiers : des géants comme Citigroup, Bank of America et AIG, mais aussi une foule de banques plus petites. L'argent consacré à ces établissements menacés leur parvint pour l'essentiel sous forme de mystérieuses « injections de capital » au moyen desquelles le gouvernement achetait des actions préférentielles. Le gouvernement pouvait de la sorte acquérir une participation majoritaire et bénéficier du versement de dividendes. Ce qui peut apparaître comme une manière intelligente d'utiliser l'argent public a constitué un tournant radical et a entraîné la politique budgétaire dans des directions potentiellement dangereuses.

Une idée capitale ?

L'activité bancaire est entourée de mystère. Peu de gens comprennent vraiment comment fonctionnent les banques et les autres établissements financiers, essentiellement parce qu'ils ne comprennent pas comment fonctionne un bilan bancaire. Tandis que certaines tentatives de soutenir le système bancaire sont aisément compréhensibles – garantir les dépôts ou donner accès à un prêteur en dernier ressort –, d'autres mesures comme les injections de capital sont déconcertantes. Pour les comprendre, il est nécessaire de savoir comment une banque fonctionne.

Commençons par le bilan d'une banque hypothétique. Les engagements apparaissent à droite et les actifs à gauche. En quoi consistent les engagements d'une banque ? Pour le dire grossièrement, une banque accumule des engagements lorsqu'elle utilise de l'argent pour faire des affaires. Elle obtient cet argent de deux manières. La première consiste à émettre des actions que les investisseurs achètent, devenant ainsi les actionnaires de la banque. La banque ne « doit » pas cet argent aux actionnaires, mais elle leur doit une partie de ses profits. C'est la raison pour laquelle les actions sont considérées comme des engagements : les actionnaires détiennent une créance sur les capitaux propres de la banque.

La seconde manière dont les banques accumulent des engagements consiste à emprunter de l'argent auprès des individus, des banques et d'autres établissements financiers. Lorsque vous déposez de l'argent dans une banque, vous lui prêtez de l'argent. Votre dépôt est un engagement pour la banque : vous pouvez décider de réclamer votre argent et la banque doit vous le rendre. La même chose vaut pour les prêts consentis à la banque par d'autres banques : ce sont des engagements. La banque ne fait qu'emprunter cet argent. La banque a aussi d'autres moyens d'emprunter de l'argent, par exemple en émettant des obligations. Ces dernières constituent également des engagements, ou des prêts à la banque. La plupart de ces prêts ont un coût : la banque doit verser des intérêts sur les dépôts et sur les obligations.

Que fait la banque de tout l'argent qu'elle a levé auprès des actionnaires et emprunté aux prêteurs ? Il lui permet de créer ce qu'il y a de l'autre côté du bilan : les actifs. La banque peut par exemple prêter de l'argent à d'autres banques, à des entreprises, à des acquéreurs de logements. Ces prêts sont considérés comme des actifs parce que ce sont des investissements qui, à long terme, rapporteront un profit à la banque. Cela leur donne une valeur. Le même raisonnement vaut pour les autres actifs accumulés par la banque. Elle peut investir dans des obligations d'État ou dans d'autres titres : ils valent aussi quelque chose. C'est également le cas des actifs qui restent à la banque : les espèces conservées dans ses coffres, les immeubles qui abritent la banque, et tous les autres actifs tangibles. Mais ces divers éléments ne constituent qu'une petite partie des actifs de la banque. Ils ne lui rapportent par ailleurs pas beaucoup d'argent.

Voici, en bref, comment fonctionnent les banques. Elles se procurent de l'argent en émettant des actions et en empruntant de l'argent à une série de prêteurs. Après avoir accumulé des engagements, la banque prête cet argent et accumule des actifs. Elle peut réaliser un profit parce que le taux auquel elle emprunte est inférieur au taux qu'elle demande quand elle prête. Si tout cela paraît simple, c'est parce que ce n'est pas de la physique nucléaire, contrairement à ce que les banquiers veulent vous faire croire.

Nous arrivons à présent à l'essentiel. Combien vaut la banque ? C'est assez simple : la valeur de la banque est égale à la différence entre la valeur des actifs et la valeur de sa dette. Formulé différemment, c'est le montant duquel les actifs d'une banque excèdent sa dette. En jargon bancaire, cette différence est la « valeur nette » de la banque. On parle aussi de son « capital ». Ce capital appartient à quelqu'un : les propriétaires de la banque, ou actionnaires, qui ont des droits à faire valoir sur les actifs de la banque. Ce n'est que justice : la banque doit son existence aux actionnaires qui ont apporté de l'argent quand la banque a été créée ou quand elle a procédé à une augmentation de capital par émission d'actions. Ils reçoivent sous forme de dividendes une fraction des profits réalisés par la banque et bénéficient de l'augmentation du cours de ses actions.

Demandons-nous à présent comment les banques peuvent connaître des difficultés lors d'une crise financière. Nous nous sommes concentrés jusqu'à présent sur la manière dont les choses peuvent se dégrader du côté du bilan où sont inscrits les engagements de la banque quand celle-ci ne peut plus emprunter d'argent si ce n'est à des taux prohibitifs. Cela peut se produire si les déposants paniquent et retirent leur argent, ou si d'autres banques refusent de renouveler leurs prêts, ou si personne ne veut acheter les obligations de la banque. Lors de la crise récente, la Réserve fédérale trouva de nombreuses méthodes pour permettre aux banques d'emprunter tout en assurant les prêteurs qu'ils ne perdraient pas leur argent. Le gouvernement garantit la valeur de la plupart des engagements des banques : il répondit aux demandes de retrait des capitaux propres par des injections de capital ; plus largement, il garantit les dépôts ainsi que la dette non collatéralisée des banques.

Mais qu'en est-il de l'autre côté du bilan ? Qu'en est-il des actifs ? La Réserve fédérale peut faire tout ce qui est en son pouvoir pour améliorer la capacité d'emprunt des banques, mais si les actifs bancaires perdent de leur valeur de jour en jour, le capital de la banque ou sa valeur nette déclinera également. Quand les engagements d'une banque dépassent ses actifs, la valeur nette de la banque tend vers zéro. Elle est insolvable, ou en faillite.

Lorsque la récente crise financière empira, beaucoup des actifs détenus par les banques commencèrent à perdre de la valeur. Certains d'entre eux étaient des prêts qui avaient mal tourné ; d'autres consistaient en des titres dérivés de prêts hypothécaires ou d'autres prêts. Quand les propriétaires de logements firent défaut sur leurs prêts hypothécaires et que ces pertes se diffusèrent dans le système financier, la valeur de tous les actifs, des prêts accordés aux promoteurs immobiliers locaux aux *collateralized debt obligations*, commença à chuter. Et quand la valeur de ces actifs chuta, celle du capital restant diminua également.

Les banques américaines et européennes eurent donc besoin de lever plus de capitaux. Elles sollicitèrent d'abord les fonds souverains, qui achetèrent de nouvelles « actions privilégiées ». En dépit de leur nom, ces actions ne donnaient pas de droits de vote aux investisseurs : elles ne leur accordaient qu'une fraction des profits actuels et futurs des banques. L'argent afflua dans les coffres des banques et les ramena temporairement à la santé. Mais la valeur des actifs continua de baisser, ce qui contraignit les banques à faire appel à des fonds de *private equity* auxquels elles vendirent de nouvelles actions. Ce n'était pas encore assez. La valeur des actifs bancaires reprit sa chute à l'automne 2008, mais plus personne ne voulait apporter de capitaux aux banques.

Les responsables publics avaient un certain nombre d'options. Ils auraient pu laisser les banques et d'autres établissements financiers non bancaires faire faillite. Mais ils auraient été restructurés grâce à la procédure de placement sous administration judiciaire de la FDIC. Quand cela se produit, certains des créanciers de la banque qui ne bénéficient pas d'une garantie – les détenteurs d'obligations émises par la banque, par exemple – acceptent de convertir une partie de l'argent que la banque leur doit en actions, donc en participation au capital de la banque. Ces échanges de créances contre actifs (*debt-to-equity swaps*) ne sont pas exactement une bonne affaire pour ceux à qui la banque doit de l'argent, mais c'est mieux que rien : ceux qui ont prêté de l'argent à la banque participeront à son capital lorsqu'elle reprendra ses activités. Et elle sera en mesure de les reprendre parce que ses engagements diminuent en comparaison de ses actifs quand ses créanciers renoncent à une partie de leur dette. Voilà ! La banque dispose à présent de capitaux et peut recommencer à prêter.

Cette approche équivaut à laisser les marchés arranger les choses. Les mauvaises banques font faillite, sont restructurées, et renaissent. Le même résultat pourrait être obtenu si le gouvernement fédéral déclarait certaines banques insolvables, en prenait le contrôle, les plaçait sous la tutelle d'administrateurs publics qui vendraient les actifs de bonne qualité, se débarrasseraient des autres et relanceraient la banque. C'est l'option de la nationalisation, choisie par les Suédois lorsqu'ils eurent à affronter une crise bancaire au début des années 1990 et mise en œuvre par les États-Unis dans le cas de Continental Illinois, une grande banque qui fit faillite juste avant le début de la crise des caisses d'épargne.

Aucune de ces approches ne fut sérieusement prise en considération lors de la crise récente. Après la faillite de Lehman Brothers, l'idée de faire supporter des pertes aux détenteurs d'obligations perdit de son attrait. Le Trésor choisit d'utiliser une partie des 700 milliards de dollars du TARP pour prendre des participations dans les banques et procéder de la sorte à des injections de capital. Les principaux bénéficiaires incluaient des géants comme Bank of America, Citigroup, JPMorgan Chase, Goldman Sachs et AIG, qui reçurent des dizaines de milliards de dollars. Des centaines de banques plus petites demandèrent également l'aide du gouvernement. Dans ce processus, le gouvernement – et, par extension, les contribuables américains – devint propriétaire de vastes pans du système financier.

Cela revenait à nationaliser partiellement le système financier. Comme pour les autres plans de sauvetage, il est pratiquement impossible d'évaluer le coût de long terme de ces mesures. À l'heure où nous écrivons, la plupart des grandes banques ont déjà remboursé les fonds qu'elles ont obtenus au titre du TARP ; le gouvernement s'est quant à lui dégagé de ces établissements. Les autres – parmi lesquels une grande partie des banques régionales – restent dépendantes du TARP et pourraient ne jamais rembourser les fonds mis à leur disposition, ce qui infligerait des coûts élevés aux contribuables futurs.

Pour les banques qui ont déjà remboursé les sommes qui leur avaient été versées, le problème fondamental reste le même : les actifs toxiques continuent de perdre de la valeur, ce qui obère l'avenir des banques concernées. Le gouvernement pourrait continuer à monter en puissance dans le capital des banques ; mais en l'absence d'une profonde évolution de la structure de leurs actifs, cela équivaudrait à jeter de l'argent par les fenêtres.

Déchets toxiques

La question de savoir ce qu'il fallait faire avec les actifs dangereux des banques s'était posée dès le début de la crise. Aussi longtemps que les prêts continueraient à mal tourner et que les titres dérivés de ces prêts perdraient de leur valeur, les banques seraient incapables de prêter ou n'accepteraient pas de le faire. Plutôt que de laisser les banques se débattre avec ces actifs toxiques, les responsables publics lancèrent une série de propositions qui visaient toutes à extraire ces actifs et à s'en débarrasser de manière à permettre aux banques de reprendre leur activité.

La proposition la plus prometteuse consistait à soumettre les banques à une lourde intervention chirurgicale. Il s'agissait de prendre une banque en difficulté et de la diviser en deux : une « bonne » banque qui disposerait de tous les actifs de bonne qualité et une « mauvaise » banque à laquelle on confierait tout le reste. La bonne banque pourrait recommencer à consentir des prêts, à attirer de l'argent et des capitaux, et à faire des affaires. Les actionnaires de la banque et ses créanciers dépourvus de garanties subiraient des pertes proportionnées aux actifs confiés à la mauvaise banque. Celle-ci serait dirigée par des investisseurs privés désireux de tirer profit de la liquidation de ses actifs.

Une version de ce scénario fut réalisée en 1988, quand la vénérable Mellon Bank connut des difficultés après qu'un certain nombre de ses prêts immobiliers et industriels eurent mal tourné. Grâce au financement d'une banque d'affaires, Mellon procéda à l'extraction de ses actifs douteux et les déposa dans une entité appelée Grant Street National Bank. Les investisseurs privés attirés par le risque apportèrent des capitaux à ce nouvel établissement dont les employés travaillèrent à rassembler les mauvais prêts restants, à liquider les actifs et à maximiser le rendement de cet investissement. Débarrassée de ses mauvais actifs, la nouvelle Mellon se rétablit rapidement : elle attira des capitaux et se remit à accorder des prêts. Grant Street National Bank acheva sa tâche en 1995, puis ferma ses portes.

C'est certainement la meilleure manière de traiter le problème. Une autre option aurait consisté à faire acheter par le gouvernement les actifs toxiques des banques, comme le prévoyait la version originale du plan TARP. Le prix à payer aurait été fixé par une procédure d'« enchères inversées » dans laquelle les vendeurs « enchériraient » en faisant connaître le prix le plus faible qu'ils accepteraient pour qu'on les débarrasse d'un actif donné. Cela ressemble un peu à la manière dont les entrepreneurs répondent à un appel d'offres public : en théorie, la dynamique concurrentielle entre les soumissionnaires tire les prix vers le bas.

C'est une idée intéressante, mais on peut discuter du point de savoir si cette procédure permettrait d'évaluer les actifs correctement. Les banques qui prendraient part à l'enchère auraient toutes les raisons du monde de s'opposer à ce que les prix tombent trop bas. Elles pourraient même coopérer ou s'associer pour s'assurer que cela ne se produirait pas. Qui plus est, un grand nombre de ces actifs – en particulier les produits financiers structurés – sont relativement peu répandus et ne sont détenus que par une poignée de banques. Cela obère sérieusement la capacité d'un tel système d'enchères à évaluer les prix des actifs. Pour toutes ces raisons, le gouvernement finirait sans doute par surpayer ces actifs et par réaliser des pertes significatives sur son investissement. Cela ressemblerait au renflouement d'une banque, lors duquel les mauvaises décisions d'investissement sont subventionnées grâce à l'argent du contribuable.

Une autre option encore consisterait en la conclusion par le gouvernement d'une sorte d'accord d'assurance avec les banques malades. Admettons qu'une banque détienne des actifs toxiques qui valaient à l'origine quelque 50 milliards de dollars. La banque accepterait de payer une franchise – elle assumerait par exemple les trois premiers milliards de pertes – et le gouvernement couvrirait l'essentiel des pertes supplémentaires sur les 47 milliards restants. En échange de cette garantie, la banque verserait au gouvernement une prime d'assurance. Le gouvernement pourrait recevoir alternativement une participation au capital de la banque équivalant aux pertes supérieures aux trois premiers milliards de dollars.

Une version de cette approche a été mise en œuvre au Royaume-Uni ; quant au gouvernement des États-Unis, il a garanti plusieurs centaines de milliards de dollars d'actifs dépréciés détenus par Bank of America et Citigroup. Voici comment cela fonctionne. Dans le cas de Bank of America, le portefeuille d'actifs toxiques avait une valeur totale de 118 milliards de dollars, avec une « franchise » de 10 milliards. Après avoir subi ce premier choc, Bank of America semblait tirée d'affaire, bien qu'elle ait eu à payer une « co-assurance » couvrant 10 % de toutes les pertes additionnelles ; le gouvernement couvrirait les 90 % restants. Le gouvernement recevrait en échange un gros paquet d'actions, ce qui lui donnerait une participation significative dans la banque.

Bien qu'elle soit préférable à une enchère inversée, cette approche fait toujours courir le risque d'une prise en charge par le gouvernement des pertes des banques privées. Dans le cas de Bank of America, le gouvernement avait supposé qu'il n'aurait pas à « assurer » beaucoup de pertes au-delà de celles que Bank of America devrait assumer. Mais si le coût lié à l'assurance de ces pertes dépasse les gains réalisés par le gouvernement dans cette opération, le résultat final équivaudra à demander au gouvernement de surpayer des créances difficilement recouvrables : le gouvernement perdra de l'argent dans l'affaire et subventionnera les mauvaises décisions prises par des banquiers privés. Les contribuables paieront la note.

Le problème de la gestion des actifs de mauvaise qualité semble pour l'instant devoir être traité d'une autre manière. Le principe consiste à faire subventionner par le gouvernement les investisseurs privés qui acceptent d'acheter les actifs toxiques et en débarrassent les banques en difficulté ; il est à la base du *Public-Private Investment Program (PPIP)* qui entra en vigueur en 2009. C'est sans doute l'une des plus mauvaises idées parmi celles qui ont été évoquées. Ce programme d'un billion de dollars accorde des prêts à faible taux d'intérêt aux investisseurs privés qui veulent participer aux enchères lors desquelles les banques vendent leurs actifs toxiques. Le gouvernement a rendu l'affaire plus favorable encore en offrant d'injecter du capital dans les établissements qui prendront part à cette procédure.

Ces prêts gouvernementaux à faible taux d'intérêt sont malheureusement des prêts sans recours, ce qui signifie que, dans l'éventualité où les choses tourneraient mal, les investisseurs pourraient faire défaut sans subir de pénalités. Les investisseurs ont en pratique toutes les incitations à surenchérir : après tout, le gouvernement subventionne l'achat de ces actifs. C'est par ailleurs le gouvernement qui restera coincé avec ces actifs s'ils s'avèrent être de mauvais investissements. Si tout se passe bien, le secteur privé aura toute la gloire et tous les profits ; si les choses se passent mal, c'est le gouvernement – ou, plus précisément, le contribuable – qui devra supporter un coût budgétaire.

Le PPIP n'a pas attiré beaucoup d'investisseurs jusqu'à présent, en grande partie parce que le gouvernement a subventionné les banques d'une autre manière : en entérinant la suppression des réglementations qui les auraient forcées à valoriser leurs actifs toxiques à un niveau proche de leur valeur de marché. Grâce à cette intervention, les banques ont pu prétendre que leurs actifs de mauvaise qualité valaient bien davantage que ce que suggérait n'importe quelle évaluation raisonnable. Cela revient à mettre du rouge à lèvres à un cochon ; mais aussi longtemps que leurs actifs peuvent rester surévalués pour des motifs comptables, les banques n'ont guère d'intérêt à s'en débarrasser.

Aucune de ces approches n'est parfaite, mais certaines sont meilleures que d'autres – en particulier l'idée d'isoler les actifs toxiques dans une « mauvaise banque ». Cette approche minimise les coûts assumés par le gouvernement en plaçant le problème dans des mains privées. Elle permet également de réduire l'aléa moral et donne aux banques renaissantes des incitations à recommencer à prêter. Mais elle implique que les investisseurs subissent des pertes, et tout de suite plutôt que plus tard. Or les responsables publics et les politiciens se montrent réticents à traiter les problèmes tout de suite. C'est regrettable : remettre les choses à plus tard fait courir le risque de laisser les banques sombrer dans un coma financier et de devenir des zombis dépendant de crédits publics.

Cette dépendance a atteint des degrés surprenants. Pendant la crise, les gouvernements réalisèrent un sauvetage après l'autre. Ils injectèrent du capital dans les banques et dans d'autres établissements financiers et élargirent le champ de la garantie des dépôts. Ils assurèrent même les dettes des banques, ce qui empêcha les forces du marché de faire supporter les dégâts par les créanciers. Ces mesures allèrent de concert avec la proposition des banques centrales de racheter les actifs illiquides des banques ou de les échanger contre des obligations d'État totalement sûres. Aux États-Unis, le gouvernement alla jusqu'à garantir les actifs toxiques de certains établissements financiers et finit par mettre en œuvre des programmes de rachat de ces actifs. Tout cela représentait une intervention aussi surprenante qu'inédite dans le système financier. Mais en dépit de tous les obstacles que les responsables publics eurent à affronter, il pourrait se révéler plus simple de sauver le système financier que d'engager l'économie sur la voie de son rétablissement.

Les conséquences de la crise

Au début des années 1930, une crise financière donna naissance à un enchaînement ininterrompu de déflation et de dépression. Des milliers de banques succombèrent aux

États-Unis ; les trois quarts des ménages qui avaient un emprunt immobilier firent défaut ; le chômage monta en flèche. Le New Deal de Franklin Delano Roosevelt n'apporta que tardivement de l'aide, et l'économie stagna. Beaucoup d'autres pays suivirent une trajectoire similaire et furent à la peine durant le reste des années 1930, jusqu'à ce que la guerre facilite le rétablissement des uns tandis qu'elle détruisait les autres.

Cette fois-ci, au lieu de laisser les choses devenir hors de contrôle, le gouvernement des États-Unis entra en campagne contre la crise. Les directeurs de cette campagne s'étaient fait les dents sur la Grande Dépression, et les échecs de leurs prédécesseurs les aidèrent à concevoir une réponse agressive à la crise. Ils associèrent des idées venues du passé à des tactiques qui n'avaient jamais été mises en œuvre.

Ils commencèrent avec la politique monétaire et la politique budgétaire classiques dont ils utilisèrent les outils éprouvés, des réductions d'impôt aux diminutions des taux d'intérêt. Quand rien de tout cela ne fonctionna plus et que la déflation comme la dépression devinrent de réelles éventualités, la Réserve fédérale reprit son rôle historique de prêteur en dernier ressort et fournit des liquidités à tous les types d'établissements financiers ainsi qu'aux entreprises ordinaires qui avaient besoin de se refinancer. D'autres banques centrales leur emboîtèrent le pas et se livrèrent à une interprétation extensive, voire radicale, de leurs obligations statutaires.

L'échelle de cet effort de sauvetage ne connaissait pas de précédent. Il s'étendit hors des frontières nationales quand le FMI entra dans le jeu et que la Réserve fédérale commença à prêter à d'autres banques centrales, fournissant ainsi des dollars à des banques et des entreprises de par le monde. Ce fut le plus grand effort de sauvetage financier des temps modernes, si ce n'est de tous les temps.

Et ce n'était que le commencement. Le gouvernement devint actionnaire d'une foule d'entreprises : il acheta des actions et injecta des capitaux en échange d'une participation. Il étendit sa garantie aux dépôts, aux fonds du marché monétaire, et même aux porteurs d'obligations émises par les banques. Comme si cela ne suffisait pas, il couvrit les pertes éventuelles des investisseurs dans plusieurs cas importants avant de renflouer des banques, des propriétaires de logements et d'autres agents économiques. Il proposa même de subventionner l'achat d'actifs toxiques dans l'espoir de rétablir la confiance.

Mais cela ne suffisait pas. Prêter, garantir, absorber les pertes était une chose ; rendre confiance aux marchés en était une autre. La Réserve fédérale et d'autres banques centrales finirent par devenir des investisseurs en dernier ressort et entrèrent sur les marchés de la dette d'État pour injecter encore plus de liquidités dans le système par la voie de l'assouplissement quantitatif. Les interventions les plus radicales des banques centrales consistèrent à se substituer à la demande là où elle avait disparu : elles achetèrent ainsi des *mortgage-backed securities* et d'autres produits financiers structurés adossés à toutes sortes de prêts, des prêts automobiles aux prêts étudiants.

Les législateurs des États-Unis comme d'autres pays prirent également part à cet effort de sauvetage : ils mobilisèrent des fonds pour financer ces interventions, offrirent leur aide aux propriétaires immobiliers dans l'embarras, et approuvèrent les billions de dollars de déficit public indispensables à la mise en œuvre d'un plan de relance.

Toutes ces mesures de politique monétaire et de politique budgétaire furent mises en place en deux ans – inégalement, imparfaitement, et en provoquant beaucoup de controverses et de scepticisme. La réponse à la crise financière avait la grâce et la beauté d'une retraite sur le champ de bataille, mais elle finit par donner des résultats : le capitalisme ne s'effondra pas et le monde entier n'eut pas à connaître le destin de l'Islande. Les mesures adoptées par les banques centrales, les gouvernements et les législateurs mirent fin à la crise. Un semblant de calme revint sur les marchés financiers, et les économies de nombreux pays réalisèrent des performances meilleures qu'attendues alors que l'année 2009 approchait de son terme. On l'avait échappé belle.

Voilà pour les bonnes nouvelles. La mauvaise nouvelle, c'est que cette stabilité a été acquise à un prix très élevé. Les renflouements, garanties, plans de relance et autres coûts liés à la gestion de la crise vont faire doubler la part de la dette publique dans le produit intérieur brut des États-Unis parce que les déficits publics devraient représenter 9 billions de dollars lors de la décennie à venir. Les économistes d'obédience keynésienne ont tendance à minimiser ces risques en faisant remarquer que les États-Unis connurent d'énormes déficits pendant le New Deal puis la Seconde Guerre mondiale et les résorbèrent sans difficulté. La valeur totale de l'endettement public atteignit un plus haut historique en 1946 : elle s'éleva alors à 122 % du PIB. Par comparaison, les projections actuelles laissent penser que la dette publique atteindrait 90 % du PIB dans un futur proche, bien qu'elle puisse certainement augmenter encore.

Cette comparaison est réconfortante mais quelque peu trompeuse. En 1946, les États-Unis étaient à l'apogée de leur puissance. Sa base industrielle n'avait pas été endommagée par la guerre et faisait l'admiration du monde entier. Quant à ses concurrents futurs – le Japon et la Chine –, ils étaient en ruine. Les excédents de leur balance des paiements courants avaient fait des États-Unis le principal créancier et prêteur net du monde ; quant au dollar, il venait de devenir la monnaie de réserve mondiale. Il n'est donc pas très étonnant que les États-Unis aient pu rembourser leur dette facilement. Que la même chose puisse se produire aujourd'hui n'a rien d'évident. La base industrielle du pays est assez fragile. Les déficits de la balance des paiements courants des États-Unis – largement dus à des prêts consentis par la Chine, leur grand rival du XXIe siècle – ont fait de ce pays le principal débiteur et emprunteur net du monde. Les États-Unis d'aujourd'hui n'ont rien à voir avec le pays tel qu'il était en 1946, et il est naïf de croire que le déficit budgétaire leur permettra à lui seul d'échapper à l'ombre de la crise.

Le fardeau budgétaire laissé par la réponse apportée à la crise n'est que l'un de nos problèmes. À de nombreux moments critiques, les gouvernements privilégièrent la patience et les renflouements à une résolution plus agressive du problème. Les États-Unis ne nationalisèrent pas les banques en difficulté : ils leur apportèrent de l'argent facile, couvrirent leurs pertes et les maintinrent en vie. Beaucoup de ces banques étaient et restent insolvables, mais les tentatives de sauvetage ne distinguèrent pas les bonnes des mauvaises. La priorité consistait à stabiliser le système financier.

On peut dire la même chose du renflouement des propriétaires immobiliers, des constructeurs automobiles et des autres bénéficiaires des largesses du gouvernement. Jusqu'à présent, la crise n'a pas vraiment produit la destruction créatrice que Schumpeter jugeait essentielle à la santé de long terme du capitalisme. Empêcher la réalisation des ajustements nécessaires au moyen de réductions d'impôt, d'incitations fiscales et de programmes destinés à soutenir le marché immobilier ne fera que retarder l'heure du bilan. Nous ne pensons pas que le plus fort de la crise aurait été le meilleur moment pour tout bouleverser : cela n'aurait fait que nourrir la crise. Mais il faudra le faire. Des dettes devront être annulées, des banques devront sombrer, des constructeurs automobiles devront fermer des usines, et des propriétaires immobiliers devront quitter des logements qu'ils ne peuvent plus s'offrir.

D'une certaine manière, notre réponse à la crise récente n'a que partiellement différé de celle de Herbert Hoover. Nous avons réussi à empêcher la crise de devenir hors de contrôle grâce à une relance budgétaire agressive, mais nous essayons toujours de concilier l'inconciliable. Nous ne pouvons pas avoir le beurre et l'argent du beurre ; nous ne pouvons pas sauver tous ceux qui ont pris de mauvaises décisions avant la crise tout en rendant à notre économie son ancienne vitalité. C'est une vérité déplaisante, mais qui a été évitée dans la hâte à préserver tout le monde des effets de la crise.

L'absence de discrimination ne permettra pas de résoudre le problème grandissant de l'aléa moral. Lors des quelques décennies écoulées, les banquiers centraux ont choisi d'agir agressivement afin de contenir les crises potentielles. Alan Greenspan ouvrit la voie en intervenant sur les marchés après le krach de 1987, la crise des caisses d'épargne et le 11 septembre. La crise récente testa parfois cette croyance en un « put Greenspan » (ou « Bernanke »), notamment avec la décision de laisser Lehman Brothers faire faillite ; mais la majorité des agents économiques garda foi en l'omnipotence des banques centrales et des gouvernements. Les gouvernements semblaient prêts à faire bien des choses pour sauver le système financier.

La situation présentait toutefois quelques aspects positifs. Un grand nombre des pays qui ont souffert de la crise avaient un niveau d'endettement relativement bas avant son déclenchement, ce qui leur donna une certaine marge de manœuvre pour combattre le ralentissement économique. S'ils n'avaient pas utilisé des sommes considérables à cette fin, en particulier sous forme de plans de relance budgétaire, les coûts de long terme de la crise auraient vraisemblablement été plus élevés en raison de la chute des recettes fiscales et de la nécessité de verser des allocations chômage et d'autres types d'aides à de grandes parties de la population. Bien que les politiques budgétaires mises en œuvre à date récente soient susceptibles de peser sur de nombreux pays lors des années à venir, le fardeau de la dette ne portera pas les économies industrialisées à leur point de rupture, même si les questions relatives à la soutenabilité de la dette et aux risques de crises de refinancement – si ce n'est de défaut – sont devenues de sérieuses sources d'inquiétude pour les marchés financiers.

Le problème plus général des renflouements et de l'aléa moral est un peu plus compliqué. Le renflouement de prêteurs et d'emprunteurs imprudents pourrait produire des comportements plus imprudents encore. Cela pourrait faire naître davantage de bulles et de crises. Il est néanmoins important de mettre les choses en perspective : lutter contre l'aléa moral au milieu d'une crise peut produire d'importants dommages collatéraux. Pourquoi ? Imaginez que quelqu'un qui vit dans un grand immeuble ait fait quelque chose d'extraordinairement imprudent et stupide, comme fumer dans son lit. Son appartement prend feu. Doit-il être sauvé ? En d'autres termes, les pompiers doivent-ils venir lui porter secours ? S'il ne le font pas, c'est l'immeuble tout entier qui pourrait partir en flammes, ce qui coûterait la vie non seulement à celui qui a mis le feu, mais aussi à des centaines de personnes innocentes.

C'est à des situations de ce type que les banques centrales et les gouvernements durent faire face au cœur de la crise. Une banque d'affaires ou une compagnie d'assurance qui a mis le feu à l'économie mondiale mérite-t-elle de faire faillite ? Absolument. Mais si l'incendie qui en résulte dévore le système financier tout entier et détruit les vies de travailleurs innocents, la leçon tend à se perdre dans la tourmente. Même si certaines interventions budgétaires furent inutiles et si certains renflouements n'eurent guère de justification, la relance budgétaire et le coup d'arrêt mis à la crise financière empêchèrent la Grande Récession de se transformer en une autre Grande Dépression à un moment où la demande privée était en chute libre.

C'est immédiatement après la crise que doivent être traitées les questions posées par l'aléa moral et les différentes faiblesses du système financier. Il serait terrible de gâcher les opportunités de réforme du système financier ouvertes par la crise. Tout comme la Grande Dépression balaya les contradictions incarnées par Hoover et les remplaça par la cohérence de Keynes, la Grande Récession pourrait nous permettre d'introduire une nouvelle manière de comprendre et, par-dessus tout, de prévenir les crises. C'est à cette question urgente que nous allons maintenant nous intéresser.

8. Premières étapes

C'est un truisme de dire que les crises vont de pair avec la réglementation et la réforme du système financier. L'expérience quasi létale d'une crise financière incite beaucoup de gens à songer à ce que le gouvernement devrait et pourrait faire pour prévenir un nouveau désastre. Ainsi que le fit remarquer l'économiste de Harvard Jeffrey Frankel à l'orée de la crise récente, « on dit qu'il n'y pas d'athées dans les tranchées. Peut-être alors n'y a-t-il pas non plus de libertariens lors des crises [financières] ».

Comme bien d'autres éléments de l'économie de crise, ce thème est récurrent. En 1826, l'année suivant l'explosion en Grande-Bretagne d'une bulle spéculative qui détruisit un grand nombre de banques, le Parlement adopta une loi portant réforme de l'ensemble du système financier. Aux États-Unis, la panique de 1907 laissa bien des législateurs inquiets de l'absence d'une banque centrale et conduisit à la création de la Réserve fédérale quelques années plus tard.

La mère de toutes les crises financières – l'enchaînement de catastrophes connu sous le nom de Grande Dépression – déclencha un peu partout dans le monde des réformes radicales du système financier. Aux États-Unis, le *Glass-Steagall Act* de 1933 créa une garantie des dépôts à l'échelle nationale ainsi qu'un pare-feu entre les banques commerciales et les banques d'affaires ; une loi ultérieure donna à la Réserve fédérale le pouvoir de réglementer les réserves obligatoires des banques. Le gouvernement s'intéressa également au marché boursier : le *Securities Act* de 1933 contraignit les émetteurs de titres à les enregistrer ainsi qu'à publier un prospectus d'appel à souscription et rendit les banques d'affaires qui garantissaient la vente de ces titres pénalement responsables de toutes les erreurs et informations mensongères contenues dans ce prospectus. L'année suivante vit la création de la *Securities and Exchange Commission*, qui est l'agence chargée de réglementer l'achat et la vente de titres. Bien que beaucoup d'autres pays aient adopté des dispositions similaires, les mesures mises en place aux États-Unis constituent l'une des réformes les plus complètes.

À la lumière de cette histoire, nous pouvons nous attendre à ce que les États-Unis prennent une nouvelle fois la tête du mouvement en faveur de la réforme du système financier. La tourmente financière révéla des faiblesses fondamentales dans le fonctionnement des marchés financiers américain et européen ainsi que des défauts dans le système de surveillance et de régulation. Mais les appels à la réforme ont perdu de leur vigueur depuis le début de l'année 2010, et la législation qui modifierait radicalement la réglementation et la surveillance doit encore voir le jour. Tout comme les soldats enfouis dans les tranchées oublièrent leur promesse de mener une vie meilleure dès le cessez-le-feu, les législateurs et les responsables publics semblent à présent se réjouir du *statu quo*.

Il y a une ironie perverse dans tout cela. Si les responsables publics avaient échoué à mettre un terme à la crise, comme ce fut le cas pendant la Dépression, les appels à la réforme seraient aujourd'hui assourdissants : rien de tel que des queues pour des bons de nourriture et un taux de chômage de 25 % pour attirer l'attention des législateurs. Mais parce que le désastre fut géré plus habilement cette fois-ci, l'impulsion en faveur d'une réforme profonde du système financier s'est affaiblie. C'est l'opposé qui s'est produit : les banques qui doivent leur survie aux largesses du gouvernement ont recommencé à verser des bonus record.

Cette absence de réforme est profondément regrettable. Nous vivons un moment dangereux : les problèmes structurels qui ont provoqué le déclenchement de la crise n'ont pas disparu et des répliques du choc initial continuent de se manifester un peu partout dans le monde. Des interventions massives ont permis de restaurer la confiance dans le système financier, mais il nous reste à entreprendre les réformes nécessaires à la préservation de cette confiance et à la prévention d'une réapparition de la crise.

Quelles sont les réformes les plus appropriées ? De nombreuses propositions ont été présentées par diverses institutions : le Trésor des États-Unis et la Réserve fédérale ; le Conseil de stabilité financière (*Financial Stability Board*) ; la *Financial Services Authority* et d'autres organisations financières au Royaume-Uni ; le G7, la Banque des règlements internationaux et le FMI. D'autres sont venues de *think tanks*, d'ateliers politiques et d'universitaires.

Plutôt que de discuter les mérites respectifs de ces propositions, nous nous efforcerons de mettre en évidence les faiblesses et les distorsions fondamentales dont souffre le système financier mondial avant de proposer quelques solutions pragmatiques. Nous soulignons le mot *fondamental*. Il y a beaucoup de choses qui ne vont pas dans le système financier, mais tous ces problèmes ne sont pas fondamentaux : beaucoup d'entre eux ne sont que des manifestations superficielles d'un mal plus profond.

Malheureusement, « fondamental » n'est pas toujours synonyme de « simple ». Certains des sujets que nous allons aborder – les produits dérivés, les exigences de fonds propres – peuvent paraître assez mystérieux. C'est vrai ; mais pour comprendre les causes de ce désastre, nous avons besoin de ces concepts intimidants. Comme la crise l'a amplement montré, le diable est dans les détails. La discussion qui suit devrait donner au lecteur une bonne appréhension et une claire compréhension des questions complexes mais essentielles qui devront être traitées pour prévenir les crises futures.

Traiter le problème des rémunérations

Chaque fois que la question des rémunérations versées à Wall Street est soulevée, une colère viscérale à l'égard des banquiers tend à l'emporter sur l'examen attentif du problème posé. Pour le dire différemment, alors que les torches et les fourches peuvent sembler de circonstance, il serait plus sage de prendre du recul et d'évaluer impartialement les options disponibles.

Contrairement à ce que laisse entendre l'opinion communément admise, le plus gros problème posé par les rémunérations n'est pas l'importance des sommes en cause : c'est la manière dont les rémunérations sont structurées et versées. De nombreux travaux de recherche consacrés à la gouvernance d'entreprise montrent que toute entreprise peut souffrir du problème principal-agent que nous avons présenté dans le chapitre 3. Les entreprises modernes ne sont pas dirigées par les actionnaires (les principaux) mais par des gestionnaires (les agents). Ces deux groupes n'ont pas le même point de vue : les actionnaires veulent maximiser les rendements de long terme associés à la propriété de l'entreprise tandis que les gestionnaires veulent maximiser leur revenu de court terme, leur bonus et toutes les autres formes de rémunération.

Si les actionnaires pouvaient surveiller les gestionnaires, tout irait parfaitement bien. Mais c'est difficile dans n'importe quelle entreprise et pratiquement impossible dans les établissements financiers qui furent au cœur de la crise récente. Pourquoi ? Pour le dire simplement, les traders et les banquiers sont bien plus au courant de ce qui se passe que les actionnaires auxquels ils doivent rendre compte. Tous les traders ont leur propre compte de pertes et profits et leurs propres stratégies pour gagner de l'argent sur le marché. Il est difficile pour des actionnaires extérieurs ou un conseil d'administration de savoir ce qui se passe dans l'une de ces petites cellules ; il est à peu près impossible de savoir ce qui a lieu dans plusieurs milliers d'entre elles, comme c'est le cas dans une grande banque ou un établissement financier important. Cette situation est connue sous le nom de « problème d'asymétrie d'information » ; nous avons également discuté cette question dans le chapitre 3. Traduction : une partie en sait plus que l'autre.

Ajoutons à cela ce que l'on pourrait appeler le « double problème principal-agent ». Dans de nombreux établissements financiers, les actionnaires (les principaux) sont eux-mêmes pris au piège d'un problème principal-agent : ils détiennent des actions par l'intermédiaire de gros investisseurs institutionnels comme les fonds de pension. Les gestionnaires de ces fonds sont leurs agents ; il est aussi difficile pour les actionnaires de surveiller ce que font les traders que ce que font leurs intermédiaires. Qui plus est, ce sont souvent les investisseurs institutionnels – et non les actionnaires – qui siègent au conseil d'administration d'une entreprise.

Cela ressemble à un jeu de miroirs – mais ce n'est pas très loin de la vérité. Le système financier tout entier était et reste encombré de problèmes de ce genre, dans lesquels un groupe délègue sa responsabilité à un autre qui la délègue à son tour à un autre groupe. Il n'est pas très étonnant que personne n'ait su, ou n'ait cherché à savoir, ce qui se passait sur chaque comptoir de négociation.

Voilà le résultat : en l'absence de tout contrôle direct ou indirect des actionnaires, les traders et les banquiers sont incités à faire les choses les plus folles afin de maximiser leurs profits à court terme et leurs bonus (comme bricoler un paquet de CDO et le laisser traîner dans le bilan de la banque). Quand la banque explose, les traders et les banquiers ont déjà dépensé leur argent en voitures puissantes et en maisons de vacances dans les Hamptons. Et si l'on se fie à l'histoire récente, il est plus facile de récupérer de l'argent auprès de Bernie Madoff que d'obtenir d'un trader qu'il restitue son bonus.

Dans un monde idéal, les actionnaires et leurs représentants auraient conscience de ce problème et mettraient en place un système de rémunération qui empêcherait les traders de prendre trop de risques et de recourir à l'excès à l'effet de levier. Un tel système permettrait en théorie de rendre leurs intérêts compatibles avec ceux des actionnaires existants et de faire en sorte que tout le monde œuvre dans l'intérêt de long terme de la banque. Une solution consisterait à rémunérer les traders au moyen d'actions ne pouvant être cédées avant l'expiration d'un certain délai. Chacun aurait ainsi le souci de la bonne santé de long terme de la banque.

Si seulement c'était aussi simple. Chez Bear Stearns comme chez Lehman Brothers, les employés détenaient plus de 30 % des actions de la firme ; cela n'empêcha pas ces deux compagnies de poursuivre des stratégies de *trading* suicidaires qui provoquèrent leur destruction. Cela tend à montrer que le problème pourrait aller au-delà d'un groupe de traders filous qui subvertissent la volonté des actionnaires : il y a des moments où les intérêts convergents des actionnaires et des traders ont des effets destructeurs.

Les actionnaires sont parfois enchantés de voir les traders accroître leur levier d'endettement et leur exposition au risque. Ils sont prêts à les laisser faire parce qu'ils ne sont en réalité pas très fortement impliqués. Ils ont apporté des capitaux à la banque, mais pas tant que ça ; et bien qu'ils ne souhaitent pas perdre leur chemise, ils acceptent de tourner la tête quand les traders lancent les dés. L'essentiel de l'argent que jouent les traders a été emprunté : il appartient à quelqu'un d'autre. Si les traders gagnent à la roulette, les actionnaires gagnent aussi. Si les traders perdent, les victimes seront les insensés qui ont prêté de l'argent à la banque – et si l'on peut en juger d'après la crise récente, les actionnaires ne seront que faiblement touchés.

Ce principe vaut dans les bons moments comme dans les mauvais. L'annonce d'une phase d'expansion met les banques sous pression : on leur demande de fournir des rendements très élevés afin de garder la confiance des fonds de pension, des gestionnaires de fondations et de tous ceux qui leur apportent de l'argent. Même si les gestionnaires et les actionnaires s'accordent à penser que les stratégies de *trading* sont risquées, ils savent que s'ils ne les poursuivent pas, leurs investisseurs les abandonneront au profit de banques concurrentes promettant des rendements plus élevés. L'ancien PDG de Citigroup, Chuck Prince, résuma la situation en quelques mots : « Aussi longtemps qu'il y a de la musique, il faut continuer à danser. »

Les *traders* et les actionnaires ne fuient pas nécessairement le risque quand la situation commence à se dégrader. Ils peuvent être prêts à doubler la mise et à risquer de tout perdre dans l'espoir de renflouer le navire. En jargon bancaire, on dit qu'ils essaient de se refaire ; comme cette stratégie est parfois payante, elle ne contribue pas à lutter contre la culture de la prise de risque. Ce type de comportement est également encouragé par la conviction selon laquelle le gouvernement interviendra si les choses tournent mal – une conviction continuellement réaffirmée bien qu'elle ait été ponctuellement mise à l'épreuve durant la crise récente.

Il faut pardonner au lecteur parvenu à ce point de vouloir mettre le feu à l'ensemble du système financier. Même si les actionnaires d'un établissement financier sont vertueux et cherchent à défendre les intérêts de long terme de la firme, ils sont incapables de contrôler les traders. Et s'ils ne sont pas vertueux (parce qu'ils ne sont pas fortement impliqués ou parce qu'ils veulent obtenir des rendements supérieurs à la normale), ils ne feront rien pour arrêter les traders – ce qui serait de toute manière impossible, comme le montre le problème principal-agent. Quoi qu'il en soit, les établissements financiers produisent des comportements nuisibles à la santé du système financier pris dans son ensemble.

Que faire alors ? Ce problème complexe ne connaît pas de solution simple. Le bon sens pourrait toutefois permettre de l'attaquer en son cœur : la question de la rémunération. C'est de là que vient le problème, et c'est à cela qu'il faut apporter une solution.

Quand les employés des établissements financiers sont rétribués au moyen d'actions ne pouvant être cédées avant l'expiration d'un certain délai, des dispositions devraient être prises pour allonger ce délai par rapport à ce qui est pratiqué actuellement. La durée d'acquisition des droits est généralement limitée à quelques années ; elle devrait être étendue. On devrait interdire aux employés de vendre leurs actions avant qu'ils ne prennent leur retraite, ou du moins avant qu'une décennie ne se soit écoulée.

C'est un premier pas, mais il est petit. Le principal enjeu est celui de la culture des bonus qui anime Wall Street, culture selon laquelle les employés sont récompensés quand leurs paris se révèlent payants mais ne sont pas pénalisés quand ils font perdre de l'argent à la firme. Ce système encourage des prises de risques qui produisent des rendements anormaux (« alpha ») à court terme sans tenir compte des conséquences à long terme.

L'une des manières de remettre les choses en ordre consisterait à créer des enveloppes budgétaires pour les bonus qui ne seraient pas calculées à partir des rendements à court terme mais seraient fondées sur un horizon de long terme (trois ans environ). Au lieu de récompenser ses employés pour leurs paris gagnants individuels, la firme établirait la moyenne de leurs performances sur plusieurs années. Imaginons que les paris risqués d'un trader génèrent des rendements anormalement élevés lors d'une année donnée et des pertes tout aussi anormales l'année suivante. Dans le système actuel, ce trader touchera un joli bonus la première année et rien la seconde. Si l'on se fondait sur plusieurs années, les pertes annuleraient les profits et le trader ne recevrait rien du tout.

Raghuram Rajan a proposé une variante des enveloppes budgétaires pour les bonus. Selon son modèle, les traders seraient récompensés pour leurs rendements élevés, mais leurs bonus seraient bloqués durant plusieurs années. Si un trader réalisait des pertes lors des années suivantes, elles seraient *retranchées* de ce compte bloqué. Dans ce système de « bonus-malus », les bonus peuvent être regagnés ou annulés en fonction des performances d'un trader en longue période. Plus la durée pendant laquelle les bonus sont bloqués est longue, plus les traders seront incités à réfléchir aux conséquences pour leur revenu de long terme des risques qu'ils prennent.

Le système de bonus-malus donne de meilleurs résultats s'il est appliqué au niveau individuel. Les bonus sont malheureusement souvent calculés au niveau de l'établissement, ce qui veut dire que lorsque des paris s'avèrent fructueux, tout le monde en profite. Les traders et les banquiers ne souffrent pas directement des conséquences de leurs mauvaises décisions, qui se répercutent sur l'ensemble de l'enveloppe budgétaire réservée aux bonus. Des restitutions collectives pourraient toutefois inciter les uns et les autres à la prudence.

Il existe une solution plus diabolique au problème de la rémunération : ne pas verser d'argent ou d'actions aux traders et aux banquiers, mais un certain nombre des titres ésotériques qu'ils mitonnent dans leurs laboratoires. Ils recevraient par exemple une petite tranche des CDO qu'ils ont fabriqués. Les traders seraient payés au moyen des actifs toxiques à la production desquels ils ont contribué. S'ils devaient faire face aux conséquences de leurs actes, ils se montreraient peut-être un peu plus prudents.

Cette idée a connu une première mise en œuvre. À la fin de l'exercice 2008, Credit Suisse annonça qu'il avait fait sortir quelque 5 milliards de dollars d'actifs toxiques de son bilan afin de les placer dans un fonds spécial. Il utilisa ensuite ce fonds pour verser des bonus à ses employés : les formes habituelles de rémunération (des actions de la compagnie) furent remplacées par des actions de ce fonds. Cela provoqua des hurlements de protestation : après tout, un grand nombre de ceux qui furent récompensés de la sorte n'avaient rien à voir avec les mauvais paris de la banque. Mais bien qu'imparfait, cela reste un bon début.

Un autre modèle de rémunération pourrait enfin s'inspirer de l'ensemble de ces propositions. Plutôt que de faire supporter rétrospectivement les conséquences de leurs mauvais choix aux employés (comme dans le modèle adopté par Credit Suisse), il pourrait être posé dès le début que les bonus des banquiers et des traders seraient payés au moyen de titres à la création desquels ils ont contribué. Mieux encore : ces titres pourraient être bloqués pendant plusieurs années, ce qui laisserait passer suffisamment de temps pour distinguer ceux qui sont toxiques de ceux qui ne le sont pas. On pourrait enfin interdire aux employés de se couvrir contre les pertes potentielles de leurs bonus futurs. (Ce sont des traders : il savent gagner de l'argent quelle que soit l'orientation du marché.)

Quelle que soit la réforme du mode de rémunération finalement adoptée, elle devra être mise en œuvre de façon généralisée. Si un établissement financier important adopte une version du système de bonus-malus mais qu'il est seul à le faire, les employés des firmes les plus prudentes seront incités à rejoindre des établissements qui leur accorderont des rémunérations plus élevées.

Cela signifie que le gouvernement devra être impliqué. Aux États-Unis, seul le gouvernement fédéral a le pouvoir de procéder à une réforme globale du système de rémunération. Il a de nombreuses raisons de le faire : le gouvernement – ou, plus exactement, les contribuables – a renfloué et sauvé le système financier et a puissamment intérêt à ce que rien de tel ne se reproduise. Qui plus est, étant donné l'enchevêtrement des problèmes posés par la relation principal-agent, on ne peut attendre des actionnaires qu'ils réforment le système des rémunérations. Mais le gouvernement pourrait mettre en œuvre une réforme inspirée des modèles que nous avons évoqués.

Soyons clairs : nous ne proposons pas que le gouvernement limite les rémunérations, même s'il aurait certainement le droit de le faire – notamment dans le cas des banques qui dépendent encore de l'aide publique. Ce que nous proposons est d'une certaine manière plus radical : que les rémunérations soient complètement remises à plat pour réduire les comportements risqués et, par conséquent, la probabilité d'un nouvel effondrement du système financier.

Ces réserves mises à part, il est vraisemblable que la disparition des incitations des traders à prendre des risques de court terme ainsi que la création de désincitations telles les restitutions de bonus produiront une diminution des rémunérations. Ce n'est pas une mauvaise chose. Lors des dernières années, la libéralisation des activités financières, l'innovation financière, la fin du contrôle des mouvements de capitaux et la globalisation financière ont provoqué une croissance excessive et totalement injustifiée de l'industrie des services financiers comme des rémunérations qui y sont versées.

Dans ce processus, la contribution de la finance au produit intérieur brut des États-Unis passa de 2,5 % en 1947 à 4,4 % en 1977 puis à 7,7 % en 2005. Les établissements financiers représentaient alors plus de 40 % des profits des entreprises de l'indice S&P 500 ; leur part de la capitalisation boursière des entreprises de cet indice doubla jusqu'à atteindre environ 25 %. Il y avait plus étonnant encore : le montant total des revenus des dirigeants des vingt-cinq fonds spéculatifs les plus importants du pays était supérieur au montant total des rémunérations des PDG de *toutes* les entreprises de l'indice S&P 500. En 2008, un dollar sur treize versé sous forme de rémunération aux États-Unis revint à quelqu'un qui travaillait dans la finance, contre un sur quarante après la Seconde Guerre mondiale.

La croissance excessive du système financier ne créa guère de valeur ajoutée pour les investisseurs. Alors que les fonds spéculatifs, les banques d'affaires, les fonds de *private equity* et autres gestionnaires d'actifs affirmaient qu'ils pouvaient offrir aux investisseurs des rendements « alpha » (en d'autres termes, des rendements supérieurs à ceux produits par des gestionnaires d'actifs opérant de manière plus traditionnelle), ce sont les rendements « schmalpha » qui devinrent la norme. Ces gestionnaires de haut vol obtenaient souvent des rendements plus élevés, mais les investisseurs n'en voyaient guère la couleur parce que les gestionnaires leur faisaient payer cher des services prétendument supérieurs.

Les différents acteurs du système financier avaient d'autres moyens encore de faire débourser les investisseurs. Prenons la titrisation : à chaque étape du processus, quelqu'un – un courtier immobilier, la banque à l'origine du prêt hypothécaire, l'évaluateur du bien immobilier, un *broker dealer*, un assureur, une agence de notation – exige une commission élevée pour ses « services » puis se débarrasse du risque de crédit. Cet arrangement fut particulièrement favorable à un oligopole de banques d'affaires : elles profitèrent du manque de transparence entourant ces opérations pour extorquer de l'argent à des investisseurs crédules – argent qui, pour l'essentiel, finit dans les poches des employés de ces firmes plutôt que dans celles de leurs actionnaires.

Cette croissance cancéreuse de la finance a eu des coûts sociaux significatifs : l'innovation et la créativité se sont déplacées de l'industrie comme d'autres secteurs moins en vogue à Wall Street. Notre collègue Thomas Philippon a montré que la finance a attiré depuis les années 1970 un nombre toujours grandissant de travailleurs intelligents et très bien formés. Quand les rémunérations augmentèrent, les diplômés des meilleures écoles se dirigèrent en masse vers Wall Street. Une étude réalisée en 2007 auprès des étudiants de dernière année de Harvard a montré que 58 % des étudiants de sexe masculin s'apprêtaient à débuter leur carrière dans la finance ou le conseil. Les États-Unis ont actuellement trop d'ingénieurs financiers et pas assez d'ingénieurs industriels ou informatiques.

Que les États-Unis aient connu une croissance comparable du secteur financier dans les années précédant 1929 n'est pas une coïncidence. Les rémunérations offertes par le secteur financier commencèrent à diminuer dans les années 1930 : elles furent victimes de la réglementation qui transforma l'activité bancaire en une profession ennuyeuse mais plus respectable. Pour qu'elle le redevienne, il est nécessaire de réformer la structure des rémunérations.

Faire de meilleures saucisses

La question des modes de rémunération n'est pas seule à devoir être traitée : il en va de même du système sophistiqué de titrisation qui contribua au déclenchement de la crise récente. Dans le modèle de titrisation *originate and distribute* (voir chapitre 3), un actif potentiellement risqué – un prêt hypothécaire à risque, par exemple – est associé à des actifs similaires et transformé en titres qui seront vendus à des investisseurs plus capables et mieux disposés à tolérer le risque.

L'un des défauts évidents de ce système est qu'il réduit l'incitation des agents à s'assurer de la solvabilité de l'emprunteur. Au lieu de cela, les différents participants au processus de titrisation empochent des commissions alors même qu'ils transfèrent tout ou partie du risque à quelqu'un d'autre. Tous sont complices : le courtier immobilier qui s'occupe du prêt initial ; l'évaluateur immobilier qui a de bonnes raisons de fournir une estimation excessive ; la banque qui consent le prêt et l'utilise pour fabriquer des *mortgage-backed securities* ; la banque d'affaires qui transforme ces titres en CDO et en produits plus ésotériques encore ; les agences de notation qui accordent les notes AAA si convoitées ; et les compagnies d'assurances *monolines* qui assurent ces tranches toxiques.

Toute solution au problème de la titrisation doit d'une façon ou d'une autre forcer ces différents acteurs à prendre en considération les risques associés à ce processus. En d'autres termes, chacun doit être incité à accorder davantage d'attention à la qualité des prêts sous-jacents. Une manière d'y parvenir consisterait à obliger les intermédiaires – la banque qui a accordé le prêt et les banques d'investissement – à conserver certains des *mortgage-backed securities* et des CDO concernés. Les contraindre à assumer une partie du risque les forcerait à s'assurer de la solvabilité des emprunteurs initiaux en s'appuyant sur les courtiers immobiliers et les autres acteurs du début de la chaîne.

Plusieurs propositions soutiennent cette idée. Certaines émanent d'organisations internationales, notamment de groupes de travail du G20 ; d'autres sont nationales, comme le *Credit Risk Retention Act* qui fut adopté par la Chambre des représentants des États-Unis en décembre 2009. Ce texte propose que les banques qui fabriquent des valeurs adossées à des actifs – qu'il s'agisse de prêts hypothécaires ou d'autres types de prêts – soient contraintes à conserver 5 % des titres qu'elles créent ; une proposition de loi sénatoriale retient quant à elle le chiffre de 10 %. Ces deux propositions interdisent aux banques de se couvrir contre ou de transférer le risque représenté par la détention de ces actifs.

Ces montants pourraient malheureusement s'avérer trop faibles pour changer les comportements. Lors de la crise récente, beaucoup de banques et d'établissements financiers avaient conservé une exposition significative aux différents titres qu'ils avaient contribué à créer. Pour l'essentiel, les tranches *supersenior* de CDO furent conservées et non vendues à des investisseurs. Au moment où la crise se déclencha, environ 34 % des actifs des principales banques des États-Unis étaient liés à l'immobilier ; cette proportion atteignait 44 % pour les petites banques. Le modèle *originate and distribute* avait permis de transférer une partie du risque, mais pas la totalité : la plupart des établissements financiers étaient fortement exposés au risque. Si tel n'avait pas été le cas, ils n'auraient pas subi tant de pertes pendant la crise.

Les établissements conservèrent ce risque parce que les traders gagnaient plus d'argent en procédant ainsi. C'est la raison pour laquelle il ne paraît guère pertinent de compter sur la conservation du risque pour réformer la titrisation. Bien que cela puisse être un complément utile, et que cela soit susceptible d'attirer l'attention sur les risques associés à la détention de tels actifs, ce n'est certainement pas la panacée. Les traders pourraient se conformer de gaieté de cœur à l'obligation de rétention du risque, en particulier si cela peut leur permettre de bénéficier de bonus plus importants. Mais comme nous l'avons déjà montré, un bonus plus important n'est pas une garantie de sécurité.

Contraindre les firmes à conserver le risque ne permettra pas davantage de résoudre un problème plus urgent encore : le fait que la titrisation n'a pas disparu en dépit des aides apportées par la puissance publique. Elle survit parce qu'on ne sait toujours pas de quoi étaient constitués les titres qui furent à l'origine de la crise. À sa grande époque, la titrisation ressemblait un peu à la fabrication des saucisses avant la création de la *Food and Drug Administration* : personne ne savait ce qu'on trouvait dans la saucisse ni de quelle qualité était la viande. Il en va de même aujourd'hui : les établissements financiers continuent à débiter de la saucisse, mais étant donné ce que nous savons (ou pas) de sa composition, est-il étonnant que les investisseurs aient perdu l'appétit ?

Certaines personnes pensent que la titrisation devrait être abolie. C'est faire preuve de myopie : correctement réformée, la titrisation pourrait constituer un outil précieux de réduction du risque systémique. Mais pour qu'il en soit ainsi, elle devrait être réalisée de façon beaucoup plus transparente et standardisée. En l'absence d'une telle évolution, il sera presque impossible d'évaluer précisément ces titres et de ranimer le marché de la titrisation. Nous avons besoin de réformes pour atteindre une paix de l'esprit comparable à celle qu'apporta la création de la *Food and Drug Administration*.

Commençons par la standardisation. À l'heure actuelle, la manière dont les *asset-backed securities* sont fabriqués est faiblement standardisée. Les conditions qui leur sont associées varient fortement d'une offre à l'autre. Les rapports mensuels sur ces valeurs (*monthly service performance reports*) présentent des niveaux de détail très différents. Cette information devrait être standardisée et centralisée. Cela pourrait être réalisé par des acteurs privés ou, mieux encore, sous les auspices du gouvernement fédéral. La SEC pourrait par exemple exiger de tous ceux qui émettent des *asset-backed securities* qu'ils publient une série d'informations standard relatives aux diverses caractéristiques de ces titres, de la nature des actifs ou des prêts d'origine aux montants versés aux individus ou aux établissements qui créèrent les actifs en question.

L'existence d'une information standardisée importe plus que la manière dont elle aura été produite : nous devons être en mesure de comparer les différents types d'actifs pour pouvoir les évaluer. C'est presque impossible à l'heure actuelle. Pour le dire autrement, le système actuel ne nous donne aucun moyen d'évaluer le risque : l'incertitude est beaucoup trop forte.

La standardisation permettrait de créer des marchés plus liquides et plus transparents pour ces titres. C'est fort bien, mais sous quelques réserves. Apporter de la transparence à des *asset-backed securities* classiques est relativement simple ; il est beaucoup plus difficile de le faire avec des actifs aussi complexes que les CDO, et plus encore avec des créatures chimériques comme les CDO au carré ou les CDO au cube.

Essayez de penser à ce qui compose un CDO au carré typique. Commencez par une douzaine de prêts individuels différents, qu'il s'agisse de prêts immobiliers commerciaux, de prêts immobiliers résidentiels, de prêts automobiles, d'effets sur cartes de crédit, de prêts finançant de petites activités, de prêts étudiants ou de prêts aux entreprises. Transformez-les en *asset-backed security (ABS)*. Prenez cet ABS et associez-le à quatre-vingt-dix-neuf autres ABS de façon à en avoir cent. Cela, c'est votre CDO. Prenez à présent ce CDO et associez-le à quatre-vingt-dix-neuf CDO différents qui reposent tous sur leur propre mélange d'ABS et d'actifs sous-jacents. Faites le calcul : en théorie, l'acquéreur de ce CDO au carré est supposé avoir une idée de la qualité de dix millions de prêts sous-jacents. Ce n'est bien sûr pas le cas.

C'est pour cette raison que des titres comme les CDO au carré – que l'on surnomme à présent *Chernobyl Death Obligations* – doivent être fortement réglementés ou, à défaut, interdits. Sous leur forme actuelle, ils sont trop éloignés des actifs dont ils tirent leur valeur et sont à peu près impossibles à standardiser. Leur complexité les autorise moins à transférer le risque qu'à le dissimuler sous couvert de stratégies ésotériques et trompeuses.

La curieuse carrière des CDO et d'autres titres toxiques rappelle un acronyme moins célèbre : GIGO, ou *« garbage in, garbage out »* (« déchets à l'entrée, déchets à la sortie »). Pour revenir à la métaphore de la fabrication de saucisses : si vous mettez de la viande de rat ou de la viande de porc pleine de parasites dans votre chair à saucisse et que vous la mélangiez avec diverses chairs à saucisse tout aussi peu ragoûtantes, vous obtiendrez une saucisse qui vous rendra bien malade.

Ce qui importe le plus dans la réforme de la titrisation est donc la qualité des ingrédients. Le problème avec la titrisation, c'est qu'une grande partie des actifs qui ont été ainsi transformés n'était pas de très bonne qualité. Pour le dire autrement, le problème avec le modèle *originate and distribute* tient moins à la répartition des actifs qu'à leur origine. Ce qui est essentiel, c'est la solvabilité des agents auxquels les prêts ont été initialement accordés.

C'est la raison pour laquelle la réforme devrait se concentrer sur les circonstances dans lesquelles les prêts ont été accordés. Ce n'est pas comme si rien n'existait à cet effet. Aux États-Unis, la Réserve fédérale, la FDIC, l'*Office of Thrift Supervision*, l'*Office of the Comptroller of the Currency* et la *National Credit Union Administration* disposent tous de juridictions destinées à contrôler et réguler les prêts du type de ceux qui finissent dans les différentes sortes d'*asset-backed securities*. Il faut renforcer et rendre effectives les réglementations et les directives existantes afin de s'assurer que les actifs faisant l'objet d'une titrisation ne sont pas toxiques.

La Réserve fédérale a déjà fait des pas dans cette direction en proposant d'amender significativement le Règlement Z (également connu sous le nom de *Truth in Lending*). Ces changements permettraient aux emprunteurs potentiels de mieux connaître les vrais coûts des prêts hypothécaires qu'ils envisagent de solliciter. Ils imposeraient aussi des restrictions aux émetteurs des prêts. La rémunération des courtiers immobiliers et des gestionnaires de crédit ne serait plus liée ni au taux d'intérêt du prêt ni à aucune de ses conditions. Ces agents auraient également interdiction de pousser les consommateurs à prendre des crédits plus importants ou plus chers de façon à accroître leur rémunération.

Ces réformes seraient judicieuses, mais le « nettoyage » de la titrisation exige que les responsables publics prennent en compte un autre aspect de la fabrication des saucisses : les services sanitaires qui évaluent ces produits. Les agences de notation sont leur équivalent dans le monde de la finance ; et tout comme leurs homologues du *United States Department of Agriculture*, elles n'ont pas toujours pris leurs responsabilités.

Réformer la notation

Aux États-Unis, les trois principales agences de notation privées – Standard & Poor's, Moody's Investors Service et Fitch Ratings – jouissent d'un pouvoir remarquable : elles attribuent des notes à un éventail d'actifs allant des obligations émises par les entreprises à la dette souveraine des nations. Ces notes reflètent la probabilité que le ou les emprunteurs fassent défaut sur leur dette ; elles jouent un rôle essentiel dans la manière dont les marchés financiers évaluent le risque. Le recours aux agences de notation permet en effet d'externaliser l'obligation de vigilance : si Moody's considère qu'une certaine tranche de CDO est parfaitement sûre et lui attribue une note AAA, il dispense les autres acteurs du système d'analyser ce titre et d'examiner les actifs sous-jacents.

L'essor des agences de notation débuta dans les années 1930. Leurs ancêtres attribuaient des notes que les régulateurs fédéraux utilisaient pour évaluer la qualité des obligations détenues par les banques. Cette marque d'approbation gouvernementale contribua à l'affirmation de leur influence. Après avoir connu une relative éclipse dans l'immédiat après-guerre, elles gagnèrent en puissance dans les années 1970, quand le risque de défaut sur les obligations s'accrut : la notation joua un rôle de plus en plus important dans l'évaluation des risques.

En 1975, la *Securities and Exchange Commission* créa une catégorie connue sous le nom de *Nationally Recognized Statistical Rating Organization (NRSRO)*. Fitch, Standard & Poor's et Moody's furent au nombre de ceux qui obtinrent cette appellation convoitée. Chaque vendeur de dette devait en effet obtenir une note délivrée par l'une des agences créées à cet effet. La SEC attribua ce label à sept agences, mais le jeu des fusions réduisit leur nombre aux trois firmes qui nous sont familières. Plus récemment, la SEC accorda cette appellation à une poignée d'entreprises moins connues.

Les agences de notation ont spectaculairement changé au cours de leur carrière. Dans les premières années, elles étaient payées par les investisseurs afin d'évaluer des investissements potentiels. Ce modèle d'activité a évolué avec le temps, notamment parce que certains investisseurs commencèrent à procéder eux-mêmes à ce type d'évaluation. Les agences adoptèrent un nouveau modèle afin de contourner cette difficulté : elles vendraient leurs services aux émetteurs de dette plutôt qu'aux investisseurs. À la même époque, les réformes engagées par la SEC mirent l'obtention d'une notation à la charge des émetteurs de dette. La transition s'acheva dans les années 1980 : les émetteurs de dette paieraient désormais pour la notation de leurs produits.

Cette nouvelle organisation créa un conflit d'intérêt massif. Les banques qui se préparaient à émettre des titres faisaient le tour des agences pour obtenir la meilleure note possible. Une agence de notation qui étudiait une offre et lui attribuait une note *subprime* risquait de perdre des clients. Les agences de notation eurent de plus en plus intérêt à donner aux clients ce qu'ils voulaient : si un client souhaitait une note AAA pour un *mortgage-backed security* adossé à des prêts hypothécaires *subprime*, il avait une bonne chance de l'obtenir.

Et comme si tout n'allait pas suffisamment mal, les agences de notation commencèrent à tirer des revenus d'autres sources également problématiques. Une banque fabriquant des produits financiers structurés s'adresserait à l'une des agences de notation et lui demanderait de l'aider à concevoir ces produits de manière à obtenir la meilleure note possible de la part de l'agence que la banque mandaterait pour noter ses titres. Ce service était décrit comme relevant du « conseil ». Peut-être. C'était un peu comme si un professeur acceptait d'être payé pour expliquer à ses étudiants comment obtenir un A à un examen. Ce n'est pas très catholique.

Comment les agences de notation pourraient-elles être réformées ? Il faudrait au strict minimum leur interdire d'offrir des services de conseil. Elles devraient exister dans un but unique : noter des instruments de dette. Bien que la SEC ait adopté des règles interdisant aux agences de notation de conseiller les entreprises qu'elles notent, cette interdiction est extraordinairement difficile à faire respecter. C'est pourquoi la SEC devrait interdire toute activité de conseil aux agences de notation.

Il serait également bon d'ouvrir ce domaine privilégié à la concurrence. Une telle proposition aurait été difficile à justifier voilà dix ans, quand la réputation collective des trois grandes agences était intacte ; il en va autrement aujourd'hui. Mais il est malheureusement très difficile pour de nouveaux entrants d'obtenir de la SEC le label NRSRO : les entreprises concernées doivent avoir exercé une activité de notation depuis plusieurs années et avoir un grand nombre de clients importants. Or il est difficile d'avoir des clients importants sans avoir été introduit dans le cercle magique. Pour répondre à ce problème, la SEC doit baisser les barrières à l'entrée afin que cette industrie connaisse une concurrence accrue et se rapproche du fonctionnement du marché libre.

Une mesure plus radicale consisterait à priver les agences du rôle semi-officiel dont elles jouissent actuellement. Des règlements de la SEC aux exigences de capitaux propres de Bâle II, les agences labellisées NRSRO sont unanimement reconnues comme les seules auxquelles demander une notation. Cette reconnaissance leur donne un pouvoir disproportionné, voire excessif. Leur retirer ce pouvoir constituerait une autre manière d'accroître la concurrence.

Une réforme plus complète encore consisterait à contraindre les agences de notation à revenir à leur modèle économique initial dans lequel les acheteurs de titres de dette – et non les émetteurs de ces titres – payaient pour obtenir une évaluation. C'est malheureusement plus simple à dire qu'à faire, en raison notamment du problème du passager clandestin : une fois qu'un groupe d'investisseurs a payé pour une évaluation et a pris des décisions en se fondant sur elle, les autres investisseurs peuvent se faire une idée de ce qu'est cette évaluation et prendre leurs propres décisions sans rien payer.

Une solution pourrait consister à exiger de tous les investisseurs institutionnels qu'ils contribuent à un budget commun géré par les régulateurs. Ces fonds seraient utilisés pour acheter des évaluations à un groupe d'agences désignées lors de chaque nouvelle émission de dette. Cette solution imposerait que tous les participants au système financier – même les entités faiblement réglementées comme les fonds spéculatifs – participent au pot commun.

Cette exigence bouleverserait l'économie des agences de notation, mais c'est précisément l'objectif poursuivi : il est étrange que les émetteurs de dette paient pour obtenir une note. Pour revenir à notre analogie antérieure, cela revient à ce que les étudiants paient leurs professeurs pour être notés. Imaginez que les étudiants aient le choix de leurs professeurs, tout comme les émetteurs de dette peuvent choisir une agence de notation. Les professeurs qui distribuent beaucoup de F se rendront vite compte que leurs collègues plus accommodants – ceux qui ne donnent que des A – ont plus d'étudiants et des revenus supérieurs. Mais tous ces A seront aussi peu mérités que ceux qui ont été distribués au plus fort de la bulle immobilière.

Ne nous faisons pas d'illusions : la réforme des agences de notation ne sera pas une tâche facile parce qu'elles occupent une place unique dans la galaxie financière. Mais si aucune des réformes que nous avons évoquées n'est mise en place, il est presque certain que les conflits d'intérêts se poursuivront.

Admettons un instant qu'il soit possible de faire disparaître ces conflits d'intérêts et que les agences de notation attribuent désormais des notes justes à des titres comme les *mortgage-backed securities*. Mais même les agences de notation ne parviendront pas à atteindre les instruments opaques, mystérieux et souvent déconcertants connus sous le nom de produits dérivés.

Gérer les produits dérivés

En 2002, Warren Buffet adressa un rapport annuel devenu légendaire aux investisseurs de sa société, Berkshire Hathaway. Il critiqua l'usage croissant des produits dérivés, qu'il décrivit comme des « bombes à retardement, tant pour ceux qui les utilisent que pour le système économique ». Buffet ne retint aucun de ses coups : il qualifia les produits dérivés d'« armes financières de destruction massive ». Ils comportaient des dangers « qui, bien qu'ils soient actuellement latents, sont potentiellement mortels ». Buffet fit montre d'une grande prescience en affirmant que « le génie des produits dérivés est sorti de sa bouteille, et [que] ces instruments croîtront certainement en genre et en nombre jusqu'à ce qu'un événement rende leur toxicité apparente ».

Buffet avait raison, mais l'histoire est un peu plus compliquée. Les produits dérivés existent depuis plusieurs siècles ; ils n'ont pris que récemment des formes constituant une réelle menace pour l'ensemble du système financier. Après tout, un produit dérivé n'est qu'un pari sur un événement futur : une variation des taux d'intérêt, du prix du pétrole, des prix des céréales, de la valeur des monnaies ou de diverses autres variables. Ces produits ont des noms variés – *swaps*, options, *futures* – et ont permis aux gens de se protéger du risque durant des décennies. À l'origine, ils permettaient aux fermiers de se prémunir contre les fluctuations des prix de leurs récoltes avant que celles-ci n'aient lieu, ce qui leur procurait une liberté d'esprit appréciable.

Les produits dérivés ont considérablement changé lors des années récentes grâce à l'apparition de nouvelles variétés comme le *credit default swap (CDS)*. Cet instrument a été comparé à un contrat d'assurance, mais il est en réalité très différent. Il ressemble superficiellement à une assurance parce qu'il autorise celui qui l'achète à se prémunir contre l'éventuel défaut d'un débiteur. Si cela se produisait, le vendeur de cette « assurance » devrait aider l'acheteur à récupérer ce qu'il a perdu. Mais contrairement à l'acquéreur d'un contrat d'assurance, l'acquéreur d'un CDS ne possède pas une bribe de l'actif qui était l'objet du pari. Il y a pire : quiconque avait parié que quelqu'un ferait défaut avait toutes les raisons de faire en sorte que cela se produise. Acheter un CDS revenait à souscrire une assurance habitation pour une maison qui ne vous appartenait pas avant d'essayer d'y mettre le feu.

Le marché du CDS partit de presque rien pour atteindre une taille étonnante. Quand la crise éclata en 2008, la valeur notionnelle des CDS (les montants assurés) dépassait les 60 billions de dollars. Cette ascension fulgurante était due pour partie à un zélote du libre-marché, le sénateur Phil Gramm, qui présida de 1995 à 2000 la commission bancaire du Sénat des États-Unis. Lors de la dernière année de sa présidence, il réussit à insérer une disposition dans le *Commodity Futures Modernization Act* qui exemptait les CDS et les autres produits dérivés de gré à gré de la surveillance de la *Commodity Futures Trading Commission (CFTC)*.

Ce qui importe ici est la notion de gré à gré. Lors d'une transaction de gré à gré, le contrat dérivé est signé par deux parties privées ; c'est typiquement un contrat bilatéral auquel personne d'autre n'est intéressé. Le manque de transparence est complet : nul ne connaît le degré ou la nature de l'exposition d'un autre acteur. Les établissements financiers qui ont créé nombre de ces instruments furent trop contents d'en garder les détails secrets : après tout, leurs stratégies d'investissement étaient des informations privées et leurs commissions étaient très élevées. Mais durant la crise, cette discrétion se révéla destructrice pour la confiance des investisseurs.

Le « risque de contrepartie » n'était pas moins troublant : c'est le risque que les établissements qui avaient vendu ces « assurances » ne soient pas en mesure de tenir leurs promesses, en particulier durant une crise financière systémique. C'est précisément ce qui se passa quand la crise récente prit de l'ampleur : parce qu'ils pensaient qu'ils n'auraient jamais besoin de payer, les principaux établissements financiers ne mirent pas de côté les réserves nécessaires. Cela mit en danger le système financier tout entier, en particulier dans le cas de AIG qui avait assuré – au moyen de CDS – plus d'un demi-billion de dollars de tranches de CDO toxiques. AIG n'était pas en position de couvrir les pertes sur ces tranches ; le gouvernement des États-Unis renfloua la compagnie parce que sa faillite aurait entraîné celle des firmes dont elle avait assuré les actifs. Le risque de contrepartie avait créé un système financier qui n'était pas seulement trop gros pour qu'on le laisse faire faillite, mais aussi trop interconnecté pour qu'il en aille ainsi.

Les produits dérivés ont été associés à un certain nombre d'épisodes infamants de tension financière et de crise. Un type de produit dérivé connu sous le nom d'« assurance de portefeuille » fut impliqué dans le krach du marché boursier de 1987 ; en 1994, les pertes sur les positions prises sur les produits dérivés conduisirent le comté d'Orange (Californie) au bord de la faillite. Les produits dérivés jouèrent un rôle majeur dans le fiasco de LTCM en 1998 et aggravèrent les fluctuations du cours du pétrole en 2008 et 2009. Ils firent de gros dégâts de bien d'autres manières : en dissimulant des engagements, en contournant l'impôt, en entravant des tentatives de restructuration de dette, et même en servant d'instruments pour provoquer à dessein les défauts de paiement de banques, d'entreprises et de pays.

Au vu de leur dossier, l'interdiction des produits dérivés pourrait sembler une bonne idée. Mais ce n'est pas le cas : la plupart des dérivés ne produisent pas de dommages. Ce que nous devons faire, c'est contrôler les excès que peuvent causer certains produits dérivés. C'est plus facile à dire qu'à faire : il n'y a pas de panacée. Mais certaines mesures judicieuses devraient être prises rapidement.

Nous devons d'abord remédier à l'insuffisance de transparence des produits dérivés. Il est exact que certains produits dérivés sont depuis longtemps échangés de gré à gré sans que cela pose problème – c'est le cas des *swaps* de taux d'intérêt et des *swaps* de devises classiques – et qu'il pourrait continuer d'en être ainsi. Mais il en va tout autrement des CDS : ils doivent être mis au jour et soumis à une stricte régulation par la SEC et la CFTC. L'administration Obama a déjà fait des pas dans cette direction : plusieurs propositions destinées à faire de cette régulation une réalité ont déjà été élaborées.

L'une des écoles en présence suggère de faire entrer les dérivés de crédit dans un système d'échanges centralisé semblable à ceux dans lesquels les produits dérivés plus simples sont achetés et vendus. Cela a du sens : les échanges garantissent que les produits dérivés seront compensés et achetés de façon officielle et transparente. Une telle institution pourrait également garantir que les parties au contrat de dérivé disposent du collatéral nécessaire pour tenir leurs engagements.

Mais bien que certains des dérivés de crédit existants puissent être standardisés et échangés de façon centralisée, ce n'est pas le cas pour tous : un grand nombre des dérivés de gré à gré sont à peu près impossibles à standardiser et ne font pas l'objet de volumes d'échanges suffisants ; leur prix ne peut donc être évalué de manière cohérente comme dans le cas d'une action ou d'une obligation (ou d'un produit dérivé ordinaire).

Les dérivés de crédit les plus ésotériques devraient être enregistrés auprès d'une maison de compensation unique. De telles institutions existent déjà pour des formes plus simples de produits dérivés : l'*Options Clearing Corporation* gère par exemple un certain nombre de produits dérivés liés aux actions et aux matières premières. Bien qu'il s'agisse d'une entreprise privée, elle a l'*imprimatur* de la SEC et de la CFTC. Une partie de son travail consiste à s'assurer que les parties à un contrat de dérivé ont suffisamment de collatéral pour respecter leurs engagements. (En d'autres termes, aucun établissement financier ne pourrait proposer d'« assurance » contre défaut sans être en mesure de prouver qu'il dispose de suffisamment de collatéral.) La maison de compensation assumerait en échange le fardeau du contrat dans l'éventualité du défaut de la contrepartie. Tout ceci contribuerait à réduire le problème du risque de contrepartie.

Bien qu'une maison de compensation soit une bonne idée, quelques remarques doivent être faites. En cas de crise systémique, la maison de compensation pourrait être dans l'incapacité d'honorer tous les contrats et pourrait se voir contrainte à la faillite. Ce risque peut être minimisé en augmentant les dépôts de garantie. Mais comme les événements récents l'ont montré, il est facile de sous-estimer le risque systémique ; c'est pourquoi une telle chambre de compensation devrait être soumise au contrôle des régulateurs chargés de vérifier qu'elle dispose des réserves nécessaires pour traverser la tempête.

Le risque d'arbitrage réglementaire est plus problématique : si la maison de compensation ne manipule que des dérivés de crédit standardisés, les ingénieurs financiers créeront des produits dérivés exotiques que la maison de compensation ne pourra pas prendre en charge dans le seul but d'échapper à la réglementation. Mieux vaut que la maison de compensation gère l'ensemble des produits dérivés de ce type.

Cette solution pourrait être mise en œuvre conjointement avec d'autres réformes destinées à accroître la transparence du système. Les échanges de CDS pourraient par exemple être enregistrés dans une base de données centralisée qui serait accessible au public. Comme nos collègues de New York University l'ont suggéré, une telle collecte de données pourrait s'inspirer du *Trade Reporting and Compliance Engine (TRACE)*, la base de données gérée par la *Financial Industry Regulatory*

Authority. Rendre ces marchés moins opaques présentera l'intérêt supplémentaire de rendre les prix plus compétitifs et de limiter la capacité des firmes à pratiquer des prix supérieurs à ce que justifient les conditions du marché.

Dans certains cas, cela vaut la peine d'interdire totalement certains produits dérivés ou d'en restreindre drastiquement l'usage. Les régulateurs devraient par exemple envisager d'interdire les contrats de CDS. L'une des règles principales de l'assurance veut que la partie qui souscrit une police d'assurance ait un « intérêt assurable ». La plupart des contrats de CDS passent outre cet usage. Pour reprendre une analogie précédemment utilisée, les contrats de CDS donnèrent à Wall Street « de fortes incitations à brûler votre maison », comme l'écrivit un reporter du *Financial Times*.

S'il n'était pas possible de les interdire complètement, les compagnies d'assurances ne devraient du moins pas être autorisées à vendre ces garanties. Ces instruments ne devraient être manipulés que par les fonds spéculatifs et autres joueurs à haut risque. Ils devraient par ailleurs faire l'objet de dépôts de garantie et d'exigences en collatéral par le biais d'une maison de compensation. Un fonds spéculatif désireux d'entrer sur le marché de l'assurance devrait prouver qu'il sera capable de faire face à ses engagements.

Une dernière mesure permettant d'améliorer la régulation des produits dérivés consisterait à modifier la répartition des responsabilités de la SEC et de la CFTC. Ces agences régulent différentes parties du marché des produits dérivés, ce qui revient à diviser l'autorité du régulateur. Placer l'ensemble des produits dérivés sous la responsabilité d'une seule agence autoriserait l'émergence d'une approche plus systématique de la réglementation et de la surveillance de ces produits et, ce qui importe davantage encore, réduirait la menace potentielle qu'ils font peser sur la stabilité du système financier international.

Des réformes de cette nature permettraient de traiter plusieurs problèmes : le risque de contrepartie, un manque de transparence des prix – même les commissions anormalement élevées qui sont l'une des caractéristiques des ventes de produits dérivés de gré à gré et qui autorisent les initiés à récolter d'énormes commissions et à tondre les investisseurs.

Ces suggestions ne constituent toutefois pas une panacée. Les produits dérivés sont parmi les plus complexes à réglementer et à surveiller, et leur croissance explosive lors de la dernière décennie n'a fait que rendre la tâche plus complexe. Alors qu'ils constituaient un moyen de se protéger contre le risque, ils se sont transformés en instruments purement spéculatifs qui autorisent souvent des investisseurs naïfs – par exemple des gestionnaires de fonds de pension – à assumer un levier d'endettement et un risque élevés. Parce qu'ils sont de plus en plus exotiques, opaques et incompréhensibles pour les non-spécialistes, ils font peser sur le système financier un grave danger que les réformes précédemment évoquées ne suffiront pas à lever.

C'est la raison pour laquelle les nouvelles générations de produits dérivés devraient faire l'objet d'une surveillance systématique et impitoyable. Pour le dire autrement, ce n'est pas une situation dans laquelle les régulateurs doivent redouter de prendre des mesures énergiques au motif qu'elles mettraient en péril la croissance économique. C'est au contraire la persistance des produits dérivés qui menace la stabilité économique mondiale. Plus tôt les législateurs, les responsables publics et les régulateurs le comprendront, mieux cela vaudra.

C'est malheureusement au niveau mondial qu'il faut intervenir pour renforcer la stabilité économique. Cela implique aussi de reconsidérer certaines des méthodes utilisées par les banques pour gagner de l'argent.

Bâle et au-delà

Bâle est une ville suisse pittoresque qui a beaucoup de raisons de prétendre à la célébrité : on y trouve la plus vieille université de Suisse, le premier zoo du pays et son immeuble le plus élevé. Les écoles de Bâle ont accueilli des géants de la pensée tel Friedrich Nietzsche ; quant à ses entreprises chimiques et pharmaceutiques, elles sont entrées dans l'histoire en donnant au monde des produits comme le Valium et le LSD. Sa communauté bancaire a réalisé une contribution un peu moins excitante mais non moins importante : le Comité de Bâle sur le contrôle bancaire.

Les membres de cette institution méconnue, née en 1974, sont issus des banques centrales d'un groupe d'économies avancées constituant ce que l'on appelle le G10. Son mandat consiste à proposer de meilleures manières de réglementer et de contrôler les banques et les autres établissements financiers. Bien que ses recommandations ne soient pas contraignantes, elles ont beaucoup de poids : la structure du système financier tel qu'il existait au moment du déclenchement de la crise était pour une large part le fruit des recommandations du Comité de Bâle.

Ces recommandations, ou accords, ont évolué au cours des ans. Connu sous le nom de Bâle I, le premier accord demandait aux banques de distinguer les différentes catégories d'actifs qu'elles détenaient afin de mieux évaluer le risque lié à leur détention. De cette évaluation du risque dépend la quantité de capitaux propres qu'une banque doit posséder.

Prenons l'exemple de deux banques ; chacune d'entre elles emprunte un milliard de dollars et l'investit. L'une achète des bons du Trésor américain, l'autre des obligations pourries émises par des entreprises. Conformément aux dispositions de Bâle I, ces deux banques attribueront un facteur de risque différent à ces différents actifs. Ce facteur de risque déterminera à son tour la quantité de capitaux propres qu'elles doivent détenir. En pratique, la banque qui a acheté de la dette d'État très sûre n'a pas besoin de détenir autant de capitaux propres que celle qui a placé son argent dans des obligations pourries.

Bâle I posait d'autres conditions. Les banques opérant dans plusieurs pays devaient détenir des capitaux propres pour un montant équivalant à 8 % de leurs actifs pondérés par le risque. Les dispositions de l'accord précisaient la forme que ces capitaux propres devaient prendre : actions ordinaires, actions privilégiées et autres capitaux propres de qualité élevée (capital Tier 1) ; et tout le reste (capital Tier 2).

Le premier accord de Bâle entra en vigueur dans les années 1980 ; en 1992, la plupart des pays du G10 avaient adopté ses recommandations. De nombreuses économies émergentes firent de même afin de manifester leur stabilité financière et leur prudence. Des règles adaptées à des économies industrielles avancées furent malheureusement plus difficiles à mettre en œuvre de façon durable dans des économies émergentes, particulièrement en temps de crise.

Il n'est pas moins inquiétant que les banquiers aient trouvé des moyens de dissimuler le risque que les accords de Bâle n'avaient pas prévu – par exemple en titrisant les actifs. Ces tours de passe-passe ne donnèrent aux bilans des banques que l'apparence de la stabilité. Les banquiers avaient obéi à la lettre de Bâle I mais avaient trahi son esprit.

Ces échecs ouvrirent la voie à Bâle II. Alors que le texte précédent ne faisait que 37 pages, le nouvel accord était presque dix fois plus long. Il comportait des recommandations techniques très précises pour l'évaluation des risques des actifs, suggérait des méthodes de calcul, élargissait la notion de risque de manière à prendre en compte d'autres dangers (comme l'éventualité que les actifs perdent de la valeur sur le marché), tentait de priver les banques des échappatoires qui leur avaient permis de dissimuler le risque, encourageait les régulateurs à mieux faire respecter les exigences de capitaux propres, et établissait les conditions dans lesquelles les banques rendraient leur situation financière publique. Bien que beaucoup de pays européens aient souhaité que Bâle II s'applique à toutes les banques, les États-Unis, le Canada et le Royaume-Uni obtinrent que la portée de l'accord soit limitée aux grandes banques internationales.

Les membres du G10 adoptèrent une version définitive de Bâle II en 2006. Le texte devait ensuite être mis en œuvre dans les différents pays concernés ; le processus était en cours quand la crise financière éclata. Il devint immédiatement évident qu'en dépit de sa précision Bâle II présentait de graves défauts. Bien qu'un grand nombre des corrections apportées à Bâle I aient constitué une réponse aux crises des années 1990, Bâle II ne protégeait pas suffisamment les grandes banques de secousses comparables à celles qui se produisent lors d'une crise financière majeure. Pour le dire simplement, Bâle II surestimait la stabilité du système financier mondial. C'était une grave erreur.

La crise mit en évidence plusieurs réalités. Un : les banques avaient besoin de capitaux propres de meilleure qualité, et il leur en fallait davantage. Deux : le « matelas de capitaux propres » dont de nombreuses banques s'étaient dotées n'était pas suffisamment épais pour les protéger du type de choc produit par l'effondrement du marché immobilier et le resserrement du crédit. Trois : la qualité des capitaux propres telle qu'elle était définie par Tier 1 et Tier 2 pouvait se dégrader fortement en temps de crise.

Réformer Bâle II prendra des années, mais certaines priorités se dégagent. La manière dont Bâle II définit et hiérarchise les capitaux propres devra être modifiée. Au lieu de retenir la définition du Tier 1 pour évaluer les capitaux propres d'une banque, il faudrait utiliser une mesure plus précise connue sous le nom de *Tangible Common Equity (TCE)*. Le TCE ne retient que les actions ordinaires dans l'évaluation des capitaux propres, contrairement à la définition du Tier 1 qui inclut les actions ordinaires et les actions privilégiées. Le TCE constitue donc une définition plus prudente des capitaux propres dont dispose une banque. C'est une manière plus réaliste d'évaluer la santé d'une banque confrontée à une situation de crise.

La façon dont Bâle II est structuré pose un problème plus profond. Les méthodes employées pour évaluer les capitaux propres surestiment le montant de capitaux propres dont les banques disposent durant les phases d'expansion et le sous-estiment en temps de crise, ce qui les contraint à réduire leur exposition au risque de façon excessive et saccadée. Cela se produit parce que les prix des actifs détenus par les banques augmentent en période d'expansion, ce qui diminue leurs besoins en capitaux propres et les encourage à prendre plus de risques. En temps de crise, c'est l'inverse qui se produit : les prix des actifs diminuent et les banques ont besoin de plus de capitaux propres à un moment où il est très difficile de s'en procurer.

En science économique, ce phénomène est connu sous le nom de « procyclicité ». La signification de ce terme quelque peu tarabiscoté est simple : un phénomène procyclique amplifie les fluctuations de l'ensemble de l'économie – un cycle expansion-récession par exemple. Lorsque cela concerne les capitaux propres, cela pose évidemment un problème : les règles qui les concernent sont destinées à protéger les banques des fluctuations économiques, non à amplifier ces dernières. Afin d'éviter la procyclicité, on pourrait adopter une manière différente d'évaluer les capitaux propres appelée « provisionnement dynamique ». Au lieu d'obliger les banques à détenir un pourcentage fixe de capitaux propres (comme les 8 % imposés par les accords de Bâle), un système dynamique l'autoriserait à varier dans le temps. Lors des années d'expansion, les exigences de capitaux propres seraient plus fortes ; elles diminueraient si la situation se détériorait. Une forme de provisionnement dynamique a déjà été mise en œuvre par les banques espagnoles ; bien qu'il ne s'agisse pas là d'une panacée, il pourrait valoir la peine de généraliser ce système au moyen d'un nouvel accord de Bâle.

Une autre solution possible au problème de la procyclicité consiste à utiliser des capitaux propres contingents (*contingent capital*). Cette idée, qui a de plus en plus de partisans, doit être examinée de près parce qu'elle n'est pas exempte de problèmes. Voici comment cela fonctionne : quand tout va bien, les banques émettent des obligations convertibles contingentes (*contingent convertible bonds*). Ce type de dette diffère de la dette ordinaire en ce qu'elle se transformera en actions ou en capitaux propres si la dégradation du bilan de la banque atteint un niveau donné.

Les capitaux propres contingents présentent plusieurs avantages. La banque dispose tout d'abord de plus de capitaux propres lorsqu'elle en a réellement besoin, ce qui lui permet de rester à flot. Les banques fragilisées survivent, mais cela a un prix : ceux qui détenaient des obligations émises par la banque perdent leur argent mais prennent une participation au capital de l'établissement concerné. Ce soudain afflux d'actionnaires venus de l'extérieur réduit le pouvoir des actionnaires existants.

Cela ne fait l'affaire ni des détenteurs d'obligations originaux ni des actionnaires. Ces deux groupes ont donc une incitation à surveiller ce que fait la banque pour éviter qu'elle ne se retrouve dans cette situation malencontreuse. En théorie, si les détenteurs d'obligations pensent que la banque va dans une mauvaise direction, ils lui imposeront une discipline de marché sous forme de coûts d'emprunt plus élevés. De la même manière, les actionnaires mettront le holà aux entreprises risquées qui pourraient attirer des ennuis à la banque.

Il se peut que cette idée fonctionne mieux sur le papier qu'en pratique. Pour qu'elle produise les résultats attendus, il faudrait que les banques émettent suffisamment d'obligations convertibles contingentes. Si tel n'était pas le cas, le type d'autodiscipline qu'elle est supposée encourager – sans parler des capitaux propres attendus – serait insuffisante. C'est toutefois une des meilleures propositions disponibles à l'heure actuelle – et elle répond à l'une des principales faiblesses de Bâle II. Cet accord reposait sur l'hypothèse suivante : si les régulateurs, les actionnaires et les gestionnaires d'une banque ne parvenaient pas à lui faire abandonner ses comportements risqués, ses créanciers prendraient le relais ; les acquéreurs de la dette de la banque lui imposeraient une discipline de marché en poussant à la hausse les coûts d'emprunt des banques prenant trop de risques.

Mais lorsque la crise récente éclata, il n'y avait malheureusement pas assez de dette de ce type pour imposer une discipline de marché. De toute façon, les gouvernements du monde entier firent peu de cas de la discipline de marché quand ils décidèrent de garantir toute cette dette *et* de permettre aux banques d'emprunter davantage. Les capitaux propres contingents pourraient aussi permettre de contourner cette difficulté : la dette serait convertie en fonds propres au lieu d'être garantie et refinancée. Cela pourrait peut-être contribuer à la lutte contre l'aléa moral.

Les sages de Bâle devraient par ailleurs s'attacher aux dangers liés à l'insuffisance de liquidités. La crise récente a amplement démontré que les établissements financiers, qu'il s'agisse des banques classiques ou des établissements du système bancaire parallèle, sont particulièrement sensibles à une crise de liquidité. Le Comité de Bâle n'a guère accordé d'attention à ce problème par le passé. Cela doit changer. Comme nous l'avons montré dans les chapitres précédents, le récent désastre fut provoqué par une crise bancaire de grande ampleur. Les établissements financiers empruntaient de l'argent à court terme pour l'investir à long terme sous forme d'actifs illiquides. Quand la panique s'empara des marchés, les banques et les établissements du système bancaire parallèle ne parvinrent plus à renouveler leurs emprunts à court terme : ils devinrent illiquides.

Une réforme de la réglementation des établissements financiers – bancaires et non bancaires – devrait donc mettre l'accent sur la gestion du risque de liquidité. Une manière de procéder consisterait à demander aux firmes d'éviter d'emprunter à court terme – en d'autres termes, d'accroître significativement la maturité et la durée de leurs engagements. Une banque qui doit renouveler ses emprunts une fois par an est moins susceptible de souffrir d'une crise de liquidité que celle qui doit le faire chaque jour. Cette technique de gestion de la liquidité ne résoudra pas tous les problèmes : ainsi que l'a montré la crise récente, même les institutions qui réalisent presque exclusivement des investissements liquides – les fonds du marché monétaire par exemple – peuvent rencontrer des difficultés en plaçant ne serait-ce qu'un peu de leur argent sous forme d'actifs moins liquides.

Un autre défaut du régime de Bâle est qu'il donne trop de latitude aux établissements financiers dans le choix de leurs méthodes internes d'évaluation du risque. La méthode *Value at Risk (VaR)* est l'une d'entre elles : c'est une formule mathématique supposée évaluer la probabilité qu'une firme réalise une perte sur ses actifs. La copule gaussienne en est une autre : il s'agit d'un outil statistique qui a été utilisé pour évaluer des actifs ésotériques comme les CDS. Ces deux modèles négligeaient la possibilité de crises ou d'autres événements perturbateurs ; ils ne furent donc d'aucun secours quand la crise éclata. La solution ne consiste malheureusement pas à concevoir un meilleur système d'équations. Les modèles ne valent pas mieux que ceux qui les utilisent : si les gens veulent faire croître les profits en ignorant les risques, ils bricoleront des formules de manière à obtenir les résultats souhaités.

Nous devons donc imaginer d'autres manières de minimiser les risques. Il faut commencer par repenser la façon dont les établissements financiers gèrent le risque. À l'heure actuelle, l'approche dominante est celle du « silo » : chaque division envisage le risque de façon isolée, sans prendre en compte la possibilité d'interaction de ses activités avec celles des autres divisions. L'exemple classique est celui d'AIG : une petite branche londonienne de la compagnie, qui n'avait que 375 employés, assura suffisamment de CDO toxiques pour faire s'écrouler d'innombrables divisions qui employaient plus de cent mille personnes.

Il est également inquiétant que beaucoup de gestionnaires de risques soient marginalisés parce qu'ils empêchent la réalisation de profits plus importants. Cela complique la tâche de surveillance des traders qui leur a été confiée. C'est la raison pour laquelle la gestion des risques devrait s'affranchir du modèle du silo et opter pour une vision des risques à l'échelle de l'organisation. Cela implique d'engager un responsable de la gestion du risque qui ne rendra compte qu'au PDG et au conseil d'administration, et de le doter d'une équipe capable de surveiller ce qui se passe dans les multiples divisions d'une banque comme d'encadrer plus fortement les comportements risqués.

La prochaine crise

Les crises financières ont une drôle de manière de faire en sorte que les réformes radicales deviennent acceptables. Une grande partie de celles que nous avons présentées dans ce chapitre auraient semblé extrêmes et inutiles avant la crise qui éclata en 2008. Ce n'est plus le cas.

Les réformes que nous avons décrites permettraient d'accroître la responsabilité et la transparence du système financier en modifiant les modes de rémunération, en réglementant la titrisation, en plaçant les produits dérivés sous surveillance et en tenant en laisse les gardiens putatifs du système que sont les agences de notation. Ces réformes garantiraient également que les banques et les autres établissements financiers disposent de capitaux propres en suffisance et d'assez de liquidités pour survivre à une crise financière majeure.

Ces réformes mettraient aussi un terme aux abus potentiels associés au contrôle exercé sur une grande partie du système financier par un petit oligopole de banques et de banques d'affaires. Si les produits dérivés et les autres instruments financiers étaient plus transparents, il serait beaucoup plus difficile pour ces établissements de faire payer à leurs clients des commissions disproportionnées et des écarts offre-demande (*bid-ask spreads*). Il est compréhensible que ces firmes soient réticentes à ce que le commerce de ces instruments sorte des mains de négociants spécialisés : cela les priverait de la possibilité de dégager des profits liés à la connaissance d'informations dont ne disposent pas leurs clients. Dans le système actuel, les firmes peuvent très facilement facturer des écarts offre-demande parce que la transparence des prix n'existe pas ; elles peuvent utiliser les informations relatives aux investissements de leurs clients pour gagner de l'argent dans d'autres activités comme le négoce pour compte propre ou les activités de marché.

Une plus grande transparence entraverait ce type de comportement.

Les sceptiques peuvent raisonnablement faire remarquer que si les investisseurs veulent payer trop cher pour obtenir des rendements « alpha » ou « schmalpha », c'est leur affaire. Mais l'essor d'une petite coterie d'établissements financiers incroyablement puissants et opaques a produit un problème bien plus troublant. Ces firmes abritent à présent un choix surprenant d'activités financières : cela va de l'émission et de la garantie de titres aux opérations de marché en passant par le négoce pour compte propre, le *private equity*, les fonds spéculatifs, la gestion d'actifs et les activités bancaires classiques. Les interconnexions entre ces différentes fonctions – sans parler de celles qui existent entre la poignée d'établissements survivants – ont créé un système extrêmement vulnérable.

Déplacer l'essentiel des échanges des marchés de gré à gré aux marchés organisés réduirait un certain nombre de distorsions et, ce qui importe davantage, limiterait le risque de contrepartie qui rend les établissements financiers trop interdépendants pour qu'on les laisse faire faillite. Plus les transactions ont lieu sur des marchés organisés, plus le risque de contrepartie diminue et moins le système est interconnecté. Faire diminuer la taille des établissements ne suffit pas à réduire le risque de *too big to fail* : il faut également dénouer les liens qui existent entre les services financiers au sein des établissements considérés. Sur les marchés organisés, les *broker dealers* ne se préoccuperaient que de l'exécution des ordres des clients ; il n'y aurait ni conflits d'intérêts, ni manque de transparence des prix, ni risque de contrepartie massif et systémique. Nous avons donc besoin de revenir au *Glass-Steagall Act*, voire au-delà : à un système dans lequel les établissements financiers et leurs activités ne sont pas interconnectés de manière à les rendre moins *too big to fail* et *too interconnected to fail.*

La concentration du système financier a créé un système qui est trop interconnecté pour qu'on le laisse faire faillite.

Les propositions présentées dans ce chapitre constituent de premières étapes pour traiter ces problèmes. Mais des réformes bien plus radicales doivent être mises en œuvre si le système financier veut acquérir un semblant de stabilité dans les années à venir.

9. Thérapie de choc

Au début du mois de janvier 2010, Ben Bernanke défendit la gestion par la Réserve fédérale de la récente crise financière. Il estima que son déclenchement aurait pu être empêché par une régulation de meilleure qualité : « La leçon que je tire de cette expérience n'est pas que la régulation et la surveillance des risques financiers sont inefficaces, mais que leur mise en œuvre doit être plus intelligente. »

C'est exact. Mais comment les régulateurs pourraient-ils faire un meilleur travail ? Nous examinerons dans ce chapitre un certain nombre d'obstacles à la réalisation de cette ambition. Ils incluent la soustraction volontaire à la surveillance du régulateur, également connue sous le nom d'arbitrage réglementaire ; l'absence de coordination entre régulateurs qui nuit à une régulation efficace du système financier ; et le fait que les règlements ne valent que ce que valent les régulateurs chargés de les faire respecter. L'histoire récente de la régulation montre que ces problèmes peuvent faire échec aux règles et aux règlements les mieux conçus et les plus stricts. Réussir la réforme de la régulation et de la surveillance du système financier exige de leur apporter une réponse.

C'est un début. Il en va de même des recommandations modérées et de bon sens présentées dans le chapitre précédent. Mais parfois, il ne suffit pas d'appliquer de nouvelles règles au *statu quo* : un peu de « destruction créatrice » réglementaire peut être utile. Nous examinerons dans ce chapitre certains des changements les plus radicaux qui pourraient et devraient être mis en œuvre dans les années à venir ; ils incluent le démembrement de grandes banques et la création de nouveaux pare-feu dans le système financier.

Nous nous attacherons enfin à une idée totalement différente mais tout aussi radicale : l'utilisation de la politique monétaire pour prévenir les bulles spéculatives. Bien qu'elle soit relativement simple, la plupart des économistes et des responsables publics la considèrent comme hérétique et dangereuse. Bernanke l'écarta en soutenant qu'une meilleure régulation et un contrôle plus strict constituaient une manière plus « chirurgicale » de traiter ce problème.

Nous ne partageons pas son avis. Quand elle est convenablement utilisée, la politique monétaire est l'un des moyens les plus efficaces et les plus puissants de gérer les bulles d'actifs ainsi que les crises qu'elles provoquent. Ses effets ne sont pas chirurgicaux, mais c'est précisément ce qui est nécessaire : la politique monétaire peut avoir un impact plus large sur le climat de spéculation qui entoure la formation d'une bulle. Il est donc utile de l'ajouter à la boîte à outils dont disposent les responsables publics.

Ce qui suit est un aperçu de l'avenir potentiel de la finance – si et seulement si les responsables publics et les politiciens reconnaissent que lutter contre les crises exige d'avoir une vue d'ensemble des choses et d'adopter des réformes radicales. Se montrer moins ambitieux reviendrait à modifier la disposition des transats sur le pont du *Titanic*.

Éviter l'arbitrage

Quand les gens pensent à la réforme de la régulation financière, ils songent généralement à des règles, des indications et des lois qui promettent de mettre un terme aux mauvais comportements, d'encourager la stabilité du système et de prévenir les crises. Tout cela est bel et bon, mais les banquiers et les traders ont une curieuse manière de se soustraire aux règles les mieux conçues. L'arbitrage réglementaire est l'une des questions que les responsables publics doivent traiter s'ils souhaitent que leurs réformes aient un effet.

Lors des années qui précédèrent la crise, les banques traditionnelles étaient assez correctement régulées. Le gouvernement leur donnait en échange accès à un filet de sécurité : la garantie des dépôts et le soutien explicite d'un prêteur en dernier ressort. Ce marché ne convenait pas aux banquiers qui voulaient disposer d'une plus grande liberté afin de prendre des risques. Ils transférèrent donc une partie de plus en plus importante de leurs activités au système bancaire parallèle, c'est-à-dire à des établissements qui ressemblaient à des banques et se comportaient comme elles mais n'étaient pas réglementés de la même manière. C'est ce qu'on appelle l'arbitrage réglementaire : le déplacement volontaire de l'activité financière d'un environnement très réglementé à un environnement qui l'est moins.

Juste après la crise, il y avait un consensus pour dire que les établissements financiers non bancaires – les « banques fantômes » – devaient être réglementés comme les banques classiques. La plupart d'entre eux avaient bénéficié d'un soutien gouvernemental d'une ampleur inédite ; le moment était venu de rendre la politesse et de se soumettre à une réglementation plus stricte. La crise démontra par ailleurs que beaucoup de ces établissements étaient de taille systémique : leur faillite pouvait envoyer des ondes de choc dans le système financier tout entier, ce qui constituait une raison de plus de les réglementer.

Tout cela sonne bien, non ? De nombreux responsables publics tirèrent malheureusement des leçons erronées de l'histoire. Ils observèrent les banques fantômes géantes – des établissements comme AIG – et conclurent qu'elles seules devaient être réglementées. Cette philosophie inspire certaines des propositions actuellement disponibles. Celles qu'a présentées l'administration Obama visent ainsi les « établissements financiers de taille systémique ».

Une application sélective de la réglementation constituerait une grave erreur : elle ne ferait qu'ouvrir la voie au développement de l'arbitrage réglementaire. L'intermédiation financière se déplacerait des grands établissements financiers fraîchement réglementés à leurs petits frères. En dépit de leur taille réduite, ces établissements moins fortement réglementés joueraient un rôle de plus en plus important et leur faillite collective poserait un problème similaire. Durant la crise des caisses d'épargne, quelque 1 600 établissements de ce type disparurent ; aucun d'eux n'était de taille systémique, mais l'insuffisante garantie de leurs prêts et leurs pertes collectives eurent des effets systémiques.

C'est la raison pour laquelle toute nouvelle réglementation doit être appliquée à l'ensemble des établissements et non exclusivement à ceux qui semblent présenter un risque systémique. Quel que soit leur objet, toutes les règles – des ratios de fonds propres ou de liquidité aux règles de conformité ou de publicité – devraient être imposées sans faire d'exception, même s'il est souhaitable de rendre la réglementation plus stricte pour les établissements de taille systémique. Les ingénieurs financiers ne devraient avoir nulle part où aller : les règles devraient être appliquées de manière universelle. Dans le cas contraire, les arbitrages et les crises se multiplieraient.

L'autoréglementation facilita considérablement le jeu de l'arbitrage réglementaire lors des dernières années. L'idée sous-jacente consistait à estimer que les régulateurs pouvaient établir des principes généraux et demander aux établissements financiers de s'y conformer. Presque inévitablement, cette approche – également connue sous le nom de *soft-touch regulation* – engendra plus d'arbitrage. Parce qu'on leur demandait de gérer le risque à leur manière, les firmes retinrent des modèles qui sous-estimaient presque toujours le montant de capitaux propres nécessaire pour traverser une crise.

Lorsqu'ils s'attaqueront au problème de l'auto-régulation, les régulateurs devront se garder d'adopter un grand nombre de règles très précises destinées à tous les types de produits financiers structurés. Cela ouvrirait une course folle : une réglementation fragmentaire relancerait l'arbitrage réglementaire parce que les ingénieurs financiers trouveraient le moyen de transformer les produits afin qu'ils échappent à la loi.

Il y a une autre raison pour laquelle une réglementation très particulière manquerait sa cible : le degré d'innovation financière déjà atteint est simplement vertigineux. La taille d'un guide des produits dérivés très utilisé dans l'industrie financière en donne une idée : alors qu'il ne faisait que sept cents pages environ lors de sa première publication en 1989 (il s'appelait alors *Swap Financing*), la dernière édition, publiée en 2006 (rebaptisée *The Das Swaps & Financial Derivatives Library*) comportait près de cinq mille pages. Il est extrêmement difficile de suivre le rythme de l'innovation financière.

Cela ne signifie pas que les régulateurs doivent baisser les bras, revenir à l'ancien système de définition de « principes » et espérer que les traders ainsi que les banquiers s'y conformeront. Ils devraient plutôt établir un ensemble solide de règles simples régissant les aspects essentiels du système financier. Ils devraient par exemple limiter le recours au levier d'endettement – en valeur absolue, sans tenir compte de sa pondération par le risque. Des règles similaires devraient être appliquées aux exigences de capitaux propres et de liquidité : elles devraient concerner toutes les entreprises, grandes ou petites. Seuls les régulateurs – et non les banquiers – pourraient disposer d'une certaine latitude dans la mise en œuvre de ces règles.

Cela soulève plusieurs questions. Comment la réglementation devrait-elle être appliquée ? Quelles sont les institutions auxquelles cette tâche devrait être confiée ? Et comment ces institutions pourraient-elles coordonner leurs efforts ?

Mise en œuvre et coordination

La surveillance du système financier a été confiée aux États-Unis à un nombre ahurissant d'organismes, au niveau fédéral comme à celui des États. Ces organismes ont évolué au petit bonheur la chance lors du siècle écoulé.

Commençons par le niveau des États. Tout au long du XIXe et du XXe siècle, chacun des cinquante États créa des commissions destinées à encadrer les activités bancaires et assurantielles. Ces organismes fonctionnent de diverses manières et ont des degrés divers d'expérience en matière de surveillance des établissements bancaires, lesquels incluent des banques à charte locale comme des banques autorisées à opérer au niveau fédéral. Certains États ont également des organismes chargés de la régulation des titres financiers similaires à la SEC ainsi que des organismes surveillant les établissements de crédit. Ces institutions présentent des caractéristiques très différentes, qu'il s'agisse de leur financement, de leur degré de sophistication ou des règles qu'elles sont chargées de mettre en œuvre.

Au sommet de cette structure décentralisée se trouvent les organismes chargés de la régulation financière au niveau fédéral ; ils partagent certaines fonctions avec les organismes existant au niveau des États et se substituent à eux en d'autres cas. Le nombre de ces organismes est stupéfiant : on trouve parmi eux l'*Office of the Comptroller of the Currency*, la Réserve fédérale, la *Commodity Futures Trading Commission* et bien d'autres. Les attributions de beaucoup de ces agences se recoupent. Et comme si tout cela ne prêtait pas suffisamment à confusion, il existe plusieurs organismes de régulation privés mais contrôlés par le gouvernement qui conseillent celui-ci, conçoivent des règles destinées aux établissements financiers et vont jusqu'à maintenir l'ordre parmi leurs membres ; il s'agit d'institutions comme le *Financial Accounting Standards Board (FASB)*.

Pourquoi un tel patchwork ? Il résulte pour partie du système de gouvernement fédéral, lequel procède à une répartition des pouvoirs entre les États et la nation. Mais il reflète aussi le programme du New Deal qui avait partagé le pouvoir de régulation du système financier entre plusieurs institutions. Les lacunes et les insuffisances associées à ce système ne firent que croître à mesure qu'apparaissaient de nouveaux établissements financiers et de nouveaux instruments. Les diverses « réformes » qui aboutirent à la déréglementation du système financier créèrent d'autres lacunes.

De nombreux responsables publics ont pris la défense de ce système de régulation. L'existence de ces différentes institutions autoriserait le développement d'une concurrence bénéfique qui conduirait à l'adoption des meilleures pratiques en matière de régulation. Les établissements financiers ne cherchent malheureusement pas la meilleure régulation possible : ils la souhaitent suffisamment faible pour qu'elle ne puisse pas restreindre les activités qui sont au cœur de leur métier.

Cela ne serait pas un problème si les banques n'avaient pas le choix de leur régulateur. Mais le système en vigueur leur donne le choix : il tient à la manière dont elles décident de se constituer. Une banque commerciale peut par exemple choisir de se constituer conformément aux lois d'un État donné plutôt qu'à celles de l'État fédéral. Elle doit par ailleurs décider d'intégrer ou non le système de la Réserve fédérale. En fonction de ces choix, la banque en question sera régulée soit par l'*Office of the Comptroller of the Currency*, soit par la Réserve fédérale, soit par la FDIC – pour ne rien dire des régulateurs locaux.

Les banques ne font pas ces choix au hasard. Il existe de nombreux éléments permettant de conclure que les banques commerciales des États-Unis quittent la juridiction de certains organismes régulateurs afin de prendre davantage de risques. Cela ne devrait pas être une surprise : les banques cherchent à maximiser leurs rendements et n'ont donc aucune raison de se soumettre à des règles qui les placeraient dans une situation défavorable. On assiste alors à une forme de nivellement par le bas : les banques et les autres établissements financiers se mettent en quête du régulateur le moins contraignant.

Les régulateurs pourraient avoir exacerbé le problème lors des années récentes. Voici pourquoi : quand les banques choisissent leur régulateur et se tournent vers les organismes qui leur promettent le contrôle le moins sévère, les agences de régulation les plus rigoureuses voient leur domaine d'activité se réduire comme peau de chagrin. Or un régulateur qui n'a personne à réguler n'a pas de raison d'être. Les régulateurs sont donc incités à se montrer accommodants pour attirer davantage d'établissements financiers dans leurs filets. Nous assistons là aussi à un nivellement par le bas : tel est le paradoxe de l'« achat de régulation ».

L'administration Obama proposa en 2009 une remise à plat de la régulation financière. Elle incluait la création de trois nouvelles agences de régulation fédérales : le *Financial Services Oversight Council*, qui servirait en quelque sorte de régulateur en chef, coordonnerait les travaux des différentes agences, pallierait les lacunes et s'efforcerait d'identifier les institutions susceptibles de poser un problème systémique ; un *National Bank Supervisor* qui contrôlerait toutes les banques opérant au niveau fédéral ; et un *Office of National Insurance* qui assurerait la régulation des compagnies d'assurances.

Le gouvernement avait les meilleures intentions du monde ; il parviendra peut-être à faire adopter certains de ses projets en 2010. Mais aucun d'eux ne répond au problème posé par la superposition des niveaux de régulation : ils créeraient de nouveaux régulateurs et renforceraient certains de ceux qui existent, mais cela ne changerait pas grand-chose à la structure actuelle du système.

Préserver le *statu quo* satisferait les intérêts de l'industrie des services financiers. Les décennies écoulées ont montré que les firmes prospèrent dans les interstices de la réglementation. Le système existant est riche de coins et de recoins grâce auxquels les banques peuvent échapper à une régulation contraignante.

La réflexion relative à la réforme de ce système devrait prendre en compte le modèle offert au Royaume-Uni par la *Financial Services Authority (FSA).* Créée en 1997, cette organisation abrite une foule de régimes réglementaires. La FSA assure la régulation des banques, des compagnies d'assurances, des titres, des produits dérivés et même des prêts hypothécaires. Les régulateurs des différents domaines concernés sont placés sous une même autorité. En théorie, cette centralisation empêche l'arbitrage et le butinage autorisés par un système aussi fragmenté que celui des États-Unis.

Il y a toutefois un petit souci. En assumant des pouvoirs aussi étendus, la FSA a retiré la responsabilité de la régulation bancaire à la banque centrale britannique. Cela pourrait poser problème : parce que les banques centrales jouent le rôle de prêteur en dernier ressort, elles ont historiquement conservé le pouvoir de réglementer les banques et les autres établissements financiers de taille systémique. Si les banques centrales étaient amenées à renoncer à cette responsabilité, elles devraient coordonner leurs activités avec celles de la nouvelle autorité de régulation et procéder à des échanges d'informations.

Le modèle de la FSA n'en est pas moins supérieur à celui dans lequel les pouvoirs de régulation sont répartis entre des institutions concurrentes. Bien que rien de comparable ne soit sur le point d'être mis en œuvre aux États-Unis – la tradition ancienne de répartition des pouvoirs entre le niveau de la fédération et le niveau des États l'interdit –, un certain degré de concentration et de centralisation est souhaitable et nécessaire. Cela n'empêchera pas le type d'arbitrage réglementaire qui a contribué au déclenchement de la crise récente, mais cela le rendra beaucoup plus difficile.

Les établissements financiers ont malheureusement un autre moyen de contourner la réglementation : l'« arbitrage juridictionnel », qui consiste à se déplacer d'un endroit à l'autre en fonction du degré de contrainte induit par la réglementation en vigueur. À l'ère de la mondialisation financière, de la mobilité du capital et de l'absence de contrôles sur les mouvements de capitaux, les établissements financiers peuvent y parvenir assez aisément. Si certains régulateurs ont la tentation de dire « bon débarras » et de laisser des établissements imprudents aller s'établir ailleurs, cela ne fera pas grand-chose pour empêcher des désastres futurs.

C'est pourquoi toute réforme de la régulation devra faire l'objet d'une coordination internationale. C'est plus facile à dire qu'à faire : la réflexion relative à une telle coordination est bien moins avancée que celle qui existe pour d'autres problèmes comme le terrorisme et le changement climatique. Frustrés par ce manque de coordination, certains décideurs ont plaidé en faveur d'un « super régulateur mondial » qui tiendrait lieu, comme l'a dit le ministre allemand des Finances Peer Steinbrück, d'« autorité internationale posant les règles de fonctionnement des marchés financiers ».

Cette idée semble attrayante, mais elle est totalement impraticable. Qu'une institution internationale comme le Comité de Bâle émette des recommandations transposées par les régulateurs nationaux, c'est une chose ; c'en est une autre de convaincre l'ensemble des régulateurs ainsi que les législateurs qui les ont créés d'abandonner tout ou partie de leur autorité à un régulateur unique et tout-puissant. Des versions plus modestes de cette idée n'ont pas abouti : les tentatives de faire de la Banque centrale européenne le régulateur en chef des établissements financiers situés dans les pays membres de l'Union européenne ont échoué. La régulation des banques européennes reste pour l'instant du ressort des banques centrales des différents pays.

Même si toutes les grandes économies avancées pouvaient s'accorder sur la création d'un super régulateur mondial, ce ne serait pas une bonne idée. Bien que le système en vigueur aux États-Unis ne soit pas idéal, l'autre extrême comporte également des risques. Créer un régulateur unique consisterait à confier des responsabilités excessives à une seule entité, qu'elle soit ou non à la hauteur de la tâche.

Cela soulève un dernier point : les réglementations les plus cohérentes et les plus complètes ne servent à rien si elles ne sont pas correctement mises en œuvre. Pour le dire autrement, une réglementation ne vaut que ce que vaut le régulateur chargé de l'appliquer. Comment devrions-nous gérer ce problème ?

Quis custodiet ipsos custodes ?

Une vieille citation latine traduit le dilemme si moderne : *Quis custodiet ipsos custodes ?* Ou, pour paraphraser un peu : « Qui régulera les régulateurs ? » Qui garantira que ceux qui ont la responsabilité du maintien de l'ordre rempliront leur devoir efficacement et de façon désintéressée ?

Ce problème n'est pas nouveau. Platon en constata l'existence dans la *République*, bien qu'il n'évoquât pas le cas des régulateurs financiers mais celui des gardiens ou des administrateurs d'une société. (Les produits dérivés étaient encore loin.) La solution proposée par Platon était étonnante : on ferait aux gardiens – ainsi qu'à la population en général – le « noble mensonge » selon lequel les gardiens étaient plus vertueux que les autres gens. Convaincus de leur propre grandeur, ils n'auraient que mépris pour leur propre intérêt et œuvreraient pour le bien de la république. L'illusion de la vertu serait autoréalisatrice.

Cette idée provoquerait aujourd'hui des hurlements de rire. Elle souligne pourtant une vérité déstabilisante. Songeons à ce qui se produirait si les gardiens ou les régulateurs n'étaient pas autorisés à croire en leur propre supériorité mais étaient jugés incompétents et corrompus. C'est un mensonge d'un genre différent, mais nous avons été incités à y croire. Jusqu'à une date très récente, on disait des régulateurs qu'ils étaient idiots de ne pas travailler pour le secteur privé : on les regardait comme des imbéciles incapables de concurrencer les génies de la finance de Wall Street. Pis encore : ils représentaient un obstacle à l'innovation financière.

Répandu par des fanatiques du laissez-faire, ce mensonge doit être réfuté. Il a été contesté par le passé : dans les années 1930, la toute nouvelle SEC ainsi que d'autres agences de régulation attirèrent un grand nombre de gens intelligents, compétents et idéalistes qui auraient atterri à Wall Street en d'autres temps. Au lieu de cela, ils régulèrent Wall Street et présidèrent à plusieurs décennies de stabilité financière et de croissance économique.

Il n'y a aucune raison pour que cela ne se reproduise pas. Mais une telle évolution exigerait de modifier la réputation des régulateurs et de la régulation. Ce n'est pas une mince affaire. Il serait néanmoins possible de commencer par la manière dont le gouvernement fédéral recrute les régulateurs. Les gens qui occupent ces positions ont le pouvoir et la responsabilité d'empêcher l'éclatement d'une nouvelle crise. C'est une lourde tâche ; elle devrait donc se refléter dans la façon dont cette mission est décrite et vendue aux employés potentiels. Si c'est un « noble mensonge », qu'il en soit ainsi. Mais si notre perception des carrières ouvertes dans la fonction régulatrice n'évolue pas, il sera difficile d'attirer les gens qualifiés dont nous avons besoin pour remplir ces fonctions.

Les régulateurs méritent également une meilleure rémunération. C'est ici que notre chemin se sépare de celui de Platon : après tout, vous lisez un livre écrit par des économistes, non par des philosophes. Examinons les faits : jusqu'à une date relativement récente, la SEC était l'une des agences du gouvernement fédéral où les rémunérations étaient les plus faibles. Même aujourd'hui, il est difficile de trouver un employé de la SEC dont la rémunération excède 100 000 dollars. Bien que la marge de progression des salaires soit à l'évidence limitée – le secrétaire au Trésor gagne un peu moins de 200 000 dollars –, les gens chargés de veiller à la stabilité du système financier devraient être mieux payés qu'un réceptionniste chez Goldman Sachs.

Quelques réformateurs ont tenté de répondre à ce problème en proposant que la rémunération des régulateurs soit liée à leur performance. En d'autres termes, ils seraient d'autant mieux payés qu'ils imposeraient plus d'amendes et fermeraient plus de banques insolvables. Cela peut sembler une bonne idée, mais ce n'est pas le cas. La possibilité d'abus est trop élevée. Songez à la manière dont les forces de police fonctionneraient si les officiers étaient rétribués en fonction du nombre d'arrestations qu'ils réalisent ou du nombre de contraventions qu'ils infligent. Ils seraient sans doute davantage incités à faire respecter la loi, mais cela ne nous dit pas qu'ils se montreraient plus justes ou plus honnêtes.

Mieux vaut traiter le problème du recrutement d'une autre manière. Ayez tout d'abord à l'esprit que le gouvernement fédéral peut offrir quelque chose qui n'existe pas à Wall Street : la sécurité de l'emploi. Étant donné le nombre de banquiers et de traders que la crise a mis au chômage, la perspective d'un emploi garanti peut être particulièrement attrayante. Elle le serait notamment pour les traders et les banquiers approchant l'âge de la retraite. Beaucoup d'entre eux vivent à présent d'allocations chômage. Laissons-les finir leur carrière en travaillant pour la SEC ou pour d'autres agences de régulation.

En suggérant que d'anciens traders rejoignent le gouvernement, nous ne proposons pas de perpétuer les liens existant entre les établissements financiers les plus importants et les instances régulatrices de Washington. Goldman Sachs se livra à cette pratique de manière particulièrement condamnable : plusieurs PDG de cette banque ont occupé des fonctions éminentes dans le gouvernement des États-Unis, et beaucoup de cadres de Goldman acceptèrent des emplois publics importants. En se déplaçant progressivement du secteur privé au gouvernement, ils créent d'innombrables conflits d'intérêts et apparaissent moins comme des régulateurs que comme les alliés de leurs anciens employeurs.

Beaucoup d'entre eux reviennent ensuite au secteur privé et utilisent le carnet d'adresses qu'ils se sont fabriqué dans le public pour faire pression en faveur d'une réglementation moins contraignante et d'une surveillance moins rigoureuse des établissements financiers.

Connu sous le nom de « capture réglementaire », ce problème est plus préoccupant que jamais. À l'automne 2009 par exemple, la SEC annonça en fanfare le recrutement d'un directeur général pour sa division nouvellement créée afin d'assurer la mise en œuvre de la réglementation. La surveillance de firmes comme Goldman Sachs entrerait nécessairement dans ses attributions. Elle engagea en réalité un quasi-débutant de vingt-neuf ans dont la seule expérience professionnelle consistait à avoir travaillé pour Goldman Sachs.

Il y a diverses manières de gérer les problèmes de capture réglementaire et de pantouflage. L'une d'entre elles consiste à limiter sévèrement les possibilités d'accès aux activités de lobbying des anciens fonctionnaires, en particulier de ceux qui ont occupé des emplois de niveau élevé. Les réformes introduites par l'administration Obama au début de l'année 2009 ont interdit ce type d'activité aux employés du gouvernement pour une durée de deux ans. C'est un début ; cette durée devrait être portée à quatre ou cinq ans, voire plus.

Il est également nécessaire de limiter le pouvoir de lobbying des établissements financiers. C'est évidemment une gageure. Les politiciens s'enrichissent en défendant le secteur financier pour la raison que donna le voleur de banque Willie Sutton : parce que « c'est là qu'est l'argent ». Ils protègent le système financier de l'intervention du régulateur et privent les agences de régulation des moyens financiers nécessaires pour mettre en œuvre la réglementation. En échange, les établissements financiers versent des sommes massives aux candidats : 311 millions de dollars rien qu'en 2008.

Il est difficile de tarir ce flux. Cela exige une volonté politique et celle-ci n'est pas disponible de façon illimitée, comme le suggère ce qui se produisit en 2009. Durant cette année, de nombreux bénéficiaires du plan TARP dépensèrent des dizaines de millions de dollars pour faire pression sur le Congrès afin qu'il ne limite pas les rémunérations des dirigeants et n'accroisse pas le caractère contraignant de la régulation financière, même en ce qui concerne les produits dérivés. Ils parvinrent aussi à convaincre le Congrès de faire pression sur le *Financial Accounting Standards Board* afin de suspendre les règles comptables d'évaluation des actifs sur la base de leur valeur observée sur le marché. Cela permit aux banques de revenir miraculeusement à la santé, sur le papier du moins. Cela les autorisa aussi à rembourser les fonds du TARP, mais pas avant que le Congrès n'ait, sous leur pression, supprimé les pénalités dues en cas de remboursement anticipé.

Tant que durera cette relation incestueuse entre la finance et la politique, l'échange pervers de faveurs qui favorise la déréglementation, la formation des bulles d'actifs, le déclenchement des crises et les renflouements se poursuivra. Seul un relâchement significatif des liens entre les institutions politiques et les compagnies financières réduira l'intensité de cette relation mutuellement destructrice. Dans la situation actuelle, les politiciens détiennent un pouvoir formidable tant sur le champ de la régulation que sur les régulateurs. Ce n'est pas une bonne chose. Le législateur tient les cordons de la bourse et les agences qui refusent d'exécuter les ordres des politiciens peuvent être sanctionnées pour leur indépendance.

L'une des solutions proposées consiste à rendre les régulateurs plus indépendants. Cette indépendance pourrait prendre des formes variées. Les régulateurs pourraient par exemple se voir accorder davantage de latitude dans la mise en œuvre de la législation. On pourrait également leur donner une indépendance politique, voire budgétaire.

Il y a différentes manières de procéder. Aux États-Unis, la Réserve fédérale est largement indépendante du pouvoir exécutif comme du pouvoir législatif et est « autofinancée », ce qui signifie qu'elle ne dépend pas de l'argent du contribuable. (Contrairement à ce que l'on pense généralement, la Réserve fédérale ne fait pas partie du gouvernement fédéral. Ainsi que la Fed le précise sur son site Web, elle est « une entité indépendante à l'intérieur du gouvernement, qui a à la fois des objectifs publics et des aspects privés ».)

Transférer la responsabilité de la régulation à la Réserve fédérale rendrait en théorie les régulateurs plus indépendants. Un modèle alternatif est celui de la FSA britannique. Bien qu'elle doive rendre compte aux membres du gouvernement, elle est opérationnellement indépendante. Et tout comme une banque centrale, elle n'est pas financée par le contribuable : elle tire ses ressources des commissions versées par les entreprises placées sous son autorité.

Comme bien des solutions radicales, celles-ci présentent des défauts sérieux. Soustraire la régulation au contrôle direct du gouvernement ne suffit pas à garantir sa qualité. La FSA ne fit pas grand-chose pour anticiper ou prévenir la crise récente. Aux États-Unis, même la Réserve fédérale, qui est formellement indépendante et a la responsabilité de la réglementation des banques ainsi que des prêts hypothécaires, ne parvint pas à mettre en œuvre ses pouvoirs. Il lui fallut pallier son propre échec en assurant la fonction de prêteur en dernier ressort à une échelle inédite.

Le problème de la capture réglementaire ne disparaît pas simplement parce qu'une agence de régulation n'a plus de comptes à rendre au législateur. Des centres de pouvoir importants au sein de la Réserve fédérale – notamment le Conseil des gouverneurs de la Banque de réserve fédérale de New York – sont en réalité contrôlés par les banques de Wall Street. Quand on envisage de mettre en œuvre des réformes de structure radicales, il faut prendre en compte le fait que l'indépendance politique ne se traduit pas nécessairement en indépendance de la régulation.

En raison de ces défauts, il vaut probablement mieux chercher à s'attaquer d'une autre manière aux liens pervers entre finance et politique. Il existe une façon très simple de réduire le pouvoir des grandes compagnies qui contribuèrent au déclenchement de la crise : les démembrer.

Les difficultés du démembrement

La crise récente a souligné le problème du *too big to fail.* La chute de Lehman Brothers et la paralysie du système financier mondial qui en résulta révélèrent que beaucoup d'établissements financiers étaient devenus tellement grands, tellement endettés et tellement interconnectés que leur effondrement pourrait avoir des effets systémiques catastrophiques.

Quand une banque ordinaire fait faillite aux États-Unis, la FDIC en prend le contrôle par le biais d'une procédure de liquidation judiciaire. Mais il y a peu de banques ordinaires parmi les établissements *too big to fail.* La plupart d'entre eux appartiennent à d'autres catégories : de grands *broker dealers* comme Morgan Stanley et Goldman Sachs ; AIG et d'autres compagnies d'assurances tentaculaires ; des entreprises patronnées par le gouvernement comme Fannie Mae et Freddie Mac ; et des fonds spéculatifs tels Long-Term Capital Management.

Alors que la crise a laissé peu d'établissements de ce type intacts, ceux qui restent sont généralement devenus plus importants encore grâce aux vagues de concentration qui suivirent la panique. JPMorgan Chase prit le contrôle de Bear Stearns puis de Washington Mutual ; Bank of America absorba Countrywide puis Merrill Lynch. Enfin, Wells Fargo et Citigroup se battirent pour savoir qui avalerait Wachovia, une banque aussi énorme qu'insolvable. Pourquoi faire cela ? L'interprétation cynique consiste à dire que la firme qui achèterait Wachovia (ce fut Wells Fargo qui l'emporta) représenterait une menace plus importante encore pour le système financier et pourrait de la sorte obtenir une protection supérieure.

Nous sommes à présent dans le pire des mondes : de nombreux établissements *too big to fail* ont été renfloués et s'attendent à l'être lors d'éventuelles crises futures. Ils n'ont pas encore été soumis à une enquête minutieuse, et il n'existe aucun mécanisme permettant de les placer face aux conséquences de leur insolvabilité si cela se révélait nécessaire. Un grand nombre de ces établissements – à commencer par Goldman Sachs et JPMorgan Chase – s'engagent à nouveau dans des stratégies de courtage pour compte propre qui consistent en des paris complexes sur les actions, les obligations, les matières premières et les produits dérivés, paris réalisés grâce à des algorithmes conçus par les traders de la compagnie. Certaines de ces stratégies sont risquées ; les firmes ont néanmoins renoué avec elles alors même qu'elles bénéficiaient de douzaines de programmes de soutien gouvernemental.

Les responsables publics abordent le problème du *too big to fail* de plusieurs manières. Ils cherchent par exemple à rendre les ondes de choc produites par la faillite de ces firmes moins brutales et destructrices pour le reste du système financier. Lors de la crise récente, la menace de l'effondrement de ces firmes déclencha deux réponses destinées à limiter les dommages collatéraux, réponses qui posaient toutes deux des problèmes : le renflouement complet des créanciers et des contreparties d'un grand établissement financier (comme dans le cas de Bear Stearns et de AIG) et la faillite (comme dans le cas de Lehman). Nous avons besoin d'une troisième voie qui donnerait aux autorités gouvernementales les moyens de liquider ces firmes de façon ordonnée.

L'une des manières de faire consisterait à exiger des firmes *too big to fail* qu'elles rédigent un « testament de vie » qui indiquerait quelles dispositions prendre si elles étaient frappées d'incapacité. Tel un médecin exécutant la volonté d'un patient mourant, le gouvernement prendrait le relais et mettrait en œuvre les dispositions de ce document juridique, ce qui rendrait la mort de la firme un peu moins brutale, douloureuse et coûteuse. De cette manière, la disparition de la firme ne se déroulerait pas d'une manière aussi désordonnée que celle de Lehman Brothers. Disons qu'elle mourrait dans la dignité.

Une solution alternative consisterait à créer un régime de faillite particulier pour ce type d'établissements, ce qui éviterait de les soumettre au chapitre 11 de la loi américaine sur les faillites. Il pourrait s'agit d'une mise sous tutelle comparable à celle que le gouvernement fédéral utilisa pour Fannie Mae et Freddie Mac. On pourrait préférer au gouvernement fédéral une entité gouvernementale dotée du pouvoir de placer une entreprise sous tutelle – un pouvoir semblable à celui de la FDIC. Ces deux idées permettraient d'éviter le chaos associé à la mise en œuvre du chapitre 11 en transférant l'action publique d'une cour de justice fédérale à une entité fédérale plus puissante. Contrairement à un syndic de faillite, un liquidateur ou un tuteur fédéral auraient davantage de pouvoirs pour déterminer comment procéder à la liquidation de la firme : il pourraient mettre un terme à des litiges sans fin et seraient habilités à prendre des mesures destinées à accélérer le processus.

Cette idée présente quelques points faibles. Comme l'ont fait remarquer les critiques du « testament de vie », les diverses parties prenantes pourraient ne pas consentir à ce que la firme disparaisse. Tout comme un membre de la famille peut s'opposer à la mise en œuvre d'instructions de non réanimation, les dirigeants de la banque et les politiciens qui ont intérêt à la survie de cet établissement pourraient intervenir dans le processus. Des dizaines de milliers d'emplois peuvent être en jeu dans la circonscription d'un élu, de même que les généreuses contributions apportées à ses campagnes électorales.

Ces deux idées présentent aussi l'inconvénient de mettre le gouvernement dans la position de déterminer ce qui doit être versé aux détenteurs d'obligations. Les indemniser trop largement laisserait penser que l'aléa moral n'existe plus. D'un autre côté, leur offrir moins d'argent – ou, plus précisément, moins que ce qu'attendent les marchés – pourrait relancer la panique à travers le système financier. Ces établissements ne sont pas petits : les pertes que subiront les détenteurs d'obligations auront des effets systémiques. Lorsque cela se produit, le protocole de liquidation le plus astucieusement conçu peut partir en morceaux, ce qui accroît la tentation de recourir à la solution de facilité : le renflouement.

Certains responsables publics souhaiteraient enfin que le contrôle des établissements *too big to fail* soit organisé dans le cadre d'une concertation internationale. Un collège international composé de régulateurs pourrait surveiller les firmes opérant à une échelle globale. Ces personnalités débattraient du statut de ces établissements géants et garderaient un œil sur eux. Nous n'avons pas d'objection à cette idée. Il n'est cependant pas certain que ce type de surveillance permette de prévenir le déclenchement d'une crise : les actionnaires et les gestionnaires ont bien du mal à discerner les faiblesses de leur entreprise ; ce sera plus difficile encore pour un petit groupe de régulateurs chargés de contrôler les géants de la finance internationale.

Les solutions de ce type évitent le sujet tabou. Ces firmes ne sont pas seulement trop grosses pour qu'on les laisse faire faillite : elles sont aussi trop grosses pour exister et trop complexes pour être convenablement gérées. Franchement, elles ne devraient pas exister ; il faudrait pour le moins les inciter à se démembrer.

Une manière de procéder consisterait à leur imposer des ratios de fonds propres plus élevés, ce qui est une façon plaisante de dire que ces établissements devraient être contraints de détenir suffisamment de capital pour couvrir les risques liés à leurs différentes activités. Cette exigence réduirait leur levier d'endettement et, par extension, leurs profits. Dans l'idéal, envoyer le message selon lequel il n'est pas souhaitable d'avoir la taille la plus élevée possible devrait conduire ces firmes à se démembrer.

Pour que cela se produise, les ratios de fonds propres – comme celui établi par Bâle II – devraient être substantiellement accrus. Il est difficile de dire dans quelles proportions.

La Suisse a tenté récemment de traiter le problème du *too big to fail* en décidant d'appliquer à deux de ses principaux établissements financiers, UBS et Credit Suisse, un ratio de fonds propres de 16 % en lieu et place des 8 % retenus par l'accord de Bâle. Jusqu'à présent, ces firmes ont réussi à se conformer à ce nouveau ratio sans se défaire d'une seule unité. Cela laisse penser que les ratios de fonds propres devraient être portés à des niveaux plus élevés encore, peut-être 20 % ou plus. Seules des mesures draconiennes obligeraient les établissements financiers à se diviser en entités plus petites et moins dangereuses – du moins nous l'espérons.

Une intervention aussi agressive ferait pousser des hurlements aux firmes *too big to fail*, lesquelles se jugent indispensables au fonctionnement quotidien de l'économie mondiale. Elles affirment que leur taille leur permet de réaliser des « synergies », d'être plus « efficaces », ainsi que de produire d'autres effets positifs. L'économie mondiale ne peut fonctionner sans elles, prétendent-elles : elle souffrirait beaucoup de l'absence de supermarchés de la finance comme Citigroup.

Tout cela est absurde. Pour commencer, le modèle du supermarché de la finance a échoué. Les établissements comme Citigroup sont devenus des monstres sous la houlette de bâtisseurs d'empires comme Sanford Weill. Quels que soient son habileté et ses talents de visionnaire, aucun PDG ne peut gérer un établissement financier de taille mondiale offrant des milliers de services financiers différents. La complexité de ces firmes – sans parler des instruments financiers exotiques qu'elles manipulent – fait qu'il est impossible pour le PDG de contrôler ce qui se passe dans chaque division ou sur chaque comptoir de négociation ; ce l'est davantage encore pour les actionnaires ou le conseil d'administration. C'est difficile à réaliser dans n'importe quelle banque ; dans une firme comme Citigroup qui, à son apogée, employait plus de 300 000 personnes, c'est tout simplement impossible.

D'autres soutiendront que seuls les gros conglomérats financiers peuvent offrir le type de guichet unique dont les grandes entreprises ont besoin pour fonctionner au XXIe siècle. C'est tout aussi ridicule. Aucune entreprise ne fait des affaires avec une seule firme. Les entreprises qui émettent des obligations sur le marché international ont généralement recours à une douzaine de banques situées dans plusieurs pays pour garantir ces offres. Un système constitué d'établissements financiers plus petits et plus spécialisés est parfaitement capable de répondre aux besoins de grandes entreprises extrêmement sophistiquées.

Supposons tout de même que de gigantesques conglomérats comme Citigroup, ING et d'autres méga-banques parviennent à fournir des services de façon plus efficace que les établissements plus petits. Même si c'était vrai – ce qui n'est pas le cas –, ce petit différentiel d'efficacité justifierait-il que le système financier mondial reste l'otage de firmes géantes dont la faillite peut avoir des effets catastrophiques ? Selon cette logique, il faudrait construire une centrale nucléaire qui aurait cent fois la taille de celle de Tchernobyl, uniquement pour réaliser quelques économies d'échelle. Cela vaut le coup – jusqu'à ce qu'une catastrophe se produise.

Une autre raison d'envisager de démembrer les établissements *too big to fail* est que beaucoup d'entre eux n'existeraient plus sans la générosité du gouvernement. Prenez le cas de Citigroup. Lors des quatre-vingts dernières années, cette banque n'a cessé de s'étendre et d'être au bord de l'insolvabilité ; c'était sans doute sa manière de remercier le gouvernement pour son indulgence, ses plans de sauvetage et ses renflouements. Cela s'est produit quatre fois : pendant la Grande Dépression ; à la suite du défaut de paiement du Mexique sur des dettes détenues par la banque, au début des années 1980 ; après l'explosion de la bulle de l'immobilier commercial dix ans plus tard ; et après la récente crise financière. Une banque qui a besoin d'autant d'aide ne mérite pas d'exister ; bien qu'elle soit actuellement en train de se démembrer, les débris qui resteront de ce naufrage pourraient se révéler *too big to fail.*

Citigroup n'est pas la seule firme *too big to fail* à devoir être démembrée. La simple existence de certains établissements considérés comme « sains », tel Goldman Sachs, fait peser une menace sur le système. Vous ne l'apprendrez pas en écoutant le PDG de la firme, Lloyd Blankfein, qui défendit au début du mois de janvier 2010 l'attribution de bonus record de la manière suivante : « Nous sommes très importants. Nous aidons les entreprises à croître en les aidant à lever des capitaux. Les entreprises qui croissent créent de la richesse. Cela permet aux gens d'avoir des emplois qui créent davantage de croissance et de richesse. Nous avons un objectif social. »

Épargnez-nous ce charabia. Comme d'autres *broker dealers*, Goldman Sachs a une longue histoire de paris imprudents et de leviers d'endettement obscènes. La firme était au centre de la débâcle des sociétés d'investissement qui éclata en 1929 et marqua le début de la Grande Dépression. Elle apprit de ses erreurs et opéra de manière relativement prudente lors des décennies suivantes, appliquant une stratégie qui dédaignait les profits à court terme et visait à accroître les revenus de long terme de ses associés.

Le tournant vint à la fin des années 1990 avec l'introduction en bourse de Goldman, qui suivait l'exemple des autres banques d'investissement. Ce mouvement fatal fit passer la firme d'un modèle dans lequel les associés étaient fortement impliqués à un modèle dans lequel les actionnaires n'avaient ni la possibilité ni l'intention de surveiller ce qui se passait à l'intérieur de l'établissement. À compter de ce moment, Goldman contribua à faire gonfler une foule de bulles spéculatives allant des actions technologiques à l'immobilier et au pétrole. Après que la SEC eut éliminé les restrictions relatives au levier d'endettement pour les banques d'affaires, celui de Goldman atteignit des sommets ; la firme était devenue extrêmement vulnérable quand la crise frappa Wall Street. Dans les cercles de Wall Street, une plaisanterie bien connue consistait à dire que Goldman Sachs n'était qu'un fonds spéculatif – et que de tous les fonds spéculatifs, c'était celui qui avait le levier d'endettement le plus élevé.

Comme ses concurrents, Goldman était mouillé jusqu'au cou dans la fabrication d'actifs titrisés à risque. Bien qu'il soit vrai que cette banque ait vu venir la crise des *subprimes* avant les autres, sa survie n'a rien à voir avec la jugeote de ses traders : elle a survécu à la crise parce que le gouvernement n'a pas cessé de la soutenir. Comme les autres *broker dealers*, elle profita du renflouement des contreparties de Bear Stearns au printemps 2008 et de la décision de la Réserve fédérale d'accorder aux *broker dealers* le soutien du prêteur en dernier ressort. Elle bénéficia également du renflouement de AIG, lequel lui rapporta 12 milliards de dollars financés par les contribuables. (Il n'y a là rien de surprenant : Goldman fut largement impliqué dans les discussions qui aboutirent au renflouement de AIG.) La firme gagna 10 milliards supplémentaires quand la Réserve fédérale décida de garantir la dette *senior* dépourvue de garantie des banques et des *bank holding companies*. Il y a aussi l'aide indirecte : les faibles taux d'intérêt qui diminuèrent les coûts d'emprunt de Goldman ainsi que la décision de la Réserve fédérale de consacrer 1,8 billion de dollars à l'achat de titres de dette du Trésor, de *mortgage-backed securities* et d'autres instruments, ce qui fit monter leurs prix et bénéficia indirectement à la firme. En tout, Goldman reçut probablement plus de 60 milliards de dollars d'aide directe et indirecte avant de se transformer en *bank holding company* et d'avoir accès aux fonds du TARP.

Goldman aurait disparu sans cette aide. Elle aurait sans doute été la dernière banque d'affaires à périr parce qu'elle avait fait de meilleurs paris que les autres, mais cela ne change rien à l'affaire. Ce flirt avec l'anéantissement n'a pas rendu ses dirigeants plus humbles, ce qui n'a rien d'étonnant. Ils appartiennent désormais au club des *too big to fail*, ce qui semble les autoriser à faire tout ce qu'ils veulent. Il n'y a pas moyen de les arrêter : ils ont échappé à la limitation de leurs rémunérations en remboursant les fonds accordés à Goldman au titre du TARP. Les voilà de retour à la tête du plus grand fonds spéculatif du monde – et bien déterminés à reprendre leurs activités risquées de courtage pour compte propre. Contrairement à un fonds spéculatif normal, Goldman a accès au soutien de prêteur en dernier ressort de la Réserve fédérale, à de l'argent facile en quantité, et même à l'option de garantie des dépôts par la FDIC. Tout cela lui donne un avantage concurrentiel injustifié. Pour toutes ces raisons, Goldman devrait être démembré ; au minimum, ses activités de *broker dealer* devraient être séparées des parties de la firme engagées dans le courtage pour compte propre, les fonds spéculatifs, le *private equity* et les autres stratégies d'investissement risquées.

Un grand nombre d'autres compagnies *too big to fail* devraient être poussées au démembrement : Bank of America, UBS, Wells Fargo, ING, Royal Bank of Scotland, Dexia, JPMorgan Chase, BNP Paribas, et d'autres encore. Mais en dépit des graves dangers associés aux établissements de cette nature, les responsables publics d'Europe et des États-Unis continuent de résister vigoureusement à l'idée de les démembrer. Ils croient que le génie est sorti de la bouteille et qu'il n'est pas possible de revenir à un système bancaire plus centralisé. Quels que soient les risques qu'ils font courir au système financier, les établissements financiers quasi monopolistiques sont là pour longtemps.

Si c'est ce que vous croyez, nous avons des CDO à vous vendre. Il est arrivé plusieurs fois par le passé que de grandes sociétés soient démembrées, généralement sur décision de justice. Aux États-Unis, les lois antitrust offrent le moyen le plus aisé de parvenir à ce but. Au début du XXe siècle, les présidents Roosevelt et Taft supervisèrent le démembrement de la Standard Oil et d'autres trusts ; en 1982, le Département de la Justice réussit à démembrer AT&T. Une campagne similaire pourrait être lancée à l'encontre des établissements *too big to fail*, qui contrôlent des pans de plus en plus vastes du système financier.

Une solution meilleure encore consisterait à adopter une loi autorisant les régulateurs à démembrer des banques et d'autres établissements financiers tellement grands, endettés et interconnectés que leur effondrement ferait peser une menace sur l'ensemble du système financier. Contrairement aux actions antitrust, cette approche lierait le démembrement au caractère *too big to fail* de la banque et non à son pouvoir de monopole. Il existe de nombreux établissements qui, bien qu'ils ne disposent pas d'un pouvoir de marché excessif, menacent la stabilité du système financier.

Ces approches elles-mêmes pourraient ne pas produire la transformation radicale du système financier qui est devenue nécessaire. Certaines compagnies pourraient se voir démembrées tandis que d'autres réussiraient à parer les coups. Une telle solution serait imparfaite. C'est la raison pour laquelle les approches que nous avons présentées devraient être associées à une stratégie tout aussi radicale : démembrer toutes les grandes banques.

L'administration Obama se montra initialement peu encline à procéder de la sorte. Mais grâce au soutien apporté par Paul Volcker, l'adoption de règles limitant la taille des firmes *too big to fail* pourrait ne plus être exclue. S'il en allait de la sorte, les responsables publics pourraient peut-être examiner également la proposition suivante : elle permettrait de progresser dans la voie de la domestication des banques gigantesques qui sont devenues trop interconnectées, trop importantes et trop grosses pour qu'on les laisse faire faillite.

Un *Glass-Steagall Act* sous stéroïdes

À la suite de la crise récente, des penseurs distingués comme l'ancien président de la Réserve fédérale Paul Volcker plaidèrent en faveur d'un retour au *Glass-Steagall Act* de 1933 qui séparait les banques commerciales des banques d'affaires. La cloison entre ces deux types d'établissement s'amincit dans les années 1980 et 1990 avant d'être abattue par le *Gramm-Leach-Bliley Act* de 1999. Dans le système produit par l'abolition de cette distinction, une firme comme Citigroup ou JPMorgan peut être à la fois une banque commerciale, un *broker dealer*, un courtier pour compte propre, une compagnie d'assurances, une société de gestion d'actifs, un fonds spéculatif et un fonds de *private equity*.

L'effondrement de cette barrière signifiait que des banques ayant accès à la garantie des dépôts et au soutien d'un prêteur en dernier ressort pouvaient se livrer à des activités extrêmement risquées qui tenaient plus du jeu que de la banque. C'était aussi mauvais pour le système financier que pour l'économie dans son ensemble. Ainsi que Keynes le fit justement remarquer en 1936, « lorsque le développement du capital d'un pays devient le sous-produit de l'activité d'un casino, il risque de s'accomplir dans des conditions défectueuses ».

Un grand nombre de réformateurs ont tout naturellement recommandé un retour au *Glass-Steagall Act* ; une telle disposition est présente dans plusieurs propositions de loi soumises au Congrès depuis le début de l'année 2010. Sous l'influence de Paul Volcker, l'administration Obama a réfléchi à interdire aux *bank holding companies* – qui incluent désormais des acteurs majeurs de la scène financière comme Goldman Sachs – de réaliser des opérations de courtage pour compte propre ou de *private equity* et d'opérer comme un fonds spéculatif. Mais les pressions exercées par l'industrie bancaire entraveront vraisemblablement la mise en œuvre de ces projets.

Ces propositions ne sont pas suffisamment audacieuses. Nous avons besoin d'une version du *Glass-Steagall Act* adaptée au XXIe siècle. Elle irait au-delà de la séparation des banques commerciales et des banques d'affaires en créant un système isolant les différents types d'établissements financiers qui existent actuellement et en limitant les prêts à court terme qui rendent le système financier trop interconnecté pour qu'on le laisse faire faillite.

Les banques commerciales qui acceptent des dépôts et consentent des prêts aux ménages et aux entreprises appartiendraient à une catégorie, les banques d'affaires (les *broker dealers*) à une autre. De façon à éviter que des liens ne se forment entre ces deux types de banque, les banques d'affaires auraient interdiction d'emprunter auprès des banques commerciales bénéficiant de la garantie des dépôts au moyen du financement *repo* au jour le jour qui s'est révélé si vulnérable lors de la crise récente. La séparation entre ces deux types de banque serait non seulement institutionnelle mais aussi relationnelle.

C'est un début. Comme tant d'établissements du système bancaire parallèle s'attirèrent des ennuis en empruntant à court terme et en consacrant l'argent ainsi collecté à des investissements de long terme peu liquides, les régulateurs doivent les empêcher de continuer à procéder de la sorte. Cela impose d'interdire aux banques d'affaires et aux *broker dealers* toute forme d'emprunt à court terme. S'ils souhaitent faire des investissements de long terme sous forme d'actifs peu liquides, ils devront lever des fonds en émettant des actions ou de la dette à long terme. Une telle réforme rendrait le système financier moins interconnecté et donc moins prédisposé au type de réactions systémiques en chaîne qui provoquèrent nombre de faillites.

De façon à accroître encore la stabilité du système financier, toutes les banques – y compris les banques d'affaires – devraient avoir interdiction de se livrer à des activités risquées de courtage pour compte propre. Elles ne devraient pas davantage être autorisées à se comporter comme des fonds spéculatifs ou des fonds de *private equity*. Il leur faudrait se cantonner à leur mission historique : lever des fonds et garantir des émissions de titres. Le type de courtage pour compte propre que réalisent de nombreuses banques d'affaires devrait être le domaine réservé des fonds spéculatifs. Mais tout comme les banques d'affaires, les fonds spéculatifs ne devraient pas avoir la possibilité d'emprunter de vastes sommes à court terme auprès des banques et des autres établissements financiers : il faudrait les contraindre à recourir à des financements de long terme.

Les compagnies d'assurances et les firmes de *private equity* relèveraient de catégories supplémentaires. Aucun établissement de ce type ne serait autorisé à étendre ses activités à des formes d'intermédiation financière étrangères à son cœur de métier. Les compagnies d'assurances ne pourraient pas réaliser d'activités de courtage pour compte propre ; de la même manière, les banques commerciales, les banques d'affaires et les fonds spéculatifs ne seraient pas autorisés à s'aventurer sur le terrain de l'assurance. Une firme appartenant à une catégorie ne pourrait empiéter sur le domaine occupé par les firmes relevant d'une autre catégorie. Cela contribuerait à éliminer les problèmes liés à l'interconnexion excessive des établissements financiers ; les firmes concernées seraient par ailleurs libérées des conflits d'intérêts qui surviennent inévitablement lorsque les diverses unités d'une compagnie poursuivent des objectifs contradictoires.

Une dernière remarque : seules les banques commerciales auraient accès à la garantie des dépôts et à un filet de sécurité gouvernemental. Tous les autres établissements – les banques d'affaires, les *broker dealers*, les fonds spéculatifs, les compagnies d'assurances et les firmes de *private equity* – devraient se débrouiller seuls. Certains d'entre eux feront faillite. Mais ils ne créeront pas de risque systémique : ils ne seront ni aussi grands ni aussi interconnectés qu'ils le sont aujourd'hui. Puisqu'ils n'auraient pas l'autorisation de fonctionner comme des banques – emprunter à court terme et prêter à long terme –, leur disparition ne déclencherait probablement pas le type de panique qui paralysa les établissements du système bancaire parallèle au plus fort de la crise.

Le système financier que nous venons de décrire est cloisonné, aseptisé et ennuyeux. Et c'est exactement ce dont nous avons besoin. Il pourrait être plus ennuyeux encore si les banques étaient contraintes à se transformer en *narrow banks* dont l'activité se limiterait à accepter des dépôts et à les investir sous forme de dette sûre et à court terme. Des mesures aussi drastiques auraient malheureusement pour conséquence de transférer l'intermédiation bancaire au système bancaire parallèle – autrement dit, de reproduire le problème situé à l'origine de la crise récente.

C'est la raison pour laquelle il serait préférable de ne pas toucher aux différents types d'établissements financiers et de transposer en termes de régulation l'adage « diviser pour mieux régner ». En séparant les services financiers qui sont actuellement proposés par un même établissement, nous pourrions délivrer le système financier de sa dépendance excessive à l'égard des firmes *too big to fail*. Le retour à une version renforcée du *Glass-Steagall Act* et l'adoption de réformes destinées à faire passer l'activité financière de l'opacité à la transparence permettraient de créer un système financier plus sûr et plus sain ainsi que de priver les firmes de leur capacité à réaliser des profits démesurés au détriment d'investisseurs crédules.

Les établissements financiers hurleront à cette perspective. Laissons-les hurler. Leur appétit pour le risque a incontestablement contribué à déclencher une crise dont le monde entier a souffert. Ils sont complices d'un immense désastre ; à l'avenir, il faudra les tenir en laisse.

N'oublions pas un dernier point. On aurait pu empêcher les établissements financiers de s'engager dans cette voie destructrice. La façon la plus évidente d'obtenir ce résultat aurait consisté à mettre en place une réglementation et une surveillance de meilleure qualité. Mais parfois, cela ne suffit pas : il faut alors recourir à une solution plus systémique et utiliser par exemple le pouvoir des banques centrales pour empêcher la formation de bulles.

Bannir les bulles

Dans un discours prononcé en 1996, Alan Greenspan mit en garde contre les dangers de l'« exubérance irrationnelle ».

Les observateurs de marché qui disséquaient le moindre de ses propos en conclurent que Greenspan était sur le point de remonter les taux d'intérêt ; cela se traduisit par la chute des marchés boursiers mondiaux. Échaudé par cette mésaventure, Greenspan ne se livra jamais plus à une mise en garde publique alors même que la bulle des valeurs technologiques atteignait des proportions monstrueuses. À l'exception d'une augmentation symbolique d'un quart de pourcent en 1997, il ne releva plus les taux d'intérêt jusqu'à la mi-1999 ; après la quasi-faillite de LTCM, la Réserve fédérale diminua le taux des fonds fédéraux de 75 points de base, ce qui contribua à nourrir la bulle des valeurs technologiques.

La bulle finit par exploser en 2000 ; la Réserve fédérale réagit en abaissant les taux d'intérêt de 5,5 points de pourcentage entre 2001 et 2004 – de 6,5 % à 1 %. Cette surabondance d'argent facile aida à amortir le choc dû à l'explosion de la bulle technologique mais entretint la formation d'une nouvelle bulle, sur le marché immobilier cette fois-ci. Là encore, la Réserve fédérale décida de ne pas intervenir. Alors qu'il apparaissait de manière évidente que le marché était devenu hors de contrôle, Greenspan puis Bernanke maintinrent les taux d'intérêt à un niveau très bas ; ils ne consentirent à les faire remonter que très progressivement et alors qu'il était déjà beaucoup trop tard. La bulle éclata peu après et déclencha la catastrophe financière des années 2007-2008. Cette dernière provoqua une nouvelle série de réductions des taux d'intérêt qui se traduisit par la chute du coût de l'emprunt à un niveau proche de zéro.

On retrouve ici un schéma familier : la Réserve fédérale ne bouge pas alors que des bulles se forment et que les prix des actifs atteignent des sommets ; quand la bulle éclate, elle met tout en œuvre pour atténuer les dégâts. Cette approche est perverse et inutile. Les banquiers ne semblent pas adhérer au vieil adage selon lequel il vaut mieux prévenir que guérir. Tout comme un médecin qui ne ferait rien pour convaincre son patient d'arrêter de fumer et attendrait qu'il soit atteint d'un cancer du poumon pour lui prodiguer un traitement agressif, les banques centrales ont adopté une approche timide, « asymétrique », pour gérer les bulles spéculatives.

La réticence des banques centrales à empêcher les bulles spéculatives de se former reflète la controverse dont cette idée fait l'objet dans les cercles universitaires et politiques. Une grande partie de cette controverse provient malheureusement des écrits et des discours d'Alan Greenspan et de Ben Bernanke qui, avec une poignée d'autres économistes, ont soutenu que les banques centrales ne pouvaient pas faire grand-chose pour contrôler les bulles : elles ne sauraient que traiter les conséquences de leur explosion. Comme l'affirma Alan Greenspan en 2004 au sujet de la bulle des actifs technologiques, « au lieu d'essayer de contenir une bulle potentielle au moyen d'interventions drastiques dont les conséquences sont largement imprévisibles, nous avons choisi… de nous concentrer sur les politiques destinées à adoucir les retombées de l'explosion de la bulle et, nous l'espérons, de faciliter la transition avec la prochaine phase d'expansion ».

Cette stratégie est étrange. Elle produit tout d'abord de l'aléa moral à grande échelle. Les investisseurs qui observent le comportement de la Réserve fédérale depuis un peu plus de deux décennies ont toutes les raisons d'en conclure que les banques centrales ne feront rien pour empêcher une bulle spéculative de se former et de grandir – elles iront même jusqu'à la stimuler en évoquant l'émergence d'une « nouvelle économie » ou les vertus de la propriété privée – mais qu'elles feront tout ce qui est en leur pouvoir pour limiter les dommages subséquents. Cela pose de graves problèmes. Si les investisseurs croient que la Réserve fédérale les sauvera, ils prendront davantage de risques la fois suivante. De la même manière, ils sauront que, lorsque les choses iront plus mal encore, la Réserve fédérale diminuera les taux d'intérêt à un niveau proche de zéro et créera des occasions de spéculer sur une bulle plus grosse encore.

Bernanke et les autres défenseurs du *statu quo* ripostèrent en soutenant que les banques centrales ne pouvaient intervenir pour enrayer la hausse des prix des actifs en raison de l'« incertitude » qui l'entoure. Cela n'a pas de sens : toutes les décisions de politique monétaire sont entourées d'incertitude. L'incertitude n'empêche pas les banquiers centraux d'avoir des cibles d'inflation ; elle ne devrait pas non plus les empêcher de contrarier la formation des bulles spéculatives. Les responsables publics disposent par ailleurs de certains outils qui peuvent au minimum les aider à savoir si les prix des actifs sont en train de devenir hors de contrôle. Et il nous reste le sens commun, même si les responsables publics en ont cruellement manqué lors des années récentes. Si les banquiers centraux ne sont pas capables de reconnaître une bulle spéculative quand ils constatent que les prix des actions technologiques ont doublé puis triplé en l'espace de quelques mois, ils devraient peut-être changer de métier.

D'autres arguments sont souvent cités pour défendre la passivité des banques centrales face aux bulles d'actifs. Certains économistes affirment que les bulles ne sont pas mauvaises pour l'économie : les banques centrales ne devraient donc pas s'en mêler. C'est évidemment ridicule : les preuves apportées par des siècles d'histoire montrent que lorsqu'une bulle spéculative éclate, l'économie dans son ensemble subit des dommages qui peuvent persister des années durant.

Un autre argument consiste à soutenir que toute hausse des taux d'intérêt destinée à faire dégonfler une bulle d'actifs risque de déclencher une récession massive. En d'autres termes, le risque dépasse les bénéfices potentiels. Si l'on suit cette logique, mieux vaudrait ne rien faire du tout. Les partisans de ce point de vue croient que la décision de la Réserve fédérale de faire monter les taux d'intérêt en 1929 fut à l'origine du krach, de la même manière que la tentative de la Banque du Japon de contrôler la bulle d'actifs et la bulle immobilière apparues dans ce pays provoqua l'effondrement de l'économie en 1990. Ces exemples ainsi que d'autres ignorent opportunément le fait que, dans les deux cas précédemment cités, la banque centrale encouragea la spéculation lors d'étapes critiques de la formation de la bulle : elle enleva le punch de l'adage longtemps après que la fête fut devenue hors de contrôle.

Nous ne proposons pas aux responsables publics de relever fortement les taux d'intérêt afin d'enrayer la formation des bulles spéculatives. Ce serait dangereux. Une approche mesurée et préventive nous semble appropriée et largement préférable à la politique actuelle consistant à ne rien faire tandis que la bulle gonfle et de tout mettre en œuvre après son explosion. D'une certaine manière, il est regrettable qu'Alan Greenspan ait été aussi étroitement associé à cette stratégie. Il était particulièrement inquiet de la hausse du prix des actions lorsqu'il prononça son fameux discours de 1996 ; quand il évoqua les dangers des bulles d'actifs, il souligna que « l'évaluation des changements qui apparaissent dans les bilans en général et dans les prix des actifs en particulier doit faire partie intégrante du développement de la politique monétaire ». Mais il finit par abandonner cette stratégie, peut-être parce qu'il craignait que l'intégration du prix des actifs à la politique monétaire n'ait un effet disproportionné et destructeur sur les marchés.

En réalité, le danger lié à l'utilisation de la politique monétaire pour contrôler les bulles tient davantage à l'insuffisance qu'à l'excès de son efficacité. Si la Réserve fédérale avait essayé de contrôler l'« exubérance irrationnelle » des années 1990 en augmentant les taux d'intérêt de 100 ou 150 points de base, cela n'aurait pas été suffisant dans un climat où les investisseurs s'attendaient à ce que les prix des actions doublent chaque année. Une décennie plus tard, des hausses comparables des taux d'intérêt auraient exercé un effet limité sur des propriétaires immobiliers convaincus que les prix des logements augmenteraient éternellement de 20 % par an.

En de telles circonstances, la politique monétaire pourrait ne pas suffire à contrôler une bulle de crédit ou une bulle d'actifs : les banques centrales pourraient avoir à utiliser les autres instruments dont elles disposent. Le Règlement T autorise ainsi la Réserve fédérale à modifier les dépôts de garantie qui limitent les montants que les investisseurs peuvent emprunter pour acheter des titres. Bien que la Réserve fédérale ait périodiquement modifié leur niveau lors des premières années de son existence, elle les a maintenues à 50 % depuis 1974. Augmenter ces dépôts de garantie aurait donc grandement contribué à contrôler les excès de la bulle technologique lorsque les investisseurs étaient de plus en plus nombreux à réaliser des achats d'actions sur marge. L'incapacité de la Réserve fédérale à procéder de la sorte autorisa la bulle à croître davantage encore.

La Réserve fédérale dispose d'autres instruments associés à la politique du crédit qui pourraient être utilisés afin de contrôler l'expansion du crédit et la croissance de la bulle d'actifs qui en résulte. Le Règlement D l'autorise à modifier le taux de réserves obligatoires des banques membres du système de la Réserve fédérale. En d'autres termes, la Réserve fédérale peut faire varier les montants qu'une banque doit garder en réserve pour garantir certains types de dépôts ; elle peut de la sorte réduire la distribution de crédit. D'autres pouvoirs statutaires confèrent à la Réserve fédérale des moyens de contrôler indirectement la disponibilité du crédit et, par extension, la formation de bulles spéculatives.

Des outils supplémentaires pourraient néanmoins être mis à la disposition de la Réserve fédérale. Une proposition actuellement à l'étude donnerait aux banques le pouvoir de mettre en œuvre des *Asset-Based Reserve Requirements (ABRRs)*. Une variante de cette idée consisterait à autoriser les banques centrales à augmenter unilatéralement les dépôts de garantie pour certains actifs. Si la Réserve fédérale avait détenu un tel pouvoir lors des années qui ont conduit à la crise récente, elle aurait pu accroître les dépôts de garantie pour tous les actifs liés à l'immobilier. Ce type de disposition l'autoriserait à cibler les prix des actifs d'un secteur donné sans toucher aux autres parties du système financier.

Attribuer de nouveaux pouvoirs à la Réserve fédérale ne signifie toutefois pas qu'elle s'en servira. La Réserve fédérale a adopté voilà des années une approche des bulles d'actifs inspirée du laissez-faire. Son comportement a été plus regrettable encore : au lieu d'« enlever le punch », elle a inondé le système d'argent facile et a refusé d'exercer son autorité régulatrice sur des parties entières du système financier – les prêts hypothécaires par exemple. Cela doit changer. La Réserve fédérale ne peut être efficace que dans la mesure où ses dirigeants le sont. Lors des années à venir, ses dirigeants auront besoin d'autre chose que du pouvoir de faire dégonfler les bulles d'actifs : ils auront besoin de la volonté d'utiliser ce pouvoir.

Ils auront également besoin de savoir que le pouvoir qu'ils exercent dans le système monétaire mondial est limité. Pendant plus de soixante ans, les États-Unis et le dollar ont régné sans partage. Cette époque est sur le point de s'achever ; la fréquence future des crises dépend étroitement de la manière dont nous gérerons cette difficile transition. C'est le sujet de notre dernier chapitre.

10. Lignes de faille

La crise financière qui se déclencha à la fin de l'année 2007 et se transforma en tempête en 2008 est à présent derrière nous. Nous subissons ses répercussions ; comme les survivants d'un ouragan, nous nettoyons les dégâts et ramassons les débris. Il est tentant de croire que le pire est passé. Même si le chômage continue de croître et que les prix des logements ne cessent de fléchir, l'opinion dominante est que nous avons traversé la tempête.

Mais des crises d'un autre genre pointent à l'horizon, des crises lors desquelles les pays font défaut sur leur dette ou assistent à l'effondrement de leur système monétaire. Cela ne se produisit pas en 2007 et en 2008 : aucun pays ne fit défaut sur sa dette et les systèmes monétaires résistèrent, même si les monnaies fluctuèrent sauvagement. Seule l'Islande fut menacée de faillite.

L'Islande pourrait malheureusement avoir bientôt de la compagnie. Par le passé, les récessions qui suivirent des phases d'expansion à caractère spéculatif déclenchèrent fréquemment des vagues de défauts de paiement sur la dette souveraine. Cette fois-ci, la multiplication des opérations de renflouement et des plans de relance a eu pour conséquence l'apparition de déficits budgétaires record dans un grand nombre d'économies avancées. Le risque que ces « pays riches à risque » deviennent incapables de financer leurs déficits ne fait que croître : ils pourraient être amenés à faire défaut sur leur dette souveraine ou à s'en débarrasser en laissant filer l'inflation.

Les États-Unis eux-mêmes n'échappent pas à ce soupçon. Des réductions d'impôts idiotes et le coût du renflouement d'un très grand nombre d'acteurs, des banques aux constructeurs automobiles en passant par les propriétaires de logement, ont provoqué la hausse de ses déficits. Comme les États-Unis continuent d'emprunter toujours plus d'argent à l'étranger, leurs créanciers ont commencé à évoquer l'impensable : les États-Unis pourraient relancer la planche à billets afin d'inonder le monde de dollars dépréciés.

Qu'un tel scénario puisse faire l'objet de débats sérieux laisse présager une évolution géopolitique majeure. Les États-Unis ont joui durant de nombreuses décennies d'une hégémonie politique et économique partiellement due au statut de monnaie de réserve dont disposait le dollar dans le reste du monde. Mais lors des vingt dernières années, les États-Unis se sont mis à dépenser plus qu'ils ne produisaient ou gagnaient ainsi qu'à importer davantage qu'ils n'exportaient. Leur pouvoir s'affaiblit quand ils cessèrent d'être le principal créancier du monde pour devenir son principal débiteur. Le dollar connut une évolution similaire : il est concevable qu'il puisse être remplacé un jour par une autre monnaie, par exemple le renminbi chinois.

Nous examinerons dans ce chapitre les origines de ces développements inquiétants au sujet desquels règnent la confusion et les fausses informations. Comment ces problèmes pourront-ils être résolus lors des années à venir ? Nous évaluerons les différentes options destinées à faciliter la difficile transition du siècle américain à ce qui pourrait bien devenir le siècle chinois.

Ce mouvement tectonique pourrait prendre une forme brutale et désordonnée ; seul le temps le dira. S'il se produit soudainement, ce ne sera pas beau à voir. Les défauts sur la dette souveraine, l'inflation élevée et l'effondrement des monnaies produisent de graves maux lorsqu'ils frappent des économies émergentes : ils engendrent des paniques bancaires, une explosion du chômage ainsi que des troubles politiques et sociaux. Si l'économie la plus vaste et la plus puissante du monde – les États-Unis – devait être en proie à une crise de ce type, on ne peut qu'en imaginer les conséquences. Une telle calamité donnerait à l'expression *too big to fail* une signification nouvelle et terrifiante.

Le rôle du compte courant

Afin de mieux saisir ce qui attend la Chine et les États-Unis, nous devons comprendre une mesure importante de la santé économique d'un pays : le compte courant.

Le compte courant d'un pays est sa « balance extérieure », une mesure de la manière dont son économie se compare à celles d'autres pays à un moment donné. La balance des paiements courants peut être *excédentaire* ou *déficitaire*. Bien qu'il soit théoriquement possible pour un pays de présenter un solde des paiements courants égal à zéro, cela ne se produit pas : cela ressemblerait au cas d'une entreprise qui ne ferait ni profit ni perte.

On ne saurait toutefois comparer des pays à des entreprises : leurs comptes sont plus vastes et plus compliqués. Les importations et les exportations sont au nombre des éléments constitutifs de la balance des paiements courants d'un pays. Leur solde est soit négatif, soit positif. Certains pays – c'est le cas des États-Unis – présentent un déficit commercial, ce qui veut dire qu'ils importent davantage de biens et de services qu'ils n'en exportent : le solde est alors négatif. D'autres pays, comme la Chine et le Japon, présentent un excédent commercial, ce qui signifie qu'ils exportent davantage de biens et de services qu'ils n'en importent : le solde est alors positif.

Le solde des importations et des exportations est l'une des données de la balance des paiements courants. Celle-ci prend aussi en compte la valeur des actifs étrangers détenus par le pays ainsi que les engagements à l'égard de l'étranger. Commençons par les actifs. Si les États-Unis possèdent des titres, des obligations ou même de l'immobilier dans un autre pays, ces actifs produisent des revenus sous forme de dividendes, de versements d'intérêts ou de loyers ; tout cela entre aux États-Unis. Cette valeur est positive. De l'autre côté, les titres ou la dette émis par les entreprises établies aux États-Unis ainsi que la dette gouvernementale des États-Unis qui sont détenus par des non-résidents constituent des engagements à l'égard de l'étranger : de l'argent sort du pays sous forme de dividendes ou de versements d'intérêts. Cette valeur est négative.

La balance des paiements courants additionne la différence entre les exportations et les importations (la balance commerciale) et la différence entre les revenus perçus sur les actifs étrangers et la rémunération des engagements à l'égard de l'étranger (c'est ce que les économistes appellent la « rémunération nette des facteurs »). La balance courante comporte un troisième élément : les transferts internationaux unilatéraux dont font partie l'aide internationale et les envois de fonds effectués par les travailleurs migrants en direction de leur pays d'origine. De tels transferts jouent généralement un rôle mineur, sauf dans le cas de certains pays qui reçoivent une aide importante (les pays d'Afrique sub-saharienne par exemple) ou dont beaucoup de ressortissants travaillent à l'étranger (les Philippines et quelques pays d'Amérique centrale) ; nous pouvons donc les laisser de côté pour le moment. Si la valeur résultant de l'addition de ces trois éléments est négative, le pays présente un déficit de la balance des paiements courants ; si elle est positive, il s'agit d'un excédent.

L'utilisation de cet indicateur pour juger de la santé économique d'un pays peut être trompeuse. Le Japon dégage ainsi un excédent des paiements courants. Cela peut paraître étrange puisque le gouvernement japonais a émis de la dette en grande quantité : on pourrait s'attendre à ce qu'il présente un déficit des paiements courants. Mais ce n'est pas le cas parce que le Japon exporte beaucoup plus qu'il n'importe. De surcroît, la majeure partie de la dette émise par le gouvernement japonais est acquise par des citoyens japonais : elle n'apparaît donc pas comme de la dette due à d'autres pays. Tout cela contribue à doter le Japon – un pays dont l'économie ne passe pas actuellement pour robuste – d'un excédent de la balance des paiements courants.

Examinons à présent le cas des États-Unis, qui présentent un déficit commercial important. Le gouvernement émet par ailleurs de plus en plus de dette, financée en grande partie par des investisseurs étrangers. Enfin, les consommateurs dépensaient jusqu'à une date récente davantage que ce à quoi les autorisait leur revenu. Ces dépenses étaient elles aussi largement financées par des investisseurs étrangers qui s'arrachèrent les titres dérivés des prêts hypothécaires américains et de la dette accumulée sur les cartes de crédit. L'ensemble de ces déséquilibres contribua à la formation du plus important déficit des paiements courants du monde.

La Chine présente à l'opposé le plus important excédent des paiements courants du monde. Beaucoup d'argent entre en Chine sous forme de paiement des marchandises qu'elle produit et exporte. La Chine est par ailleurs relativement peu endettée et les étrangers ne détiennent qu'une faible part de cette dette. Mais elle possède beaucoup de dette émise par d'autres pays, essentiellement des obligations d'État et des prêts hypothécaires américains. L'excédent massif de la balance des paiements courants chinoise a conduit de la sorte à une accumulation d'actifs étrangers, notamment des bons du Trésor américain. L'argent se déplace ainsi des pays qui présentent des excédents de la balance des paiements courants (la Chine) à ceux qui présentent des déficits de la balance des paiements courants (les États-Unis).

La balance des paiements courants d'un pays représente également la différence entre son « épargne nationale » et son « investissement national ». Cette distinction est capitale. Commençons par l'épargne nationale. Le secteur public (le gouvernement) comme le secteur privé (les ménages et les entreprises) produisent du revenu, notamment sous forme d'impôts, de salaires et de traitements. Les différents secteurs de l'économie consacrent ensuite tout ou partie de ce revenu à divers achats ; c'est ce qu'on appelle la consommation. Le gouvernement acquiert des fournitures militaires, un ménage achète de la nourriture, un fabricant se procure des matières premières. La fraction du revenu national qui n'a pas été consommée constitue l'« épargne nationale » : c'est l'argent que la nation a en poche.

Imaginons que l'épargne nationale d'un pays ait une valeur positive : le gouvernement dégage des excédents budgétaires et les ménages comme les entreprises ne consomment pas l'intégralité de leur revenu. Cet argent doit être investi quelque part. Il peut l'être sur le territoire national, par exemple en finançant la construction d'une nouvelle usine ou en apportant des améliorations au capital installé. La somme des différents investissements réalisés sur le territoire national est l'investissement national. S'il reste de l'épargne après décompte de l'investissement national, on dit que le pays présente un excédent de la balance des paiements courants. Le solde de la balance des paiements courants est égal à la différence entre l'épargne nationale et l'investissement national : quand cette différence est positive, comme c'est le cas dans notre exemple, l'épargne qui reste disponible finit par sortir du pays.

L'exemple que nous avons retenu est très simple : il est plus fréquent que le gouvernement d'un pays présente un déficit d'épargne alors que les ménages et les entreprises dégagent un surplus plus important encore. Mais un pays avec une épargne nationale positive ne présente pas nécessairement un excédent de la balance des paiements courants. Imaginons qu'il consacre toute l'épargne disponible à des investissements domestiques mais que cela n'épuise pas la demande d'investissement. (C'est souvent le cas des économies émergentes dont l'épargne nationale ne peut satisfaire la demande d'investissement.) Quand cela se produit, le pays peut attirer des investissements étrangers, ce qui se traduira par l'entrée dans le pays de sommes empruntées. C'est la raison pour laquelle il finira par présenter un déficit de la balance des paiements courants.

Il y a plusieurs manières d'envisager les excédents et les déficits des paiements courants. En lui-même, un excédent ou un déficit n'est ni une bonne chose ni une mauvaise : il ne fait que refléter une réalité plus complexe. La croissance des déficits budgétaires peut nourrir un déficit des paiements courants, mais un développement de l'investissement peut produire le même effet. Une diminution de l'épargne privée due à un excès de consommation – en particulier de biens étrangers – peut également provoquer un déficit de la balance des paiements courants. Tous ces facteurs peuvent être réunis dans le cas d'un déficit comme dans celui d'un excédent.

Imaginons qu'un pays présente un déficit de la balance des paiements courants produit par un excès de dépenses par rapport aux revenus, d'investissement par rapport à l'épargne et d'importations par rapport aux exportations. Comment finance-t-il ces différents excédents ? Il se trouvera généralement d'autres pays pour lui prêter de l'argent en achetant sa dette ou en investissant dans son économie sous forme d'achats d'actions et d'actifs immobiliers ou encore de créations d'entreprises (les constructeurs automobiles japonais et américains construisirent par exemple des usines aux États-Unis). La vente par la banque centrale de ses avoirs en devises étrangères ou la cession par les investisseurs nationaux de leurs actifs étrangers peut également permettre à un pays de financer son déficit de la balance des paiements courants. La somme des soldes de la balance des paiements courants et de ce que les économistes appellent le « compte de capital » – les acquisitions moins les cessions d'actifs non financiers par des unités résidentes – est égale à la variation des réserves de la banque centrale.

Normalement, certains pays présentent des déficits et d'autres dégagent des surplus. Mais au cours des années récentes, ces déséquilibres sont devenus encore plus… déséquilibrés. Jusqu'en 2007, l'année du déclenchement de la crise financière, les États-Unis et quelques autres pays présentèrent des déficits toujours plus importants de la balance des paiements. Comment cela s'est-il produit ?

Les leçons des crises des marchés émergents

La théorie économique soutient que la plupart des pays émergents présentent des déficits de la balance des paiements courants tandis que les économies plus avancées dégagent des excédents. En théorie, les économies avancées ont un surplus d'épargne qu'elles investissent sur les marchés émergents où les opportunités d'investissement excèdent l'épargne domestique. Les investisseurs des économies avancées peuvent acheter de la dette, des titres et de l'immobilier dans les économies émergentes et y réaliser des investissements directs dans l'espoir de bénéficier de rendements plus élevés. Il arrive que les deux parties profitent de ces investissements ; mais ils peuvent aussi produire des crises.

Nous avons vu que les crises ont suivi pendant des siècles des chemins prévisibles. L'investissement direct afflue dans un pays et contribue à nourrir une bulle spéculative. Tandis que la consommation privée augmente et que l'investissement explose, le déficit de la balance des paiements courants du pays considéré s'accroît. D'importants déficits budgétaires peuvent apparaître – et la dette ainsi que les leviers d'endettement peuvent s'accumuler. La bulle finit par éclater et les différents secteurs de l'économie souffrent : les ménages, les entreprises, les établissements financiers et le secteur public. Le pays finit par faire défaut sur sa dette, ou bien sa monnaie s'effondre, ou bien les deux phénomènes se produisent simultanément.

Lors des années récentes, de nombreux marchés émergents ont vu la décadence succéder à la splendeur. Les raisons varient selon les cas. On constate généralement un déficit de la balance des paiements courants produit par l'accroissement des déficits budgétaires. Les déficits budgétaires ne sont pas intrinsèquement mauvais : un pays peut vendre de la dette à l'étranger afin de financer des améliorations apportées à ses infrastructures, lesquelles autoriseront le pays à être plus compétitif, plus productif et à exporter davantage de biens et de services, ce qui se traduira finalement par l'apparition d'un excédent de la balance des paiements courants.

Les dépenses publiques peuvent malheureusement conduire à la ruine, en particulier si elles servent à augmenter les salaires des fonctionnaires plutôt qu'à financer des investissements. Il y a bien des manières d'accroître le déficit budgétaire d'un pays ou d'émettre trop de dette. Les investisseurs finiront par hésiter à refinancer la dette ou par refuser d'en acheter davantage, ce qui déclenchera une « crise de la dette souveraine ». C'est précisément ce qui se produisit en Amérique latine au début des années 1980, en Russie en 1998, en Équateur en 1999 ainsi qu'en Argentine en 2001 et 2002. Ces pays firent défaut sur leur dette souveraine qui était détenue par leurs propres citoyens et par des étrangers ; quant à leurs monnaies, elles s'effondrèrent. Les investisseurs étrangers prirent la fuite et l'économie nationale entra en récession. En Argentine par exemple, les prix des biens de consommation augmentèrent de 40 % en l'espace d'un an et le chômage frôla les 25 %. D'autres pays – l'Ukraine et le Pakistan en 1999, l'Uruguay en 2002 – échappèrent au défaut de paiement mais n'en souffrirent pas moins de dommages considérables. La plupart d'entre eux subirent des crises de change.

Un déficit de la balance des paiements courants ne dégénère pas nécessairement en défaut sur la dette souveraine ou en crise de change. Un marché émergent peut emprunter massivement à l'étranger afin de financer des investissements, par exemple la construction de nouvelles usines susceptibles de devenir la source de revenus futurs. Dans l'idéal, ces investissements autoriseraient le pays à produire plus de biens et de services exportables, ce qui lui permettrait de rembourser sa dette et, peut-être, de dégager un excédent de la balance des paiements courants.

Mais un déficit de la balance des paiements courants dû aux investissements étrangers peut également mal tourner : c'est ce qui se produisit dans les années 1990 en Indonésie, en Corée du Sud, en Thaïlande et en Malaisie. Aucun de ces pays n'avait de déficit budgétaire significatif ; leurs déficits de la balance des paiements courants provenait presque entièrement d'un excès de dépenses d'investissement par rapport à l'épargne privée, la différence étant apportée par des investisseurs étrangers. Le déficit de leur balance des paiements courants devint néanmoins incontrôlable et ces économies finirent par s'effondrer. Pourquoi ?

Une grande partie des prêts accordés par les entrepreneurs étrangers était libellée en monnaies étrangères : le dollar et le yen. Les pays concernés étaient prêts à emprunter en monnaie étrangère en partie parce que leurs banques centrales achetaient et vendaient des monnaies étrangères afin de maintenir la monnaie locale à un niveau quelque peu supérieur à sa valeur d'équilibre. Ils pouvaient ainsi emprunter davantage à l'étranger, ce qui contribua à accroître le montant de leur dette extérieure libellée en monnaie étrangère.

Lorsque le déficit de la balance des paiements courants de l'un de ces pays atteignit des niveaux excessifs, certains investisseurs prirent peur et s'enfuirent. La banque centrale tenta vainement de maintenir le taux de change à son ancien niveau. D'autres investisseurs étrangers liquidèrent leurs avoirs au taux de change fixe ; ils épuisèrent de la sorte les réserves de la banque centrale et réduisirent sa capacité à soutenir sa propre monnaie. Le régime de change finit par céder et la devise s'écroula.

Tandis que la valeur de la monnaie locale plongeait, la valeur réelle de la dette libellée en monnaie étrangère montait en flèche. Cela ne posait pas de problème aux emprunteurs qui exportaient des biens : ils étaient payés en monnaie étrangère et pouvaient rembourser leurs dettes. Mais pour ceux dont les investissements dans l'immobilier et les services non exportables ne généraient que des recettes en monnaie locale, la chute de la devise était une catastrophe. Ils n'étaient plus en mesure de rembourser leurs dettes et beaucoup firent faillite.

D'autres phénomènes concoururent à rendre ces pays particulièrement vulnérables. La majeure partie des investissements qui y étaient réalisés prenaient la forme de prêts et non d'investissements de portefeuille. Dans le cas des investissements de portefeuille, les profits et les dividendes peuvent être réduits quand les temps sont difficiles et accrus lorsque la situation s'améliore. Le financement par endettement autorise bien moins de flexibilité : qu'il s'agisse de prêts bancaires ou d'obligations, les intérêts et le principal doivent être remboursés quelles que soient les circonstances. Cet engagement peut se révéler difficile à tenir quand une crise se déclenche.

Ce fut particulièrement dur pour beaucoup de ces pays parce que leur dette devait être refinancée à intervalles réguliers. Cela donnait aux investisseurs étrangers de nombreuses occasions de se retirer, ce qu'ils firent quand la peur s'empara d'eux. Ils refusèrent de refinancer leurs prêts et demandèrent à leurs débiteurs de les rembourser intégralement. Nombre d'entre eux manquaient d'actifs liquides ou n'étaient pas en mesure de convertir les actifs qu'ils détenaient en liquidités ; ils firent donc faillite.

La plupart des économies émergentes qui succombèrent à la crise finirent par demander de l'aide au FMI. Le FMI jugea que la Russie, l'Argentine et l'Équateur étaient effectivement insolvables et les laissa faire défaut sur une partie de leur dette souveraine. Il considéra que d'autres pays avaient un problème de liquidité mais non de solvabilité et se porta à leur secours en leur offrant des prêts ou en négociant des accords par lesquels des créanciers privés acceptaient de refinancer leur dette ou de participer à sa restructuration. Aucune de ces mesures n'empêcha l'apparition de défauts de paiement sur la dette privée ; un grand nombre de banques et d'établissements non financiers finirent par faire défaut sur des dettes libellées en monnaie étrangère.

La série de crises qui frappa les marchés émergents à partir des années 1980 et pendant les deux décennies suivantes laissa une empreinte indélébile sur les responsables publics de nombreux pays. Ils en conclurent qu'un déficit de la balance des paiements courants était une mauvaise chose : il avait placé ces économies dans un état de vulnérabilité quand les flux de capitaux étrangers (« *hot money* ») s'étaient taris puis inversés. Ils en conclurent également que leurs pays devaient se préparer à des crises futures en accumulant des réserves en monnaies étrangères. Ils réduisirent par conséquent leurs déficits budgétaires et leurs dépenses privées, ce qui fit diminuer leur endettement étranger. Après avoir mis de l'ordre dans leur situation financière, ces pays entreprirent de dégager des excédents de la balance des paiements courants et accumulèrent d'importantes réserves en monnaies étrangères pour se protéger de crises futures.

Pour un grand nombre de ces économies, cette accumulation de réserves avait un objectif supplémentaire. La monnaie d'un pays qui présente un excédent de la balance des paiements courants tend à s'apprécier. Une monnaie qui s'apprécie réduit la compétitivité des produits exportés. Les économies dépendant des exportations achetèrent des devises étrangères sur le marché des changes afin de les pousser à la hausse et de diminuer la valeur de leur propre monnaie. La Chine, qui présente le plus grand excédent des paiements courants du monde et dont la monnaie est l'une des plus sous-évaluées, a porté cette double stratégie à son niveau de perfection.

Que les balances des paiements courants de la plupart des économies émergentes d'Asie et d'Amérique latine soient passées du déficit à l'excédent surprit la majeure partie des économistes. Ils constatèrent avec le même étonnement qu'un grand nombre d'économies avancées – l'Irlande, l'Espagne, l'Islande, l'Australie, le Royaume-Uni, la Nouvelle-Zélande et, surtout, les États-Unis – avaient connu l'évolution inverse.

Ces économies avancées avaient en réalité commencé à ressembler aux économies émergentes une décennie plus tôt : des bulles d'actifs financées de l'étranger se formèrent sur leur territoire. Une grande partie de la bulle immobilière américaine fut ainsi financée par des non-résidents : durant les années d'expansion de ce marché, ils achetèrent plus de la moitié des *mortgage-backed securities* et des *collateralized debt obligations*. Cela favorisa la hausse des prix des logements ; parce qu'ils se sentaient plus riches, les Américains épargnèrent moins et dépensèrent davantage, ce qui exacerba le déficit des paiements courants du pays. Les habitants d'autres pays avancés firent de même. Les déficits des paiements courants se réduirent après le déclenchement de la crise financière, mais aucun de ces pays n'est susceptible de dégager un excédent dans un avenir prévisible.

Ces développements allèrent à l'encontre de l'opinion communément admise comme des précédents historiques. En règle générale, les économies avancées dégagent des excédents des paiements courants et les économies émergentes présentent des déficits ; un surplus d'épargne accumulé dans les économies avancées finit par être investi dans les économies émergentes, non le contraire. Mais nous vivons dans un monde où le contraire est de plus en plus vrai – un monde sens dessus dessous.

Rashomon

Le débat relatif aux déséquilibres des comptes courants rappelle l'un des plus grands films d'Akira Kurosawa, *Rashomon* : un crime atroce a été commis dans la forêt et plusieurs personnages avouent que quelque chose d'horrible s'est produit, mais chacun fait un récit différent et accuse quelqu'un d'autre.

De façon similaire, nul ne conteste qu'un « crime » économique ait récemment eu lieu : les déséquilibres des paiements courants sont très importants et ont continué de grandir jusqu'à une date récente. Les États-Unis et quelques autres économies avancées vivent au-delà de leurs moyens tandis que le reste du monde – la Chine, le Japon, les pays émergents d'Asie, les exportateurs de pétrole, une grande partie de l'Amérique latine ainsi que l'Allemagne et une poignée de pays européens – fait exactement le contraire. Mais il est difficile de savoir qui doit être blâmé et qui devrait être puni.

Pourquoi ? On fait de nombreux récits de ce « crime » dans les cercles économiques ; les mises en accusation et les alibis se multiplient. Bien que certains contiennent une parcelle de vérité, les informations fausses abondent. Nous devons donc tirer les choses au clair en posant quelques questions essentielles : pourquoi ces déséquilibres se sont-ils matérialisés lors des années récentes ? Sont-ils soutenables ? Et s'ils ne le sont pas, qui devrait les traiter et quelles sont les politiques qui devraient être mises en œuvre ?

Le recours à l'hypothèse de la « matière noire » constitue l'une des tentatives les plus spécieuses d'explication des déséquilibres des paiements courants. Les partisans de ce conte de fées – dont font partie les économistes Ricardo Hausmann et Federico Sturzenegger – nient que le déficit des paiements courants soit aussi important que les chiffres le suggèrent ; si c'était le cas, affirment-ils, les États-Unis ne pourraient pas emprunter au reste du monde à des taux aussi bas. Ils attirent l'attention sur le fait que les États-Unis obtiennent un meilleur rendement sur leurs investissements à l'étranger que les étrangers sur leurs investissements aux États-Unis, ce qui est difficile à expliquer dans un contexte de déficit massif de la balance des paiements courants.

L'explication qu'ils proposent est simple : il n'y aurait pas de déficit des paiements courants. Il s'agit selon eux d'« une simple confusion provoquée par un ensemble artificiel de règles comptables ». Il y aurait en fait une « matière noire » que la comptabilité actuelle n'arrive pas à appréhender. Cette précieuse matière noire est difficile à évaluer parce qu'elle est constituée de biens immatériels fournis par les États-Unis : des biens comme l'assurance, la liquidité et le savoir. Les auteurs mettent particulièrement l'accent sur le savoir et affirment que « le savoir-faire [supérieur] déployé à l'étranger par les entreprises américaines » n'est pas pris en compte par les statistiques et que tous ces débats autour d'un déficit des paiements courants n'ont pas de sens.

Leur argument a été contesté sur un certain nombre de points. Il n'est tout d'abord pas étonnant que les étrangers investissant aux États-Unis réalisent des rendements inférieurs à ceux dont bénéficient les Américains à l'étranger : beaucoup d'entre eux investissent aux États-Unis pour des raisons allant au-delà de la réalisation d'un profit. La Chine a par exemple placé des centaines de milliards de dollars en bons du Trésor américain à faible rendement de façon à entretenir la faiblesse de sa monnaie et à préserver la compétitivité de ses exportations. Les économistes de la Réserve fédérale ont par ailleurs rassemblé des données montrant que les rendements réalisés par les États-Unis à l'étranger et ceux réalisés par les étrangers investissant aux États-Unis sont en réalité identiques. Cela réduit sérieusement la portée de cet argument.

Une explication plus sérieuse de la situation actuelle des paiements courants est la « surabondance mondiale d'épargne ». Elle fut soulevée par Ben Bernanke ; elle a le mérite de rejeter la responsabilité du déficit de la balance américaine des paiements courants sur d'autres pays. Selon cette hypothèse, le problème n'est pas que les Américains n'épargnent pas suffisamment ou que le gouvernement américain ait recours à des déficits budgétaires importants. C'est plutôt que la Chine et les autres pays asiatiques épargnent *trop*.

De prime abord, cet argument semble contre-intuitif. Mais Bernanke fit remarquer que de nombreuses économies européennes avancées épargnaient beaucoup en prévision du vieillissement de la population active. Comme elles ne disposent pas d'opportunités d'investissement suffisamment attractives à l'intérieur de leurs frontières, elles ont placé cette épargne aux États-Unis. L'idée selon laquelle les citoyens frugaux de différents pays d'Asie, de Chine en particulier, épargnent trop et dépensent trop peu vient appuyer cette thèse.

Cet argument n'est pas exempt d'une forme superficielle de vérité. Les taux d'épargne sont très élevés en Chine et les dépenses de consommation y sont relativement faibles. C'est en partie dû à des contraintes structurelles : la Chine n'a guère de filets de sécurité sociale et ne dispose pas d'un système solide de crédit à la consommation ; il est difficile d'y emprunter de l'argent pour acheter une maison. La Chine et d'autres économies émergentes ont accumulé ainsi des surplus d'épargne. À l'ère de la globalisation financière, l'argent peut de surcroît franchir aisément les frontières nationales et entrer aux États-Unis, ce qui rend les déficits des paiements courants plus soutenables qu'ils ne l'étaient par le passé.

Ce mode de raisonnement présente toutefois un sérieux problème : il fait porter la responsabilité des déficits massifs des paiements courants à des étrangers. Selon cette logique, le consommateur américain ne serait pas responsable de la bulle du logement : ce serait la faute de tous ces pingres de Chinois qui nous envoient leurs économies. Leur faire porter cette responsabilité revient à juger les seigneurs boliviens de la drogue responsables de l'addiction à la cocaïne de certains Américains : cette allégation n'est pas dénuée de vérité, mais l'histoire est beaucoup plus compliquée.

D'autres éléments jouèrent un rôle beaucoup plus important dans l'accroissement du déficit des paiements courants, en particulier depuis 2001. Grâce à une récession et aux énormes réductions d'impôts que George W. Bush fit adopter par le Congrès, les déficits budgétaires augmentèrent en flèche. Après avoir pris la peine de mettre de l'ordre dans leur budget dans les années 1990, les États-Unis recommencèrent à émettre de la dette en grande quantité, dette qui fut achetée par la Chine et par d'autres économies émergentes.

Leur unique crime a été d'acheter cette dette ; le crime des responsables publics américains a consisté à mener sciemment des politiques qui aggravèrent le déficit de la balance des paiements courants des États-Unis.

La Réserve fédérale joua également un rôle en mettant en circulation de grandes quantités d'argent bon marché à partir de 2001 et en ne faisant pas grand-chose pour surveiller et réguler le système financier. Ces politiques encouragèrent la formation d'une bulle immobilière davantage que ne le fit la « surabondance mondiale d'épargne » : elles produisirent un accroissement de l'investissement immobilier résidentiel ainsi qu'une réduction de l'épargne. Une grande partie de cet investissement était financée par de l'épargne étrangère, mais la Réserve fédérale favorisa l'expansion insoutenable qui attira cette épargne aux États-Unis.

Si l'on regarde en arrière, il est clair que différents facteurs apparus à différents moments ont produit les déséquilibres de la balance courante que nous connaissons aujourd'hui. Dans les années 1990, l'essor des valeurs technologiques favorisa l'entrée de capitaux étrangers et provoqua ainsi l'augmentation du déficit courant. Cela conduisit de nombreux Américains à épargner moins et à consommer davantage ; le déficit des paiements courants en fut encore accru. Il aurait dû se réduire après l'explosion de la bulle, mais il n'en fut rien : les politiques budgétaires imprudentes mises en œuvre par le gouvernement Bush le firent monter en flèche.

Le déficit de la balance des paiements courant s'accrut encore après 2004 grâce notamment à une expansion du marché du logement due à la négligence des régulateurs fédéraux. Les taux d'épargne chutèrent et les investisseurs étrangers s'arrachèrent les titres dérivés d'une masse croissante de prêts hypothécaires. Le déficit des paiements courants ne commença à se réduire qu'après 2007, quand la bulle du logement éclata, que les importations chutèrent et que les ménages se mirent à épargner davantage. La baisse des prix du pétrole contribua aussi à cette évolution.

Contrairement au *Rashomon* de Kurosawa, le « crime » constitué par le déficit actuel des paiements courants a un coupable tout désigné. Pour paraphraser Pogo, « nous avons rencontré l'ennemi, et c'est nous » – les États-Unis.

Cela ne signifie pas que les États-Unis n'eurent pas de complices : des surplus d'épargne en provenance de Chine à la globalisation financière, tout autorisa le pays à creuser le déficit des paiements courants. Mais autoriser ne veut pas dire contraindre. Les responsables ultimes de ce désordre sont bien les États-Unis, qui menèrent une décennie durant des politiques favorisant l'accroissement de leur déficit des paiements courants. Les États-Unis ont creusé leur propre tombe en mettant en œuvre des réductions d'impôts imprudentes et en rechignant à enrayer l'expansion du marché immobilier.

Dangers et dilemmes

Les économistes d'un tempérament panglossien utilisent divers arguments afin de repousser les inquiétudes relatives au déficit de la balance des paiements courants américaine. Ils affirment que les économies émergentes seront ravies de financer ce déficit pour l'avenir prévisible : ils souhaitent que leurs devises restent bon marché, et une manière de parvenir à ce résultat consiste à acheter de la dette et des titres américains. D'autres font remarquer que les États-Unis jouissent de ce que Valéry Giscard d'Estaing, qui était ministre des Finances au début des années 1960, appela le « privilège exorbitant » d'émettre la monnaie de réserve du monde entier. Cela préviendrait selon eux le type de crise de change qui frappe des pays moins chanceux. Grâce à ces avantages, les États-Unis devraient pouvoir continuer à présenter des déficits massifs des paiements courants durant de longues années.

C'est absurde. Ce *statu quo* est insoutenable et dangereux, et il finira par provoquer une catastrophe si des réformes difficiles n'y mettent pas un terme. Si les États-Unis ne mettent pas de l'ordre dans leur budget et n'épargnent pas davantage, ils iront droit à un réveil douloureux. Nul ne sait quand cela se produira, mais il serait faux de croire que ce moment pourra être repoussé durant plusieurs décennies. Certains indices tendent à montrer que le vent est déjà en train de tourner. Dans les années 1990, le déficit de la balance des paiements courants était financé en bonne partie par l'investissement étranger en titres américains ; ce type de financement atteignit un sommet de 300 milliards de dollars en l'an 2000. Après l'explosion de la bulle des valeurs technologiques, l'investissement étranger s'effondra ; bien qu'il ait quelque peu rebondi depuis, il n'a pas retrouvé son niveau antérieur. Durant cette période, le déficit de la balance des paiements courants continua de s'accroître en raison d'achats de dette américaine par des étrangers. Une partie de cette dette avait été émise par le gouvernement, mais l'essentiel était adossé à des prêts hypothécaires privés et à d'autres actifs.

Les banques centrales étrangères et les fonds souverains en achetèrent la plus grande part. Près de la moitié des billets et des bons du Trésor américain (en dehors de ceux détenus par la Réserve fédérale) est actuellement détenue par des non-résidents ; les deux tiers de ces titres ont été acquis par des banques centrales et des fonds souverains. En d'autres termes, ce ne sont pas des investisseurs privés qui ont financé la part du lion du déficit des paiements courants. Ils ne sont pas stupides : ils savent que le dollar pourrait se déprécier et n'ont aucun intérêt à perdre de l'argent. Mais nous avons vu que les gouvernements et leurs satellites avaient d'autres raisons d'acheter cette dette.

Ils ont toutefois des limites. Le fait que la durée de détention de la dette américaine par les investisseurs étrangers ait diminué constitue un indicateur de leur malaise. Il y a dix ans, la maturité moyenne de la dette publique américaine était voisine de soixante mois. En 2009, ce chiffre descendit sous la barre des cinquante mois, ce qui traduit l'inquiétude grandissante de voir le dollar perdre de sa valeur – volontairement ou non. Parce que les États-Unis accumulent des quantités toujours plus vertigineuses de dette, certains de ses créanciers craignent en effet qu'ils n'essaient de déprécier le dollar en « monétisant » le déficit. Or c'est déjà ce qu'ils font au moyen de la politique d'assouplissement quantitatif.

Si les États-Unis étaient un marché émergent, ils auraient depuis longtemps souffert d'un effondrement de la confiance en leur dette et en leur monnaie. Que cela ne se soit pas produit traduit le fait que les États-Unis sont toujours considérés comme un pays qui augmente les impôts et taille dans les dépenses lorsque cela s'avère nécessaire. Ils procédèrent de la sorte au début des années 1990, après une décennie de croissance des déficits ; il n'y a pas de raison qu'ils n'y parviennent pas une nouvelle fois. De surcroît et contrairement à beaucoup d'économies émergentes, les États-Unis n'ont jamais fait défaut sur leur dette publique. Cela fait beaucoup pour rassurer les investisseurs. Les États-Unis empruntent enfin à l'étranger dans leur propre monnaie. La dépréciation potentielle du dollar n'accroîtrait pas les engagements américains : ce risque de change est transféré sur les créanciers étrangers.

C'est une différence capitale. Mais cela ne signifie pas que les créanciers étrangers continueront indéfiniment à amasser des centaines de milliards d'obligations d'État à faible rendement. Viendra le moment où ils exigeront de vrais actifs : des participations dans les entreprises américaines. Les États-Unis ont jusqu'à présent réussi à empêcher les étrangers de prendre le contrôle de leurs entreprises les plus importantes. En 2005, l'opposition de l'opinion publique dissuada la *China National Offshore Oil Corporation* de prendre une participation dans Unocal ; l'année suivante, une réaction similaire interdit à une compagnie d'État de Dubaï (Dubaï Ports World) de prendre le contrôle d'un certain nombre de grands ports américains.

Ces escarmouches reflètent une sorte de « protectionnisme par les actifs » au moyen duquel les États-Unis tentent d'orienter des créanciers de plus en plus puissants vers certains investissements. Le protectionnisme par les actifs ne s'interrompit pas durant la crise financière, quand plusieurs des banques les plus importantes du pays sollicitèrent des fonds souverains du Proche-Orient et d'Asie mais refusèrent d'accorder tout droit de contrôle significatif à ces investisseurs. Beaucoup d'entre eux s'y brûlèrent les doigts ; il est donc hautement improbable qu'ils se contentent d'un strapontin la prochaine fois qu'on leur demandera de soutenir le système financier.

Beaucoup de politiciens et de responsables publics semblent parfaitement ignorants du peu d'emprise qu'ont les États-Unis sur les pays qui financent leurs déficits jumeaux. Ils disent à la Chine qu'elle ne peut pas acheter d'entreprises américaines et ils menacent ce pays de prendre des mesures protectionnistes s'il ne procède pas à une réévaluation de sa monnaie. C'est aussi cocasse que stupide. La Chine finance en effet les guerres entreprises par les États-Unis en Afghanistan et en Irak, sans parler du renflouement du système financier et des coûts associés à la réforme de l'assurance-maladie. Mordre la main qui nous nourrit peut passer quand il s'agit d'électeurs captifs, mais avec la Chine, l'exercice a des limites.

Le chemin qui doit conduire la Chine à l'hégémonie mondiale est-il libre d'obstacles ? Non. La consommation ne représente que 36 % du produit intérieur brut chinois alors qu'elle dépasse 70 % aux États-Unis. Tandis que la consommation domestique des États-Unis est trop élevée, celle de la Chine demeure beaucoup trop faible. Pour l'instant, sa survie et sa croissance dépendent largement de ses exportations bon marché en direction des États-Unis, lesquelles sont financées par la vente de dette américaine à la Chine. Cette symbiose perverse (« Ils nous donnent des produits empoisonnés, nous leur donnons du papier sans valeur », explique Paul Krugman) menace les intérêts chinois de long terme.

La Chine a aussi d'autres problèmes. Elle a indéniablement des réserves vertigineuses qu'elle a en partie consacrées à un plan de relance massif destiné à améliorer les infrastructures du pays ainsi qu'à contraindre les banques contrôlées par l'État à consentir des prêts à diverses entreprises publiques. Cela peut fonctionner à court terme, mais ce n'est pas soutenable à long terme. Prêter de l'argent pour construire davantage d'usines alors que l'économie mondiale souffre d'un excès de capacités productives n'est pas la voie du salut. Cela ne fera que nourrir une bulle spéculative en Chine qui finira par laisser aux banques nationales des paquets de créances irrécouvrables.

En 2010 encore, la Chine et les États-Unis restent prisonniers de ce que l'économiste Lawrence Summers a décrit comme un « équilibre de la terreur financière ». Aucun des deux ne peut faire un mouvement sans compromettre cet équilibre. La Chine ne peut arrêter d'acheter de la dette américaine sous peine de voir s'effondrer son principal marché. Réciproquement, les États-Unis ne peuvent élever des barrières protectionnistes, sinon la Chine cessera de financer leur train de vie.

Si les deux pays veulent défaire ce lien, il leur faudra prendre des mesures simultanées pour ramener leurs comptes courants à une certaine forme d'équilibre. Les États-Unis doivent lutter contre leurs déficits d'épargne jumeaux : le déficit du budget fédéral et le faible niveau de l'épargne privée. Une première étape sur la voie de la rédemption consisterait à abroger les réductions d'impôts que l'administration Bush eut la mauvaise idée d'adopter voilà une dizaine d'années. Si les Américains pensent qu'ils pourront bénéficier de dépenses sociales comparables à celles qui existent en Europe – par exemple une assurance-maladie universelle – en maintenant de faibles taux d'imposition, ils se trompent. Cela ne marchera pas – et parier sur le fait que les Chinois paieront indéfiniment la note revient à prendre ses rêves pour des réalités.

De leur côté, la Chine et les autres économies émergentes d'Asie doivent laisser leurs monnaies s'apprécier. Il leur faut aussi adopter des mesures structurelles destinées à décourager l'épargne de façon à ce qu'une fraction supérieure de ce que la Chine produit soit consommée localement. Promouvoir la croissance du crédit à la consommation est également souhaitable : à l'heure actuelle, la majorité des Chinois achètent leur maison au comptant au lieu de recourir à un prêt immobilier. La Chine doit par ailleurs mettre en place les filets de sécurité communs à toutes les économies avancées, comme une assurance-chômage et des soins médicaux abordables. Ces avancées très simples donneraient aux Chinois l'assurance qu'ils n'ont pas besoin d'économiser le moindre sou pour être en mesure de faire face à une situation difficile. En l'absence de telles réformes, la Chine aura le plus grand mal à empêcher ses citoyens de subventionner indirectement les États-Unis.

Les autres pays du monde pourraient contribuer à ces efforts en s'employant à limiter leurs propres excédents. Les économies plus mûres – l'Allemagne, la France, le Japon – doivent accélérer les réformes structurelles destinées à stimuler l'investissement, la productivité et la croissance et (on l'espère) à réduire les excédents de leurs balances des paiements courants. Les producteurs de pétrole comme l'Arabie saoudite doivent laisser leurs monnaies s'apprécier et consacrer une part plus importante de leurs ressources au développement de la consommation, au financement de dépenses d'infrastructure ainsi qu'à la recherche et à l'exploitation de nouveaux champs pétroliers.

Toutes ces mesures favoriseraient le rééquilibrage ordonné des paiements courants. Aucun des acteurs de cette pièce ne semble malheureusement prendre les dispositions nécessaires. Chacun paraît espérer que le *statu quo* – des excédents vertigineux d'un côté, des déficits grandissants de l'autre – se révélera soutenable. Ce ne sera pas le cas. Si les choses ne changent pas, la pression continuera de croître jusqu'à ce qu'elle ne puisse plus être contenue. Nul ne sait ce qui se produira alors. La crise qui s'ouvrirait serait très différente des cycles classiques expansion-récession que nous avons évoqués au chapitre 1. Elle résulterait moins de l'instabilité inhérente au capitalisme que de l'évolution des rapports de force internationaux. Si les crises financières ordinaires sont de simples secousses, le brutal détricotage des déséquilibres mondiaux – sans parler des défauts de paiement sur la dette souveraine et de l'effondrement de certaines monnaies – constituerait un tremblement de terre.

Jusqu'à présent, nous n'avons senti que des secousses. La crise financière a frappé un certain nombre d'économies avancées et a posé la question de la solvabilité à long terme de la Grèce, de l'Irlande, de l'Italie, du Portugal, de l'Espagne et même du Royaume-Uni. Certains de ces pays – en particulier ceux que l'on appelle les « pays du Club Med », c'est-à-dire la Grèce, l'Italie, le Portugal et l'Espagne – pourraient faire défaut plus tôt que tard, ce qui menacerait l'Union européenne et pourrait plonger ces régions dans un chaos similaire à celui que connurent l'Argentine en 2002 et l'Islande en 2008.

Ces secousses se feront sentir dans l'ensemble de l'économie mondiale. Elles seront toutefois mineures par comparaison avec la plus violente de toutes : un déclin rapide et désordonné du dollar.

Le déclin du dollar

À la fin des années 1950, les États-Unis étaient à l'apogée de leur puissance. Ils dégageaient un excédent de la balance des paiements courants et le dollar servait de monnaie de réserve internationale. Conformément aux célèbres accords de Bretton Woods, qui furent adoptés peu avant la fin de la Seconde Guerre mondiale, d'autres pays choisirent d'assurer la convertibilité de leurs monnaies en dollars à un taux fixe tandis que les États-Unis s'engageaient à convertir ces mêmes dollars en or.

La plupart des économistes de l'époque – en particulier les économistes américains – pensaient que Bretton Woods était une bonne idée. Ce n'était pas le cas de Robert Triffin, un économiste d'origine belge. Il s'opposa en 1960 à l'idée qu'une monnaie nationale serve en même temps de monnaie de réserve internationale. Un tel dispositif contenait selon lui les germes de sa propre destruction. Triffin fit remarquer que les pays qui émettaient des monnaies de réserve – la Grande-Bretagne au XIXe siècle, les États-Unis au XXe – continuaient généralement de dégager des excédents de la balance des paiements courants. Dans le cas des États-Unis, cela signifiait que les dollars seraient plus nombreux à entrer dans le pays qu'à en sortir.

Jusque-là, tout va bien. Mais Triffin fit remarquer que d'autres pays auraient besoin de détenir de la monnaie de réserve. La demande de dollars qui en résulterait produirait un mouvement opposé et provoquerait des sorties de dollars des États-Unis. Ces pressions finiraient par créer un déficit des paiements courants qui détériorerait la situation économique des États-Unis ainsi que celle du dollar. Triffin souligna en effet que les besoins des États-Unis entreraient en conflit avec ceux du reste du monde, ce qui ouvrirait la voie au déclin du dollar. C'est exactement ce qui se passa en 1971 quand le président Nixon renia l'engagement des États-Unis d'assurer la convertibilité du dollar en or.

Le dilemme de Triffin reste pertinent aujourd'hui. Le dollar n'est plus convertible en or, mais il reste de fait la monnaie de réserve mondiale alors même que sa demande contribue à l'accroissement des déséquilibres des paiements courants. Certains économistes ont soutenu que ce dispositif – qu'on appelle parfois « Bretton Woods II » – pourrait persister dans un avenir prévisible ; pendant ce temps, les dollars sortiront des États-Unis et s'entasseront dans les coffres des banques centrales d'Asie et du Proche-Orient.

Cet arrangement malcommode est en réalité sous tension. En 2001, un peu plus de 70 % des réserves de change détenues hors des États-Unis étaient libellées en dollars. Pendant la décennie suivante, quand les déficits budgétaires et les déficits des paiements courants des États-Unis devinrent hors de contrôle, cette proportion diminua : elle n'atteignait plus que 63 % en 2008. Lors de la seconde moitié de l'année 2009, les dollars ne représentèrent que 37 % des réserves de change nouvellement acquises – très loin des 67 % observés dix ans plus tôt. Un pourcentage croissant de ces réserves était constitué d'or et des monnaies de certains pays émergents.

Cet effort de diversification est encore plus évident dans le cas des fonds souverains. Ces fonds d'investissement d'État – des organismes comme la *China Investment Corporation* – ont commencé à éviter la dette du Trésor américain qui a longtemps servi de base aux réserves des banques centrales ; ils préfèrent se concentrer sur des investissements aux rendements plus élevés allant des fonds spéculatifs à l'exploitation de minerais.

Cette tendance devrait se poursuivre lors des années à venir. Avec un peu de chance, la transition sera progressive et non brutale. Les États-Unis pourraient marcher sur les pas de la Grande-Bretagne, dont le pouvoir et la monnaie déclinèrent durant plusieurs décennies. Bien que les États-Unis aient privé la Grande-Bretagne de son rang de première puissance mondiale vers 1872, la livre sterling demeura la monnaie dominante pour les deux générations suivantes. Ce n'est qu'après la Première Guerre mondiale, quand la Grande-Bretagne passa du statut de créancier net à celui de débiteur net, que la livre sterling entama sa glissade et que les autres pays commencèrent à diversifier leurs réserves de change ; mais en 1928 encore, les réserves mondiales de change contenaient deux fois plus de livres que de dollars. Après que la Grande-Bretagne fut sortie du *gold standard* en 1931, le dollar supplanta la livre. Les accords de Bretton Woods contribuèrent à cimenter la suprématie du dollar. Ce n'est toutefois qu'après la crise de Suez de 1956 et l'effondrement subséquent de la livre sterling que le dollar devint sans rival.

La chute de la livre prit trois quarts de siècle ; nous pouvons raisonnablement espérer que le déclin du dollar adoptera un rythme aussi mesuré. Mais il ne faudrait pas pousser l'analogie trop loin. La Chine, qui occupe une position similaire à celle des États-Unis voilà un siècle, gravit les marches de l'économie mondiale beaucoup plus vite qu'aucune nation ne l'a jamais fait. Elle succédera au Japon au rang de deuxième économie mondiale en 2010 ou en 2011, et elle pourrait ravir la première place aux États-Unis plus tôt que prévu. Tout cela se produit à une vitesse surprenante. Alors que les États-Unis mirent un siècle à prendre le pouvoir, la Chine a réussi à se transformer en puissance mondiale en seulement vingt ans.

Cela laisse craindre que les jours du dollar ne se comptent en années plutôt qu'en décennies. Il est difficile de savoir quelles formes son déclin pourrait prendre. Les monnaies étaient historiquement liées à l'or ou à l'argent ; ce lien ne disparut totalement que dans les années 1970. Le système monétaire international ne repose plus sur l'or mais sur une monnaie fiduciaire – une monnaie qui n'a pas de valeur intrinsèque, qui n'est pas garantie par des métaux précieux et dont le cours n'est pas stable. D'une certaine manière, le dollar tient le rôle que l'or jouait jadis ; son effondrement ne produirait pas des désastres moindres que ne l'aurait fait l'anéantissement de l'or contenu lors des siècles passés dans les coffres des princes et des banquiers.

Cela pourrait finir par se produire si les États-Unis continuent à accumuler les déficits. Même si la Chine ne cessera vraisemblablement pas d'acheter de la dette, d'autres pays plus petits pourraient commencer à se diriger vers la sortie. Ils seraient susceptibles de déclencher une ruée à laquelle la Chine serait tentée de se joindre. Quels que soient les avantages que le système actuel présente pour la Chine, le moment viendra où les coûts dépasseront les gains.

Les États-Unis sont à la croisée des chemins. S'ils ne mettent pas d'ordre dans leur budget et s'ils n'augmentent pas leur épargne privée, la probabilité d'un tel séisme ne fera que croître. Il n'est que trop facile d'imaginer un scénario qui aboutirait à ce résultat, tout particulièrement en cas d'intensification des tensions politiques : si les Républicains s'opposent aux hausses d'impôts et que les Démocrates refusent les réductions de dépenses, la monétisation des déficits apparaîtra comme la voie du moindre effort. L'inflation qui en résultera érodera la valeur des titres de dette, publique et privée, libellés en dollars et détenus de par le monde. Confrontés à cette « taxe d'inflation », les investisseurs étrangers échangeront leurs dollars contre la monnaie d'un pays ayant la réputation d'exercer une meilleure discipline budgétaire.

Si cela devait avoir lieu, les États-Unis en paieraient le prix. Nous avons jusqu'à présent été capables d'émettre de la dette dans notre propre monnaie plutôt qu'en monnaie étrangère, ce qui permettait de faire supporter à nos créanciers les coûts liés à la diminution de la valeur du dollar. Si nous perdions ce « privilège exorbitant », nous devrions porter ce fardeau et nos coûts d'emprunt seraient propulsés vers le haut, ce qui tirerait vers le bas la consommation, l'investissement et, enfin, la croissance économique. Le prix des importations augmenterait, qu'il s'agisse de jouets en plastique bon marché provenant de Chine ou de barils de pétrole venant d'Arabie saoudite ; cela menacerait un mode de vie auquel les Américains ont fini par croire qu'ils avaient droit de naissance. Le dollar ne serait plus qu'une monnaie parmi d'autres.

Mais cela pose une question : qu'est-ce qui prendrait sa place ?

La toute-puissance du renminbi ?

De prime abord, la monnaie chinoise – le renminbi ou le yuan – semble être un candidat sérieux à la succession du dollar. Peu d'autres devises sont susceptibles de le concurrencer. La livre sterling britannique, le yen japonais et le franc suisse demeurent des monnaies de réserve mineures. Elles peuvent offrir un refuge temporaire face à un dollar qui perd de sa valeur, mais ce sont les monnaies de pays en déclin. On pourrait dire la même chose de l'euro, dont la survie dépend de l'entente d'un groupe de pays dont beaucoup souffrent de déficits de plus en plus lourds, du vieillissement de leur population et d'une concurrence accrue en provenance des marchés émergents.

L'idée d'un retour à l'or est encore moins praticable. En dépit de sa fortune récente, l'idée de faire de l'or la base du système monétaire reste ce que Keynes appela à juste titre une « relique barbare ». Bien que le recours à l'or puisse permettre de se protéger temporairement de la chute du dollar, la hausse de la valeur du métal précieux est largement fonction de la peur et de l'anxiété qu'inspire l'avenir. L'or est un sanctuaire où se cacher, non le socle d'un nouvel ordre monétaire. Il offre peu d'utilisations pratiques, est difficile à stocker et n'est disponible qu'en quantités minimes en comparaison de la taille actuelle de l'économie mondiale. Ces caractéristiques ne font pas de lui un bon candidat au statut de monnaie de réserve.

Le prix de l'or pourrait cependant augmenter brutalement si les gouvernements choisissaient de monétiser leurs déficits et provoquaient ainsi une reprise de l'inflation. Mais si cela devait se produire, les banques centrales ne chercheraient probablement pas à accaparer les modestes quantités d'or disponibles : elles tenteraient plus vraisemblablement de se protéger de l'inflation en investissant davantage dans le pétrole et les matières premières. En d'autres termes, elles abandonneraient des monnaies fiduciaires comme le dollar au profit d'actifs réels.

Cela fait du renminbi l'alternative de long terme au dollar. La Chine ressemble beaucoup aux États-Unis à l'époque où ce pays accéda à la puissance : elle dégage de larges excédents des paiements courants, est devenue le plus gros exportateur mondial, présente un déficit budgétaire relativement peu important et est beaucoup plus faiblement endettée que beaucoup d'autres pays. La Chine a déjà pris quelques mesures afin de contester la suprématie du dollar. Elle a par exemple autorisé les établissements financiers de

Hong Kong à émettre de la dette publique chinoise libellée en yuans, ce qui constitue une étape déterminante dans la création d'un marché régional de sa dette et, par extension, de sa monnaie. Le ministre chinois des Finances a significativement décrit cette évolution comme un effort pour « promouvoir le renminbi dans les pays voisins et améliorer le statut international du yuan ».

La Chine a pris d'autres mesures pour soutenir sa puissance monétaire. Elle a mis en place des échanges de devises (*currency swaps*) avec plusieurs pays dont l'Argentine, le Brésil, la Biélorussie et l'Indonésie. Elle a aussi encouragé certains de ses partenaires commerciaux à utiliser le yuan comme unité de compte, c'est-à-dire à établir leurs factures en yuans. C'est plus important qu'il n'y paraît : à l'heure actuelle, une grande partie des factures associées aux échanges internationaux sont établies en dollars même pour les transactions dans lesquelles les États-Unis ne sont pas impliqués. Cette déférence, qui rappelle le respect accordé à la livre sterling voilà un siècle, reflète le statut réel et symbolique du dollar comme monnaie de réserve internationale. Si le yuan gagne du terrain dans les livres de comptes, il empiétera sur le statut de monnaie de réserve du dollar.

Pour l'instant cependant, le renminbi livre une bataille difficile pour devenir la monnaie dominante à l'échelle du monde. Les Chinois eux-mêmes ne souhaitent pas que cela arrive trop rapidement. Le taux de change devrait devenir plus flexible, ce qui autoriserait le renminbi à s'apprécier bien davantage qu'il ne l'a fait jusqu'à présent et nuirait aux exportations chinoises. La Chine devrait par ailleurs mettre en place des réformes qui lui inspirent de la réticence : lever les restrictions sur l'entrée et la sortie de capitaux et rendre sa monnaie parfaitement convertible pour ce type de transaction. Il lui faudrait également accélérer le rythme des réformes financières nationales et commencer à émettre de plus grandes quantités de dette libellée en yuans.

Bien que les Chinois souhaitent que le renminbi joue un rôle plus important, ils ne semblent pas impatients de le voir devenir la monnaie de réserve mondiale. Le gouverneur de la banque centrale chinoise, Zhou Xiaochuan, fit en 2009 une proposition très différente : la création d'une nouvelle monnaie supranationale qui serait mise en concurrence avec le dollar. Zhou proposa de réformer les droits de tirage spéciaux, une quasi-monnaie créée en 1969 sous les auspices du FMI : bien qu'elle puisse passer de main en main comme le ferait un billet de banque, elle est une pure unité de compte utilisée par le FMI. Elle tire sa valeur de quatre monnaies sous-jacentes diversement pondérées : le dollar constitue l'élément le plus important ; il est suivi par l'euro, le yen et la livre. Tout détenteur de droits de tirage spéciaux peut faire valoir ses droits sur les différentes monnaies contenues dans le « panier » sous-jacent. Ces instruments peuvent être utilisés pour différents objectifs, dont le règlement de dettes dues au FMI.

La proportion de chacune de ces devises dans le panier est réévaluée tous les cinq ans ; la déclaration du gouverneur Zhou fit clairement comprendre que la Chine espère voir sa monnaie y entrer. Mais s'asseoir à la table des négociations et prendre le pouvoir sont deux choses différentes. Zhou fit référence au dilemme de Triffin quand il plaida avec force en faveur de « la création d'une monnaie de réserve internationale déconnectée des nations et capable de rester stable à long terme, ce qui éliminerait les imperfections produites par l'utilisation de monnaies fiduciaires nationales ».

En formulant cette proposition, Zhou se souvenait de la conférence de Bretton Woods de 1944. John Maynard Keynes incita les participants à envisager la création d'une monnaie mondiale appelée « bancor » qui tirerait sa valeur d'un panier d'une trentaine de matières premières. Les Américains repoussèrent cette idée et firent pression pour que le dollar devienne la monnaie de réserve mondiale. Zhou qualifia cette décision de malheureuse : il considéra que Keynes s'était montré « clairvoyant » et que les droits de tirage spéciaux seraient un moyen de ressusciter ses idées.

Pour le moment, l'idée de transformer les droits de tirage spéciaux en monnaie de réserve mondiale reste du domaine de la fiction. Un nombre significatif d'agents privés et publics devraient l'utiliser comme unité de compte, et cela ne semble pas près de se produire : les droits de tirage spéciaux demeurent un instrument du FMI. L'intérêt qui entoure le développement de leur rôle met toutefois l'accent sur la volonté de la Chine comme de beaucoup d'autres pays émergents de remplacer le dollar par quelque chose d'un peu plus stable et de plus résistant aux crises.

Rien de tout cela ne se produira en l'absence de coopération internationale. C'est pourquoi une autre des institutions qui émergèrent de la conférence de 1944 devra être réformée : nous voulons parler du FMI.

Une gouvernance mondiale

L'essor rapide des BRIC – Brésil, Russie, Inde et Chine – ainsi que d'autres économies émergentes a souligné la nécessité de réformer la gouvernance économique mondiale. Regroupant les États-Unis, le Japon, l'Allemagne, la France, le Royaume-Uni, le Canada et l'Italie, le G7 ne peut plus prétendre parler pour le reste du monde. D'autres acteurs doivent rejoindre ces pays à la table des négociations si l'on veut résorber les déséquilibres globaux. Dans une certaine mesure, ils sont déjà présents : lors des dernières années, le G20 a commencé à supplanter son grand frère plus sélectif en associant à ses débats le Brésil, l'Indonésie, l'Afrique du Sud, l'Arabie Saoudite ainsi que d'autres pays.

Il est toutefois douteux que le G20 puisse apporter des changements substantiels à l'économie mondiale et au système monétaire international. Le G7 a eu beaucoup de mal à le faire ; avec deux fois plus de membres et en l'absence d'un cadre formel de discussion et de mise en œuvre des politiques, cela devient impossible – et la plupart des économies du monde n'ont toujours pas voix au chapitre.

Le FMI est plus représentatif, mais il a ses propres problèmes. L'essentiel des décisions du FMI sont prises par son conseil d'administration qui est constitué de vingt-quatre membres dont chacun représente une partie du monde. Les nations européennes sont malheureusement surreprésentées tandis que les économies émergentes d'Asie et d'Afrique sont sous-représentées. Un problème similaire gâche la manière dont le FMI calcule ses « quotas » – les droits de vote que chaque pays reçoit en échange des contributions qu'il apporte au Fonds. Une étude récente a montré qu'en 2000 et 2001, la somme des droits de vote de la Chine, de l'Inde et du Brésil était inférieure de 19 % à la somme des droits de vote de la Belgique, de l'Italie et des Pays-Bas, ce en dépit du fait que le produit intérieur brut du premier groupe de pays représente quatre fois celui du second et que le rapport de leurs populations est de 29 à 1.

Les Européens se sont jusqu'ici montrés peu disposés à céder le pouvoir dont ils disposent au sein de l'institution. C'est stupide : si le FMI veut disposer d'une quelconque crédibilité à l'avenir, la répartition des fauteuils à son conseil d'administration ainsi que des droits de vote devra refléter les intérêts et la puissance des économies émergentes. Cela vaut également pour le sommet de l'organisation. Une règle non écrite veut que la présidence de la Banque mondiale aille à un Américain et que la tête du FMI revienne à un Européen. Les appels à abandonner cette pratique sont tombés jusqu'à présent dans l'oreille d'un sourd, ce qui contribue à menacer la légitimité de l'institution.

Le FMI a aussi besoin de subir d'autres types de réformes. Il n'exerce de pouvoir sur ses membres qu'en temps de crise, et seulement sur les petits pays qui ont des difficultés à rembourser leur dette. La Chine, le Japon et l'Allemagne, qui sont les créanciers du reste du monde, peuvent ignorer le FMI. Les États-Unis peuvent faire de même : ils présentent des déficits de la balance des paiements courants mais peuvent s'endetter dans leur propre monnaie. En réalité, le FMI ne peut rien faire pour forcer la Chine, l'Europe et les États-Unis à modifier leur comportement. Il a même renoncé à utiliser l'arme de la menace et à jeter l'opprobre sur les pays dont les actions menacent la stabilité de l'économie mondiale.

Cela ne signifie pas que le FMI doive être abandonné. Même si ses ressources sont limitées, il peut s'attaquer à un problème particulier : les déséquilibres des comptes courants. Nous avons vu que les économies émergentes avaient tiré deux leçons des crises des années 1990 : éviter de présenter des déficits de la balance des paiements courants et amasser des devises étrangères en prévision d'une crise de liquidité mondiale. Ces stratégies ont payé durant la crise récente : les pays d'Asie et d'Amérique latine qui avaient des excédents des paiements courants et des réserves substantielles de devises étrangères intervinrent pour soutenir leur propre monnaie ; ils rassurèrent les investisseurs étrangers en leur montrant qu'ils pouvaient faire face à une crise de liquidité sans avoir à demander le soutien du FMI.

Bien qu'elle soit digne d'éloges, cette indépendance à l'égard du FMI a un prix élevé. De telles stratégies contribuent à nourrir les déséquilibres des paiements courants et conduisent à bloquer des billions de dollars dans des actifs à faible rendement. Si elles ne font pas l'objet d'une surveillance, ces réserves peuvent de surcroît entretenir des bulles d'actifs dans les pays où elles ont été amassées. Même si les gouvernements traitent parfois ce problème en vendant des obligations d'État afin d'éponger ou de « stériliser » les liquidités excédentaires, ils finissent par payer des taux d'intérêt élevés sur ces obligations – encore un coût à supporter.

Le FMI peut répondre à ces problèmes ; il peut au minimum fournir davantage de liquidités en temps de crise. Jusqu'à une date récente, les prêts du FMI étaient assortis de conditions : les pays qui les acceptaient devaient s'engager à mettre en œuvre les réformes économiques que le FMI jugeait nécessaires. Or tous les pays qui souffrent d'une crise de liquidité n'ont pas besoin de réformer leur économie.

C'est pourquoi le FMI décida lors de la crise récente d'offrir une ligne de crédit modulable aux pays éligibles. C'est un bon début. Des lignes de crédit préventives devraient à l'avenir être mises à la disposition d'un plus grand nombre de pays dès l'apparition des premiers signes de crise.

Le FMI pourrait aussi accroître l'émission de droits de tirage spéciaux, en particulier par temps de crise. Il obtint en 2009 l'autorisation d'émettre 250 milliards de dollars de droits de tirage spéciaux dont une partie fut attribuée aux économies émergentes. Ce programme devrait être étendu à travers notamment l'émission d'obligations internationales libellées en droits de tirage spéciaux. Les banques centrales pourraient les acheter afin d'accroître leurs réserves sans contribuer à l'instabilité potentielle que provoquent les achats de monnaies conventionnelles (parce que les droits de tirage spéciaux répartissent le fardeau entre plusieurs devises). Mais le FMI devrait imposer certaines conditions aux bénéficiaires de droits de tirages spéciaux : ils devraient avoir l'obligation de réduire leurs excédents des paiements courants et leurs réserves de change.

Ces modestes propositions peuvent aider à débarrasser l'économie mondiale des déséquilibres qui jouèrent un rôle lors de la crise récente. Mais si le monde veut s'éloigner d'un système monétaire obsolète reposant sur un dollar en déclin, il faudra faire bien plus. Accorder davantage d'importance aux droits de tirage spéciaux ne peut être qu'un premier pas.

Répondre à ces défis exigera un niveau de coopération internationale qui a cruellement fait défaut lors des dernières années. La question se pose de savoir si les principales économies du monde accepteront d'œuvrer de concert pour le bien commun. Si les États-Unis et la Chine continuent de se concentrer sur leurs intérêts nationaux de court terme, les déséquilibres continueront à s'accumuler et le système monétaire international pourrait succomber à un excès de tensions.

L'histoire de la finance montre que nous traversons une période de grande vulnérabilité. Par le passé, les crises bancaires internationales comme celle que nous venons de subir préludèrent souvent à des vagues de défauts de paiement sur la dette souveraine et de crises de change. Des économies endommagées par l'explosion de bulles d'actifs et l'irruption de crises bancaires peuvent survivre un petit moment, mais la plupart finiront par périr. Une telle évolution pourrait devenir très probable si les déséquilibres des balances de paiement qui précédèrent le déclenchement de la crise continuaient à s'accroître. S'ils devenaient incontrôlables, ce qui est arrivé à l'Islande pourrait constituer le signe précurseur de maux à venir.

Montrer le chemin

Nous avons montré dans les chapitre 8 et 9 de quelles manières les nations pourraient réformer leurs systèmes financiers en régulant les banques et les autre firmes qui contribuèrent à précipiter le déclenchement de la crise financière. Ce mouvement de réforme ne saurait cependant s'arrêter là : dans les années à venir, les responsables publics devront répondre aux déséquilibres susceptibles de provoquer des crises nationales, régionales, voire mondiales. Chaque économie devra faire sa part plutôt que de chercher à jouer les passagers clandestins et à tirer profit de ces déséquilibres.

Le problème peut être abordé sous l'angle de la demande comme sous celui de l'offre ; jusqu'à présent, les réformes menées sur ces deux fronts se sont malheureusement révélées insuffisantes. Du côté de la demande, l'excès de demande de réserves de change provenant des économies émergentes a considérablement exacerbé les déséquilibres globaux. Ce problème doit être traité par la création d'un prêteur en dernier ressort plus stable et digne de confiance de manière à éviter le risque de crises de liquidité internationales. Le besoin de réserves ne diminuera que lorsque cette condition sera remplie.

Du côté de l'offre, la liste des actifs de réserve internationaux devrait aller au-delà du dollar des États-Unis et de quelques autres monnaies : les droits de tirage spéciaux pourraient et devraient jouer un rôle plus important avec le temps. De la même manière, les banques centrales et les fonds souverains devraient commencer à introduire dans leurs réserves les monnaies des économies émergentes. Cela ne menacera pas à court terme le statut de principale monnaie de réserve dont jouit le dollar : aucune alternative ne s'impose. Mais si les États-Unis continuent de présenter d'importants déficits jumeaux – ou, pire encore, commencent à monétiser leur déficit budgétaire –, l'inflation élevée qui en résultera accélérera le déclin du dollar des États-Unis en tant que monnaie de réserve, ce qui aura des conséquences imprévisibles.

Supposons que les États-Unis ne s'engagent pas dans cette voie et que les réformes précédemment décrites autorisent une résorption ordonnée des déséquilibres globaux. Il manque encore une pièce au puzzle. Une évolution substantielle des institutions placées au cœur de la gouvernance économique mondiale est nécessaire et souhaitable, qu'il s'agisse du G20 ou du FMI. Les changements proposés donneraient davantage de pouvoir aux économies émergentes et faciliteraient le transfert de la puissance économique d'une partie du monde à une autre.

Les principales économies du monde accepteront-elles réellement de coopérer dans l'intérêt commun ? Ou continueront-elles à poursuivre leurs intérêts nationaux au risque de finir par déstabiliser l'économie mondiale ainsi que le système financier dans son ensemble ? La question est ouverte ; la Chine et les États-Unis devront y réfléchir tout particulièrement lors des prochaines années. Aucun de ces deux pays n'a quoi que ce soit à gagner au maintien du *statu quo*, et tous les pays – qu'ils soient développés ou émergents – ont à y perdre.

Conclusion

Durant toute l'année 2009, le PDG de Goldman Sachs, Lloyd Blankfein, tenta à plusieurs reprises d'étouffer les appels à une re-réglementation rapide du système financier. Dans ses discours comme dans sa déposition devant le Congrès des États-Unis, il demanda à son auditoire de maintenir l'innovation financière en vie et de « résister à une réponse exclusivement conçue pour nous protéger contre le type de tempête qui ne se produit qu'une fois par siècle ».

C'est ridicule. Ce que nous venons de traverser n'a rien d'un événement séculaire. Depuis leur fondation, les États-Unis ont régulièrement souffert de crises bancaires brutales ainsi que d'autres catastrophes financières. Paniques et dépressions se sont succédé au XIXe siècle et au début du XXe siècle.

Les crises financières n'ont disparu qu'après la Grande Dépression, à un moment qui coïncida avec l'accession des États-Unis au rang de superpuissance. À la même époque, le gouvernement des États-Unis serra la bride aux établissements financiers avec des mesures comme le *Glass-Steagall Act* et les plaça sous la surveillance de diverses agences, dont la *Security and Exchange Commission (SEC)* et la *Federal Deposit Insurance Corporation (FDIC)*. Le dollar fut placé au fondement d'un système monétaire international extraordinairement stable, et les crises semblèrent appartenir au passé. Bien que des fêlures soient apparues à la surface du système à la fin des années 1970, les économistes des pays développés conservèrent la foi et continuèrent de vénérer l'autel de la Grande Modération.

Le récent cataclysme a sonné le début de la fin de cette dangereuse illusion. Il marque aussi le terme de la stabilité financière associée à la *Pax Americana*. À mesure que l'influence des États-Unis diminuera, et en l'absence d'une superpuissance capable de coopérer avec des puissances émergentes afin d'assurer la stabilité de l'économie mondiale, les crises pourraient devenir plus fréquentes et plus virulentes. Loin d'être un événement qui ne se produit qu'une fois par siècle, le récent désastre financier nous aurait donné un avant-goût de l'avenir.

À ère nouvelle, nouvelles façons de penser. Nous devrions faire table rase de nos vieilles idées sur la stabilité, l'efficience et la résilience des marchés non régulés afin de donner aux crises la place qui leur est due dans les sciences économiques et financières. Bien des gens habituellement intelligents s'accrochent malheureusement à l'idée selon laquelle la crise récente était imprévisible. Nul n'aurait pu la voir venir, prétendent-ils, et nous n'en verrons pas d'autre à l'avenir – du moins aussi longtemps que nous vivrons.

Nous pouvons attendre qu'une nouvelle catastrophe financière mette un terme à cette complaisance. Mais nous pouvons aussi adopter une analyse économique d'un genre nouveau : l'économie de crise.

Tragédie et farce

Les crises et le capitalisme sont aussi anciens et omniprésents l'un que l'autre. Apparus au début du XVIIe siècle, ces deux phénomènes n'ont, tout comme les pièces créées par Shakespeare à la même époque, guère varié depuis. Les mises en scène changent, de même que le public ; mais tout le reste – les personnages, l'ordre des actes, le texte – restent très similaires d'une crise à l'autre et d'un siècle au suivant.

Presque toutes les crises débutent de la même manière : modestement. De subtiles évolutions préparent le terrain pour le drame à venir. Cela peut prendre des années, voire des décennies : de nombreuses forces entrent en jeu pour créer les conditions nécessaires au déroulement d'un cycle expansion-récession.

La crise qui a éclaté en 2007 n'a pas fait exception à la règle. Elle a été rendue possible par des décennies de fondamentalisme du libre-marché : le temps nécessaire pour que de prétendus réformateurs mettent à bas les réglementations bancaires héritées de la Grande Dépression et que Wall Street trouve le moyen de contourner celles qui restaient. Dans le même temps, un vaste système bancaire parallèle se développa hors de la portée des régulateurs.

Au cours de cette période, les banques adoptèrent des modes de rémunération encourageant les paris à hauts risques et à court terme, bien qu'ils soient susceptibles de ruiner un établissement financier. Leurs conséquences négatives n'ont pas été supportées par les traders ou les banquiers, mais par les actionnaires de ces établissements ainsi que par leurs créanciers. Ce type de problème, qui n'est qu'un élément d'une épidémie d'aléa moral, avait contaminé le système financier des États-Unis bien avant que la crise ne se déclenche. La Réserve fédérale joua un rôle déterminant lorsqu'elle fut appelée à sauver le système financier et qu'elle donna naissance au célèbre « put Greenspan ».

Mais préparer le terrain et créer une bulle sont deux choses différentes. Une bulle a besoin d'un catalyseur. Lors des crises financières précédentes, le catalyseur avait été l'insuffisance d'un produit particulièrement recherché ou l'ouverture d'un nouveau marché à l'étranger. Ou bien une innovation portait les investisseurs à croire que les vieilles règles d'évaluation ne trouvaient plus à s'appliquer. De nouvelles méthodes pouvaient aussi apparaître au sein du système financier : une nouvelle manière de présenter les investissements ou de gérer le risque, par exemple.

La récente crise financière relève malheureusement de cette dernière catégorie : les établissements financiers pratiquèrent la titrisation à grande échelle et nous proposèrent des produits financiers aux structures de plus en plus complexes. Alors que la titrisation existait depuis de nombreuses années, sa pratique crût vertigineusement lors des années précédant l'apparition de la bulle. Conformément au modèle *originate and distribute* (ODT), des emprunts hypothécaires furent découpés en tranches, réduits en petits morceaux, reconstitués sous forme de valeurs garanties par hypothèque qui furent commercialisées comme des titres parfaitement sûrs alors qu'elles étaient hautement toxiques.

L'idée selon laquelle une bulle ne peut gonfler que si les investisseurs disposent d'une source de crédit facile est un autre axiome de l'économie de crise. Ce crédit peut venir de la banque centrale ou d'investisseurs privés – ou des deux, notamment si des régulateurs imprudents autorisent la bulle du crédit à croître et à devenir plus dangereuse. Le crédit facile peut même venir de liquidités excédentaires parcourant le monde à la recherche de placements potentiels.

Là encore, la crise récente a suivi un parcours prévisible. Greenspan réduisit les taux d'intérêt après le 11 septembre et les maintint trop longtemps à un niveau trop bas. Les banques et le système bancaire parallèle abusèrent de l'effet de levier et prêtèrent de l'argent comme si le risque n'existait plus. Aveuglés par ce regain d'activité et par la croyance en la capacité des marchés à s'autoréguler, ceux qui étaient chargés de surveiller le système ne firent pas leur travail. Et des flots d'épargne en provenance des pays émergents vinrent inonder les États-Unis.

À partir d'un certain point, les bulles s'auto-entretiennent. Désireux de tirer profit de la hausse des prix, les banques et les autres établissements financiers distribuent toujours plus de crédit. Tout actif acheté par un investisseur peut servir de collatéral à un nouvel emprunt et à un nouvel investissement. Grâce à la magie de l'effet de levier, un nombre grandissant d'investisseurs édifient des pyramides de dettes, ce qui constitue un bon indice de l'existence d'une bulle. Et c'est précisément ce qui se produisit dans le cas de la bulle qui atteignit une taille spectaculaire en 2005. Le désir de pouvoir et la cupidité entretinrent cette tendance : les promoteurs continuèrent à construire d'innombrables logements, les spéculateurs sautèrent sur l'occasion, et les banquiers transformèrent les emprunts immobiliers contractés par les nouveaux propriétaires en instruments financiers de plus en plus fragiles.

Dans toute pièce de théâtre, un nouveau personnage entre en scène à ce moment-là : en l'espèce, des visionnaires autoproclamés s'empressèrent d'expliquer que cette phase d'expansion permettrait de dégager des profits perpétuels – parce que « cette fois-ci, c'est différent » ou que les vieilles règles de l'économie ne s'appliquent plus. Leur apparition et leurs affirmations dépourvues de fondement indiquent sans l'ombre d'un doute que la situation est en train de devenir hors de contrôle.

La récente bulle immobilière attira une foule de ces charlatans qui, tous, firent peu de cas de l'histoire comme du bon sens et soutinrent que l'immobilier était un investissement sûr dont la valeur ne ferait que croître. On trouvait parmi eux des gens de toutes sortes, des mercenaires payés par l'industrie immobilière comme des banquiers d'affaires qui transformaient des emprunts hypothécaires douteux en titres supposés être aussi sûrs que des obligations d'État.

Ces charlatans occupaient certes la scène, mais leur parole n'était pas incontestée. Une poignée de gens qui y voyaient clair décidèrent de s'exprimer. Avec beaucoup de réalisme, ils mirent en lumière les faiblesses accumulées du système, mais leurs avertissements ne furent généralement pas entendus. L'un des auteurs de ce livre prédit ainsi l'explosion de la crise récente ainsi que son déroulement. D'autres économistes et analystes en vue annoncèrent cette catastrophe, mais en vain.

Comme toutes les bulles, celle-ci finit par arrêter de gonfler. Et comme dans la plupart des cas, cela commença très discrètement. Les prix stagnèrent. Les marchés devinrent étonnamment calmes. Ceux dont les déclarations avaient favorisé la croissance de la bulle affirmèrent que cette situation était passagère et que les prix repartiraient bientôt à la hausse. Mais ce ne fut pas le cas. À ce moment de l'action, il est rare qu'ils chutent en une nuit. Ils ne bougent plus, c'est tout.

Et puis tout s'effondre. Quelques établissements d'abord, puis d'autres. Le système financier tout entier en subit les conséquences. La peur et l'incertitude s'emparent des marchés, et tandis que les prix des actifs situés au cœur de la bulle commencent à baisser, l'action se déplace vers les établissements financiers qui ont fourni le crédit autorisant la formation de la bulle. Un effet de levier inversé se déclenche : dans ce climat d'incertitude radicale, les investisseurs se tournent vers des actifs plus sûrs et plus liquides.

La crise récente a suivi ce scénario. Quelques grandes sociétés de prêt immobilier se sont effondrées et ont provoqué une bouffée d'inquiétude. Une vague de défaillances plus importantes a suivi, chacune plus grave que la précédente. Plusieurs gros fonds spéculatifs sombrèrent. On assista enfin à la défaillance de plusieurs acteurs majeurs du système bancaire parallèle. Bien que nombre de ces établissements ne ressemblassent pas à des banques, les familiers des crises financières qui se sont succédé depuis le XVIIe siècle auraient immédiatement reconnu les symptômes de leur agonie. Comme d'innombrables établissements financiers avant eux, ces quasi-banques du XXIe siècle succombèrent rapidement à une crise de liquidité et, dans bien des cas, d'insolvabilité.

Les banques s'écroulent rarement toutes d'un coup. L'effondrement spectaculaire d'une banque peut être suivi par une période de paix relative ; et ce retour au calme peut provoquer un renversement de tendance temporaire (on parle de *sucker's rally* parce que seuls les « pigeons » entrent sur le marché à ce moment-là). Mais en réalité, la situation continue à se détériorer, ce qui prépare le terrain pour des faillites plus spectaculaires encore ; et le sentiment de panique grandit. Ce type de fluctuations a été constaté lors de la crise qui nous occupe. Les crises les plus graves présentent une autre caractéristique : elles respectent rarement les frontières nationales.

Elles peuvent débuter n'importe où dans le monde, mais elles prennent une dimension mondiale lorsque des problèmes similaires apparaissent dans d'autres pays ou que les difficultés d'un pays se diffusent à d'autres au moyen de divers canaux de transmission : les matières premières, les devises, les investissements, les produits dérivés, le commerce international. En matière de crises financières, le monde entier ne forme qu'une seule scène.

Bien que la crise récente soit apparue aux États-Unis, d'autres pays présentèrent bientôt les mêmes symptômes. Cela n'a rien d'étonnant : comme Greenspan, les banquiers centraux du monde entier avaient mis en œuvre des politiques monétaires accommodantes et avaient nourri de la sorte des bulles immobilières. Les banques américaines et leurs homologues étrangères firent preuve d'un même appétit pour le risque. À de rares exceptions près, elles usèrent largement de l'effet de levier et burent au même calice empoisonné, investissant des milliards de dollars dans des actifs sans valeur nés de la magie de l'« innovation financière ».

Les crises atteignent souvent leur apogée lors d'une faillite si spectaculaire qu'elle éclipse tout le reste. Tel fut le cas de l'effondrement de Lehman Brothers, que d'aucuns jugèrent même responsable de la tragédie dans laquelle l'économie mondiale allait être précipitée. Comme pour les crises plus anciennes, expliquer celle qui nous occupe par une seule défaillance cache plus de choses qu'elle n'en révèle. Lehman a causé de graves dommages au système financier mondial, mais sa faillite en est moins la cause que la conséquence.

La fin de Lehman a coïncidé avec une scène typique du dernier acte de la pièce : les banques supplient un prêteur en dernier ressort – une banque centrale ou une agence publique – de colmater les brèches du système financier. Une telle demande fait invariablement débat : faut-il sauver les banques menacées et entretenir ainsi l'aléa moral ? Ou faut-il laisser jouer les forces du marché et laisser les malades se soigner eux-mêmes ?

Ce débat a été vif lors de la crise récente. Ben Bernanke finit par jeter des lignes de sauvetage tant à ceux qui les méritaient qu'à ceux qui ne les méritaient pas. Tel un colossal *deus ex machina*, la Réserve fédérale et d'autres banques centrales mirent brutalement un terme à la crise, mais laissèrent bien des questions sans réponse et bien des problèmes sans solution.

Lorsque s'achève la phase la plus dramatique d'une crise, d'autres difficultés apparaissent parce que les effets de la tourmente financière se diffusent au reste de l'économie. Les dommages sont profonds et les blessures mettent des années à cicatriser. Tandis que toutes sortes de mesures palliatives sont adoptées – des plans de relance par exemple –, la route de la guérison peut être rude parce que les ménages, les banques, les autres établissements financiers et les entreprises ont besoin de se désendetter. Les pays frappés par une crise financière peuvent chanceler sous le poids des dettes accumulées lors de temps meilleurs et de la socialisation des pertes privées pendant la crise. Certains pays finiront par faire défaut sur leur dette ou s'en débarrasseront en relançant l'inflation, ce au prix de l'effondrement de leur devise.

Voilà où nous en sommes. Après certaines crises antérieures, des politiciens échaudés ont procédé à la réforme du système financier. Nous avons la même opportunité, et nous devons la saisir. Si nous échouons, ce que nous venons de vivre pourrait n'avoir été qu'un prologue.

La voie de la rédemption

Lors du dernier demi-siècle, tout le monde – des économistes universitaires aux traders de Wall Street – a été induit en erreur par les contes de fées que l'on racontait à propos des miracles des marchés libres et des avantages illimités liés à l'innovation financière. La crise a porté un rude coup à ce système de valeurs, mais rien n'est encore venu le remplacer.

Les timides propositions de réforme actuellement envisagées aux États-Unis et dans d'autres économies développées le montrent de façon évidente. Bien qu'ils aient traversé la pire crise financière depuis des générations, de nombreux pays répugnent à adopter les vastes réformes indispensables à la remise en ordre du système financier. Il est plutôt question de le réparer, comme si cette catastrophe n'avait été provoquée que par quelques prêts immobiliers de mauvaise qualité.

C'est absurde. Comme nous l'avons clairement montré dans ce livre, la crise ne fut pas tant le produit de prêts hypothécaires à risque que d'un système financier à risque. En raison d'un ensemble de facteurs allant de la déformation des structures de rémunération à la corruption des agences de notation, le système financier mondial était complètement pourri. La crise financière n'a fait que retirer la peau lisse et brillante de ce qui était devenu, au fil des ans, un corps gangrené.

Le chemin de la guérison sera long. Les premières étapes consisteront à entreprendre les réformes dont nous avons présenté les grandes lignes aux chapitres 8 et 9. Pour commencer, les traders et les banquiers doivent être rémunérés de façon à mettre leurs intérêts en accord avec ceux des actionnaires. Cela n'est pas nécessairement synonyme d'une moindre rémunération, même si ce serait souhaitable pour d'autres raisons ; cela signifie simplement que le mode de rémunération des employés des établissements financiers devrait les encourager à poursuivre l'intérêt de long terme de la firme.

La titrisation doit elle aussi être remise en question. Des solutions simplistes, consistant par exemple à demander aux banques d'assumer une partie du risque, ne seront pas suffisantes : des mesures bien plus radicales devront être adoptées. La titrisation devra être beaucoup plus transparente et standardisée, et ses produits devront être fortement réglementés. Les titres de créance auxquels s'applique cette technique devront faire l'objet d'un examen minutieux. Les prêts immobiliers et les autres prêts concernés devront être de première qualité ; et si tel n'est pas le cas, ils devront être clairement présentés comme risqués.

Les dangereux produits dérivés qui ont volé en éclats lors de la crise récente devront eux aussi être réformés. Les produits dérivés vendus de gré à gré (*over the counter*) – ou, plus exactement, sous la table – devront être ramenés dans un système de marché organisé et enregistrés dans des bases de données ; leur utilisation devra faire l'objet de restrictions. La surveillance des produits dérivés devra par ailleurs être centralisée.

Les agences de notation devront elles aussi être contraintes à changer de modèle économique. Qu'elles tirent leurs revenus des entreprises qu'elles notent a créé un important conflit d'intérêt. Ce sont les investisseurs qui devraient payer pour qu'une dette soit notée, et non les institutions qui émettent cette dette. Les agences de notation ne devraient pas non plus être autorisées à vendre des services de « conseil » aux émetteurs de dette : cela crée un autre conflit d'intérêts. L'activité de notation de dette devrait enfin s'ouvrir à la concurrence : le marché est actuellement aux mains d'une poignée de compagnies devenues bien trop puissantes.

Des réformes plus radicales encore devront être mises en œuvre. Il faudra découper certains établissements considérés comme trop gros pour qu'on les laisse faire faillite : c'est le cas de Goldman Sachs et de Citigroup, mais aussi de bien d'autres firmes moins connues. Le Congrès devrait enfin revenir sur l'abrogation du *Glass-Steagall Act* et adapter ce texte de manière à tenir compte des défis posés non seulement par les banques, mais aussi par le système bancaire parallèle.

Ces réformes sont judicieuses, mais même les réglementations les plus prudemment conçues peuvent produire des résultats inattendus. Les établissements financiers ont coutume de se retirer des domaines d'activité très réglementés afin d'opérer hors de la portée des pouvoirs publics. Le caractère fragmenté et décentralisé de la régulation aux États-Unis a exacerbé ce problème. Que le métier de régulateur financier ait été, jusqu'à une date très récente, mal payé et dépourvu de débouchés intéressants, va dans le même sens.

La plupart de ces problèmes peuvent être résolus. Des réglementations peuvent être conçues en gardant un œil sur le futur afin de boucher les trous avant qu'ils n'apparaissent. Cela exige de résister au désir compréhensible de n'appliquer lesdites réglementations qu'à une sélection d'établissements – ceux qui sont *too big to fail*, par exemple : il faut les appliquer de façon générale afin d'empêcher l'intermédiation financière de se déplacer vers des entreprises plus petites et moins fortement réglementées. L'activité de régulation peut et doit être concentrée entre les mains d'un petit nombre d'acteurs puissants. Et les régulateurs peuvent être rémunérés de façon à récompenser leur contribution à la garantie de notre sécurité financière.

Les banques centrales disposent certainement des pouvoirs – et des responsabilités – les plus importants en matière de protection du système financier. Elles ont largement échoué à remplir leur mission au cours des dernières années. Elles ne sont pas parvenues à faire respecter les réglementations qu'elles avaient mises en place ; pis encore, elles n'ont rien fait pour empêcher la spéculation de devenir hors de contrôle. Elles ont nourri les bulles puis, comme en manière de compensation, ont fait tout ce qui était en leur pouvoir pour sauver les victimes de la débâcle qu'elles n'avaient pas su éviter. C'est impardonnable. À l'avenir, les banques centrales devront utiliser la politique monétaire et la politique du crédit afin d'entraver la formation des bulles spéculatives.

Les banques centrales ne peuvent à elles seules relever les défis auxquels est confrontée l'économie mondiale. Les déséquilibres grandissants des balances de paiements courants ainsi que le risque d'une rapide dépréciation du dollar menacent la stabilité économique de long terme ; ces deux problèmes imposent de réformer la gouvernance économique mondiale. Le FMI doit être renforcé et doit pouvoir créer une nouvelle monnaie de réserve internationale. Et la manière dont le FMI se gouverne lui-même doit également être révisée. Depuis trop longtemps, une poignée de petites économies vieillissantes détiennent le pouvoir au sein du Fonds. Les économies émergentes doivent disposer de la place qu'elles méritent autour de la table, évolution que la montée en puissance du G20 rend plus urgente encore.

Toutes ces réformes contribueront à réduire l'incidence des crises, mais elles ne les feront pas disparaître. Ainsi que le fit observer Hyman Minsky, « il n'est pas possible que nous puissions régler les choses tout de suite et une fois pour toutes ; l'instabilité des marchés, à laquelle une première vague de réformes aura semblé mettre un terme, réapparaîtra sous une autre forme ». Les crises ne peuvent pas être abolies : comme les ouragans, on ne peut que tenter de les domestiquer afin d'atténuer leurs effets.

Cette vérité troublante devrait paradoxalement nous rendre espoir. Au plus noir de la Grande Dépression, les politiciens et les responsables publics ont adopté des réformes du système financier qui ont posé les bases de près de quatre-vingts ans de stabilité et de sécurité. Cet édifice a fini par s'effriter, mais quatre-vingts ans représentent une longue durée – la durée d'une vie.

Nous qui examinons l'avenir de la finance alors que nous sommes embourbés dans la Grande Récession, nous ferions bien de les imiter. Rien ne dure éternellement, et les crises finissent toujours par revenir. Mais il n'est pas indispensable qu'elles prennent une telle ampleur et qu'elles menacent notre existence économique. Si nous renforçons les digues qui entourent notre système financier, nous pourrons nous tirer d'affaire à l'avenir. Même si le niveau de l'eau monte, nous resterons au sec. Mais si nous ne parvenons pas à nous préparer aux tempêtes du futur, si nous persistons à nous illusionner et à croire que nos vieilles défenses ne failliront plus jamais, nous devrons nous attendre à de nouveaux déluges.

Perspectives

Lors de la crise financière mondiale de 2007-2008, le monde glissa jusqu'au bord de l'abîme. Au quatrième trimestre 2008 et au premier trimestre 2009, l'activité économique mondiale s'effondra à une vitesse inédite depuis la Grande Dépression.

L'adoption rapide d'un ensemble de mesures radicales par un grand nombre de pays mit un terme à l'hémorragie. Bien que cette réponse collective n'ait pas toujours été coordonnée et prudente, elle parvint à prévenir une nouvelle dépression : les économies furent arrêtées dans leur chute. Les dangers de la déflation s'éloignèrent et le monde commença à se remettre. Les économies émergentes furent les premières à se rétablir ; la plupart des économies avancées cessèrent quant à elles de se contracter au troisième trimestre 2009.

Mais bien que l'économie mondiale ait entamé son rebond, les risques et les faiblesses qu'elle présente pourraient produire de nouvelles crises dans les années à venir. Il est notamment possible que l'explosion des déficits budgétaires conduise certains pays à faire défaut sur leur dette ou à recourir à la planche à billets pour en diminuer le poids, ce qui entraînerait le retour à des niveaux d'inflation élevés inconnus depuis les années 1970.

D'autres problèmes pourraient se manifester. Associée à un recours croissant au *carry trade* sur le dollar, la mise en œuvre de politiques monétaires extrêmement accommodantes et d'un assouplissement quantitatif pourrait nourrir une bulle plus grosse encore que celle qui vient d'éclater. Si elle devait se dégonfler brutalement, la valeur des actifs risqués ainsi que la richesse mondiale tomberaient à pic, ce qui ferait craindre une récession mondiale à deux chiffres.

D'autres événements tout aussi effrayants pourraient se produire. L'union monétaire européenne pourrait éclater. Le Japon pourrait entrer en déflation et se rapprocher de la dépression, ce qui déclencherait une crise majeure de la dette souveraine. La Chine elle-même fait face à des risques grandissants : son rétablissement économique tiré par l'investissement pourrait perdre de sa vigueur, ce qui favoriserait une augmentation des créances en souffrance et, finalement, l'apparition d'une crise bancaire. Tous ces scénarios pourraient se retourner contre la mondialisation.

Beaucoup dépend de la manière dont l'économie mondiale évoluera lors des prochaines années. Voici donc un aperçu des dangers qu'il lui faudra affronter. (Pour une analyse plus détaillée, voir les travaux de Roubini Global Economics sur www.roubini.com.)

V, U, ou W ?

Les formes prises par les redressements économiques reflètent leur vigueur et leur soutenabilité. Un redressement en forme de V est rapide et vigoureux ; un redressement en forme de U est lent et peu marqué ; et dans le cas d'un redressement en forme de W, l'économie se rétablit brièvement avant de plonger une nouvelle fois. Le scénario qui est actuellement le plus vraisemblable dans les économies avancées est celui d'un redressement en U caractérisé par une faible croissance pendant plusieurs années. Voici pourquoi.

La situation du marché du travail demeure tout d'abord fragile. En 2010, le taux de chômage a atteint 10 % aux États-Unis. (Si l'on prend en compte les travailleurs employés à temps partiel ainsi que les travailleurs découragés, le taux de chômage atteint 17 %.) De nombreux emplois ont définitivement disparu dans l'immobilier, le bâtiment et le secteur financier. L'industrie et les services ont par ailleurs délocalisé des emplois à l'étranger et ne les rapatrieront pas.

Les travailleurs qui ont conservé leur emploi ont vu leur revenu décliner. De façon à « partager le fardeau », de nombreuses entreprises ont demandé à leurs employés de diminuer le nombre d'heures travaillées ou de prendre des congés, voire d'accepter des réductions de salaire. La diminution du nombre d'heures travaillées équivalait à la perte de 3 millions d'emplois à plein temps en plus des 8,4 millions d'emplois officiellement supprimés à la fin de l'année 2009. La réduction de l'emploi pourrait se poursuivre : une étude récemment réalisée par Alain Blinder montre que près d'un quart des emplois américains pourraient être délocalisés. Le taux de chômage pourrait donc continuer à augmenter pendant un moment ; et lorsqu'il finira par diminuer, ce ne sera que très lentement.

La récession actuelle est par ailleurs différente des précédentes. La crise récente est née d'un excès de dette et de levier d'endettement chez les ménages, dans le système financier et dans les entreprises. La récession n'a pas été provoquée par un resserrement monétaire : ce fut une « récession bilancielle » due à une accumulation vertigineuse de dette. Les travaux récents de Carmen Reinhart et de Kenneth Rogoff ont montré qu'une « récession bilancielle » pouvait conduire à un redressement peu marqué en raison du désendettement simultané de tous les secteurs de l'économie.

Cela prendra un moment. Les ménages des États-Unis et du Royaume-Uni ont trop dépensé et trop peu épargné. Bien que le taux d'épargne ait dépassé 4 % aux États-Unis à la fin de l'année 2009, les études réalisées par le FMI et d'autres chercheurs montrent que ce taux devra atteindre 8 % au minimum lors des années à venir. Cela impliquera des taux de consommation plus faibles. Comme la consommation représente 70 % du produit intérieur brut des États-Unis (et qu'elle est aussi très élevée dans d'autres pays ayant vu chuter leur taux d'épargne), une croissance limitée de la consommation pourrait entraver la reprise de l'activité économique.

D'autres indicateurs suggèrent l'existence d'un redressement en U. Lors d'un redressement en V typique, les entreprises font des dépenses d'investissement qui contribuent à un rapide rebond. Dans le cas qui nous occupe, les dépenses d'investissement seront malheureusement anémiques parce qu'une grande partie des capacités de production de l'économie (les usines, les machines, les ordinateurs et d'autres immobilisations) demeure inutilisée. Le taux d'utilisation des capacités de production est en effet descendu beaucoup plus bas (67 %) que lors des récessions précédentes (75 à 80 %). À la fin de l'année 2009, 30 % des capacités productives restaient inutilisées aux États-Unis et en Europe. Pourquoi les entreprises consentiraient-elles de nouvelles dépenses d'investissement dans ces conditions ?

De vastes pans du système financier ont de surcroît été détruits en dépit de l'aide que le gouvernement lui a apportée. À l'heure où nous écrivons, la FDIC a fermé plus de 130 banques aux États-Unis et en a placé plus de 500 sous surveillance. Une grande partie du système bancaire parallèle s'est effondrée ou a subi des dommages irréparables ; il est désormais largement sous la tutelle de l'État. Malgré l'apport de subventions publiques, la titrisation n'est plus que l'ombre d'elle-même ; quant aux firmes de *private equity*, elles sont toujours aux prises avec les conséquences de leviers d'endettement excessifs.

Il faudra longtemps pour réparer le système financier. Sa capacité à financer l'investissement résidentiel, les activités de construction, les dépenses d'investissement et l'achat de biens de consommation durables a été notablement réduite. Nous ne retrouverons pas la croissance financée par l'expansion d'une bulle du crédit que nous avons connue entre 2003 et 2007.

D'autres facteurs font pencher la balance en faveur d'un redressement en U. Les politiques qui soutinrent le redressement économique – en particulier la relance budgétaire – ne peuvent pas durer éternellement. Lorsqu'elles seront abandonnées, la croissance marquera le pas. Si elles ne le sont pas – si les responsables publics ont recours à des déficits plus importants encore afin de financer les réductions d'impôt et l'augmentation des dépenses –, nous devrons nous attendre à un naufrage budgétaire dramatique. La poursuite de la relance budgétaire laissera également craindre que les pays ne fassent défaut sur leur dette ou ne laissent filer l'inflation pour s'en débarrasser, ce qui poussera les taux d'intérêt à la hausse et entravera le redressement économique.

La persistance des déséquilibres mondiaux des paiements courants se traduira enfin par une croissante mondiale limitée lors des années à venir. Durant la dernière décennie, les États-Unis – ainsi que des pays comme le Royaume-Uni, l'Irlande, l'Islande, l'Espagne, Dubaï, l'Australie, la Nouvelle-Zélande, les pays baltes et d'autres pays d'Europe centrale – servirent de moteurs à la consommation mondiale : ils dépensèrent davantage que leur revenu ne les y autorisait et présentèrent des déficits de la balance des paiements courants. À l'opposé, la Chine, les pays émergents d'Asie, la plus grande partie de l'Amérique latine, le Japon, l'Allemagne et quelques autres économies de la zone euro ne dépensèrent pas la totalité de leur revenu et dégagèrent des excédents des paiements courants.

Le premier groupe de pays fait des économies en épargnant davantage et en important moins, mais le second groupe n'épargne pas moins et ne consomme pas davantage. Cela implique une diminution nette de la demande mondiale de biens. Comme le monde souffre déjà d'un excès de capacités productives, le redressement de la demande mondiale agrégée ne pourra être que faible.

L'ensemble de ces facteurs indique un lent redressement en forme de U aux États-Unis ainsi que dans d'autres économies avancées dépensières. Il se pourrait qu'il n'adopte pas tout de suite cette forme : la croissance américaine a atteint 5,9 % au quatrième trimestre 2009, ce qui constitue sa meilleure performance en six ans. Mais ce résultat s'explique pour l'essentiel par les effets directs et indirects de la relance budgétaire ainsi que par la reconstitution des stocks des entreprises lors des derniers mois de l'année.

Sous l'effet de ces forces – ainsi que des programmes de soutien à l'industrie automobile et des crédits d'impôts pour les accédants à la propriété immobilière –, la croissance pourrait atteindre 3 % ou plus pendant la première moitié de l'année 2010. Le Bureau du recensement des États-Unis engagera près d'un million de travailleurs temporaires, ce qui contribuera à soutenir la croissance pour une brève période. Mais la croissance perdra de sa vigueur au second semestre 2010, quant les effets de ces facteurs s'estomperont : elle fléchira jusqu'au moment où l'indispensable hausse de l'épargne et le désendettement du secteur privé comme du secteur public auront eu lieu.

L'Europe en danger

Les perspectives de moyen terme de la zone euro et du Japon pourraient être pires encore que celles des États-Unis. Le redressement économique prendra une forme en U dans ces régions, ce pour plusieurs raisons.

Le taux de croissance potentiel de la zone euro et du Japon (autour de 2 %) est tout d'abord plus faible que celui des États-Unis. L'utilisation de la politique budgétaire pour contrer les effets de la crise pèsera par ailleurs plus lourdement sur ces pays : même avant 2007, ils présentaient des déficits publics massifs ainsi qu'une dette publique importante au regard de leur PIB (dans de nombreux cas, la dette publique représentait près de 100 % du PIB, voire plus). Ces pays sont également confrontés à des défis de court terme et de long terme : une faible hausse de la productivité et des populations vieillissantes. Aucun de ces problèmes ne peut être traité aisément.

Un groupe de pays de la zone euro baptisé PIGS – Portugal, Italie, Grèce, Espagne (*Spain*) – connaît de surcroît de graves difficultés. Lors des dernières années, leur endettement a augmenté et leur compétitivité a décliné. Les raisons en sont complexes. L'adoption de l'euro a autorisé ces pays à emprunter davantage et à consommer plus qu'ils ne l'auraient fait autrement. L'expansion du crédit qui en a résulté soutint la consommation mais conduisit à des hausses de salaire, ce qui rendit les exportations moins compétitives. Au même moment, les lourdeurs bureaucratiques ainsi que d'autres obstacles découragèrent l'investissement dans les secteurs de pointe, même si les salaires pratiqués dans ces pays restaient inférieurs à la moyenne constatée dans l'Union européenne.

Le mélange dangereux de déficits massifs des paiements courants et de déficits budgétaires qui en résulta fit que ces pays étaient lourdement endettés à l'égard des banques du reste de l'Europe : ils devinrent donc une source potentielle de contagion financière. L'appréciation spectaculaire de l'euro qui eut lieu en 2008-2009 a aggravé leur manque de compétitivité, ce qui accrut la possibilité de défauts de paiement ainsi que la menace qu'ils font peser sur les pays plus riches et mieux gérés de l'Union européenne.

Rien de tout cela n'était supposé se produire. L'union monétaire européenne a été conçue pour apporter la stabilité et l'unité à l'Europe. Les États qui la rejoignaient cédaient le contrôle de leur politique monétaire à la Banque centrale européenne ; ils adhéraient également au Pacte de stabilité et de croissance et acceptaient de limiter leur recours au déficit budgétaire. Leur appartenance à l'union monétaire aurait dû en théorie les contraindre à entreprendre des réformes structurelles et produire une convergence des performances économiques des pays membres. C'est le contraire qui arriva. L'Allemagne et quelques autres pays mirent dix ans à réduire leurs déficits budgétaires et à améliorer leur compétitivité en restructurant leurs entreprises. Mais en Italie, en Espagne, en Grèce et au Portugal, les déficits budgétaires restèrent élevés et le coût du travail augmenta plus rapidement que la compétitivité des entreprises. C'est pourquoi nous avons à présent deux Europe au lieu d'une.

D'autres facteurs sont venus aggraver cette divergence. La mobilité du facteur travail est faible au sein de l'union monétaire : les différences linguistiques et culturelles entravent les mouvements migratoires. Une augmentation du chômage à la périphérie de l'union ne poussera donc guère les travailleurs à migrer vers des régions plus prospères. Par conséquent, les marchés du travail de l'Union européenne sont beaucoup moins flexibles que ceux des États-Unis. Que la politique budgétaire demeure du ressort des États membres est également préoccupant : cela limite la possibilité pour une nation de venir en aide à une autre.

L'union monétaire européenne pourrait se disloquer si ces divergences économiques persistaient et s'approfondissaient. Supposons que la Grèce ait recours à l'ingénierie financière et à des astuces budgétaires pour gérer ses problèmes. Si elle continuait à procéder ainsi, la Grèce pourrait perdre l'accès au marché de la dette en 2010. Elle devrait alors se tourner vers les autres États membres, la Banque centrale européenne, la Commission européenne ou le FMI.

Ces différents acteurs pourraient accepter de renflouer la Grèce afin d'assurer la survie de l'union monétaire. Mais si de tels maux s'étendaient à l'Espagne, l'Italie, le Portugal ou d'autres États membres, la volonté et la capacité de la Banque centrale européenne – pour ne rien dire des contribuables français et allemands – de renflouer d'autres États membres trouveraient une limite. La Grèce devrait alors quitter l'union monétaire et adopter une nouvelle monnaie plus faible en lieu et place de l'euro.

Ce double scénario – défaut sur la dette et dévaluation – pourrait avoir des conséquences dramatiques. En retournant à une drachme affaiblie, la Grèce ferait nécessairement défaut sur sa dette publique et vraisemblablement sur sa dette privée libellée en euro.

Un phénomène similaire se produisit en Argentine en 2001. La sortie du pays d'un *currency board* et la forte dévaluation du peso provoquèrent un défaut de paiement massif sur les dettes publique et privée libellées en dollars des États-

Unis. Cela conduisit à la conversion forcée de la dette nationale libellée en dollar en engagements libellés en pesos argentins : ce processus est connu sous le nom de « pesification ». De la même manière, une dévaluation et un défaut de paiement de la Grèce ou de l'Italie conduiraient à une « drachmaïsation » ou à une « liraïsation » des engagements nationaux libellés en euros ; des pertes massives seraient ainsi imposées aux détenteurs de ces créances – des banques européennes pour l'essentiel.

Aucune union monétaire n'a jamais survécu en l'absence d'union budgétaire et politique. Si de tels défauts et dévaluations devaient se produire, le contraste entre la zone euro et les États-Unis deviendrait encore plus évident. La Californie et beaucoup d'autres États des États-Unis sont confrontés à des crises budgétaires, mais une forte tradition de fédéralisme budgétaire ainsi que des dispositions du code des faillites permettent de traiter certains de ces problèmes locaux au niveau national. Le fonctionnement de la zone euro n'autorise pas un tel partage du fardeau.

Une dissolution de l'union monétaire européenne pourrait même conduire à la destruction partielle de l'Union européenne. Tout État membre qui quitte l'union monétaire et fait défaut sur des dettes détenues par d'autres États membres peut être expulsé de l'Union européenne. Alors qu'il était inconcevable voilà quelques années, un tel destin fait figure de réelle possibilité à Athènes, Rome, Madrid et Lisbonne. Des années de divergence économique ainsi que l'érosion de la compétitivité de ces pays ont rendu cette issue plus probable qu'elle ne l'a jamais été.

Où va le Japon ?

Le Japon a tout autant de problèmes que la zone euro. L'explosion de la bulle immobilière et de la bulle d'actifs qui s'y produisit au début des années 1990 ouvrit une Décennie

Perdue de stagnation économique – ponctuée par quatre récessions – et de grave déflation. Le Japon commit plusieurs erreurs après l'éclatement de la bulle spéculative : il eut recours trop tardivement à l'assouplissement quantitatif et à la relance budgétaire et abandonna précocement ces politiques. Il maintint trop longtemps en vie des banques zombies et ne procéda à leur recapitalisation qu'à la fin de la décennie. La récession à deux chiffres qui frappa le pays en l'an 2000 ne fit qu'exacerber la déflation et la stagnation. Le Japon ne retrouva un potentiel de croissance de 2 % qu'après 2004.

Durant la crise récente, la contraction de l'économie fut plus marquée au Japon qu'aux États-Unis bien que la plupart des établissements financiers japonais n'aient été que faiblement exposés aux prêts hypothécaires toxiques ou aux produits financiers structurés. La vulnérabilité du Japon résulta en réalité de sa forte dépendance au commerce extérieur, lequel était lui-même dépendant du yen. Quand la croissance mondiale et les échanges internationaux s'effondrèrent en 2008-2009, les exportations chutèrent. Le *carry trade* sur le yen s'écroula, ce qui conduisit à une appréciation du yen ; il n'a connu depuis qu'un redressement anémique.

Le Japon fait face à une foule de problèmes de long terme. Combiné à une réticence à accueillir des immigrants, le vieillissement de sa population a placé son économie dans un étau démographique qui réduira la croissance. Le secteur tertiaire, qui est inefficace, sclérosé et faiblement productif, continue de résister au changement, tout comme de rigides conventions économiques et sociales tel l'emploi à vie. Le système politique est tout aussi rigide et ne manifeste pas de volonté d'entreprendre les réformes structurelles nécessaires à la suppression de ces contraintes. La position de deuxième économie mondiale qu'occupe le Japon est menacée : la Chine pourrait la lui ravir dans les prochaines années.

Il y a plus inquiétant encore : les déficits publics élevés du Japon, la faiblesse de sa croissance et la persistance de la déflation mettent en évidence la possibilité d'une crise budgétaire. Grâce notamment à des taux élevés d'épargne privée, le Japon a pu jusqu'à présent échapper à ce destin. Les vastes excédents des paiements courants ont par ailleurs permis au secteur privé et à la banque centrale d'accumuler des actifs étrangers et de fournir un matelas d'épargne susceptible d'être utilisé pour assurer le service de la dette nationale. C'est la raison pour laquelle le gouvernement japonais peut toujours emprunter à des taux d'intérêt relativement faibles, même s'il doit maintenant supporter une dette publique brute représentant près de 200 % du PIB.

Le taux d'épargne des ménages a toutefois diminué lors de la crise récente parce que les ménages disposant de revenus fixes durent dépenser davantage pour maintenir leur niveau de vie ; l'excédent des paiements courants diminua quand la hausse des déficits budgétaires et la réduction de l'épargne privée excédèrent la chute de l'investissement privé. Si ces tendances se poursuivaient, le Japon pourrait traverser une grave crise budgétaire : la persistance de la déflation, la faiblesse de la croissance, la hausse des déficits et la force du yen se conjuguent pour peser sur la confiance en son économie.

Certaines agences de notation ont placé les obligations d'État japonaises sous surveillance négative. Si les ménages japonais perdaient confiance en la capacité du gouvernement à lutter contre le déficit et la dette publique, ils pourraient se débarrasser des actifs nationaux (à commencer par les obligations d'État) et reprendre le *carry trade* sur le yen, ce qui pousserait le yen à la baisse et ferait grimper les rendements des obligations d'État. Ce mouvement pourrait finir par déclencher une crise de la dette publique.

La capacité du système politique japonais à réaliser le type d'ajustements budgétaires et de réformes structurelles nécessaires pour arranger les choses est malheureusement limitée. En 2009, le Parti démocrate du Japon (PDJ) finit par déloger le Parti libéral-démocrate (PLD) qui avait exercé un monopole virtuel sur le pouvoir pendant plus de cinquante ans. Ce bouleversement politique laissa penser que le Japon était sur la voie de la réforme, mais les événements montrèrent rapidement que ce n'était pas le cas.

Le nouveau chef du PDJ, Yukio Hatoyama, fit à son arrivée au pouvoir des promesses ambitieuses mais contradictoires. Il reconnut avec son parti les contraintes qui pesaient sur le budget japonais et promit de réduire les dépenses publiques inefficaces et inutiles. Au même moment, il plaida en faveur d'une « économie du peuple » dépendant de subventions publiques significatives et d'un budget exigeant des emprunts record. Il annonça de façon également préoccupante sa volonté de mettre un terme au processus de privatisation de la Japan Post Bank. Cette énorme entreprise, qui détient plus de 3 billions de dollars d'actifs, contribuait au financement de l'État depuis des décennies ; il apparut clairement que Hatoyama souhaitait poursuivre cette tradition.

Ces politiques produiront vraisemblablement une augmentation de la dette et maintiendront la croissance à un niveau inférieur à son potentiel. La capacité de Hatoyama à poursuivre ces objectifs ne risque malheureusement guère d'être mise en échec : lors des années récentes, le PDJ s'est doté d'une majorité forte à la chambre basse et s'est placé au cœur de la coalition qui domine la chambre haute. Les obstacles institutionnels similaires au *filibuster* américain sont par ailleurs peu nombreux : ils ne l'empêcheront pas de faire adopter son programme politique.

Hatoyama n'est par ailleurs guère susceptible de réformer l'économie dans son ensemble. Avant l'arrivée au pouvoir du PDJ, les élites du monde des affaires étaient associées à la préparation des textes de loi par une administration dominée par le PLD. Elles assistèrent soudain à la transformation d'un système à parti unique en système dépourvu d'étiquette politique : la nouvelle coalition au pouvoir a beaucoup moins de connexions dans le monde des affaires. Il lui sera donc plus difficile de parvenir à des compromis nécessaires pour adopter le type de réformes structurelles qui lui permettraient de dégager une croissance supérieure dans les années futures.

Cela pourrait finir par mettre le Japon dans une position très dangereuse. La montée des déficits et une économie sclérosée pourraient en effet provoquer l'impensable : une crise de la dette souveraine ou une remontée de l'inflation et la disgrâce d'un pays dont on a pu considérer qu'il dominerait l'économie mondiale.

BIIC ? BRIC ? BRICC ?

Sur le papier, la plupart des économies émergentes peuvent raisonnablement s'attendre à une robuste croissance de moyen terme variant de 5 à 8 % selon les pays. Ce taux de croissance est beaucoup plus élevé que les 2 ou 3 % auxquels s'attendent la plupart des économies avancées pour les prochaines années.

Cette force est largement due aux atouts qu'ils possédaient en entrant dans la crise. À l'exception de certaines régions d'Europe centrale et orientale, les marchés émergents ne présentaient pas les niveaux d'endettement du secteur financier et des ménages qui devinrent le talon d'Achille de nombreuses économies avancées. Parce qu'ils avaient subi plusieurs crises financières lors des décennies précédentes, ces pays avaient de surcroît nettoyé leur secteur financier, mené de saines politiques budgétaires et isolé les banques centrales des pressions politiques de manière à ce qu'elles soient mieux en mesure de maintenir la stabilité des prix.

Ces forces et cette expérience autorisèrent les économies émergentes à traverser la crise dans de bonnes conditions. Elles mirent en œuvre des politiques monétaires et budgétaires efficaces de façon à rétablir la demande et la croissance, ce qui les prépara à un prompt redressement. De fait, la plupart d'entre elles connaîtront une croissance saine et resteront fidèles aux réformes favorables au marché ainsi qu'aux politiques adoptées avant la crise.

C'est ce qui se passera dans le meilleur des cas. Mais nous devrions garder quelques réserves à l'esprit. Ces économies ne sont pas autosuffisantes : elles ont développé des liens commerciaux et financiers étroits avec les économies plus avancées et ne peuvent totalement éviter leurs problèmes. Un redressement anémique aux États-Unis exercera inévitablement des effets négatifs sur les économies émergentes, même sur les plus dynamiques d'entre elles.

Les économies émergentes incluent par ailleurs des douzaines de nations. Les BRIC – Brésil, Russie, Inde et Chine – sont les plus importantes d'entre elles, et la Chine règne sans partage. Mais elle doit aussi affronter de sérieux défis. Bien qu'elle ait survécu à la crise, sa réponse presque trop efficace pourrait lui poser des problèmes à moyen terme.

La Chine a par exemple répondu à la crise par un accroissement du crédit piloté par l'État. Les banques publiques ont été priées d'accorder des prêts massifs aux entreprises publiques de façon à les conduire à engager davantage de travailleurs, à produire davantage de biens, à stocker davantage de matières premières et à accroître les capacités productives. Chaque province incite à présent les banques à prêter imprudemment à des entreprises publiques de manière à développer les capacités de production d'acier, de ciment, d'aluminium, d'automobiles et d'autres industries lourdes. Or la Chine présente déjà un excès de capacités productives dans ces secteurs.

Grâce à l'expansion de l'investissement public et privé, la Chine dispose maintenant d'une infrastructure qui dépasse son niveau de développement : beaucoup de nouveaux aéroports sont vides et très peu de voitures circulent sur certaines autoroutes. Elle connaît également une expansion vertigineuse de l'immobilier qui provoquera inévitablement une surabondance de propriétés commerciales et résidentielles. Ces améliorations et ces propriétés finiront par être utilisées grâce à la croissance économique et à l'urbanisation ; mais l'offre commence à excéder la demande. Certaines de ces distorsions résultent du fait que la terre n'a pas de vrai prix de marché : l'État continue d'en contrôler l'offre.

Une partie du crédit qui inonde actuellement l'économie chinoise s'oriente vers d'autres usages tout aussi improductifs incluant l'achat spéculatif avec recours au levier d'endettement de matières premières, de titres et d'actifs immobiliers.

Cela pourrait donner lieu à la formation d'une bulle qui provoquerait finalement une correction importante du prix des actifs. Les autorités reconnaissent cette possibilité ; la hausse des prix de l'énergie, des produits alimentaires et de l'immobilier les a conduites à réduire l'offre de monnaie et de crédit dans l'espoir d'organiser un atterrissage en douceur.

La Chine occupe une position paradoxale en 2010. Alors que les plans de relance mis en place l'année précédente ont ramené la croissance économique autour de 9 %, son économie n'a toujours pas été réorientée des exportations vers la consommation privée. La consommation reste voisine de 36 % du PIB en Chine alors qu'elle représente 70 % du PIB aux États-Unis. Il y a certainement un juste milieu entre ces deux valeurs, mais la Chine n'a pas fait grand-chose jusqu'à présent pour s'en rapprocher.

D'autres problèmes pourraient tourmenter la Chine lors des années à venir. Le pays connaît une croissance à deux vitesses : les régions côtières et urbanisées qui dépendent des exportations progressent plus rapidement que les régions rurales du centre et de l'ouest. La croissance économique a par ailleurs été poursuivie sans souci de l'environnement, ce qui a causé des pollutions qui défigurent les paysages et sont à l'origine d'innombrables problèmes de santé pour des millions de Chinois. Un système politique autoritaire qui semble incapable de tolérer toute forme d'opposition ainsi que l'agitation grandissante de minorités ethniques pourraient enfin provoquer de nouvelles difficultés.

Les autres membres des BRIC font face à des défis différents. En comparaison de la Chine, l'Inde a une démocratie vivante et offre une sécurité juridique supérieure ainsi qu'une meilleure protection des droits de propriété. Mais la démocratie a du bon et du mauvais : la faiblesse des coalitions gouvernementales en Inde a ralenti les réformes économiques indispensables. Ces réformes incluent la réduction des déficits budgétaires au niveau central comme au niveau des États, la diminution des dépenses publiques inefficaces et la remise à plat du système fiscal.

D'autres réformes d'inspiration libérale doivent être réalisées. L'intervention du gouvernement dans l'économie doit être limitée : il faut mettre un terme aux excès bureaucratiques. Le marché du travail demeure trop rigide et doit être libéralisé ; il devrait en aller de même du commerce et des investissements directs étrangers. L'esprit d'entreprise devrait être mieux encouragé, de même que l'investissement en capital humain. Bien que l'Inde ait fait certains progrès en la matière, le risque demeure que ces réformes soient mises en œuvre trop lentement, ce qui accroîtrait l'écart entre le lièvre chinois et la tortue indienne.

La situation du Brésil est encore différente. Il s'agit d'une économie dynamique disposant de ressources naturelles abondantes, d'un système financier sophistiqué et d'un secteur industriel avancé qui pourrait soutenir une croissance robuste pendant de longues années. Mais même aux époques les plus favorables – les années 2004 à 2007, quand la croissance moyenne des autres BRIC atteignait 8 ou même 10 % –, la croissance brésilienne ne dépassait pas les 4 %.

Le gouvernement de Luiz Inácio Lula da Silva mérite des félicitations pour avoir mené de saines politiques macroéconomiques – un faible déficit budgétaire et une banque centrale indépendante poursuivant un objectif de faible inflation –, mais davantage doit être fait. De manière à obtenir une croissance supérieure à 6 %, le prochain président devra s'attaquer à la garantie des pensions de retraite, à la réduction des dépenses publiques et des impôts pouvant fausser la prise de décision économique, à l'élévation du niveau de compétence des travailleurs grâce à l'investissement dans l'éducation, ainsi qu'à l'amélioration et au développement des infrastructures grâce à des partenariats public-privé – le tout en maintenant des politiques sociales destinées à réduire progressivement les inégalités de revenu et de patrimoine.

La crise économique récente a montré que le dernier des BRIC était peut-être un imposteur. La faiblesse de l'économie russe – liée notamment à des banques et à des entreprises ayant eu fortement recours au levier d'endettement – avait été dissimulée par la manne due à l'augmentation des prix du pétrole et du gaz. Après avoir crû de 8 % en 2008, l'économie russe se contracta de 8 % l'année suivante.

L'économie russe se résume en effet à un secteur relativement sain – le pétrole et le gaz – qui subit les variations de prix de ces matières premières. Elle a besoin de se diversifier, mais cela imposerait de privatiser les entreprises publiques, de libéraliser l'économie, de réduire la paperasserie qui entrave la création de nouvelles entreprises et de prendre des mesures énergiques contre la corruption qui gangrène le secteur privé. Le secteur énergétique lui-même doit être libéralisé. Mais les investisseurs étrangers se montrent réticents à financer des installations qui pourraient faire l'objet d'une procédure d'expropriation ou de nationalisation.

La Russie a une foule d'autres problèmes qui justifieraient de lui faire perdre le statut de BRIC. Ses infrastructures tombent en ruine ; quant à son système politique, il est dysfonctionnel et corrompu. Sa population décroît rapidement, et de sérieux problèmes de santé – notamment l'alcoolisme – ont réduit l'espérance de vie à des niveaux inquiétants. Bien que la Russie détienne le plus important arsenal nucléaire du monde et bénéficie d'un siège permanent au Conseil de sécurité des Nations unies, elle ressemble davantage à un pays malade qu'à un BRIC.

Plusieurs autres pays seraient en réalité mieux fondés à réclamer ce statut, même si cela impliquait d'ajouter quelques lettres à cet acronyme. Étant donné son potentiel, la Corée du Sud mériterait de rejoindre le club des BRIC – ou BRICC. La Corée du Sud maîtrise les technologies les plus sophistiquées : c'est un pays innovant, dynamique, disposant d'une main-d'œuvre hautement qualifiée. La menace d'un effondrement de la Corée du Nord est son seul problème majeur : le pays serait alors pris d'assaut par des réfugiés affamés.

La Turquie mérite elle aussi de rejoindre ce petit groupe. Elle a un secteur bancaire solide, un marché intérieur prospère, une population importante et croissante, des entrepreneurs avisés ainsi qu'un avantage comparatif dans la production de biens à forte intensité de main-d'œuvre. Elle est liée à l'Europe (elle fait partie de l'OTAN et est candidate à l'entrée dans l'Union européenne), au Proche-Orient et à l'Asie centrale.

L'Indonésie pourrait être le meilleur candidat du lot. Le plus grand pays musulman du monde revendique une classe moyenne en pleine expansion, un système politique stable et de plus en plus démocratique, et une économie qui éclipse nombre de ses voisines asiatiques en dépit des dommages produits par la récession mondiale. Du point de vue des États-Unis, l'Indonésie offre une alternative séduisante à la Russie, qui rivalise de plus en plus fortement avec le Venezuela pour prendre la tête des pays convaincus de l'irrésistible déclin de l'Amérique.

L'Indonésie a fait preuve de résistance non seulement en tant qu'économie mais aussi en tant que nation. Sa population est remarquablement diverse et éclatée géographiquement, ce qui pourrait faire douter de sa capacité à devenir une puissance économique de premier plan. Le pays a cependant laissé derrière lui l'héritage d'une dictature militaire et a surmonté plusieurs phases de recul de l'activité. Bien que la crise financière asiatique de 1997, le tsunami de 2004 et l'émergence d'un islam radical aient fait des dégâts, l'Indonésie continue de progresser à une vitesse impressionnante.

Le PIB par tête de l'Indonésie reste faible en comparaison de celui d'autres aspirants au statut de BRIC ; le potentiel de ce pays est toutefois remarquable. Il dépend beaucoup moins des exportations que ne le font ses pairs asiatiques (sans parler de la Russie) ; ses marchés de bois de construction, d'huile de palme, de charbon et d'autres actifs ont attiré d'importants investissements étrangers. Le gouvernement de Jakarta a pris fortement position contre la corruption et a entrepris de traiter les problèmes structurels. Les tendances démographiques elles-mêmes favorisent l'Indonésie qui, avec 230 millions d'habitants, est déjà le quatrième pays le plus peuplé du monde – l'équivalent de l'addition des populations allemande et russe.

La mode des BRIC – ou BIIC ou BRICC – reflète une tendance de long terme : l'essor d'un groupe d'économies émergentes disposant du pouvoir économique, financier et commercial. Voilà quelques années, Lawrence Summers affirma que l'intégration de la Chine et de l'Inde à l'économie mondiale – avec près de 2,2 milliards de « Chinindiens » rejoignant la main-d'œuvre et les marchés mondiaux – était l'événement le plus important du dernier millénaire avec la Renaissance italienne et la révolution industrielle.

Reste à voir comment cela va se dérouler. La Chine, l'Inde et les principales économies émergentes font face à leur lot de défis et devront mettre en œuvre des réformes très particulières pour passer à l'étape suivante. Mais selon toute vraisemblance, la plupart d'entre elles finiront par jouer un rôle de plus en plus central dans l'économie mondiale.

Une nouvelle bulle ?

Certains actifs risqués ont repris des couleurs depuis mars 2009. Les marchés boursiers ont rebondi aux États-Unis ; les prix de l'énergie et des matières premières ont commencé à baisser ; les actions, les obligations et les devises des marchés émergents ont fait l'objet d'un regain d'intérêt. En retrouvant leur appétit pour le risque, les investisseurs se sont éloignés des obligations de l'État américain et du dollar, ce qui a poussé les rendements des obligations vers le haut et la valeur du dollar vers le bas.

Bien que le redressement des prix des actifs soit partiellement lié à de meilleurs fondamentaux économiques et financiers, ils ont grimpé trop haut et trop tôt. Pourquoi ? La raison la plus évidente est que les banques centrales des économies avancées ont mis en œuvre des politiques de taux d'intérêt très faibles et d'assouplissement quantitatif afin de créer un « mur de liquidité » qui a permis de surmonter le « mur d'inquiétude » que la crise avait laissé derrière elle. Cela a encouragé un retour massif aux actifs risqués.

Quelque chose d'autre nourrit la formation de cette bulle d'actifs : le *carry trade* sur le dollar. Le *carry trade* consiste pour les investisseurs à emprunter dans une monnaie et à investir les sommes empruntées en des endroits où elles produiront des rendements plus élevés. Grâce à l'existence de taux d'intérêt proches de zéro aux États-Unis, les investisseurs peuvent emprunter des dollars et les placer sous forme d'actifs risqués un peu partout dans le monde. Comme les prix de ces actifs montent, les investisseurs réalisent un joli profit qu'ils peuvent utiliser pour rembourser leurs emprunts en dollar, lequel s'est déprécié entre-temps – ce qui facilite encore le remboursement. Cela signifie en pratique que les investisseurs n'empruntent pas à taux zéro, mais à des taux négatifs variant entre moins 10 et moins 20 % selon le degré de dépréciation du dollar. Il est assez aisé de faire un profit dans ces conditions : de 50 à 70 % depuis mars 2009.

La Réserve fédérale n'a pas prêté attention à ce petit jeu. Elle a réduit la volatilité des marchés en achetant un vaste ensemble d'actifs : des obligations de l'État américain, des *mortgage-backed securities* ainsi que la dette de Fannie Mae et Freddie Mac. Cela a contribué à rendre le *carry trade* plus attractif en minimisant la perception du risque par les agents économiques et en amenant de plus en plus d'investisseurs à rejoindre la bulle. La combinaison de ces mesures à la politique de taux d'intérêt proches de zéro conduite par la Réserve fédérale a rendu le monde plus sûr pour la « mère de tous les *carry trades* » et la mère de toutes les bulles d'actifs.

La faiblesse grandissante du dollar a placé les banques centrales d'Asie et d'Amérique latine dans une position difficile. Si elles n'interviennent pas sur les marchés des changes étrangers, leurs monnaies s'apprécieront face au dollar, ce qui rendra les emprunts en dollar plus attractifs encore. Si elles interviennent pour enrayer leur appréciation en achetant des monnaies étrangères comme le dollar, les réserves de change qu'elles accumuleront pourraient nourrir des bulles d'actifs dans ces économies. Quoi qu'elles fassent, le résultat sera le même : la formation au niveau mondial d'une bulle d'actifs qui grossit de jour en jour.

Le *carry trade* finira par s'essouffler. La Réserve fédérale mettra fin à son programme d'achats d'actifs, ce qui ramènera un peu de volatilité sur les marchés ; le dollar se stabilisera parce qu'il ne peut se déprécier indéfiniment. Lorsque cela se produira, le coût lié au fait d'emprunter en dollars ne sera plus négatif mais simplement proche de zéro. C'est une mauvaise nouvelle pour tous ceux qui ont parié que le dollar poursuivrait son déclin – et cela contraindra les investisseurs à battre en retraite et à couvrir leurs positions.

Ce processus pourrait être particulièrement brutal si le dollar s'appréciait rapidement. Plusieurs facteurs pourraient provoquer un tel mouvement : une aversion pour le risque accrue, des affrontements militaires ou d'autres formes de tensions géopolitiques pourraient inciter les investisseurs à chercher asile ailleurs. Quelle qu'en soit la raison, une appréciation soudaine du dollar – similaire à celle que connut le yen quand le *carry trade* sur cette monnaie disparut – provoquerait la panique. Les investisseurs qui avaient pris des positions longues sur des actifs risqués et des positions courtes sur le dollar changeront brusquement de cap. La bulle éclatera alors.

Cela pourrait ne pas se produire tout de suite. Le mur de liquidité et la réduction de la volatilité des marchés due aux politiques de la Réserve fédérale peuvent durer encore un peu. Mais cela signifie que la bulle d'actifs ne fera que croître, ce qui ouvrira la voie à une crise grave.

Faire défaut sur la dette

Jusqu'à une date très récente, l'idée qu'une économie avancée puisse faire défaut sur sa dette souveraine aurait semblé incongrue. C'étaient les économies émergentes qui faisaient défaut. Lors de la décennie écoulée, la Russie, l'Argentine et l'Équateur firent défaut sur leur dette publique ; le Pakistan, l'Ukraine et l'Uruguay furent à deux doigts de connaître le même sort. Le schéma suivant a prévalu pendant des siècles : les marchés émergents font parfois défaut sur leur dette avant de devenir plus respectables et plus fiables.

Il semble que nous ayons fait un tour complet. Lors des années récentes, les économies des marchés émergents ont mis de l'ordre dans leurs finances – si l'on excepte quelques pays d'Europe centrale et orientale. La menace du défaut de paiement plane désormais sur les économies avancées. Les agences de notation abaissèrent la note de la dette de plusieurs économies avancées en 2009 ; les émissions de dette réalisées par la Grande-Bretagne, la Grèce, l'Irlande et l'Espagne ont trouvé beaucoup moins d'acheteurs que prévu. Cela rappela aux économies avancées que si elles ne commençaient pas à mettre de l'ordre dans leurs finances, les agences de notation et les *bond vigilantes* – ceux qui protestent contre des politiques monétaires et fiscales jugées dangereuses en vendant leurs obligations – leur feront vivre un enfer.

Cette perspective met beaucoup d'économies avancées dans une situation compliquée. La crise récente et la récession qui l'a suivie ont provoqué une aggravation de leur situation budgétaire. Les programmes de relance par la dépense publique et la diminution des recettes fiscales leur ont porté un coup sévère. La décision de socialiser les pertes du système financier et de les faire supporter par les contribuables a fait de même. Lors des prochaines années, une reprise trop faible et une population vieillissante alourdiront le fardeau de la dette aux États-Unis, au Royaume-Uni, au Japon et dans une poignée de pays de la zone euro.

Certains pays ont déjà pris des mesures destinées à consolider leur situation budgétaire : c'est le cas de l'Islande, de l'Irlande et du Royaume-Uni, ainsi que de l'Espagne, du Portugal et, dans une moindre mesure, de la Grèce. Ces mesures seront douloureuses à court terme, mais c'est le seul moyen d'empêcher une perte de crédibilité et un emballement des coûts liés à l'emprunt. Mais si la rigueur budgétaire est susceptible de satisfaire les investisseurs étrangers, elle pourrait malheureusement saboter un redressement naissant. Ces pays feraient toutefois mieux d'absorber cette potion amère dès maintenant plutôt que de courir le risque de faire défaut sur leur dette.

Bien que les États-Unis et le Japon soient vraisemblablement en mesure d'éviter les *bond vigilantes* pendant un certain temps encore, ils pourraient bien finir par provoquer leur courroux. Les États-Unis continuent de présenter un déficit insoutenable des paiements courants ; leur population est vieillissante et une bonne partie de leurs engagements de dépenses de retraite et d'assurance-maladie n'est pas financée. La situation budgétaire de ces deux pays pourrait bientôt faire l'objet d'un examen approfondi ; cette perspective est particulièrement dangereuse pour les États-Unis, qui ont été jusqu'à présent capables d'emprunter dans leur propre monnaie.

Ils ont malheureusement une alternative moins honnête. Comme le Royaume-Uni et le Japon, les États-Unis libellent leur dette publique dans leur propre monnaie. Ces pays n'ont donc pas besoin de faire formellement défaut sur leur dette s'ils ne réussissent pas à augmenter les impôts ou à réduire les dépenses publiques : les banques centrales peuvent monétiser la dette en émettant un surcroît de monnaie. Cette méthode éprouvée ferait monter l'inflation, ce qui éroderait la valeur réelle de la dette et opérerait un transfert de richesse des créanciers vers le gouvernement. Bien que cette « taxe d'inflation » permette d'éviter un défaut de paiement, elle aboutit au même effet.

Les tenants de cette solution affirment qu'elle permet de faire d'une pierre deux coups. Une inflation modérée érode tout d'abord la valeur de la dette publique, ce qui en réduit le poids. Elle résout en même temps le problème de la déflation par la dette et réduit la valeur réelle des engagements privés – par exemple des prêts immobiliers à taux fixe – en accroissant la valeur nominale des logements et d'autres actifs.

C'est un pari gagnant-gagnant : le secteur public et le secteur privé se libèrent ainsi de leur dette.

Cela paraît astucieux, mais ça ne l'est pas. Si l'inflation passe d'un niveau proche de zéro à une valeur à un chiffre – pour ne rien dire d'une valeur à deux chiffres –, les banques centrales pourraient en perdre le contrôle. Une fois que le génie de l'inflation est sorti de sa bouteille, il est difficile de le maîtriser. Les succès enregistrés par Paul Volcker dans la lutte contre l'inflation au début des années 1980 montrent qu'il est possible de regagner cette crédibilité, mais seulement au prix d'une grave récession.

Bien que l'inflation puisse réduire la valeur réelle de la dette nominale à taux fixe, l'essentiel de la dette émise aux États-Unis et dans d'autres économies avancées consiste en obligations de court terme à taux variable. Cela inclut les dépôts bancaires, les prêts immobiliers à taux variable, la dette publique à court terme et d'autres engagements à court terme des ménages, des entreprises et des établissements financiers. Des anticipations de hausse de l'inflation signifieraient que ces engagements devraient être refinancés à des taux d'intérêt plus élevés : les taux suivraient le rythme de l'inflation. Dans le cas de la dette de court terme à taux variable, le recours à l'inflation serait sans effet : on ne peut pas duper tout le monde tout le temps.

Tenter d'utiliser l'inflation pour éroder la valeur réelle de la dette nominale privée et publique comporte d'autres risques. Les créanciers étrangers n'accepteraient pas que la valeur réelle de leurs actifs libellés en dollars soit fortement réduite. La course vers la sortie qui en résulterait pourrait conduire à une chute de la valeur de la monnaie, un bond des taux d'intérêt à long terme et une grave récession à deux chiffres. Les États-Unis n'auraient pas de marges de manœuvre comparables à celles dont ils disposaient quand l'inflation s'emballa dans les années 1970 : le pays dégageait encore des excédents de la balance des paiements courants.

Tel n'est plus le cas : les États-Unis sont devenus les principaux débiteurs du globe avec plus de 3 billions de dollars de dette due au reste du monde. Le déficit de sa balance des paiements courants – 400 milliards de dollars par an – est devenu légendaire. Puisque leurs créanciers répugnent de plus en plus à détenir de la dette à long terme, les États-Unis devront emprunter à plus brève échéance afin de financer leurs différents déficits. Cela les rend très vulnérables à une crise du type de celles qui frappèrent les marchés émergents dans les années 1990, accompagnée dans leur cas d'une chute soudaine du dollar.

Les Chinois et d'autres créanciers des États-Unis – la Russie, le Japon, le Brésil et les pays exportateurs du Golfe – n'accepteraient pas de subir de telles pertes sur leurs actifs en dollars. En convaincre la Chine exigerait de déplaisantes négociations. La Chine pourrait réclamer des compensations aux États-Unis, par exemple l'abandon de la défense de Taïwan. De tels compromis sont possibles dans un monde où de grandes puissances présentant des déséquilibres opposés des paiements courants rivalisent pour le *leadership* géopolitique.

Cet « équilibre de la terreur financière » semblerait exclure la possibilité selon laquelle la Chine arrêterait simplement de financer le déficit budgétaire et le déficit de la balance des paiements courants des États-Unis. L'interruption des interventions de la Chine sur les marchés des devises étrangères ou l'abandon de ses stocks d'actifs libellés en dollars porteraient gravement atteinte à la compétitivité de ses exportations. Mais si les tensions politiques devaient s'exacerber et si les États-Unis entreprenaient de déprécier leur monnaie, la Chine pourrait se montrer moins coopérative même si ses intérêts devaient en souffrir à court terme. Ce résultat est peut-être aussi improbable que l'usage des armes nucléaires à l'apogée de la guerre froide, mais il n'est pas invraisemblable.

En raison de ces risques, les autorités des États-Unis renonceront certainement à utiliser la planche à billets pour gérer la dette du pays ; la tentation de laisser filer l'inflation – même un petit peu – pour déprécier la dette restera cependant forte.

Des responsables politiques prudents devraient savoir que les coûts et les dommages collatéraux d'une telle solution seraient significatifs, sinon catastrophiques.

Tout ce qui brille

Le prix de l'or augmenta brutalement en 2009 ; cela reflétait la crainte que les États-Unis puissent volontairement déprécier leur monnaie de manière à résoudre le problème de leur endettement. Il franchit en 2009 le seuil des 1 000 dollars l'once et atteignit 1 200 dollars à la fin de l'année avant de reculer une nouvelle fois. Certains amoureux du métal jaune prévoient que le prix de l'or pourrait dépasser les 2 000 dollars lors des années à venir. Cela est-il possible ? La récente hausse du prix de l'or est-elle justifiée par des fondamentaux ou exprime-t-elle la formation d'une bulle ?

Le prix de l'or augmente de façon brutale dans les deux cas suivants : quand l'inflation commence à devenir hors de contrôle et que l'or apparaît comme un refuge contre l'inflation ; quand la probabilité d'une dépression augmente très fortement et que les investisseurs se posent la question de la sécurité de leurs dépôts bancaires. Ces deux phénomènes furent présents lors des deux dernières années.

Le prix de l'or a commencé à augmenter lors des six premiers mois de l'année 2008, quand les marchés émergents entrèrent en surchauffe, que les prix des matières premières atteignirent des sommets et que la crainte d'une reprise de l'inflation sur ces marchés s'intensifia. Le prix du pétrole battit des records. Puis la bulle éclata et le prix de l'or chuta comme celui des autres matières premières.

Le prix de l'or remonta en 2008, au moment de l'effondrement de Lehman. Cette ruée vers l'or n'était pas due à la peur de l'inflation : c'est la déflation qui menaçait. Quand la chute de Lehman paralysa le système financier mondial, les investisseurs se préoccupèrent tellement de la sécurité de leurs actifs financiers – notamment des dépôts bancaires – que certains préférèrent recourir à la sécurité de l'or.

Le G7 lutta contre la crainte de la dépression en créant une large garantie des dépôts et en renflouant le système financier. Le prix de l'or repartit à la baisse parce que la menace d'une dépression avait réduit la demande d'or à des fins commerciales et industrielles ainsi que sa demande en tant qu'objet de luxe.

Mais l'or rebondit : son prix dépassa les 1 000 dollars au début du printemps 2009, quand les inquiétudes relatives à la solvabilité du système financier aux États-Unis et en Europe regagnèrent en intensité. On redoutait à présent que les gouvernements ne puissent pas renflouer l'ensemble du système financier : jadis jugé « trop gros pour qu'on le laisse faire faillite », il était à présent « trop gros pour qu'on puisse le sauver ». La peur d'un Armageddon économique et financier déclencha un nouvel essor du prix de l'or. Ce n'est guère surprenant : quand on commence à se demander si le gouvernement peut réellement garantir les dépôts bancaires, il est temps d'acheter un fusil, des munitions, des boîtes de conserve et des lingots d'or, et de se cacher dans une cabane au fond des bois dans l'espoir de survivre à l'effondrement général. Mais la panique s'apaisa une nouvelle fois et le prix de l'or reflua plus tard dans le printemps quand l'adoption de mesures supplémentaires et la relative stabilisation de l'économie mondiale contribuèrent à dissiper les peurs.

Le schéma est simple : le prix de l'or croît en réponse aux inquiétudes relatives à l'inflation ou à la dépression. Dans les deux cas, l'or offre une protection contre le risque, en particulier lorsque des événements extrêmes indiquent un effondrement systémique total. Quand ces menaces s'éloignent, le prix de l'or recommence généralement à baisser.

Comment le prix de l'or pourrait-il progresser ? Un grand nombre de forces peuvent le pousser vers le haut, même s'il n'est guère vraisemblable qu'il atteigne 2 000 dollars l'once. La crainte que les gouvernements ne tentent de monétiser leurs déficits pourrait réveiller l'inflation, ce qui ferait grimper le prix de l'or. De la même manière, l'injection de quantités importantes de liquidités dans le système financier pourrait faire monter le prix des actifs, y compris celui de l'or. Les opérations de *carry trade* assises sur le dollar ont par ailleurs poussé le dollar à la baisse. Il y a une relation inverse entre la valeur relative du dollar et les prix des matières premières exprimés en dollars : quand le dollar faiblit, les prix d'un certain nombre de matières premières augmentent, dont celui de l'or.

D'autres facteurs peuvent alimenter la demande d'or. Les banques centrales d'Inde, de Chine et d'autres pays ont accru les quantités d'or qu'elles détiennent. Les investisseurs privés qui continuent de redouter des événements peu probables en réalité – une inflation élevée ou une récession mondiale à deux chiffres – peuvent aussi nourrir cette demande. Étant donné le caractère inélastique de l'offre d'or, un accroissement modeste de la part de l'or dans les portefeuilles des banques centrales et des investisseurs privés suffit à provoquer une hausse significative du prix de ce métal. Un événement isolé – par exemple un défaut de paiement sur la dette souveraine – peut servir de catalyseur pour transformer la hausse du prix de l'or en bulle spéculative sur cet actif. Les comportements moutonniers et le *momentum trading* contribueront au gonflement de la bulle.

Une correction à la baisse du prix de l'or comporte néanmoins des risques importants. Le *carry trade* sur le dollar finira vraisemblablement par s'essouffler, et les banques centrales finiront par abandonner l'assouplissement quantitatif et les politiques de taux d'intérêt proches de zéro. Ces évolutions exerceront une pression à la baisse sur les prix des matières premières, l'or y compris.

De façon plus générale, quiconque a une confiance aveugle en la capacité de l'or à protéger du risque devrait comprendre que les crises ne ramènent pas toujours les gens vers l'or. La perspective de défaut sur la dette souveraine de petits pays pourrait conduire les investisseurs à acheter du dollar, non de l'or. Le même raisonnement vaut pour tous les types de crise.

Tant que le dollar ne sera pas lui-même au centre de la crise, le prix de l'or ne montera pas automatiquement.

Pour les besoins du débat, faisons l'hypothèse que l'économie mondiale va droit vers la dépression et que les investisseurs souhaitent s'éloigner du dollar. Devraient-ils consacrer tout leur argent à l'achat d'or ? Pas nécessairement. Contrairement à d'autres matières premières, l'or n'a qu'une faible valeur intrinsèque. On ne peut pas le manger, chauffer sa maison avec ou en faire un autre usage. L'or est, comme l'écrivit Keynes, une « relique barbare ». Quoique vous puissiez échanger de l'or contre quelque chose de plus utile, mieux vaudrait peut-être acheter des contrats à terme sur matières premières ou – si vous pouvez l'avaler – du bœuf en conserve.

Les investisseurs devraient se méfier de l'or. Les récentes oscillations de son prix – plus 10 % un mois, moins 10 % le mois suivant – soulignent le fait que l'évolution de son prix est souvent liée à des croyances irrationnelles et à des bulles spéculatives. Détenir un peu d'or pour se protéger de l'inflation peut avoir du sens, en particulier si les gouvernements commencent à monétiser leur dette. Mais détenir de grandes quantités d'or n'en a pas, notamment parce qu'une remontée de l'inflation est peu probable.

Inflation ou déflation ?

Au plus fort de la crise récente, la crainte de la déflation conduisit de nombreux gouvernements à prendre des mesures draconiennes pour enrayer la chute des prix. Des taux d'intérêt proches de zéro et des politiques d'assouplissement quantitatif auraient en temps normal déclenché une reprise de l'inflation ; rien de tel ne se produisit en 2009. La déflation s'empara des États-Unis, de la zone euro, du Japon et même de certaines économies émergentes. Il y avait à cela une raison simple : les banques gardaient en réserve l'essentiel de leurs excès de liquidités au lieu de les prêter.

Les pressions déflationnistes persisteront à court terme dans la plupart des économies avancées et même dans certaines économies émergentes. En bien des endroits, la demande de biens et de facteur travail demeure faible, ce qui réduit la pression sur les prix et les salaires. Les stocks d'invendus sont écoulés à bas prix, et les travailleurs n'ont guère de pouvoir de négociation dans un environnement caractérisé par un taux de chômage élevé : ils sont prêts à accepter des réductions de salaire pour conserver leur emploi.

L'inflation a recommencé à se manifester dans les économies émergentes qui se sont rapidement remises de la crise financière. À la fin de l'année 2009, le pétrole, les produits alimentaires et les prix de l'immobilier augmentaient en Chine et en Inde. L'inflation pourrait devenir un problème plus important pour ces pays menacés de surchauffe que pour les économies avancées.

On pourrait toutefois assister à une réapparition de l'inflation dans les économies avancées à partir de 2012. Cela pourrait se produire pour l'une des trois raisons suivantes. Premièrement : si les gouvernements décident de monétiser leurs déficits, les anticipations d'inflation augmenteront, ce qui ouvrira un cercle vicieux de dépréciations monétaires et de hausses des prix et des salaires. Deuxièmement : la surabondance d'argent facile injectée dans l'économie pour répondre à la crise pourrait finir par nourrir une bulle spéculative sur les matières premières, ce qui provoquerait une reprise de l'inflation. Troisièmement : si le dollar continue à se déprécier, les prix des matières premières pourraient monter aux États-Unis (nous avons montré qu'il existait une relation négative entre la valeur du dollar et le prix en dollar des matières premières). Les producteurs de pétrole augmenteront le prix en dollars du baril si le dollar faiblit. S'ils ne procédaient pas ainsi, ils subiraient une détérioration de leur pouvoir d'achat lié à leurs recettes en dollars.

Selon toute vraisemblance, il n'y aura ni déflation ni inflation marquée lors de l'année à venir. La déflation devrait être tenue en échec en l'absence d'une récession à deux chiffres, mais l'inflation pourrait prendre de la vitesse dans certaines circonstances.

La mondialisation et ses mécontents

Le monde est devenu de plus en plus « mondialisé » lors des dernières décennies. Les échanges de biens et de services se sont internationalisés, tout comme les migrations de travailleurs et la diffusion de l'information. La mondialisation est allée de pair avec l'innovation technologique, chacune de ces évolutions renforçant l'autre. Le capital financier se déplace par exemple plus rapidement autour du monde grâce à la diffusion des technologies de l'information.

Certains pays peuvent par conséquent fournir des services à des pays situés à l'autre bout du monde : songez par exemple aux centres d'appels indiens et à la délocalisation des emplois des « cols blancs » américains. De façon similaire, la Chine a été capable de créer des chaînes d'approvisionnement complexes qui s'enroulent autour du globe. Les pays de la périphérie sont de plus en plus connectés aux pays avancés, et réciproquement.

La mondialisation a autorisé une amélioration spectaculaire des niveaux de vie dans les pays émergents. Des centaines de millions de Chinois, d'Indiens, de Russes, de Brésiliens et de citoyens d'autres économies émergentes ont été sauvés de la pauvreté. Ils ont obtenu des emplois ouvriers mieux payés, voire des rémunérations les rattachant à la classe moyenne ; cela leur a donné un bien meilleur accès aux biens indispensables comme aux biens de luxe. En échange, les citoyens des économies avancées ont vu les prix des biens et des services devenir encore plus abordables.

Mais la mondialisation et l'innovation ne sont pas dépourvues de risques. Intéressons-nous par exemple à l'immense défi consistant à agréger des milliards d'individus à l'offre de travail mondiale. La Chine et l'Inde ont près de 2,5 milliards d'habitants, auxquels viennent s'ajouter les 2 milliards d'habitants des autres pays émergents. Bâcler leur intégration pourrait provoquer un violent rejet de la mondialisation et du libre-échange dans les économies avancées. Il est malheureusement peu probable que cette transition se déroule sans heurts. Bien des tensions – comme les déséquilibres des paiements courants et la fréquence croissante des crises financières – résultent pour partie de la difficile intégration des marchés émergents à l'économie mondiale.

La mondialisation a également été associée à l'accroissement des inégalités de revenu et de patrimoine dans les économies avancées comme dans les économies émergentes. L'origine de ce phénomène donne lieu à des débats passionnés. Certains économistes font remarquer que le progrès technique a laissé certains travailleurs sur le bord de la route (si vous ne savez pas utiliser un ordinateur, vous ne pourrez pas améliorer votre situation). D'autres désignent l'avantage comparatif croissant de la Chine et d'autres marchés émergents pour la production de biens incorporant une quantité importante de facteur travail.

Quelles qu'en soient les causes, l'accroissement des inégalités produit un malaise grandissant et des inquiétudes relatives à la mondialisation et au libre-échange. Il est aisé de comprendre pourquoi les ouvriers furent les premiers touchés. Leur angoisse s'étendit aux cols blancs lorsque les entreprises délocalisèrent les emplois de service des économies avancées comme les États-Unis à des économies émergentes comme l'Inde. Des secteurs d'activité entiers pourraient passer d'une partie du globe à une autre, ce qui provoquerait de graves perturbations. Ce phénomène de « destruction créatrice » est peut-être inévitable, mais il produira des conflits importants s'il n'est pas correctement géré.

La mondialisation pourrait finalement provoquer des crises bien plus fréquentes et virulentes. La vitesse à laquelle le capital financier et les capitaux spéculatifs peuvent entrer et sortir d'économies ou de marchés particuliers a accru la volatilité des prix des actifs et la virulence des crises financières. Mais alors que la finance est devenue mondiale, sa régulation demeure une affaire nationale. Tout cela augmente la probabilité de crises futures susceptibles de prendre une dimension mondiale.

La crise récente a ouvert une ère de « Grande Instabilité » plutôt que de « Grande Modération ». La formation et l'explosion de bulles d'actifs pourraient se succéder à un rythme plus rapide ; les crises de dimension mondiale pourraient quant à elles se produire plus souvent qu'une ou deux fois par siècle. Les cygnes noirs pourraient devenir des cygnes blancs.

Ce serait regrettable : si les crises financières devenaient plus fréquentes et plus graves, elles provoqueraient une instabilité politique et sociale et produiraient un retour de bâton contre la mondialisation. Cette réaction pourrait prendre de nombreuses formes : des politiques commerciales protectionnistes ; un protectionnisme financier restreignant notamment les investissements directs étrangers ; des contrôles des mouvements de capitaux ; et un large rejet de toute politique promouvant le libre-échange.

Comment prévenir un tel phénomène ? Il est tout d'abord essentiel que les gouvernements adoptent des politiques réduisant la fréquence et la virulence des cycles spéculatifs. Cela exigera de réformer le système financier et le système monétaire selon les principes exposés dans ce livre. Mais cela imposera également de mettre en place des filets de sécurité plus solides. Si les travailleurs doivent se montrer suffisamment flexibles pour changer fréquemment d'emploi et de métier, ils auront besoin d'un soutien accru du gouvernement pour naviguer en ces eaux incertaines. Appelée « flexisécurité », cette approche nécessitera des investissements plus importants en matière d'éducation comme d'acquisition et d'entretien des compétences professionnelles ; des allocations chômage ; et des plans transférables d'assurance-maladie et de pension de retraite. Les États-Unis auront besoin de mettre en place un système fiscal plus progressif afin de financer ces prestations sociales.

Il y a là un paradoxe : faire en sorte que les marchés libres fonctionnent mieux et autoriser les travailleurs à être plus flexibles et mobiles dans une économie mondialisée où la « destruction créatrice » va devenir la norme exige davantage d'intervention publique. Le gouvernement peut utiliser la politique monétaire et une régulation accrue afin de prévenir l'apparition d'un cycle expansion-récession à caractère spéculatif. Il peut fournir aux travailleurs un filet de sécurité sociale qui leur permettra d'être plus productifs et plus flexibles. Il peut créer des systèmes fiscaux qui réduiront les inégalités de patrimoine et de revenu. Les pouvoirs publics devront enfin mieux veiller à la coordination des politiques économiques de façon à éviter l'apparition de déséquilibres susceptibles de provoquer des crises. Les crises ne disparaîtront pas, mais les gouvernements peuvent limiter leur incidence et leur gravité.

Alors que s'éloignait la pire crise financière depuis la Grande Dépression, les responsables publics et les experts ont été nombreux à faire remarquer qu'« il est terrible de gâcher une crise ». C'est vrai. Nous planterons les germes d'une crise plus destructrice encore si nous négligeons cette occasion de mettre en œuvre les réformes nécessaires.

Remerciements

Nous voudrions tous deux remercier Eamon Dolan, notre éditeur chez Penguin Press. La sûreté de son instinct a aidé les deux professeurs que nous sommes à écrire pour un public plus large que les cercles universitaires. Aussi imperturbable que vif, il a grandement contribué à faire progresser l'écriture de ce livre. Nos remerciements vont aussi aux autres membres de l'équipe de Penguin : Janet Biehl, Bruce Giffords, Nicole Hughes et Ann Godoff. Nous voulons également exprimer notre reconnaissance à ceux qui ont lu le manuscrit et ont permis de le rendre plus clair, en particulier à Jane Cavolina, Dan Kaufman et Richard Sylla. Tous nos remerciements à Wes Neff de Leigh Bureau qui, le premier, nous a proposé ce projet et nous a conduits à Eamon, Ann et Penguin Press.

Remerciements personnels

Je voudrais remercier mes collaborateurs chez Roubini Global Economics – Christian Menegatti, Arnab Das, Elisa Parisi-Capone, Rachel Ziemba, Bertrand Delgado, Sandra Navidi et bien d'autres – avec lesquels je travaille quotidiennement depuis plusieurs années. Parul Walia m'a aidé à établir une chronologie des crises. Mes conversations avec Brad Setser, qui a été mon collègue en diverses circonstances et avec lequel j'ai coécrit mon dernier livre consacré aux crises financières dans les pays émergents, m'ont permis de tester nombre de mes idées.

Mes collègues à la Stern School of Business de New York University – parmi lesquels Richard Sylla, David Backus, Tom Cooley, Paul Wachtel, Matt Richardson et Viral Acharya – m'ont nourri de leur rigueur intellectuelle et m'ont offert maintes occasions de discussion et de débat. De nombreux universitaires ont influencé ma réflexion en matière d'économie internationale et de crises financières ; parmi eux, je citerai Jeff Sachs, Paul Krugman, Ken Rogoff, Carmen Reinhart, Nassim Taleb, Raghu Rajan, Jeffrey Frankel, Richard Portes, Joe Stiglitz, Niall Ferguson, Robert Shiller, Hyun Shin, Barry Eichengreen, Willem Buiter, Simon Johnson, Bob Mundell, Joseph Mason, les membres du programme de finance internationale et de macroéconomie au National Bureau of Economic Research, ainsi que les membres du groupe de macroéconomie internationale au Centre for Economic and Policy Research. Giancarlo Corsetti, Paolo Pesenti, Bernardo Guimarães, Paolo Manasse, Vittorio Grilli et Fabrizio Perri ont participé à mes recherches universitaires relatives à l'économie internationale et aux crises financières ; ils m'ont beaucoup appris.

J'ai dialogué avec des praticiens des marchés, des analystes et d'autres penseurs : Martin Wolf, Steve Roach, David Rosenberg, Mark Zandi, Jim O'Neill, Luis Oganes, Joyce Chang, Lewis Alexander, Don Hanna, Stephen King, Manu Kumar, Jens Nystedt, Robert Kahn, Chris Whalen, Joshua Rosner, Barry Ritholtz, Yves Smith, Wolfgang Munchau, Gillian Tett, Ian Bremmer, Michael Pettis, Steve Drobny, Satyajit Das, Katerina Alexandraki, Daniel Alpert, Charles Morris, Richard Bookstaber, Edward Chancellor et Walter Molano. J'ai également eu des échanges avec d'anciens décideurs publics et des chercheurs travaillant pour des *think-tanks* spécialisés en politiques publiques : Alex Pollock, Desmond Lachman, Ted Truman, Fred Bergsten, Morris Goldstein, Adam Posen et Benn Steil. Marc Uzan a déployé une énergie extraordinaire pour organiser des conférences autour du comité « Réinventer Bretton Woods ».

De nombreux décideurs publics, qu'ils soient ou non en activité, ont contribué à former mes vues au fil des ans. Certains ont été mes collègues lorsque je travaillais au Council of Economic Advisers et au Trésor américain entre 1998 et 2000. Sans les tenir en rien responsables des vues exprimées dans ce livre, je voudrais remercier Larry Summers, Tim Geithner, Stan Fisher, David Lipton, Mary Goodman, Anna Gelpern, Dan Tarullo, Janet Yellen, John Lipsky, Bill White, Olivier Blanchard, Federico Sturzenegger, Andrés Velasco, Felipe Larraín et Hans-Helmut Kotz. Mes collègues du Fonds monétaire international, où j'ai séjourné à plusieurs reprises en tant que chercheur invité, m'ont également beaucoup appris.

George Soros, qui m'a aimablement accueilli dans sa résidence d'été tandis que j'écrivais ce livre, a toujours été pour moi le modèle de l'homme de la Renaissance. J'ai également tiré profit de conversations avec d'autres investisseurs intéressés par la macroéconomie et les questions de politique économique ; parmi eux, John Paulson, Louis Bacon, Bill Janeway, Ron Perelman, Steve Eisman, Daniel Loeb, Avi Tiomkin, Harry Lefrak, Stylianos Zavvos, Charles Krusen et Jim Coleman. Mon ami Shai Baitel a, lui aussi, soutenu mes entreprises intellectuelles. Je remercie Klaus Schwab et de nombreuses personnes au World Economic Forum, où j'ai eu le plaisir de présenter mes thèses et de les soumettre au débat.

De nombreux blogueurs – des économistes de premier rang et des vétérans de Wall Street – m'ont fait vivre la crise financière en temps réel. Je voudrais citer Yves Smith de « Naked Capitalism » ; « Calculated Risk », animé par Bill McBride et la regrettée Doris Dungey ; les blogueurs anonymes de « Zero Hedge » ; Brad DeLong de « Grasping Reality with Both Hands » ; Barry Ritholtz de « The Big Picture » ; Mark Thoma de « Economist's View » ; Jim Hamilton de « Econbrowser » ; Paul Krugman de « The Conscience of a Liberal » ; Mike Shedlock de « Mish's Global Economic

Trend Analysis » ; Tyler Cowen et Alex Tabarrok de « Marginal Revolution » ; « Real Time Economics » du *Wall Street Journal* ; Dave Altig et les économistes de la Banque de Réserve fédérale d'Atlanta qui participent à « macroblog » ; Dean Baker à « Beat the Press » ; Greg Mankiw sur son blog ; et beaucoup, beaucoup d'autres qui ont contribué de façon déterminante à l'analyse de la crise financière.

Je voudrais enfin remercier mon agent, Wesley Neff, qui m'a suggéré d'écrire ce livre et m'a aidé à mener ce projet à bien.

Nouriel Roubini

J'ai rencontré Nouriel Roubini alors que je préparais son portrait pour le *New York Times Magazine*. Bien des idées développées dans ce livre ont émergé à l'occasion de ce reportage. Je voudrais remercier mon rédacteur en chef, Jamie Myerson, ainsi qu'Alex Star, Gerald Marzorati, Adam Moss et Jack Rosenthal, qui ont soutenu mon travail au *Times*. Merci également à Steve Heuser du *Boston Globe* pour m'avoir permis d'exposer certaines des idées qui ont nourri ce livre. Je voudrais aussi exprimer ma gratitude à Henry Grunwald et Sarah Lewis, qui m'ont très tôt encouragé à écrire pour un plus large public.

Je voudrais remercier tout particulièrement mes collègues de l'université de Georgie, en commençant par les membres de l'atelier d'histoire culturelle du capitalisme ; l'aide d'Allan Kulikoff a été très précieuse. Je dois aussi beaucoup à Paul Sutter, Robert Pratt et Garnett Stokes, qui m'ont libéré de mes enseignements afin que je puisse travailler à ce livre. D'autres collègues de l'université de Georgie m'ont soutenu moralement, m'ont apporté des critiques constructives, ou m'ont simplement changé les idées quand j'en avais besoin : Stephen Berry, Kathleen Clark, Jim Cobb, Rachel Gabara, Shane Hamilton, John Inscoe, Michael Kwass, Chana Kai Lee, Laura Mason, Bethany Moreton, Bob Pratt, Reinaldo

Román, Susan Rosenbaum, Julie Rothschild, Claudio Saunt, George Selgin, Steve Soper, Paul Sutter, Pamela Voekel et Chloe Wigston Smith. Merci également aux amis qui m'ont hébergé à New York pendant que je travaillais à ce livre, tout particulièrement à Michael Lacombe, David Sampliner et Rachel Schuman.

Plusieurs économistes, responsables publics et praticiens des marchés financiers ont bien voulu répondre à mes questions incessantes. David Dean, David Forquer, Michael Laskawy, Benjamin Schneider, Patricia Schneider et Robert Wright m'ont permis d'appréhender divers points délicats de technique financière. Je dois beaucoup à Richard Sylla de New York University. Je connais Dick depuis le lycée ; il a été une source inépuisable d'informations sur des sujets situés aux frontières de l'économie et de l'histoire.

Toute ma reconnaissance va à mon agent, Tina Bennett, qui m'a guidé du début de ce projet jusqu'à son terme. Tina et l'équipe de Janklow & Nesbit – dont Svetlana Katz – m'ont représenté tout au long de ce processus. Mes remerciements vont aussi à Joyce Seltzer de Harvard University Press, qui m'a aimablement autorisé à repousser un autre projet pour que je puisse achever ce livre.

J'ai beaucoup de gratitude pour ceux qui m'ont apporté leur aide au plan domestique. Richard et John Mihm ont pris soin de mes enfants ; Kathy Mihm les a pris en charge lors d'un week-end particulièrement stressant ; ma nièce Alisa Dunning et mes beaux-parents, Kathleen et Jamie Reason, m'ont également aidé sur ce plan. Sheridan Smith s'est occupée des enfants pendant que je travaillais, ce qui n'est pas une tâche aisée. Jing Cui et Mary Elizabeth Nuttal m'ont prêté main-forte à des moments critiques. Martha Clinkscales et sa famille ont fait de même.

Je tiens enfin à remercier ma famille. Mon épouse, Akela Reason, m'a apporté un soutien sans faille tout au long de l'écriture de ce livre : sa patience, ses conseils et son amour m'ont permis de traverser l'année écoulée. Je remercie particulièrement mes trois fils : Silas, Asher et Linus. Ils m'ont diverti, mais ils m'ont également rappelé que même si l'effondrement du système financier mondial réclamait mon attention, il ne saurait rivaliser avec des crises plus banales mais plus faciles à traiter : celles que provoquent les couches sales, les biberons vides et les mauvais rêves.

Stephen Mihm

Notes

Introduction

P. 11 : « La réponse de Cheney » : Dick Cheney, entretien avec Deb Riechmann, Associated Press, 8 janvier 2009.

P. 11 : « La plus célèbre prédiction de la crise à venir » : transcription de la conférence de Nouriel Roubini, Fonds monétaire international, Washington, D.C., 7 septembre 2006.

P. 12 : « Son pessimisme ne fit que grandir » : Nouriel Roubini, « The Rising Risk of a Systemic Financial Meltdown : The Twelve Steps to Financial Disaster », 5 février 2008. Disponible à l'adresse suivante : http://media.rgemonitor.com/papers/0/12_steps_NR ; Stephen Mihm, « Dr. Doom », *New York Times Magazine*, 15 août 2008.

P. 13 : « Robert Shiller » : Robert Shiller, *Irrational Exuberance* (Princeton, New Jersey : Princeton University Press, 2000) ; Karl E. Case et Robert J. Shiller, « Is There a Bubble in the Housing Market ? », *Brookings Papers on Economic Activity* 2 (2003), p. 299-362.

P. 13 : « Raghuram Rajan » : Raghuram G. Rajan, « Has Financial Development Made the World Riskier ? », discours prononcé lors du colloque « The Greenspan Era : Lessons for the Future » organisé par la Réserve fédérale de Kansas City, Jackson Hole, Wyoming, 27 août 2005.

P. 13 : « L'une des plus grandes bulles de crédit » : Justin Lahart, « NASDAQ : Five Years after the Peak, » *Wall Street Journal*, 7 mars 2005.

P. 14 : « William White » : Beat Balzli et Michaela Schiessl, « The Man Nobody Wanted to Hear », *Der Spiegel*, 8 juillet 2009.

P. 14 : « Maurice Obstfeld et Kenneth Rogoff » : Maurice Obstfeld et Kenneth Rogoff, « The Unsustainable US Current Account Position Revisited », National Bureau of Economic Research Working Paper No. 10869, novembre 2004.

P. 14 : « Stephen Roach » : Brett Arends, « Economic "Armageddon" Predicted », *Boston Herald*, 23 novembre 2004.

P. 16 : « Les esprits animaux » : John Maynard Keynes, *The General Theory of Employment, Interest, and Money* (New York : Harcourt, Brace, and World, 1936), p. 161.

P. 16 : « Les idées, justes ou fausses, des philosophes de l'économie et de la politique » : Keynes, *General Theory*, p. 383.

P. 24 : « Le capitalisme international » : John Maynard Keynes, « National Self-Sufficiency », *The Yale Review* 22 (1933), p. 760-761.

1. Le cygne blanc

P. 28 : « À la veille de la Grande Dépression » : le meilleur récit du krach est celui de John Kenneth Galbraith, *The Great Crash, 1929* (Boston : Houghton Mifflin, 1954).

P. 30 : « Dans les circonstances actuelles » : Ben S. Bernanke, « Economic Outlook », déposition devant le Joint Economic Committee, Congrès des États-Unis, 28 mars 2007. Disponible à l'adresse suivante : http://www.federalreserve.gov/newsevents/testimony/bernanke20070328a.htm.

P. 30 : « Je ne pense pas que l'ensemble de l'économie soit menacé » : Kevin Carmichael et Peter Cook, « Paulson Says Subprime Rout Doesn't Affect Economy », Bloomberg.com, 26 juillet 2007. Disponible à l'adresse suivante : http://www.bloomberg.com/apps/news?pid=20601087&sid=aBvlvvm.ISfo&refer=home.

P. 30 : « J'espère qu'à l'avenir » : Henry M. Paulson, Jr., observations présentées lors du *Washington Post* 200 Lunch, Washington, D.C., 16 mai 2008. Disponible à l'adresse suivante : http://www.ustreas.gov/press/releases/hp981.htm.

P. 30 : « Il y a des zones de turbulence dans l'économie » : Donald Luskin, « Quit Doling Out That Bad-Economy Line », *Washington Post*, 14 septembre 2008.

P. 31 : « Cygne noir » : Nassim Nicholas Taleb, *The Black Swan : The Impact of the Highly Improbable* (New York : Random House, 2007).

P. 33 : « Les ménages utilisèrent leur logement comme collatéral » : Karl E. Case, John M. Quigley, et Robert J. Shiller, « Comparing Wealth Effets : The Stock Market versus the Housing Market », *Advances in Macroeconomics* 5 (2005), p. 1-34.

P. 33 : « Extraction de liquidité du capital immobilier par un prêt hypothécaire » : voir Gene Sperling, « Housing Bust Meets the Equity Blues », Bloomberg.com, 19 avril 2007. Disponible à l'adresse suivante : http://www.bloomberg.com/apps/news?pid=20601039&sid=a.mcWxg9aJ_E ; Alan

Greenspan et James Kennedy, « Sources and Uses of Equity Extracted from Homes », Working Paper No. 2007-20, Finance and Economics Discussion Series, Federal Reserve Board. Disponible à l'adresse suivante : http://www.federalreserve.gov/pubs/feds/2007/200720/200720pap.pdf.

P. 34 : « Cette fois-ci, c'est différent » : Carmen M. Reinhart et Kenneth S. Rogoff, *This Time Is Different : Eight Centuries of Financial Folly* (Princeton, New Jersey : Princeton University Press, 2009).

P. 36 : « Avant l'essor du capitalisme » : Reinhart et Rogoff, *This Time Is Different*, p. 86-89, 101-111 et 174-181.

P. 36 : « Les Chinois adoptèrent cette pratique » : Peter Bernholz, *Monetary Regimes and Inflation : History, Economic and Political Relationships* (Cheltenham, Royaume-Uni : Edward Elgar, 2003), p. 53.

P. 37 : « Une "manie des tulipes" » : voir par exemple Peter M. Garber, « Tulipmania », *Journal of Political Economy* 97 (1989), p. 535-560 ; Anne Goldgar, *Tulipmania : Money, Honor, and Knowledge in the Dutch Golden Age* (Chicago : University of Chicago Press, 2007).

P. 37 : « La Compagnie du Mississippi » : John Law, *A Full and Impartial Account of the Company of Mississippi* (Londres, 1720) ; Antoin E. Murphy, *John Law : Economic Theorist and Policy-Maker* (Oxford : Clarendon Press, 2007).

P. 37 : « South Sea Company » : Rik G. P. Frehen, William N. Goetzmann, et K. Geert Rouwenhorst, « New Evidence on the First Financial Bubble », National Bureau of Economic Research Working Paper No. 15332, septembre 2009.

P. 38 : « La panique de 1825 » : Larry Neal, « The Financial Crisis of 1825 and the Restructuring of the British Financial System », *Federal Reserve Bank of St. Louis Review*, mai-juin 1998, p. 53-76 ; Michael Bordo, « Commentary », *Federal Reserve Bank of St. Louis Review*, mai-juin 1998, p. 77-82.

P. 38 : « Une période de violence frénétique » : Walter Bagehot, *Lombard Street : A Description of the Money Market* (New York : E. P. Dutton, 1920), p. 190.

P. 38 : « La panique de 1857 » : G. W. Van Vleck, *The Panic of 1857 : An Analytical Study* (New York : Columbia University Press, 1943) ; Charles W. Calomiris et Larry Schweikart, « The Panic of 1857 : Origins, Transmission, and Containment », *Journal of Economic History* 51 (1991), p. 807-834.

P. 39 : « Tous les pays du monde » : Charles P. Kindleberger, *Manias, Panics, and Crashes : A History of Financial Crises* (New York : Basic Books, 1978), p. 129-130.

P. 39 : « La crise de 1873 » : *ibid.*, p. 132-133 ; Michael Bordo, « Discussion : The Panic of 1873 and Financial Market Volatility and Panics Before

1914 », Eugene White (dir.), *Crashes and Panics : The Lessons from History* (Homewood, Illinois : Business One Irwin, 1990), p. 126-132.

P. 40 : « La crise de 1907 » : Robert F. Bruner et Sean D. Carr, *The Panic of 1907 : Lessons Learned from the Market's Perfect Storm* (Hoboken, New Jersey : John Wiley and Sons, 2009).

P. 41 : « La forte contraction de l'offre de monnaie » : Milton Friedman et Anna J. Schwartz, *A Monetary History of the United States, 1867-1960* (Princeton, New Jersey : Princeton University Press, 1963), p. 299-419.

P. 41 : « Laissez faire les liquidateurs » : Hoover cité par Kindleberger, *Manias, Panics, Crashes*, p. 139-140.

P. 41 : « La pire dépression de leur histoire » : David M. Kennedy, *Freedom from Fear : The American People in Depression and War, 1929-1945* (New York : Oxford University Press, 1999).

P. 42 : « De nombreux pays européens » : Charles P. Kindleberger, *The World in Depression, 1929-1939* (Berkeley, California : University of California Press, 1986) ; Reinhart et Rogoff, *This Time Is Different*, p. 71-73 et 111.

P. 42 : « Bretton Woods » : Michael D. Bordo et Barry J. Eichengreen (dir.), *A Retrospective on the Bretton Woods System : Lessons for International Monetary Reform* (Chicago : University of Chicago Press, 1993), p. 3-108.

P. 43 : « Toutes les bonnes choses ont une fin » : Peter M. Garber, « The Collapse of the Bretton Woods Fixed Exchange Rate System », *ibid.*, p. 461-494.

P. 44 : « Chaque médaille a son revers » : Timothy Curry, « The LDC Debt Crisis », in FDIC Division of Research and Statistics, *History of the Eighties : Lessons for the Future* (Washington : FDIC, 1997), p. 191-210.

P. 45 : « La Grande Modération était née » : James H. Stock et Mark W. Watson, « Has the Business Cycle Changed and Why ? », *NBER Macroeconomics Annual 2002* 17 (2003), p. 159-218.

P. 45 : « Les causes profondes de la Grande Modération » : la littérature relative à la Grande Modération est vaste. Voir par exemple Shaghil Ahmed, Andrew Levin, et Beth Anne Wilson, « Recent U.S. Macroeconomic Stability : Good Policies, Good Practices, or Good Luck ? », *Review of Economics and Statistics* 86 (août 2004), p. 824-832 ; James Kahn, Margaret McConnell, et Gabriel Perez-Quiros, « On the Causes of the Increased Stability of the U.S. Economy », Federal Reserve Bank of New York, Economic Policy Review 8 (2002), p. 183-202 ; Jordi Gali et Luca Gambetti, « On the Sources of the Great Moderation », *American Economic Journal : Macroeconomics* 1 (2009), p. 26-57.

P. 45 : « Optimiste pour le futur » : Ben S. Bernanke, observations présentées devant l'Eastern Economic Association, Washington, D.C., 20 février

2004. Disponible à l'adresse suivante : http://www.federalreserve.gov/BOARDDOCS/SPEECHES/2004/20040220/default.htm.

P. 46 : « Dans les années 1980 » : Paul Krugman, *The Return of Depression Economics* (New York : W. W. Norton, 1999), p. 60-82 ; Takatoshi Ito, « Retrospective on the Bubble Period and Its Relationship to Developments in the 1990s », *World Economy* 26 (2003), p. 283-300 ; Mitsuhiro Fukao, « Japan's Lost Decade and Its Financial System », *World Economy* 26 (2003), p. 365-384.

P. 47 : « Une crise financière submergea la Norvège » : Harald A. Benink et David T. Llewellyn, « Fragile Banking in Norway, Sweden and Finland : An Empirical Analysis », *Journal of International Financial Markets, Institutions and Money* 4 (1994), p. 5-19.

P. 47 : « Les caisses d'épargne » : Timothy Curry et Lynn Shibut, « The Cost of the Savings and Loan Crisis : Truth and Consequences », *FDIC Banking Review* 13 (2000), p. 26-35.

P. 47 : « Les pays d'Amérique latine et d'Asie » : Nouriel Roubini et Brad Setser, *Bailouts or Bail-Ins ? Responding to Financial Crises in Emerging Economies* (Washington, D.C. : Institute for International Economics, 2004).

P. 49 : « Long-Term Capital Management » : Roger Lowenstein, *When Genius Failed : The Rise and Fall of Long-Term Capital Management* (New York : Random House, 2000).

P. 49 : « Les crises continuèrent d'apparaître sur les marchés émergents » : Roubini et Setser, *Bailouts or Bail-Ins*, p. 61-70.

P. 51 : « Il n'y a pas de bulle sur le marché immobilier national » : Daniela Deane, « In Real Estate Fever, More Signs of Sickness », *Washington Post*, 17 avril 2005.

P. 52 : « Le charme de l'histoire » : Aldous Huxley, *The Devils of Loudun* (London : Chatto and Windus, 1952), p. 259.

P. 52 : « La cupidité » : voir par exemple Ruth Gledhill, « Rowan Williams Says "Human Greed" to Blame for Financial Crisis », *The Times* (Londres), 15 octobre 2008.

P. 53 : « Nous devrions nous montrer prudents » : Alan Greenspan, « Consumer Credit and Financial Modernization », observations livrées lors de l'Economic Development Conference of the Greenlining Institute, San Francisco, Californie, 11 octobre 1997. Disponible à l'adresse suivante : http://www.federalreserve.gov/boarddocs/speeches/1997/19971011.htm.

P. 54 : « Les prêteurs sont à présents capables » : Alan Greenspan, observations présentées lors de la Federal Reserve System's Fourth Annual Community Affairs Research Conference, Washington, D.C., 8 avril 2005. Disponible à l'adresse suivante : http://www.federalreserve.gov/BoardDocs/speeches/2005/20050408/default.htm.

P. 54 : « En réduisant le taux » : Jean-Claude Trichet, « Activism and Alertness in Monetary Policy », conférence prononcée lors du colloque consacré aux « Banques centrales au XXIe siècle », Madrid, 8 juin 2006. Disponible à l'adresse suivante : http://www.ecb.int/press/key/date/2006/html/sp060608_1.en.html.

2. Économistes de crise

P. 62 : « Les hommes d'action » : John Maynard Keynes, *General Theory*, p. 383.

P. 63 : « La "main invisible" » : Adam Smith, *An Inquiry into the Nature and Causes of the Wealth of Nations*, vol. 3 (London : Charles Knight, 1835), p. 112 ; Robert L. Heilbroner et Lester C. Thurow, *Economics Explained* (New York : Touchstone, 1987), p. 25-31.

P. 63 : « Un grand nombre d'économistes » : Denis P. O'Brien, « Classical Economics », in Warren J. Samuels, Jeff E. Biddle, et John B. Davis (dir.), *A Companion to the History of Economic Thought* (Oxford : Blackwell Publishing, 2003), p. 112-129 ; Alessandro Roncaglia, *The Wealth of Ideas : A History of Economic Thought* (Cambridge, Royaume-Uni : Cambridge University Press, 2005), p. 179-243, 278-296 et 322-383.

P. 63 : « Louis Bachelier » : Louis Bachelier, *« Théorie de la spéculation », in Annales Scientifiques de l'École Normale Supérieure* 3 (1900), p. 21-86 ; Justin Fox, *The Myth of the Rational Market : A History of Risk, Reward, and Delusion on Wall Street* (New York : Harper Business, 2009), p. 6-8.

P. 64 : « Joseph Lawrence » : John Kenneth Galbraith, *The Great Crash, 1929* (Boston : Houghton Mifflin, 1954), p. 75.

P. 64 : « Les départements universitaires d'économie et de finance » : Fox, *Myth of the Rational Market*, p. 89-107.

P. 64 : « La théorie de la "marche au hazard" » : Burton G. Malkiel, *A Random Walk Down Wall Street* (New York : W. W. Norton, 1973).

P. 65 : « Une plaisanterie bien connue des économistes » : Andrew W. Lo et A. Craig MacKinlay, *A Non-Random Walk Down Wall Street* (Princeton, New Jersey : Princeton University Press, 1999), p. 6.

P. 65 : « L'économiste de Yale Robert Shiller » : Robert J. Shiller, « Consumption, Asset Markets and Macroeconomic Fluctuations », *Carnegie-Rochester Conference Series on Public Policy* 17 (1982), p. 203-238.

P. 66 : « Bien que les marchés ne soient pas totalement fous » : Robert J. Shiller, « From Efficient Markets Theory to Behavioral Finance », *Journal of Economic Perspectives* 17 (2003), p. 90.

P. 66 : « Des modèles reliant le fonctionnement des marchés » : *ibid.*

P. 66 : « La recherche récente en économie comportementale » : *ibid.* ; Fox, *Myth of the Rational Market*, p. 175-210 et 247-264.

P. 66 : « Des paramètres fondamentaux » : Shiller, « From Efficient Markets Theory to Behavioral Finance », p. 94.

P. 67 : « Le "biais d'autocomplaisance" » : Kent Daniel, David Hirshleifer, et Avanidhar Subramanyam, « Investor Psychology and Security Market Under-and Overreactions », *Journal of Finance* 53 (1998), p. 1839-1885.

P. 68 : « Un "accident" » : John Stuart Mill, *Principles of Political Economy* (London : Longmans Green, 1909), p. 527-529.

P. 69 : « William Stanley Jevons » : Sandra J. Peart, « Sunspots and Expectations : W. S. Jevons's Theory of Economic Fluctuations », *Journal of the History of Economic Thought* 13 (1991), p. 243-265.

P. 70 : « Karl Marx » : Robert L. Heilbroner, *The Worldly Philosophers : The Lives, Times, and Ideas of the Great Economic Thinkers* (New York : Touchstone, 1999), p. 136-169 ; Roncaglia, *Wealth of Ideas*, p. 244-277.

P. 71 : « Un tableau très vivant » : Karl Marx et Friedrich Engels, *The Communist Manifesto* (New York : Penguin, 2002), p. 225-226.

P. 72 : « John Maynard Keynes » : Heilbroner, *The Worldly Philosophers*, p. 248-287 ; Roncaglia, *Wealth of Ideas*, p. 384-388.

P. 72 : « Pas un économiste ordinaire » : Heilbroner et Thurow, *Economics Explained*, p. 38-39.

P. 72 : « Je crois que je suis en train d'écrire » : Hyman P. Minsky, *John Maynard Keynes* (New York : Columbia University Press, 1975), p. 3.

P. 73 : « Le "paradoxe de l'épargne" » : John Maynard Keynes, *General Theory*, p. 84.

P. 74 : « Les "esprits animaux" » : *ibid.*, p. 162.

P. 74 : « À présent, nous sommes tous keynésiens » : « The Economy : We Are All Keynesians Now, » *Time*, 31 décembre 1965.

P. 74 : « Une vision de la Grande Dépression » : Milton Friedman et Anna J. Schwartz, *A Monetary History of the United States, 1867-1960* (Princeton, New Jersey : Princeton University Press, 1963), p. 299-419.

P. 75 : « Peter Temin » : Peter Temin, *Did Monetary Forces Cause the Great Depression ?* (New York : W. W. Norton, 1976).

P. 76 : « Keynésianisme bâtard » : Joan Robinson, *What Are the Questions ? And Other Essays : Futher Contributions to Modern Economics* (Armonk, New York : M. E. Sharpe, 1980), p. 34.

P. 76 : « L'instabilité est un défaut inhérent au capitalisme » : Hyman Minsky, *Stabilizing an Unstable Economy* (New York : McGraw-Hill, 2008), p. 134.

P. 77 : « Minsky s'est à plusieurs reprises » : Minsky, *John Maynard Keynes*, p. 11-12.

P. 77 : « L'interposition de ce voile monétaire » : John Maynard Keynes, *Essays in Persuasion* (New York : W. W. Norton, 1963), p. 169.

P. 78 : « L'hypothèse d'instabilité financière » : Hyman Minsky, « The Financial Instability Hypothesis : An Interpretation of Keynes and an Alternative to "Standard Theory" », et « The Financial Instability Hypothesis : A Restatement », in Minsky, *Can « It » Happen Again ? Essays on Instability and Finance* (Armonk, New York : M. E. Sharpe, 1982), p. 59-70 et 90-116.

P. 79 : « Irving Fisher » : Irving Fisher, « The Debt-Deflation Theory of Great Depressions », *Econometrica* 1 (1933), p. 346.

P. 81 : « L'école autrichienne » : Steven Horwitz, « The Austrian Marginalists : Menger, Böhm-Bawerk, and Wieser », et Peter J. Boettke et Peter T. Leeson, « The Austrian School of Economics : 1950-2000 », in Samuel, Biddle, et Davis (dir.), *A Companion to the History of Economic Thought*, p. 262-277 et 445-453.

P. 82 : « Selon la vision du monde de Schumpeter » : Joseph Alois Schumpeter, *Capitalism, Socialism, and Democracy* (London : Routledge, 2006), p. 81-86.

P. 82 : « Selon certains économistes de l'école autrichienne » : voir par exemple Murray Rothbard, *America's Great Depression* (New York : New York University Press, 1973).

P. 84 : « Un "put Greenspan" » : Peronet Despeignes, « Greenspan Put May be Encouraging Complacency », *Financial Times*, 8 décembre 2000 ; Marcus Miller, Paul Weller, and Lei Zhang, « Moral Hazard and the US Stock Market : Analysing the "Greenspan Put" », *Economic Journal* 112 (2002), p. C171-186.

P. 85 : « La Décennie Perdue » : voir par exemple Benjamin Powell, « Explaining Japan's Recession », *Quarterly Journal of Austrian Economics* 5 (2002), p. 35-50.

P. 85 : « Les économistes qui ont juré fidélité à Keynes » : *Return of Depression Economics*, p. 74-77 ; Charles Yuji Horioka, « The Causes of Japan's "Lost Decade" : The Role of Household Consumption », *Japan and the World Economy* 18 (2006), p. 378-400.

P. 88 : « Les économistes s'adonnent à une tâche trop facile » : John Maynard Keynes, *A Tract on Monetary Reform* (London : Macmillan, 1923), p. 80.

P. 88 : « Paul Samuelson » : Conor Clarke, « An Interview with Paul Samuelson, Part Two », *Atlantic*, 18 juin 2009. Disponible à l'adresse suivante : http://correspondents.theatlantic.com/conor_clarke/2009/06/an_interview_with_paul_samuelson_part_two.php.

P. 89 : « Le journaliste écossais Charles Mackay » : Charles Mackay, *Memoirs of Extraordinary Popular Delusions and the Madness of Crowds* (London : National Illustrated Library, 1852). Cette édition augmentée remplaça le texte original publié en 1841.

3. La tectonique des plaques

P. 92 : « Dans les années 1840 » : C. N. Ward-Perksins, « The Commercial Crisis of 1847 », *Oxford Economic Papers* 2 (1950), p. 75-94 ; H. M. Boot, *The Commercial Crisis of 1847*, Occasional Papers in Economic and Social History, No. 11 (Hull, Royaume-Uni : Hull University Press, 1984).

P. 93 : « On peut dire la même chose » : le plaidoyer le plus efficace en faveur des bulles spéculatives est l'ouvrage de Daniel Gross, *Pop ! Why Bubbles Are Great for the Economy* (New York : Harper Business, 2007).

P. 94 : « L'innovation financière modifia cette relation » : le récit qui suit est largement inspiré de Gillian Tett, *Fool's Gold : How the Bold Dream of A Small Tribe at J. P. Morgan Was Corrupted by Wall Street Greed and Unleashed a Catastrophe* (New York : Free Press, 2009), p. 51-56 ; Mark Zandi, *Financial Shock : A 360º Look at the Subprime Mortgage Implosion, and How to Avoid the Next Financial Crisis* (Upper Saddle River, New Jersey : Financial Times Press, 2008), p. 111-119.

P. 94 : « La Government National Mortgage Association » : Cameron L. Cowan, American Securitization Forum, déclaration devant le Subcommittee on Housing and Community Opportunity et le Subcommittee on Financial Institutions and Consumer Credit, Committee on Financial Services, Chambre des représentants des États-Unis, 5 novembre 2003.

P. 96 : « Comme on le ferait d'une patate chaude » : sur l'érosion de la *due diligence*, voir Amiyatosh K. Purnanandam, « Originate-to-Distribute Model and the Sub-Prime Mortgage Crisis », article présenté lors de la rencontre annuelle de l'American Finance Association, 18 septembre 2009, Atlanta, Géorgie.

P. 96 : « Dans les années 1990 et 2000 » : voir par exemple Vinod Kothari, *Securitization : The Financial Instrument of the Future* (Hoboken, New Jersey : John Wiley and Sons, 2006).

P. 98 : « Nouveaux, exotiques et complexes » : Douglas J. Lucas, Laurie S. Goodman, et Frank J. Fabozzi, « Collateralized Debt Obligations and Credit Risk Transfer », *Journal of Financial Transformation* 20 (2007), p. 47-59.

P. 98 : « Une solution élégante : les CDO » : Zandi, *Financial Shock*, p. 117-119. Voir aussi Janet Tavakoli, *Collateralized Debt Obligations and Structured Finance : New Developments in Cash and Synthetic Securitization* (Hoboken, New Jersey : John Wiley and Sons, 2003).

P. 101 : « L'aléa moral a joué un rôle significatif » : voir par exemple Kevin Dowd, « Moral Hazard and the Financial Crisis », *Cato Journal* 29 (2009), p. 141-166.

P. 101 : « Mode de rémunération » : une large part du débat présenté ici est inspirée de Gian Luca Clementi, Thomas F. Cooley, Matthew Richardson, et Ingo Walter, « Rethinking Compensation in Financial Firms », et Viral V. Acharya *et al.*, « Corporate Governance in the Modern Financial Sector », in Viral V. Acharya et Matthew Richardson (dir.), *Restoring Financial Stability : How to Repair a Failed System* (Hoboken, New Jersey : John Wiley and Sons, 2009).

P. 101 : « L'attribution de bonus annuels » : Raghuram Rajan, « Bankers'Pay Is Deeply Flawed », *Financial Times*, 8 janvier 2008 ; Gian Luca Clementi et Thomas Cooley, « Executive Compensation : Facts », New York University, Stern School of Business, Working Paper, 10 novembre 2009. Disponible à l'adresse suivante : http://pages.stern.nyu.edu/˜gclement/Papers/facts.pdf.

P. 101 : « Des sommes toujours plus vertigineuses » : Christine Harper, « Bonuses at Wall Street Big-Five Surge to $36 Billion », Bloomberg.com, 6 novembre 2006. Disponible à l'adresse suivante : http://www.bloomberg.com/apps/news?pid=20601087&refer=home&sid=atEk12XYMerk.

P. 106 : « Comme le suggère la carrière d'Alan Greenspan » : Alan Greenspan, *The Age of Turbulence : Adventures in a New World* (New York : Penguin Press, 2007).

P. 106 : « En temps de crise » : Greenspan cité par John M. Berry, « Black Monday for Greenspan : A Race to Forestall a Liquidity Crisis », *Washington Post*, 19 octobre 1997.

P. 107 : « Enlever le punch » : Kenneth T. Jackson, Karen Markoe, et Arnie Markoe (dir.), *The Scribner Encyclopedia of American Lives*, vol. 5 (New York : Charles Scribner's Sons, 2002).

P. 107 : « L'"exubérance irrationnelle" » : Alan Greenspan, « The Challenge of Central Banking in a Democratic Society », Francis Boyer Lecture of the American Enterprise Institute, 5 décembre 1996. Disponible à l'adresse suivante : http://www.federalreserve.gov/boardDocs/speeches/1996/19961205. htm.

P. 107 : « Un "put Greenspan" » : Miller, Weller, et Zhang, « Moral Hazard and the US Stock Market ».

P. 108 : « Pour nous, intervenir et contrôler » : Greenspan cité par Greg Ip, « Did Greenspan Add to Subprime Woes ? », *Wall Street Journal*, 9 juin 2007 ; Edmund L. Andrews, « Fed Shrugged as Subprime Crisis Spread », *New York Times*, 18 décembre 2007.

P. 108 : « Une croissance rapide du prêt hypothécaire à risque » : Alan Greenspan, observations présentées lors de la Federal Reserve System's Fourth Annual Community Affairs Research Conference, Washington, D.C., 8 avril 2005. Disponible à l'adresse suivante : http://www.federalreserve.gov/BoardDocs/speeches/2005/20050408/default.htm.

P. 108 : « Le cas le plus remarquable » : James R. Barth, R. Dan Brumbaugh, Jr., et James A. Wilcox, « Policy Watch : The Repeal of Glass-Steagall and the Advent of Broad Banking », *Journal of Economic Perspectives* 14, No. 2 (printemps 2000), p. 191-204 ; et Jill M. Hendrickson, « The Long and Bumpy Road to Glass-Steagall Reform : A Historical and Evolutionary Analysis of Banking Legislation », *American Journal of Economics and Sociology* 60 (2001), p. 849-879.

P. 110 : « Ce sont des établissements puissants » : cité par Stephen Labaton, « Agency's '04 Rule Let Banks Pile Up New Debt », *New York Times*, 2 octobre 2008.

P. 110 : « Le *Community Reinvestment Act* de 1977 » : voir par exemple Peter J. Wallison, « Cause and Effect : Government Policies and the Financial Crisis », *Critical Review* 21 (2009), p. 365-376.

P. 111 : « L'évolution de la législation dans les années 1990 » : Carol D. Leonnig, « How HUD Mortgage Policy Fed the Crisis », *Washington Post*, 10 juin 2008.

P. 112 : « Système bancaire parallèle » : après avoir proposé cette dénomination en 2007, lors du symposium annuel de la Réserve fédérale à Jackson Hole, McCulley développa cette notion dans une newsletter de PIMCO. Voir Paul McCulley, « The Shadow Banking System and Hyman Minsky's Economic Journey », *Global Central Bank Focus*, PIMCO, mai 2009. Voir aussi James Crotty, « Structural Causes of the Global Financial Crisis : A Critical Assessment of the "New Financial Architecture" », *Cambridge Journal of Economics* 33 (2009), p. 563-580.

P. 113 : « Ce que vous pensez de cet endroit est complètemeut faux » : « It's a Wonderful Life », scénario intégral disponible à l'adresse suivante : http://www.imsdb.com/scripts/It %27s-a-Wonderful-Life.html.

P. 114 : « Federal Deposit Insurance Corporation » : Federal Deposit Insurance Corporation, *A Brief History of Deposit Insurance in the United States* (Washington, D.C. : FDIC, 1998), p. 20-44.

P. 115 : « La règle des 3-6-3 » : John R. Walter, « The 3-6-3 Rule : An Urban Myth ? », *Federal Reserve Bank of Richmond Economic Quarterly* 92 (2006), p. 51-78.

P. 115 : « Le Comité de Bâle » : Basel Committee on Banking Supervision, « History of the Basel Committee and Its Membership », Banque des règlements internationaux, août 2009. Disponible à l'adresse suivante : http://www.bis.org/bcbs/history.pdf?noframes=1.

P. 115 : « Les faiblesses du système bancaire » : Basel Committee on Banking Supervision, « Core Principles for Effective Banking Supervision », septembre 1997. Disponible à l'adresse suivante : http://www.bis.org/publ/bcbs30a. pdf.

P. 116 : « Une soupe de pâtes alphabet » : Paul McCulley, « Teton Reflections », Global Central Bank Focus, PIMCO, août-septembre 2007.

P. 117 : « Énigme du marché obligataire » : Alan Greenspan, déposition devant le Committee on Banking, Housing, and Urban Affairs, Sénat des États-Unis, 16 février 2005. Disponible à l'adresse suivante : http://www.federalreserve.gov/boarddocs/hh/2005/february/testimony.htm.

P. 118 : « Déterminés sur les marchés mondiaux » : voir par exemple Tao Wu, « Globalization's Effects on Interest Rates and the Yield Curve », *Economic Letter*, Federal Reserve Bank of Dallas, 1-8 septembre 2006. Disponible à l'adresse suivante : http://www.dallasfed.org/research/eclett/2006/el0609.pdf.

P. 119 : « Le recours à l'effet de levier » : Minsky, *Stabilizing an Unstable Economy*, p. 265 ; Martin Wolf, « Seeds of Its Own Destruction », *Financial Times*, 8 mars 2009 ; Susan Webber, « No Leverage », *Conference Board Review*, mai-juin 2009, p. 61-65.

P. 120 : « L'effet de levier prend des formes variées » : voir par exemple Charles R. Morris, *The Trillion Dollar Meltdown : Easy Money, High Rollers, and the Great Credit Crash* (New York : Public Affairs, 2008), p. 147-149 ; Katia D'Hulster, « The Leverage Ratio », World Bank Crisis Response Note No. 11, décembre 2009. Disponible à l'adresse suivante : http://rru.worldbank.org/documents/CrisisResponse/Note11.pdf.

4. Le monde s'effondre

P. 125 : « Imprudentes en dissimulant avec tant de précautions » : Bagehot, *Lombard Street*, p. 249-250.

P. 126 : « Nous sommes dans un champ de mines » : Ralph Atkins, Michael Mackenzie, et Paul J. Davies, « ECB Chief Fails to Reassure Markets », *Financial Times*, 14 août 2007.

P. 126 : « Les avancer à ceux qui en étaient dépourvus » : Bagehot, *Lombard Street*, p. 51-52.

P. 128 : « Les Cassandre qui disent que rien de fondamental n'a changé » : Minsky, *Stabilizing an Unstable Economy*, p. 237.

P. 128 : « N'ont guère de matériaux récents » : *ibid.*

P. 128 : « Les prix des actions [ont] atteint » : Fisher cité dans « Fisher Sees Stocks Permanently High », *New York Times*, 16 octobre 1929 ; « Realtors Group Says Home Sales Will Slip in 2006 », *Wall Street Journal*, 13 décembre 2005.

P. 129 : « Des craquelures apparurent sur la façade » : ce chapitre reprend certaines des idées développées par Nouriel Roubini sur son blog, qui est accessible sur abonnement à l'adresse suivante : www.roubini.com. Il s'inspire aussi de Zandi, *Financial Shock*, et Tett, *Fool's Gold*.

P. 130 : « Ben Bernanke » : Ben S. Bernanke, déposition devant le Joint Economic Committee, Congrès des États-Unis, 28 mars 2007. Disponible à l'adresse suivante : http://www.federalreserve.gov/newsevents/testimony/bernanke20070328a.htm.

P. 130 : « La visibilité et la transparence » : Grace Wong, « Behind Wall Street Subprime Fear Index ». Disponible à l'adresse suivante : http://money.cnn.com/galleries/2007/news/0711/gallery.abx_index/index.html.

P. 131 : « Une soudaine aversion au risque » : Kindleberger, *Manias, Panics, and Crashes*, p. 19-20 ; Justin Lahart, « In Time of Tumult, Obscure Economist Gains Currency », *Wall Street Journal*, 18 août 2007.

P. 135 : « L'économiste iconoclaste Frank H. Knight » : Frank H. Knight, *Risk, Uncertainty, and Profit* (Boston : Houghton Mifflin, 1921) ; Nouriel Roubini, « Current Market Turmoil : Non-Priceable Knightian "Uncertainty" Rather Than Priceable Market "Risk" », 15 août 2007. Disponible à l'adresse suivante (accès réservé aux abonnés) : www.roubini.com.

P. 137 : « Un écart-type de 25 » : Peter Thal Larsen, « Goldman Pays the Price for Being Big », *Financial Times*, 13 août 2007.

P. 137 : « Chaque jour, à mesure que la panique croît » : Bagehot, *Lombard Street*, p. 49.

P. 139 : « Le 9 août, la Banque centrale européenne » : Jeremy W. Peters et Wayne Arnold, « U.S. Stocks Recover Some Ground after Global Sell-off », *New York Times*, 10 août 2007.

P. 140 : « Nous ne protégerons certainement pas les gens » : cité par Tett, *Fool's Gold*, p. 187.

P. 140 : « Toute aide apportée à une mauvaise banque » : Bagehot, *Lombard Street*, p. 100-101.

P. 142 : « Je suis à un âge » : E. Scott Reckard et Annette Haddad, « A Rush to Pull Out Cash », *Los Angeles Times*, 17 août 2007.

P. 143 : « Je ne pense pas que la banque finisse par s'effondrer » : Julia Werdigier, « Official Assurances Fail to Stem Rush of Withdrawals at British Bank », *New York Times*, 18 septembre 2007.

P. 144 : « Nous venons de traverser » : Herbert Hoover, allocution à la Chambre de Commerce des États-Unis, 1er mai 1930. Disponible à l'adresse suivante : http://www.presidency.ucsb.edu/ws/?pid=22185.

P. 145 : « Le pire semble être derrière nous » : Henry M. Paulson, Jr., observations présentées lors du *Washington Post* 200 Lunch, Washington, D.C., 16 mai 2008. Disponible à l'adresse suivante : http://www.ustreas.gov/press/releases/hp981.htm.

P. 145 : « Beaucoup de crises suivent ce modèle » : H. M. Boot, *The Commercial Crisis of 1847*, Occasional Papers in Economic and Social History, No. 11 (Hull, Royaume-Uni : Hull University Press, 1984) ; R. Ray

McCartney, *The Crisis of 1873* (Minneapolis : Burgess, 1935) ; Kindleberger, *World in Depression.*

P. 147 : « Le *spread* LIBOR-OIS » : Liz Capo McCormick, « Interest-Rate Contracts May Be Best Gauge of Fed Plan », Bloomberg.com, 17 décembre 2007. Disponible à l'adresse suivante : http://www.bloomberg.com/apps/news?pid=20601083&sid=aP.BgxqgrJjE.

P. 147 : « Je suis optimiste » : George W. Bush, conférence de presse, 8 janvier 2008. Disponible à l'adresse suivante : http://georgewbush-whitehouse. archives.gov/news/releases/2008/01/20080108-5.html.

P. 148 : « Se retrouvèrent coincées avec leurs prêts » : Greg Morcroft, « Banks Have Sold Off about Half of Hung Loans », Marketwatch.com, 7 mai 2008. Disponible à l'adresse suivante : http://www.marketwatch.com/story/correctbanks-have-sold-off-about-half-of-hung-loans.

P. 156 : « Son héros, J. P. Morgan » : Bruner et Carr, *Panic of 1907.*

P. 156 : « Morgan les avait enfermés » : *ibid.*, p. 121-125.

P. 157 : « Tout le monde est exposé » : cité par Deborah Solomon, Dennis K. Berman, Susanne Craig, et Carrick Mollenkamp, « Ultimatum by Paulson Sparked Frantic End », *Wall Street Journal*, 15 septembre 2008.

5. Une pandémie mondiale

P. 164 : « La crise est avant tout un problème américain » : Noah Barkin, « U.S. Will Lose Financial Superpower Status », Reuters, 25 septembre 2008. Disponible à l'adresse suivante : http://www.reuters.com/article/idUSTRE48O2L020080925 ; « We Were All Staring into the Abyss », *Der Spiegel*, 29 septembre 2008. Disponible à l'adresse suivante : http://www.spiegel.de/international/business/0,1518,581201,00.html.

P. 165 : « Le rhume de l'adage » : la littérature scientifique consacrée à la contagion des crises s'est étendue à la crise récente. Voir par exemple Thijs Markwat, Erik Kole, et Dick van Dijk, « Contagion as a Domino Effect in Global Stock Markets », *Journal of Banking and Finance* 33 (2009), p. 1996-2012 ; Philippe Jorion et Gaiyan Zhang, « Credit Contagion from Counterparty Risk », *Journal of Finance* 64 (2009), p. 2053-2087. Pour des comparaisons historiques, voir Graciela L. Kaminsky, Carmen M. Reinhart, et Carlos A. Vegh, « The Unholy Trinity of Financial Contagion », *Journal of Economic Perspectives* 17 (2003), p. 51-74.

P. 166 : « Il faudra très longtemps » : *Times* (Londres), 3 juin 1837, cité par Jessica Lepler, « The Pressure of 1836 : Interpreting Atlantic Bank Wars », manuscrit non publié en possession des auteurs.

P. 166 : « La chute inattendue d'une entreprise vénérable » : Robert Sobel, *Panic on Wall Street : A History of America's Financial Disasters* (New York :

Collier, 1968), p. 154-196 ; Kindleberger, *World in Depression*, p. 144-147 ; Aurel Schubert, *The Credit-Anstalt Crisis of 1931* (Cambridge, Royaume-Uni : Cambridge University Press, 1991).

P. 167 : « Le "choc Lehman" » : Daniel Gross, « The Lehman Shock », *Newsweek*, 14 septembre 2009.

P. 170 : « Le monde est devenu une ville » : cité par Kindleberger, *Manias, Panics, and Crashes*, p. 133.

P. 171 : « Toutes sortes de marchandises » : John Greenwood, « Grain Piles up in Ports », *Financial Post*, 8 octobre 2008.

P. 171 : « L'effondrement du commerce international » : Richard Baldwin et Daria Taglioni, « The Great Trade Collapse and Trade Imbalances », VoxEu.org, 27 novembre 2009. Disponible à l'adresse suivante : http://www.voxeu.com/index.php?q=node/4301 ; Li Yanping, « China Trade Surplus Plunges as Exports Fall by Record », Bloomberg.com, 10 mars 2009. Disponible à l'adresse suivante : http://www. bloomberg.com/apps/news ?pid=20601087&refer=home&sid=a9Ih4pDxaIK4 ; Roslan Rahman, « East Asia : Exports in Decline », 3 mars 2009. Disponible à l'adresse suivante (accès réservé aux abonnés) : www.stratfor.com.

P. 172 : « La Grande Synchronisation » : Sónia Araújo et Joaquim Oliveira Martins, « The Great Synchronisation ». Disponible à l'adresse suivante : http://www.voxeu.org/index.php?q=node/3751.

P. 172 : « Dans certains pays d'Amérique centrale » : Dovelyn Agunias, « Remittance Trends in Central America », Migration Policy Institute, avril 2006. Disponible à l'adresse suivante : http://www.migrationinformation.org/ USfocus/display.cfm ?ID=393.

P. 173 : « Les prix d'une série de matières premières » : Kindleberger, *World in Depression*, p. 71-87 et 136-141.

P. 174 : « Les pays exportateurs » : Clifford Krauss, « Commodity Prices Tumble », *New York Times*, 13 octobre 2008 ; « Fall Copper Prices Hurt Chile », 10 décembre 2008. Disponible à l'adresse suivante : http://www.forbes.com/2008/12/09/chile-copper-budget-cx_1210oxford.html.

P. 175 : « Chercher des havres de paix » : Robert N. McCauley et Patrick McGuire, « Dollar Appreciation in 2008 : Safe Haven, Carry Trades, Dollar Shortage and Overhedging », *BIS Quarterly Review*, décembre 2009, p. 85-93. Disponible à l'adresse suivante : http://www.bis.org/publ/qtrpdf/r_qt0912i.pdf.

P. 175 : « Un modèle établi par les crises précédentes » : l'essentiel de ce débat est repris de Kindleberger, *Manias, Panics, and Crashes*, p. 116-137.

P. 176 : « "Deux nations" – les États-Unis et le Royaume-Uni » : Martin Van Buren, allocution au Congrès des États-Unis, 4 septembre 1837. Disponible à l'adresse suivante : http://www.presidency.ucsb.edu/ws/index.php?pid=67234.

P. 176 : « Une “extension imprudente” » : John Crosby Brown, *A Hundred Years of Merchant Banking : A History of Brown Brothers and Company* (New York, 1909), p. 79.

P. 177 : « Cela ressemble à la plus grosse bulle de l'histoire » : « In Come the Waves », *Economist*, 16 juin 2005.

P. 179 : « Les leviers d'endettement » : Daniel Gross et Stefano Micossi, « The Beginning of the End Game », VoxEu.org, 20 septembre 2008. Disponible à l'adresse suivante : http://www.voxeu.org/index.php?q=node/1669.

P. 180 : « La Banque centrale européenne » : Ralph Atkins, « ECB Raises Estimate on Bank Writedowns », *Financial Times*, 18 décembre 2009. Disponible à l'adresse suivante : http://www.ft.com/cms/s/0/31f38b8c-ebdd-11de-930c-00144feab49a.html.

P. 180 : « Rien qu'en 2007 » : European Securitisation Forum Data Report, hiver 2008. Disponible à l'adresse suivante : http://www.europeansecuritisation.com/Market_Standard/ESF %20Data %20Report %20Winter%202008.pdf.

P. 180 : « Les marchés ont décidé » : Marc Champion, Joanna Slater, et Carrick Mollenkamp, « Banks Reel On Eastern Europe's Bad News », *Wall Street Journal*, 18 février 2009. Disponible à l'adresse suivante : http://online.wsj.com/article/SB123489966805902405.html.

P. 181 : « Des crises similaires » : pour des travaux proposant une version sophistiquée des modèles classiques de contagion, voir Andrew K. Rose et Mark Spiegel, « Cross-Country Causes and Consequences of the 2008 Crisis : International Linkages and American Exposure », Centre for Economic Policy Research Discussion Paper No. 7466. Disponible à l'adresse suivante : http://www.cepr.org/pubs/dps/DP7466.asp.

P. 182 : « L'Inde garda le contrôle » : voir par exemple Vikas Bajaj, « In India, Central Banker Played It Safe », *New York Times*, 25 juin 2009.

P. 182 : « Lors de la crise de 1825 » : Carlos Marichal, *A Century of Debt Crises in Latin America : From Independence to the Great Depression, 1820-1930* (Princeton, New Jersey : Princeton University Press, 1989), p. 12-67.

P. 183 : « Une “panique considérable” » : Frank Griffith Dawson, *The First Latin American Debt Crisis : The City of London and the 1822-1825 Loan Bubble* (New Haven, Connecticut : Yale University Press, 1990), p. 125.

P. 183 : « Après la panique de 1837 » : Jessica Lepler, « The Pressure of 1836 : Interpreting Atlantic Bank Wars ». Sur les paniques en général, voir Peter Temin, *The Jacksonian Economy* (New York : W. W. Norton, 1969).

P. 184 : « Un mouvement de fuite similaire » : Mira Wilkins, *The History of Foreign Investment in the United States to 1914* (Cambridge, Massachusetts : Harvard University Press, 1989), p. 90-140.

P. 184 : « Dans les années 1990, une nouvelle génération » : Roubini et Setser, *Bailouts or Bail-Ins ?*

P. 187 : « L'économie mondiale se contracta » : Barry Eichengreen et Kevin H. O'Rourke, « A Tale of Two Depressions », VoxEU.org, 1er septembre 2009, et éditorial original du 6 avril 2009. Disponibles à l'adresse suivante : http://www.voxeu.org/index.php?q=node/3421.

P. 187 : « Elles se "recouplèrent" furieusement » : Michael P. Dooley et Michael M. Hutchison, « Transmission of the U.S. Subprime Crisis to Emerging Markets : Evidence on the Decoupling-Recoupling Hypothesis », National Bureau of Economic Research Working Paper No. 15120, juin 2009.

6. Le dernier ressort

P. 191 : « Bernanke reprit cette thèse » : voir par exemple Ben Bernanke, « Nonmonetary Effects of the Financial Crisis in the Propagation of the Great Depression », *American Economic Review 73* (1983), p. 257-276.

P. 192 : « Vous avez raison » : Ben S. Bernanke, observations présentées lors du colloque en l'honneur de Milton Friedman, University of Chicago, Chicago, Illinois, 8 novembre 2002. Disponible à l'adresse suivante : http://www. federalreserve.gov/BOARDDOCS/SPEECHES/2002/20021108/default.htm.

P. 192 : « Je n'allais pas être le président de la Réserve fédérale » : Shamim Adam et Liza Lin, « Krugman Says Bernanke Should Be Reappointed to Fed », Bloomberg.com, 10 août 2009. Disponible à l'adresse suivante : http://www.bloomberg.com/apps/news?pid=20601110&sid=aK3wlrRdMC38.

P. 195 : « Donne des frissons aux économistes » : Peter Goodman, « Fear of Deflation Lurks as Global Demand Drops », *New York Times*, 31 octobre 2008.

P. 195 : « Une robuste croissance économique » : Michael D. Bordo et Andrew J. Filardo, « Deflation in a Historical Perspective », Bank for International Settlements Working Paper No. 186, novembre 2005. Disponible à l'adresse suivante : http://www.bis.org/publ/work186.pdf?noframes=1.

P. 196 : « La "théorie des grandes dépressions par la dette et l'inflation" » : Irving Fisher, « The Debt-Deflation Theory of Great Depressions », *Econometrica* 1 (1933).

P. 197 : « L'effort consenti par les individus » : *ibid.*, p. 344 et 346.

P. 198 : « Le "grand paradoxe » : *ibid.*, p. 344.

P. 199 : « Un effondrement économique brutal » : Peter Temin, « The Great Depression », in Stanley L. Engerman et Robert E. Gallman (dir.), *The Cambridge Economic History of the United States* (Cambridge, Royaume-

Uni : Cambridge University Press, 2000), p. 301-310. Sur les prix de certains produits, voir le graphique disponible à l'adresse suivante : http://www.visualizingeconomics.com /2009/08/02/prices-inflation-and-deflation-great-depression-vs-great-recession/.

P. 200 : « Si rien ne vient contrecarrer la chute des prix » : Fisher, « Debt-Deflation Theory », p. 346 et 347.

P. 201 : « Des opérations d'*open market* » : on trouvera une introduction utile dans M. A. Akhtar, *Understanding Open Market Operations* (New York : Federal Reserve Bank of New York, 1997).

P. 205 : « Notre relatif manque d'expérience » : Ben S. Bernanke, « Deflation : Making Sure "It" Doesn't Happen Here », observations présentées au National Economists Club, Washington, D.C., 21 novembre 2002. Disponible à l'adresse suivante : http://www.federalreserve.gov/boardDocs/speeches/2002/20021121/default.htm.

P. 205 : « De nouvelles facilités de trésorerie » : ce passage est largement inspiré de Viral V. Acharya, Thomas Philippon, Matthew Richardson, et Nouriel Roubini, « A Bird's-Eye View », in Viral V. Acharya et Matthew Richardson (dir.), *Restoring Financial Stability : How to Repair a Failed System* (Hoboken, New Jersey : John Wiley and Sons, 2008), p. 36-40 ; ainsi que de Federal Reserve Bank of New York, « Forms of Federal Reserve Lending », juillet 2009. Disponible à l'adresse suivante : ttp ://www.newyorkfed.org/markets/Forms_of_Fed_Lending.pdf.

P. 209 : « Un certain nombre de crises récentes sur les marchés émergents » : Roubini et Setser, *Bailouts or Bail-Ins ?*, p. 33-36.

P. 210 : « Son soutien prit deux formes » : les données reproduites dans ce passage proviennent du site Internet du Fonds monétaire international, en particulier des documents suivants : Fact Sheet, « IMF Stand-By Arrangement », novembre 2009, http://www.imf.org/external/np/exr/facts/pdf/sba.pdf ; Fact Sheet, « A Changing IMF – Responding to the Crisis », septembre 2009, http://www.imf.org/external/np/exr/facts/changing.htm ; et « IMF Lending : IMF Implements Major Lending Policy Improvements », 24 mars 2009, http://www.imf.org/ external/np/pdr/fac/2009/032409.htm. Pour les données par pays, voir la carte interactive à l'adresse suivante : https :// www.imf.org/external/np/exr/map/lending/index.htm.

P. 211 : « Des lignes de *swap* » : Maurice Obstfeld, Jay C. Shambaugh, et Alan M. Taylor, « Financial Instability, Reserves, and Central Bank Swap Lines in the Panic of 2008 », National Bureau of Economic Research Working Paper No. 14826, mars 2009.

P. 212 : « L'"assouplissement quantitatif" : Ben S. Bernanke, « The Crisis and the Policy Response », Stamp Lecture, London School of Economics, Londres, 13 janvier 2009. Disponible à l'adresse suivante : http://www.federalreserve.

gov/newsevents/speech/bernanke20090113a.htm ; Volker Wieland, « Quantitative Easing : A Rationale and Some Evidence from Japan », National Bureau of Economic Research Working Paper No. 15565, décembre 2009 ; Paul Krugman, « Fiscal Aspects of Quantitative Easing (Wonkish) ». Disponible à l'adressee suivante : http://krugman.blogs.nytimes.com/ 2009/03/20/ fiscal-aspects-of-quantitative-easing-wonkish/ ; Chris Giles, Cynthia O'Murchu, Steve Bernard, et Jeremy Lemer, « Quantitative Easing Explained », *Financial Times*, 5 février 2009. Disponible à l'adresse suivante : http:// www.ft.com/cms/s/0/8ada2ad4-f3b9-11dd-9c4b-0000779fd2ac.html.

P. 216 : « Au nombre des “éléments les plus ésotériques” » : John Carlson, Joseph G. Haubrich, Kent Cherny, et Sarah Wakefield, « Credit Easing : A Policy for a Time of Financial Crisis », Federal Reserve Bank of Cleveland, 11 février 2009. Disponible à l'adresse suivante : http://www.clevelandfed.org/research/trends/2009/0209/02monpol.cfm.

P. 217 : « La crise financière asiatique » : voir par exemple Scott Lanman, « Greenspan Says Hong Kong's Yam Was Right to Buy Stocks in 1998 », Bloomberg.com, 19 mai 2009. Disponible à l'adresse suivante : http:// www.bloomberg.com/apps/news?pid=20601087&sid=aTDcelSOTQU4&refer=home ; « Bank of Japan to Spend £8bn Buying Shares Held by Banks », *Telegraph*, 3 février 2009.

P. 218 : « Les lâcher d'un hélicoptère » : Milton Friedman, *Money Mischief : Episodes in Monetary History* (New York : Harcourt Brace, 1992), p. 27-37.

P. 218 : « Bernanke avait repris cette idée » : Ben S. Bernanke, « The Crisis and the Policy Response », Stamp Lecture, London School of Economics, Londres, 13 janvier 2009. Disponible à l'adresse suivante : http://www.federalreserve. gov/newsevents/speech/bernanke20090113a.htm.

P. 219 : « Le capitalisme sans faillite » : Borman cité par J. Madeleine Nash, Bruce Van Voorst, et Alexander L. Taylor III, « The Growing Bankruptcy Brigade », *Time*, 18 octobre 1982.

P. 219 : « La “stratégie de sortie” » : Ben S. Bernanke, « The Crisis and the Policy Response », Stamp Lecture, London School of Economics, Londres, 13 janvier 2009. Disponible à l'adresse suivante : http://www.federalreserve. gov/newsevents/speech/bernanke20090113a.htm.

7. Dépenser plus, taxer moins ?

P. 221 : « La dépression économique ne peut être soignée » : Herbert Hoover, discours sur l'État de l'Union, 2 décembre 1930. Disponible à l'adresse suivante : http://www.presidency.ucsb.edu/ws/index.php?pid=22458.

P. 225 : « Le nombre de constructions entreprises » : Jason Scott Smith, *Building New Deal Liberalism : The Political Economy of Public Works, 1933-1956* (New York : Cambridge University Press, 2006).

P. 225 : « Entre 1933 et 1937, le chômage tomba » : Peter Temin, « The Great Depression », in Stanley L. Engerman et Robert E. Gallman (dir.), *The Cambridge Economic History of the United States* (Cambridge, Royaume-Uni : Cambridge University Press, 2000), vol. 3, p. 301-310. Sur les leçons tirées par l'administration Obama, et pour un aperçu utile de la Grande Dépression, voir Christina D. Romer, « Lessons from the Great Depression for Economic Recovery in 2009 », discours prononcé à la Brookings Institution, 9 mars 2009. Disponible à l'adresse suivante : http://www.brookings.edu/~/media/Files/events/2009/0309_lessons/0309_lessons_romer.pdf.

P. 225 : « Le gouvernement japonais redécouvrit ses idées » : Toshihiro Ihori, Toru Nakazato, et Masumi Kawade, « Japan's Fiscal Policies in the 1990s », *World Economy* 26, No. 3 (mars 2003), p. 325-338 ; Martin Fackler, « Japan's Big-Works Stimulus is Lesson », *New York Times*, 5 février 2009.

P. 225 : « Les économistes continuent de débattre » : voir par exemple Kenneth N. Kuttner et Adam S. Posen, « The Great Recession : Lessons for Macroeconomic Policy from Japan », *Brookings Papers on Economic Activity* 2 (2001), p. 93-160 ; Sanjay Kalra, « Fiscal Policy : An Evaluation of Its Effectiveness », in Tim Callen et Jonathan D. Ostry (dir.), *Japan's Lost Decade : Policies for Economic Revival* (Washington, D.C. : International Monetary Fund, 2003), p. 164-178.

P. 226 : « Hoover et Roosevelt augmentèrent les impôts » : Paul Studenski and Herman E. Krooss, *Financial History of the United States* (New York : McGraw-Hill, 1963), p. 361-364 et 419-425.

P. 226 : « L'*Economic Stimulus Act* de 2008 » : texte disponible à l'adresse suivante : http://www.govtrack.us/congress/billtext.xpd?bill=h110-5140. Pour une présentation détaillée de l'American Recovery and Reinvestment Act de 2009, voir http://www.recovery.gov/Pages/home.aspx.

P. 229 : « 25 à 30 cents » : voir par exemple : http://www.federalreserve.gov/Pubs/Feds/2009/ 200945/200945pap.pdf.

P. 231 : « Entre 1866 et 1933 » : Federal Deposit Insurance Corporation, *A Brief History of Deposit Insurance in the United States* (Washington, D.C. : FDIC, 1998), p. 17.

P. 231 : « Submergea la FSLIC » : Timothy Curry et Lynn Shibut, « The Cost of the Savings and Loan Crisis : Truth and Consequences », *FDIC Banking Review* 13 (2000), p. 26-35.

P. 232 : « Soutenus par la foi et le crédit » : voir http://www.fdic.gov/regulations/laws/rules/4000-2660.html.

P. 232 : « Plus de 40 % des dépôts » : voir par exemple Mike Shedlock, « How Many Uninsured Deposits Are at Risk ? », 15 juillet 2008. Disponible à l'adresse suivante : http://globaleconomicanalysis.blogspot.com/2008/07/how-much-uninsured-deposits-are-at-risk.html. Remonter le plafond des dépôts garantis ne signifiait pas que l'ensemble des dépôts était couvert. Voir Felix Salmon, « Are Uninsured Bank Depositors in Danger ? », 14 février 2009. Disponible à l'adresse suivante : http://seekingalpha.com/ article/120608-are-uninsured-bank-depositors-in-danger.

P. 232 : « L'extension des garanties gouvernementales » : New York Federal Reserve Bank, « International Responses to the Crisis Timeline », graphique mis à jour chaque mois et disponible à l'adresse suivante : http://www.ny.frb.org/research/global_economy/IRCTimelinePublic.pdf.

P. 233 : « La *National Credit Union Administration* » : Mark Maremont, « U.S. Moves to Bail Out Credit Union Network », *Wall Street Journal*, 29 janvier 2009.

P. 233 : « L'Union européenne accorda sa garantie » : Mark Landler et Kartin Bennhold, « Bold Pledges From Leaders, but Investors Await Details », *New York Times*, 12 octobre 2008 ; et Mark Landler, « U.S. Investing $250 Billion in Banks », *New York Times*, 14 octobre 2008.

P. 235 : « La plus grande opération de sauvetage » : des informations détaillées relatives aux bénéficiaires du TARP peuvent être obtenues à l'adresse suivante : http://online.wsj.com/public/resources/documents/st_TARPREPAYMENTS 0906_20090609.html.

P. 241 : « Une version de ce scénario » : Max Holmes, « Good Bank, Bad Bank ; Good Plan, Better Plan », *New York Times*, 31 janvier 2009. Disponible à l'adresse suivante : http://www.nytimes.com/2009/02/ 01/opinion/01holmes.html ; Dominic Barton, Robert Newel, et Gregory Wilson, « Managing Successful Bank Restructuring : The Mellon Bank Story », McKinsey and Company, novembre 2003.

P. 243 : « Dans le cas de Bank of America » : Binyamin Appelbaum et Neil Irwin, « Bank of America Gets New Round of U.S. Aid », *Washington Post*, 16 janvier 2009.

P. 244 : « PPIP » : voir http://www.financialstability.gov/roadtostability/publicprivatefund.html.

P. 248 : « Atteignit un plus haut historique en 1946 » : Simon Johnson et James Kwak, « National Debt for Beginners », National Public Radio, 4 février 2009. Disponible à l'adresse suivante : http://www.npr.org/templates/story/story.php?storyId=99927343.

8. Premiers pas

P. 253 : « Pas d'athées dans les tranchées » : Jeffrey Frankel, « Responding to Crises », *Cato Journal* 27 (2007), p. 165.

P. 253 : « Des réformes radicales du système financier » : Eugene N. White, « Banking and Finance in the Twentieth Century », in Stanley L. Engerman et Robert E. Gallman (dir.), *The Cambridge Economic History of the United States* (Cambridge, Royaume-Uni : Cambridge University Press, 2000), vol. 3, p. 764-773.

P. 257 : « Les choses les plus folles » : Gian Luca Clementi, Thomas F. Cooley, Matthew Richardson, et Ingo Walter, « Rethinking Compensation in Financial Firms », in Viral V. Acharya et Matthew Richardson (dir.), *Restoring Financial Stability : How to Repair a Failed System* (Hoboken, New Jersey : John Wiley and Sons, 2008), p. 198-201.

P. 259 : « Aussi longtemps qu'il y a de la musique » : Michiyo Nakamoto et David Wighton, « Citigroup Chief Stays Bullish on Buy-Outs », *Financial Times,* 9 juillet 2007.

P. 259 : « Ils essaient de se refaire » : Nouriel Roubini, « Ten Fundamental Issues in Reforming Financial Regulation and Supervision in a World of Financial Innovation and Globalization », 31 mars 2008. Disponible à l'adresse suivante : www.roubini.com/analysis/pdf/Ten_Fundamental_Issues_in_Reforming.pdf.

P. 259 : « Pas de solution simple » : voir par exemple Eli Ofek et David Yermack, « Taking Stock : Equity-Based Compensation and the Evolution of Managerial Ownership », *Journal of Finance* 55 (2000), p. 1367-1384.

P. 260 : « Bonus-malus » : Raghuram Rajan, « Bankers'Pay Is Deeply Flawed », *Financial Times,* 8 janvier 2008.

P. 261 : « Credit Suisse » : Aaron Lucchetti, « Bankers Beat Odds in Toxic Pay Plan », *Wall Street Journal,* 7 août 2009 ; Graham Bowley, « Credit Suisse Overhauls Compensation », *New York Times,* 20 octobre 2009.

P. 262 : « Interdire aux employés de se couvrir » : à propos de ces difficultés, voir par exemple William A. Sahlman, « Management and the Financial Crisis (We have met the enemy and he is us . . .) », Harvard Business School Working Paper No. 10-033, 2009.

P. 263 : « Une croissance excessive et totalement injustifiée » : David Wessel, « The Source of Our Bubble Trouble », *Wall Street Journal,* 17 janvier 2008 ; et Mercedes Rule, « Flocking to Finance », *Harvard Magazine,* mai-juin 2008, p. 18-19. Le débat présenté dans ce passage doit beaucoup au travail de Thomas Philippon et Ariell Reshef, « Skill Biased Financial Development : Education, Wages and Occupations in the U.S. Financial Sector », National Bureau of Economic Research Working Paper No.

13437, 2007 ; voir aussi Thomas Philippon et Ariell Reshef, « Wages and Human Capital in the U.S. Financial Industry : 1909-2006 », National Bureau of Economic Research Working Paper No. 14644, janvier 2009.

P. 263 : « Système sophistiqué de titrisation » : une excellente introduction est offerte par Dwight Jaffee, Anthony W. Lynch, Matthew Richardson, et Stijn Van Nieuwerburgh, « Mortgage Origination and Securitization in the Financial Crisis », in Viral V. Acharya et Matthew Richardson (dir.), *Restoring Financial Stability : How to Repair a Failed System* (Hoboken, New Jersey : John Wiley and Sons, 2008).

P. 266 : « *Credit Risk Retention Act* » : voir http://www.govtrack.us/congress/bill.xpd?bill=h111-1731. Pour une analyse de cette loi, voir Cadwalader, Wickersham & Taft LLP, « Securitization Reform Proposals : The Credit Risk Retention Act of 2009 and the Restoring American Financial Stability Act of 2009 », *Clients & Friends Memo*, 17 décembre 2009. Disponible à l'adresse suivante : http://www.cadwalader.com/assets/client_friend/121709 SecuritizationReformProposals.pdf.

P. 266 : « Environ 34 % des actifs des principales banques » : voir « Statistical Supplement to the Federal Reserve Bulletin », décembre 2008. Les données relatives aux petites et grandes banques commerciales à charte fédérale pour l'année 2007 sont disponibles aux adresses suivantes : http://www.federalreserve.gov/Pubs/supplement/2008/12/table1_26d.htm et http://www.federalreserve.gov/Pubs/supplement/2008/12/table1_26c2.htm.

P. 269 : « Règlement Z » : voir le communiqué de presse publié par le Board of Governors de la Réserve fédérale, 23 juillet 2009. Disponible à l'adresse suivante : http://www.federalreserve.gov/newsevents/press/bcreg/20090723a. htm.

P. 270 : « L'essor des agences de notation » : la présentation suivante est largement inspirée de Richard Sylla, « An Historical Primer on the Business of Credit Ratings », in Richard M. Levich, Carmen Reinhart, et Giovanni Majnoni (dir.), *Ratings, Rating Agencies, and the Global Financial System* (Boston : Kluwer, 2002) ; Matthew Richardson et Lawrence J. White, « The Ratings Agencies : Is Regulation the Answer ? », in Viral V. Acharya et Matthew Richardson (dir.), *Restoring Financial Stability : How to Repair a Failed System* (Hoboken, New Jersey : John Wiley and Sons, 2008) ; et Patrick Bolton, Xavier Freixas, et Joel Shapiro, « The Credit Ratings Game », National Bureau of Economic Research Working Paper No. 14712, février 2009.

P. 274 : « Bombes à retardement » : Berkshire Hathaway Annual Report for 2002, p. 13. Disponible à l'adresse suivante : http://www.berkshirehathaway.com/2002ar/2002ar.pdf.

P. 275 : « Le sénateur Phil Gramm » : Eric Lipton et Stephen Labaton, « A Deregulator Looks Back, Unswayed », *New York Times*, 16 novembre 2008.

P. 276 : « Un certain nombre d'épisodes infamants » : une excellente présentation de cette histoire mouvementée peut être trouvée dans Lynn A. Stout, « Why We Need Derivatives Regulation », *New York Times*, 7 octobre 2009. Disponible à l'adresse suivante : http://dealbook.blogs.nytimes.com/2009/10/07/dealbook-dialogue-lynn-stout/ ; et aussi dans Satyajit Das, *Traders, Guns, and Money : Knowns and Unknowns in the Dazzling World of Derivatives* (Upper Saddle River, New Jersey : Financial Times Press, 2006).

P. 277 : « Certaines mesures judicieuses » : certaines des propositions qui suivent font écho à celles présentées dans Viral A. Acharya et al., « Derivatives : The Ultimate Financial Innovation », in Acharya et Richardson (dir.), *Restoring Financial Stability* ; et Rym Ayadi et Patrick Behr, « On the Necessity to Regulate Credit Derivatives Markets », *Journal of Banking Regulation* 10 (2009), p. 179-201.

P. 281 : « Le Comité de Bâle sur le contrôle bancaire » : pour des informations de base sur le Comité de Bâle, voir « The New Basel Capital Accord : An Explanatory Note », Banque des règlements internationaux, 2001. Disponible à l'adresse suivante : http://www.bis.org/publ/bcbsca01.pdf ; voir aussi Bryan J. Balin, « Basel I, Basel II, and Emerging Markets : A Nontechnical Analysis », Johns Hopkins University School of Advanced International Studies, 10 mai 2008. Disponible en ligne *via* la bibliothèque de l'université Johns Hopkins ; et « History of the Basel Committee and Its Membership », Banque des règlements internationaux, août 2009. Disponible à l'adresse suivante : http://www.bis.org/bcbs/history.pdf.

P. 284 : « Provisionnement dynamique » : Jesús Saurina, « Dynamic Provisioning : The Case of Spain », World Bank Crisis Response Note No. 7, juillet 2009. Disponible à l'adresse suivante : http://rru.worldbank.org/documents/CrisisResponse/Note7.pdf.

P. 284 : « Capitaux propres contingents » : Nicholas Paisner et Hugo Dixon, « Newfangled Bank Capital », *New York Times*, 12 novembre 2009. Disponible à l'adresse suivante : http://www.nytimes.com/2009/11/13/business/ 13views.html.

9. Thérapie de choc

P. 291 : « La leçon que je tire de cette expérience » : Ben S. Bernanke, « Monetary Policy and the Housing Bubble », discours prononcé lors de la rencontre annuelle de l'American Economic Association, 3 janvier 2010. Disponible à l'adresse suivante : http://www.federalreserve.gov/newsevents/speech/ bernanke20100103a.pdf.

P. 295 : « Un guide des produits dérivés » : Satyajit Das, *The Das Swaps & Financial Derivatives Library* (Hoboken, New Jersey : John Wiley and Sons, 2006).

P. 296 : « Un nombre ahurissant d'organismes » : voir Richard H. K. Vietor, « Government Regulation of Business », in Stanley L. Engerman et Robert E. Gallman (dir.), *The Cambridge Economic History of the United States* (Cambridge, Royaume-Uni : Cambridge University Press, 2000), vol. 3, p. 969-1012, en particulier le graphique p. 980 ; voir aussi Andreas Busch, *Banking Regulation and Globalization* (New York : Oxford University Press, 2009), p. 33-66.

P. 297 : « Le développement d'une concurrence bénéfique » : voir par exemple Richard J. Rosen, « Is Three a Crowd ? Competition Among Regulators in Banking », *Journal of Money, Credit, and Banking* 35 (2003), p. 967-998 ; Richard J. Rosen, « Switching Primary Federal Regulators : Is It Beneficial for U.S. Banks ? », *Federal Reserve Bank of Chicago Economic Perspectives*, 29 (2005), p. 16-33.

P. 298 : « Incités à se montrer accommodants » : Ann B. Matasar et Deborah D. Pavelka, « Federal Banking Regulators'Competition in Laxity : Evidence from CRA Audits », *International Advances in Economic Research* 4 (1998), p. 56-69.

P. 298 : « Achat de régulation » : « Regulator Shopping », *New York Times*, 20 mai 2009. Disponible à l'adresse suivante : http://www.nytimes.com/2009/05/21/opinion/21thu1.html ; Busch, *Banking Regulation*, p. 53.

P. 298 : « Une remise à plat » : U.S. Treasury, *Financial Regulatory Reform. A New Foundation : Rebuilding Financial Supervision and Regulation* (Washington, D.C., 2009). Disponible à l'adresse suivante : http://www.financialstability.gov/docs/regs/FinalReport_web.pdf.

P. 300 : « Super régulateur mondial » : Leigh Phillips, « Germany and UK Want Global Financial Regulator », *EuObserver*, 22 septembre 2008. Disponible à l'adresse suivante : http://euobserver.com/9/26784.

P. 301 : « *Quis Custodiet Ipsos Custodes ?* » : Charles Stocker (dir.), *The Satires of Juvenal and Persius* (Londres : Longman, Orme and Company, 1839), p. 141.

P. 301 : « Noble mensonge » : voir Malcolm Schofield, « The Noble Lie », in G. R. F. Ferrari (dir.), *The Cambridge Companion to Plato's Republic* (Cambridge, Royaume-Uni : Cambridge University Press, 2007), p. 138-164.

P. 302 : « L'une des agences du gouvernement fédéral » : David Simons, « The High Price of Low Salaries at the SEC », Forbes.com, 27 mars 2002. Disponible à l'adresse suivante : http://www.forbes.com/2002/03/27/0327simons. html ; Andrew Ross Sorkin, « What If Watchdogs Got Bonuses ? », *New York Times*, 2 février 2009. Disponible à l'adresse suivante : http://www.nytimes.com/2009/02/03/business/03sorkin.html.

P. 303 : « Les liens existant entre les établissements financiers les plus importants » : Julie Creswell et Ben White, « The Guys from "Government Sachs" », *New York Times*, 17 octobre 2008 ; Marcus Baram, « Government Sachs : Goldman's Close Ties to Washington Arouse Envy, Raise Questions », *Huffington Post*, 2 juin 2009. Disponible à l'adresse suivante : www.huffingtonpost.com/2009/06/02/government-sachs-goldmans_n_ 210561.html.

P. 304 : « Le recrutement d'un directeur général » : « Adam Storch Named Managing Executive of SEC's Enforcement Division », communiqué de presse de la SEC, 16 octobre 2009. Disponible à l'adresse suivante : http://www.sec.gov/news/press/2009/2009-220.htm.

P. 304 : « Interdit ce type d'activité » : Sheryl Gay Stolberg, « On First Day, Obama Quickly Sets New Tone », *New York Times*, 21 janvier 2009.

P. 304 : « Versent des sommes massives aux candidats » : pour des données chiffrées, voir Americans for Campaign Reform, « Wall Street Money in Politics », 25 août 2009. Disponible à l'adresse suivante : http://youstreet.org/sites/default/files/ Fact %20Sheet %20%20Wall%20Street%20Money% 20in% 20Politics.pdf.

P. 305 : « Rendre les régulateurs plus indépendants » : Marc Quintyn et Michael W. Taylor, « Should Financial Sector Regulators Be Independent ? », International Monetary Fund, Economic Issues No. 32, 8 mars 2004. Disponible à l'adresse suivante : http://www.imf.org/external/pubs/ft/issues/issues32/index.htm.

P. 308 : « Testament de vie » : Noam Scheiber, « Can We Fix Too Big to Fail Without Shrinkage ? », *New Republic*, 28 octobre 2009. Disponible à l'adresse suivante : http://www.tnr.com/blog/the-stash/can-we-fix-too-big-fail-without-shrinkage ; David Wessel, « Three Theories on Solving the "Too Big to Fail" Problem », *Wall Street Journal*, 29 octobre 2009 ; Mike Konczal, « Fixing Too Big to Fail », *Nation*, 6 novembre 2009. Disponible à l'adresse suivante : http://www.thenation.com/doc/20091123/konczal.

P. 309 : « Une mise sous tutelle » : voir par exemple « The FDIC's Role as Receiver », in FDIC, Resolutions Handbook (Washington, D.C. : FDIC, 2003). Disponible à l'adresse suivante : http://www.fdic.gov/bank/historical/reshandbook/.

P. 310 : « Le contrôle des établissements *too big to fail* » : voir par exemple William Buiter, « Too Big to Fail Is Too Big », *Financial Times*, 24 juin 2009. Disponible à l'adresse suivante : http://blogs.ft.com/maverecon/2009/06/too-big-to-fail-is-too-big/ ; Wessel, « Three Theories » ; Daniel K. Tarullo, « Confronting "Too Big to Fail" », discours prononcé à l'Exchequer Club,

Washington, D.C., 21 octobre 2009. Disponible à l'adresse suivante : http://www.bis.org/review/r091023e.pdf.

P. 311 : « Un ratio de fonds propres de 16 % » : Christine Seib, « UBS Unveils £2bn Capital Raising and Warns of Second-Quarter Loss », *Times* (Londres), 26 juin 2009. Disponible à l'adresse suivante : http://business.timesonline.co.uk/tol/business/industry_sectors/banking_and_finance/article 6580096.ece. Voir aussi Sven Egenter, « Swiss Should Tighten Rules on UBS, CS Further-OECD », Reuters, 15 janvier 2010. Disponible à l'adresse suivante : http://blogs.reuters.com/financial-regulatory-forum/2010/01/15/swiss-should-tighten-rules-on-ubs-cs-further-oecd/.

P. 312 : « Prenez le cas de Citigroup » : Binyamin Applebaum, « Citi's Long History of Overreach, Then Rescue », *Washington Post*, 11 mars 2009 ; Andrew Martin et Gretchen Morgenson, « Can Citigroup Carry Its Own Weight ? », *New York Times*, 1er novembre 2009.

P. 313 : « Nous sommes très importants » : Blankfein cité par John Arlidge, « I'm Doing "God's work". Meet Mr Goldman Sachs », *Times* (Londres), 8 novembre 2009. Disponible à l'adresse suivante : http://www.timesonline.co.uk/tol/news/world/us_and_americas/article6907681.ece.

P. 313 : « Une longue histoire de paris imprudents » : Kenneth Galbraith, *The Great Crash, 1929* (Boston : Houghton Mifflin, 1954), p. 65-70 ; Matt Taibbi, « Inside the Great American Bubble Machine », *Rolling Stone*, 2 juillet 2009.

P. 317 : « Lorsque le développement du capital d'un pays » : Keynes, *General Theory*, p. 159.

P. 320 : « Bannir les bulles » : ce passage repose largement sur des idées développées par Nouriel Roubini, « Why Central Banks Should Burst Bubbles », *International Finance* 9 (2006), p. 87-107.

P. 322 : « Des écrits et des discours d'Alan Greenspan et de Ben Bernanke » : voir par exemple Ben S. Bernanke et Mark Gertler, « Should Central Banks Respond to Movements in Asset Prices ? », *American Economic Review* 91 (2001), p. 253-257 ; Alan Greenspan, « Risk and Uncertainty in Monetary Policy », discours prononcé lors de la rencontre annuelle de l'American Economic Association, San Diego, Californie, 3 janvier 2004. Disponible à l'adresse suivante : http://www.federalreserve.gov/BoardDocs/Speeches/2004/20040103/default.htm.

P. 324 : « Le Règlement T » : Peter Fortune, « Margin Requirements, Margin Loans, and Margin Rates : Practice and Principles », *Federal Reserve Bank of Boston New England Economic Review* (2000), p. 19-44.

P. 325 : « *Asset-Based Reserve Requirements* » : Thomas I. Palley, « Asset-Based Reserve Requirements : Reasserting Domestic Monetary Control in an Era of Financial Innovation and Instability », *Review of Political Economy* 16 (2004), p. 43-58 ; Michael Holz, « Asset-Based Reserve Requirements : A New Monetary Policy Instrument for Targeting Diverging Real Estate Prices in the Euro Area », *Intervention* 4 (2007), p. 331-351.

10. Lignes de faille

P. 334 : « Des déficits toujours plus importants de la balance des paiements » : Nouriel Roubini et Brad Setser, « The US as a Net Debtor : The Sustainability of the US External Imbalances », 24 août 2004. Disponible à l'adresse suivante : http://pages.stern.nyu.edu/˜nroubini/papers/Roubini-Setser-US-External-Imbalances.pdf.

P. 335 : « Crise de la dette souveraine » : Roubini et Setser, *Bailouts or Bail-Ins ?*

P. 339 : « Le débat relatif aux déséquilibres des comptes courants » : Nouriel Roubini, « Global Imbalances : A Contemporary "Rashomon" Saga », novembre 2006. Article disponible à l'adresse suivante : http://www.centre-cournot.org/pdf/conference9/Nouriel %20ROUBINI.pdf. Ce passage s'inspire largement de cet article.

P. 340 : « L'hypothèse de la "matière noire" » : Ricardo Hausmann et Federico Sturzenegger, « U.S. and Global Imbalances : Can Dark Matter Prevent a Big Bang ? », 13 novembre 2005. Disponible à l'adresse suivante : http://www.cid.harvard.edu/cidpublications/darkmatter_051130.pdf.

P. 341 : « Leur argument a été contesté » : Roubini, « Global Imbalances : A Contemporary "Rashomon" Saga », novembre 2006. Voir aussi Barry Eichengreen, « Global Imbalances : The New Economy, the Dark Matter, the Savvy Investor, and the Standard Analysis », mars 2006. Disponible à l'adresse suivante : http://www.econ.berkeley.edu/˜eichengr/matter.pdf.

P. 341 : « La "surabondance mondiale d'épargne" » : Ben S. Bernanke, « The Global Savings Glut and the U.S. Current Account Deficit », Homer Jones Lecture, St. Louis, Missouri, 14 avril 2005. Disponible à l'adresse suivante : http://www.federalreserve.gov/boarddocs/speeches/2005/20050414/default.htm.

P. 344 : « Le "privilège exorbitant" : Giscard d'Estaing cité par Richard A. Iley et Mervyn Lewis, *Untangling the U.S. Deficit : Evaluating Causes, Cures and Global Imbalances* (Northampton, Massachusetts : Edward Elgar, 2007), p. 106.

P. 345 : « L'investissement étranger en titres américains » : James K. Jackson, « Foreign Direct Investment in the United States : An Economic Analysis », CRS Report for Congress, 15 août 2008. Disponible à l'adresse suivante : http://www.fas.org/sgp/crs/misc/RS21857.pdf.

P. 345 : « Détenue par des non-résidents » : Justin Murray et Marc Labonte, « Foreign Holdings of Federal Debt », CRS Report for Congress, 28 novembre 2005. Disponible à l'adresse suivante : http://www.house.gov/berry/crs/RS22331.pdf ; Financial Management Service, *Treasury Bulletin*, décembre 2009. Disponible à l'adresse suivante : http://www.fms.treas.gov/bulletin/b2009_4.pdf.

P. 347 : « 36 % du produit intérieur brut chinois » : Richard Dobbs, Andrew Grant, et Jonathan Woetzel, « Unleashing the Chinese Consumer », *Newsweek*, 5 septembre 2009. Disponible à l'adresse suivante : http://www.newsweek.com/id/ 215024.

P. 348 : « Un "équilibre de la terreur financière" » : Lawrence H. Summers, « The United States and the Global Adjustment Process », Third Annual Stavros S. Niarchos Lecture, Institute for International Economics, Washington, D.C., 23 mars 2004.

P. 351 : « Robert Triffin » : voir Robert Triffin, *Gold and the Dollar Crisis : The Future of Convertibility* (New Haven, Connecticut : Yale University Press, 1960).

P. 351 : « Bretton Woods II » : voir par exemple Michael Dooley, David Folkerts-Landau, et Peter Garber, « An Essay on the Revised Bretton Woods System », National Bureau of Economic Research Working Paper No. 9971, septembre 2003.

P. 351 : « Cet arrangement malcommode » : voir http://www.ustreas.gov/offices/international-affairs/economic-exchange-rates/pdf/Appendix %201.pdf ; et Ye Xie et Anchalee Worrachate, « Dollar Reaches Breaking Point as Banks Shift Reserves », Bloomberg.com, 12 octobre 2009. Disponible à l'adresse suivante : http://www.bloomberg.com/apps/news?pid=20601087&sid=a4x9 dIJsPn4U.

P. 352 : « Sur les pas de la Grande-Bretagne » : Avinash Persaud, « When Currency Empires Fall », conférence donnée à Gresham College, Londres, 7 octobre 2004. Disponible à l'adresse suivante : http://www.321gold.com/editorials/persaud/persaud101204.html ; Barry Eichengreen, « Sterling's Past, Dollar's Future : Historical Perspectives on Reserve Currency Competition », Tawney Lecture, Economic History Society, Leicester, Royaume-Uni, 10 avril 2005. Disponible à l'adresse suivante : http://www.econ.berkeley.edu/ ˜eichengr/research/tawney_lecture2apr29-05.pdf.

P. 354 : « La toute-puissance du renminbi ? » : voir Nouriel Roubini, « The Almighty Renminbi », *New York Times*, 13 mai 2009.

P. 354 : « Le renminbi ou le yuan » : la monnaie chinoise est le renminbi, mais elle porte le nom de yuan pour les usages comptables. Pour une brève explication de cette distinction, voir Paul Krugman, « What's in a Name ? ».

Disponible à l'adresse suivante : http://krugman.blogs.nytimes.com/2009/10/23/whats-in-a-name-3/.

P. 357 : « Zhou Xiaochuan » : voir Zhou Xiaochuan, « Statement on Reforming the International Monetary System », Council on Foreign Relations, 23 mars 2009. Disponible à l'adresse suivante : http://www.cfr.org/publication/18916/.

P. 357 : « Bancor » : John Williamson, « Bancor and the Developing Countries : How Much Difference Would It Have Made ? », in A. P. Thirlwall (dir.), *Keynes and Economic Development : The Seventh Keynes Seminar Held at the University of Kent at Canterbury, 1985* (New York : St. Martin's Press, 1987).

P. 359 : « Le FMI [...] a ses propres problèmes » : Edwin M. Truman, « Rearranging IMF Chairs and Shares : The Sine Qua Non of IMF Reform », in Edwin M. Truman (dir.), *Reforming the IMF for the 21st Century* (Washington, D.C. : Institute for International Economics, 2006), p. 201-232.

Conclusion

P. 365 : « Lloyd Blankfein » : voir par exemple les observations présentées par Lloyd C. Blankfein devant le Council of Institutional Investors, avril 2009. Disponibles à l'adresse suivante : http://www2.goldmansachs.com/ideas/public-policy/1-compensation/lcb-speech-to-cii.html.

P. 369 : « Cette fois-ci, c'est différent » : Carmen Reinhart et Kenneth S. Rogoff, *This Time Is Different*.

P. 376 : « Ainsi que le fit observer Hyman Minsky » : Hyman Minsky, *Stabilizing an Unstable Economy*, p. 370.

Perspectives

P. 379 : « Une étude récemment réalisée par Alan Blinder » : Alan Blinder, « How Many U.S. Jobs Might Be Offshorable ? », Centre for European Policy Studies Working Paper No. 142, mars 2007. Disponible à l'adresse suivante : http://www.princeton.edu/~ceps/workingpapers/ 142blinder.pdf.

P. 379 : « Bien que le taux d'épargne ait dépassé 4 % » : Evan Tanner et Yasser Abdih, « Rebuilding U.S. Wealth », *Finance and Development* 46, No. 4 (décembre 2009), p. 23-35. Disponible à l'adresse suivante : http://www.imf.org/external/pubs/ft/ fandd/2009/12/tanner.htm.

P. 382 : « Une dette publique importante au regard de leur PIB » : voir par exemple les graphiques disponibles à l'adresse suivante : http://www.visualeconomics.com/gdp-vs-national-debt-by-country/.

P. 385 : « Pesification » : Roubini et Setser, *Bailouts or Bail-Ins ?*, p. 271-275.

P. 387 : « Supporter une dette publique brute » : voir par exemple Organisation pour la coopération et le développement économiques, « Economic Survey of Japan 2009 », 30 septembre 2009. Disponible à l'adresse suivante : http://www.oecd.org/document/37/0,3343,en_2649_34595_43783525_1_1_1_ 1,00.html.

P. 388 : « Une "économie du peuple" » : Ian Bremmer et Nouriel Roubini, « Why Japan Needs a Hatobama », *Wall Street Journal*, 30 décembre 2009. Disponible à l'adresse suivante : http://online.wsj.com/article/SB10001424 052748704779704574553491570666698.html.

P. 389 : « Une robuste croissance de moyen terme » : International Monetary Fund, *World Economic Outlook*, 8 juillet 2009. Disponible à l'adresse suivante : http://www.imf.org/external/pubs/ft/weo/2009/update/02/index.htm.

P. 390 : « Les BRIC – Brésil, Russie, Inde et Chine » : Nouriel Roubini, « Another BRIC in the Wall ? », Project Syndicate, 15 octobre 2009. Disponible à l'adresse suivante : http://project-syndicate.org/commentary/roubini18/English.

P. 396 : « La "mère de tous les *carry trades*" » : Nouriel Roubini, « Mother of All Carry Trades Faces an Inevitable Bust », *Financial Times*, 1er novembre 2009.

P. 398 : « La menace du défaut de paiement plane désormais sur les économies avancées » : Nouriel Roubini, « The Risky Rich », Project Syndicate, 18 janvier 2010. Disponible à l'adresse suivante : http://project-syndicate.org/commentary/roubini21/English.

Bibliographie indicative

La littérature relative aux crises financières est abondante. La bibliographie qui suit propose une sélection de travaux consacrés à divers aspects de ce sujet. Elle n'est pas exhaustive, mais nombre des livres, articles, documents de travail et discours mentionnés ont nourri l'écriture de cet ouvrage.

Acharya, Viral V. et Matthew Richardson (dir.). *Restoring Financial Stability : How to Repair a Failed System.* New York : John Wiley and Sons, 2009. Des résumés sont disponibles à l'adresse suivante : http://whitepapers.stern.nyu.edu/home.html.

Acharya, Viral V. et Philipp Schnabl. « Do Global Banks Spread Global Imbalances ? The Case of Asset-Backed Commercial Paper During the Financial Crisis of 2007-09 ». Article présenté lors de la dixième édition de la Jacques Polak Annual Research Conference, Fonds monétaire international, Washington, D.C., 5-6 novembre 2009. Disponible à l'adresse suivante : http://www.imf.org/external/np/res/ seminars/2009/arc/pdf/acharya.pdf.

Acharya, Viral V., Thomas Cooley, Matthew Richardson et Ingo Walter (dir.). *Real Time Solutions for Financial Reform : An NYU Stern Working Group on Financial Reform*, décembre 2009. Disponible à l'adresse suivante : http://govtpolicyrecs.stern.nyu.edu/docs/whitepapers_ebook_full.pdf.

Adrian, Tobias et Hyun Song Shin. « Financial Intermediaries and Monetary Economics ». Federal Reserve Bank of New York Staff Report No. 398, octobre 2009. Disponible à l'adresse suivante : http://www.newyorkfed.org/research/staff_reports/sr398.pdf.

Adrian, Tobias et Hyun Song Shin. « Liquidity and Leverage ». Federal Reserve Bank of New York Staff Report No. 328, mai 2008. Disponible à l'adresse suivante : http://www.newyorkfed.org/research/ staff_reports/sr328.pdf.

Adrian, Tobias et Hyun Song Shin. « The Shadow Banking System : Implications for Financial Regulation ». Federal Reserve Bank of New York Staff Report No. 382, juillet 2009. Disponible à l'adresse suivante : http://www.newyorkfed.org/research/staff_reports/sr382.pdf.

Ahmed, Liaquat. *Lords of Finance : The Bankers Who Broke the World*. New York : Penguin Press, 2009.

Akerlof, George A. et Robert J. Shiller. *Les esprits animaux : comment les forces psychologiques mènent la finance et l'économie*. Paris : Pearson Education, 2009.

Almunia, Miguel, Agustín S. Bénétrix, Barry Eichengreen, Kevin H. O'Rourke et Gisela Rua. « From Great Depression to Great Credit Crisis : Similarities, Differences and Lessons ». Article présenté lors de la cinquantième édition de l'Economic Policy Panel Meeting, Tilburg, Pays-Bas, 23-24 octobre 2009. Disponible à l'adresse suivante : http://www.econ.berkeley.edu/˜eichengr/great_dep_great_cred_11-09.pdf.

Bagehot, Walter. *Lombard Street : des crises financières et du moyen d'y remédier*. Paris : Payot, 2009.

Baldwin, Richard (dir.). *The Great Trade Collapse : Causes, Consequences, and Prospects*. VoxEU.org. Londres : Center for Economic Policy Research, 2009. Disponible à l'adresse suivante : http://www.voxeu.org/reports/great_trade_collapse.pdf.

Barbera, Robert J. *The Cost of Capitalism : Understanding Market Mayhem and Stabilizing Our Economic Future*. New York : McGraw-Hill, 2009.

Basel Committee on Banking Supervision. *Review of the Differentiated Nature and Scope of Financial Regulation : Key Issues and Recommendations*. Bâle : Banque des règlements internationaux, 2010.

Beber, Alessandro et Marco Pagano. « Short-Selling Bans around the World : Evidence from the 2007-09 Crisis ». Centre for Studies in Economics and Finance Working Paper No. 241. Disponible à l'adresse suivante : http://www.csef.it/WP/wp241.pdf.

Bernanke, Ben. « Nonmonetary Effects of the Financial Crisis in the Propagation of the Great Depression ». *American Economic Review* 73 (1983), p. 257-276.

Blanchard, Olivier et Gian Maria Milesi-Ferretti. « Global Imbalances : In Midstream ? ». IMF Staff Position Note, 22 décembre 2009. Disponible à l'adresse suivante : http://www.imf.org/external/ pubs/ft/spn/2009/spn0929.pdf.

Blundell-Wignall, Adrian *et al. The Financial Crisis : Reform and Exit Strategies*. Paris : Organisation de coopération et de développement économiques, 2009. Disponible à l'adresse suivante : http://www.oecd.org/dataoecd/55/47/43091457.pdf.

Bordo, Michael D. « The Lender of Last Resort : Alternative Views and Historical Experience ». *Federal Reserve Bank of Richmond Economic Review* 76 (1990), p. 18-29.

Bordo, Michael D. (dir.). *Financial Crises*. Deux volumes. Aldershot, Hampshire, Royaume-Uni, et Brookfield, Vermont : Edward Elgar Publishing, 1992.

Bordo, Michael D. et Barry Eichengreen (dir.). *A Retrospective on the Bretton Woods System : Lessons for International Monetary Reform*. Chicago : University of Chicago Press, 1993.

Bordo, Michael D. et Andrew Filardo. « Deflation in a Historical Perspective ». Bank for International Settlements Working Paper No. 186, novembre 2005. Disponible à l'adresse suivante : http://www.bis.org/publ/work186.pdf?noframes=1.

Bordo, Michael D., Claudia Goldin et Eugene N. White (dir.). *The Defining Moment : The Great Depression and the American Economy in the Twentieth Century*. Chicago : University of Chicago Press, 1998.

Bordo, Michael D. et Harold James. « The Great Depression Analogy ». National Bureau of Economic Research Working Paper No. 15584, décembre 2009. Disponible en ligne à l'adresse suivante : http://www.nber.org/papers/w15584.

Boyd, John H., Sungkyu Kwak et Bruce D. Smith. « The Real Output Losses Associated with Modern Banking Crises ». *Journal of Money, Credit, and Banking* 37 (2005), p. 977-999.

Bruner, Robert F. et Sean D. Carr. *The Panic of 1907 : Lessons Learned from the Market's Perfect Storm*. Hoboken, New Jersey : John Wiley and Sons, 2007.

Brunnermeier, Markus K. « Symposium : Early Stages of the Credit Crunch : Deciphering the Liquidity and Credit Crunch

2007-2008 ». *Journal of Economic Perspectives* 23 (2009), p. 77-100.

Brunnermeier, Markus K., Stefan Nagel et Lasse H. Pedersen. « Carry Trades and Currency Crashes ». National Bureau of Economic Research Working Paper No. 14473, novembre 2008. Disponible en ligne à l'adresse suivante : http://www.nber.org/papers/w14473.

Brunnermeier, Markus K. et Lasse H. Pedersen. « Market Liquidity and Funding Liquidity ». *Review of Financial Studies* 22 (2009), p. 2201-2238.

Caballero, Ricardo J. « The "Other" Imbalance and the Financial Crisis ». National Bureau of Economic Research Working Paper No. 15636, janvier 2010. Disponible en ligne à l'adresse suivante : http://www.nber.org/papers/w15636.

Calomiris, Charles W. « Banking Crises and the Rules of the Game ». National Bureau of Economic Research Working Paper No. 15403, octobre 2009. Disponible en ligne à l'adresse suivante : http://nber.org/papers/w15403.

Calomiris, Charles W. et Larry Schweikart. « The Panic of 1857 : Origins, Transmission, and Containment ». *Journal of Economic History* 51 (1991), p. 807-834.

Capie, Forrest et Geoffrey E. Wood (dir.). *Financial Crises and the World Banking System.* New York : St. Martin's Press, 1986.

Case, Karl E., John M. Quigley et Robert J. Shiller. « Comparing Wealth Effects : The Stock Market versus the Housing Market ». *Advances in Macroeconomics* 5 (2005), p. 1-34.

Case, Karl E. et Robert J. Shiller. « Is There a Bubble in the Housing Market ? ». *Brookings Papers on Economic Activity* 2 (2003), p. 299-362.

Cassidy, John. *How Markets Fail : The Logic of Economic Calamities.* New York : Farrar, Straus and Giroux, 2009.

Cihák, Martin et Erlend W. Nier. « The Need for Special Resolution Regimes for Financial Institutions ». VoxEU.org, 7 janvier 2010. Disponible à l'adresse suivante : http://www.voxeu.org/index.php?q=node/4446.

Cooper, George. *The Origin of Financial Crises : Central Banks, Credit Bubbles, and the Efficient Market Fallacy.* New York : Vintage, 2008.

Cottarelli, Carlo et Jose Viñals. « A Strategy for Renormalizing Fiscal and Monetary Policies in Advanced Economies ». IMF Staff Position Note, 22 septembre 2009. Disponible à l'adresse suivante : http://www.imf.org/external/pubs/ft/spn/2009/spn0922.pdf.

Crotty, James. « Structural Causes of the Global Financial Crisis : A Critical Assessment of the "New Financial Architecture" ». *Cambridge Journal of Economics* 33 (2009), p. 563-580.

Das, Satyajit. *Traders, Guns, and Money : Knowns and Unknowns in the Dazzling World of Derivatives.* Upper Saddle River, New Jersey : Financial Times Press, 2006.

Dawson, Frank Griffith. *The First Latin American Debt Crisis : The City of London and the 1822-1825 Loan Bubble.* New Haven, Connecticut : Yale University Press, 1990.

DeLong, J. Bradford. « Financial Crises in the 1890s and the 1990s : Must History Repeat ? ». *Brookings Papers on Economic Activity* 2 (1999), p. 253-294.

Desai, Padma. *Financial Crises, Contagion, and Containment.* Princeton, New Jersey : Princeton University Press, 2003.

Diamond, Douglas W. et Philip H. Dybvig. « Bank Runs, Deposit Insurance, and Liquidity ». *Journal of Political Economy* 91 (1983), p. 401-419.

Draghi, Mario. « Combating the Global Financial Crisis : The Role of International Cooperation ». Hong Kong Monetary Authority Distinguished Lecture, Hong Kong, 16 décembre 2008. Disponible à l'adresse suivante : http://www.bis.org/review/r081218b.pdf.

Eichengreen, Barry. « Out of the Box Thoughts about the International Financial Architecture ». IMF Working Paper No. 09/116, mai 2009. Disponible à l'adresse suivante : http://www.imf.org/external/ pubs/ft/wp/2009/wp09116.pdf.

Eichengreen, Barry. « Sterling's Past, Dollar's Future : Historical Perspectives on Reserve Currency Competition ». Tawney Lecture, Economic History Society, Leicester, Royaume-Uni, 10 avril 2005. Disponible à l'adresse suivante : http://www.econ.berkeley.edu/~eichengr/research/tawney_lecture2apr29-05.pdf.

Eichengreen, Barry et Kevin H. O'Rourke. « A Tale of Two Depressions ». VoxEU.org, 1er septembre 2009, et chronique originale du 6 avril 2009. Disponible à l'adresse suivante : http://www.voxeu.org/index.php?q=node/3421.

Eichengreen, Barry et Richard Portes. « The Anatomy of Financial Crises ». In : Richard Portes et Alexander K. Swoboda (dir.). *Threats to International Financial Stability*. Londres : Cambridge University Press, 1987, p. 10-58.

Felton, Andrew et Carmen M. Reinhart (dir.). *The First Global Financial Crisis of the 21st Century*. VoxEU.org. Londres : Center for Economic Policy Research, 2008. Disponible à l'adresse suivante : http://www.voxeu.org/index.php?q=node/4077.

Felton, Andrew et Carmen M. Reinhart (dir.). *The First Global Financial Crisis of the 21st Century : Part II June – December 2008*. VoxEU.org. Londres : Center for Economic Policy Research, 2008. Disponible à l'adresse suivante : http://www.voxeu.org/reports/reinhart_felton_vol2/First_Global_Crisis_Vol2.pdf.

Ferguson, Niall. *L'irrésistible ascension de l'argent : de Babylone à Wall Street*. Paris : Editions Saint-Simon, 2009.

Fisher, Irving. « The Debt-Deflation Theory of Great Depressions ». *Econometrica* 1 (1933), p. 337-357.

Fonds monétaire international. *Global Financial Stability Report : Responding to the Financial Crisis and Measuring Systemic Risks*. Washington, D.C. : Fonds monétaire international, 2009. Disponible à l'adresse suivante : http://www.imf.org/external/pubs/ft/gfsr/2009/01/pdf/text.pdf.

Fox, Justin. *The Myth of the Rational Market : A History of Risk, Reward, and Delusion on Wall Street*. New York : Harper Business, 2009.

Frank, Nathaniel et Heiko Hesse. « Financial Spillovers to Emerging Markets During the Global Financial Crisis ». IMF Working Paper No. 09/104, mai 2009. Disponible à l'adresse suivante : http://imf.org/external/pubs/ft/wp/2009/wp09104.pdf.

Friedman, Milton et Anna J. Schwartz. *A Monetary History of the United States, 1867-1960*. Princeton, New Jersey : Princeton University Press, 1963.

Galbraith, John Kenneth. *La crise économique de 1929 : anatomie d'une catastrophe financière*. Paris : Payot, 2008.

Geanakoplos, John. « The Leverage Cycle ». Cowles Foundation Discussion Paper No. 1715, juillet 2009. Disponible à l'adresse suivante : http://cowles.econ.yale.edu/P/cd/d17a/d1715.pdf.

Ghosh, Atish R., *et al.* « Coping with the Crisis : Policy Options for Emerging Market Countries ». IMF Staff Position Note, 23 avril 2009. Disponible à l'adresse suivante : http://imf.org/external/pubs/ft/spn/2009/spn0908.pdf.

Ghosh, B. N. (dir.). *Global Financial Crises and Reforms : Cases and Caveats*. Londres : Routledge, 2001.

Gorton, Gary. « Banking Panics and Business Cycles ». *Oxford Economic Papers* 40 (1988), p. 751-781.

Gorton, Gary. « Slapped in the Face by the Invisible Hand : Banking and the Panic of 2007 ». Article présenté lors de l'édition 2009 de la Financial Markets Conference organisée par la Federal Reserve Bank d'Atlanta : « Financial Innovation and Crises », 11-13 mai 2009. Disponible à l'adresse suivante : http://www.frbatlanta.org/news/CONFEREN/09fmc/gorton.pdf.

Gross, Daniel. *Pop ! Why Bubbles Are Great for the Economy*. New York : Harper Business, 2007.

Haldane, Andrew G. « Rethinking the Financial Network ». Discours prononcé devant la Financial Student Association, Amsterdam, avril 2009. Disponible à l'adresse suivante : http://www.bankofengland.co.uk/ publications/speeches/2009/speech386.pdf.

Huang, Rocco et Lev Ratnovski. « The Dark Side of Bank Wholesale Funding ». Federal Reserve Bank of Philadelphia Working Paper No. 09-3, novembre 2008. Disponible à l'adresse suivante : http :// www.philadelphiafed.org/research-and-data/publications/working-papers/2009/wp09-3.pdf.

Hubbard, R. Glenn (dir.). *Financial Markets and Financial Crises*. Chicago : University of Chicago Press, 1991.

Hunter, William C., George G. Kaufman et Michael Pomerleano (dir.). *Asset Price Bubbles : The Implications for Monetary, Regulatory, and International Policies*. Cambridge, Massachusetts : MIT Press, 2003.

Izquierdo, Alejandro et Ernesto Talvi. « A Stability Pact *à la Maastricht* for Emerging Markets ». VoxEU.org, 12 décembre 2009. Disponible à l'adresse suivante : http://www.voxeu.org/index.php ?q=node/4360.

Jenkinson, Nigel. « Ratings in Structured Finance : What Went Wrong and What Can Be Done to Address Shortcomings ? ». Committee on the Global Financial System Paper No. 32, juillet 2008. Disponible à l'adresse suivante : http://www.bis.org/publ/cgfs32.pdf?noframes=1.

Jorion, Philippe et Gaiyan Zhang. « Credit Contagion from Counterparty Risk ». *Journal of Finance* 64 (2009), p. 2053-2087.

Kaminsky, Graciela L. et Carmen M. Reinhart. « On Crises, Contagion, and Confusion ». *Journal of International Economics* 51 (2000), p. 145-168.

Kaminsky, Graciela L., Carmen M. Reinhart et Carlos A. Vegh. « The Unholy Trinity of Financial Contagion ». *Journal of Economic Perspectives* 17 (2003), p. 51-74.

Kaufman, Henry. *The Road to Financial Reformation : Warnings, Consequences, Reforms*. Hoboken, New Jersey : John Wiley and Sons, 2009.

Keynes, John Maynard. *Théorie générale de l'emploi, de l'intérêt et de la monnaie*. Paris : Payot, 1988.

Kindleberger, Charles P. *Histoire mondiale de la spéculation financière*. Hendaye : Valor, 2005.

Kindleberger, Charles P. *La grande crise mondiale, 1929-1939*. Paris : Economica, 1988.

Kindleberger, Charles P. et Jean-Pierre Laffargue (dir.). *Financial Crises : Theory, History, and Policy*. Cambridge, Royaume-Uni : Cambridge University Press, 1982.

Klyuev, Vladimir, Phil de Imus et Krishna Srinivasan. « Unconventional Choices for Unconventional Times : Credit and Quantitative Easing in Advanced Economies ». IMF Staff Position Note, 4 novembre 2009. Disponible à l'adresse suivante : http://www.imf.org/external/pubs/ft/spn/2009/spn0927.pdf.

Knight, Frank H. *Risk, Uncertainty, and Profit*. Boston : Houghton Mifflin, 1921.

Krugman, Paul. « How Did Economists Get It So Wrong ? ». *New York Times Magazine*, 2 septembre 2009.

Krugman, Paul. *Pourquoi les crises reviennent toujours*. Paris : Seuil, 2009.

Laeven, Luc et Thomas Laryea. « Principles of Household Debt Restructuring ». IMF Staff Position Note, 26 juin 2009. Disponible à l'adresse suivante : http://www.imf.org/external/pubs/ft/spn/2009/ spn0915.pdf.

Landier, Augustin et Kenichi Ueda. « The Economics of Debt Restructuring : Understanding the Options ». IMF Staff Position Note, 5 juin 2009. Disponible à l'adresse suivante : https ://www.imf.org/ external/pubs/ft/spn/2009/spn0912.pdf.

Lepler, Jessica. « The Pressure of 1836 : Interpreting Atlantic Bank Wars ». Article non publié.

Lo, Andrew W. et A. Craig MacKinlay. *A Non-Random Walk Down Wall Street.* Princeton, New Jersey : Princeton University Press, 1999.

Mackay, Charles. *Memoirs of Extraordinary Popular Delusions and the Madness of Crowds.* Londres : National Illustrated Library, 1852.

Marichal, Carlos. *A Century of Debt Crises in Latin America : From Independence to the Great Depression, 1820-1930.* Princeton, New Jersey : Princeton University Press, 1989.

Markwat, Thijs, Erik Kole et Dick van Dijk. « Contagion as a Domino Effect in Global Stock Markets ». *Journal of Banking and Finance* 33 (2009), p. 1996-2012.

Miller, Marcus, Paul Weller et Lei Zhang. « Moral Hazard and the US Stock Market : Analysing the "Greenspan Put" ». *Economic Journal* 112 (2002), p. C171-C186.

Minsky, Hyman P. *Can « It » Happen Again ? Essays on Instability and Finance.* Armonk, New York : M. E. Sharpe, 1982.

Minsky, Hyman P. *John Maynard Keynes.* New York : Columbia University Press, 1975.

Minsky, Hyman P. *Stabilizing an Unstable Economy.* New York : McGraw-Hill, 2008.

Mishkin, Frederic S. « Anatomy of a Financial Crisis ». *Journal of Evolutionary Economics* 2 (1992), p. 115-130.

Morris, Charles R. *The Trillion Dollar Meltdown : Easy Money, High Rollers, and the Great Credit Crash.* New York : Public Affairs, 2008.

Neal, Larry D. et Marc Weidenmier. « Crises in the Global Economy from Tulips to Today : Contagion and Consequences ». In : Michael D. Bordo, Alan M. Taylor et Jeffrey G. Williamson (dir.). *Globalization in Historical Perspective.* Chicago : University of Chicago Press, 2003.

Obstfeld, Maurice et Kenneth Rogoff. « The Unsustainable US Current Account Position Revisited ». National Bureau of Economic Research Working Paper No. 10869, novembre 2004. Disponible à l'adresse suivante : http://www.nber.org/papers/w10869.

Obstfeld, Maurice, Jay C. Shambaugh et Alan M. Taylor. « Financial Instability, Reserves, and Central Bank Swap Lines in the Panic of 2008 ». National Bureau of Economic Research Working Paper No. 14826, mars 2009. Disponible à l'adresse suivante : http://www.nber.org/papers/w14826.

Papadia, Francesco. « Central Bank Operations in Response to the Financial Turmoil ». Committee on the Global Financial System Paper No. 31, juillet 2008. Disponible à l'adresse suivante : http://www.bis.org/publ/cgfs31.pdf?noframes=1.

Philippon, Thomas et Ariell Reshef. « Wages and Human Capital in the U.S. Financial Industry : 1909-2006 ». National Bureau of Economic Research Working Paper No. 14644, janvier 2009. Disponible à l'adresse suivante : http://www.nber.org/papers/w14644.

Purnanandam, Amiyatosh K. « Originate-to-Distribute Model and the Sub-Prime Mortgage Crisis ». Article présenté lors de la rencontre annuelle de l'American Finance Association, 18 septembre 2009, Atlanta, Georgie.

Rajan, Raghuram G. « Bankers' Pay Is Deeply Flawed ». *Financial Times*, 8 janvier 2008.

Rajan, Raghuram. « Has Financial Development Made the World Riskier ? ». National Bureau of Economic Research Working Paper No. 11728, novembre 2005. Disponible à l'adresse suivante : http://www.nber.org/papers/w11728. Publié ultérieurement sous le titre : « Has Finance Made the World Riskier ? ». *European Financial Management* 12 (2006), p. 499-533.

Reinhart, Carmen M. et Kenneth S. Rogoff. « Growth in a Time of Debt ». National Bureau of Economic Research Working Paper No. 15639, janvier 2010. Disponible à l'adresse suivante : http://www.nber.org/papers/w15639.

Reinhart, Carmen M. et Kenneth S. Rogoff. « Is the 2007 US Sub-prime Financial Crisis So Different ? An International Historical Comparison ». *American Economic Review* 98 (2008), p. 339-344.

Reinhart, Carmen M. et Kenneth S. Rogoff. *This Time Is Different : Eight Centuries of Financial Folly*. Princeton, New Jersey : Princeton University Press, 2009.

Richardson, Vernon J. et James F. Waegelein. « The Influence of Long-Term Performance Plans on Earnings Management and

Firm Performance ». *Review of Quantitative Finance and Accounting* 18, No. 2 (mars 2002), p. 161-183.

Ritholtz, Barry. *Bailout Nation : How Greed and Easy Money Corrupted Wall Street and Shook the World Economy*. Hoboken, New Jersey : John Wiley and Sons, 2009.

Rockoff, Hugh. « Walter Bagehot and the Theory of Central Banking ». In : Forrest Capie et Geoffrey E. Wood (dir.). *Financial Crises and the World Banking System*. Londres : MacMillan, 1986.

Rose, Andrew K. et Mark M. Spiegel. « Cross-Country Causes and Consequences of the 2008 Crisis : International Linkages and American Exposure ». Centre for Economic Policy Research Discussion Paper No. 7466. Disponible à l'adresse suivante : http://www.cepr.org/pubs/ dps/DP7466.asp.

Roubini, Nouriel. « The Biggest Slump in U.S. Housing in the Last 40 Years… or 53 Years ? ». 23 août 2006. Disponible à l'adresse suivante : http://www.roubini.com/analysis/38718.php.

Roubini, Nouriel. « The Coming Financial Pandemic ». *Foreign Policy*, 19 février 2009. Disponible à l'adresse suivante : http://www.foreignpolicy.com/articles/2009/02/19/the_coming_financial_pandemic.

Roubini, Nouriel. « The Rising Risk of a Systemic Financial Meltdown : The Twelve Steps to Disaster », 5 février 2008. Disponible à l'adresse suivante : http://www.roubini.com/analysis/44763.php.

Roubini, Nouriel. « The Risk of a U.S. Hard Landing and Implications for the Global Economy and Financial Markets ». Discours prononcé au Fonds monétaire international, Washington, D.C., 13 septembre 2007. Disponible à l'adresse suivante : http://www.imf.org/external/np/tr/2007/tr070913.htm.

Roubini, Nouriel. « Why Central Banks Should Burst Bubbles ». *International Finance* 9 (2006), p. 87-107.

Roubini, Nouriel. « Why China Should Abandon Its Dollar Peg ». *International Finance* 10 (2007), p. 71-89.

Roubini, Nouriel et Christian Menegatti. « Vulnerabilities in Central and Southern Europe », 6 juin 2006. Disponible à l'adresse suivante : http://www.roubini.com/analysis/38622.php.

Roubini, Nouriel, Elisa Parisi-Capone et Christian Menegatti. « Growth Differentials in the EMU : Facts and Considerations », 1er juin 2007. Disponible à l'adresse suivante : http://www.roubini.com/analysis/44809.php.

Roubini, Nouriel et Brad Setser. *Bailouts or Bail-Ins ? Responding to Financial Crises in Emerging Economies*. Washington, D.C. : Institute for International Economics, 2004.

Roubini, Nouriel et Brad Setser. « The US as a Net Debtor : The Sustainability of the US External Imbalances », novembre 2004. Disponible à l'adresse suivante : http://pages.stern.nyu.edu/˜nroubini/papers/Roubini-Setser-US-External-Imbalances.pdf.

Roubini Global Economics. *2010 Global Economic Outlook*. Février 2010. Disponible à l'adresse suivante (accès réservé aux abonnés) : www.roubini.com.

Schularick, Moritz et Alan M. Taylor. « Credit Booms Gone Bust : Monetary Policy, Leverage Cycles and Financial Crises, 1870-2008 ». National Bureau of Economic Research Working Paper No. 15512, novembre 2009. Disponible à l'adresse suivante : http://www.nber.org/papers/w15512.

Schumpeter, Joseph Alois. *Capitalisme, socialisme et démocratie*. Paris : Payot, 1990.

Schwartz, Anna J. « Real and Pseudo-Financial Crises ». In : Forrest Capie et Geoffrey E. Wood (dir.). *Financial Crises and the World Banking System*. Londres : Macmillan, 1986.

Shiller, Robert J. « From Efficient Markets Theory to Behavioral Finance ». *Journal of Economic Perspectives* 17 (2003), p. 83-104.

Shiller, Robert J. *L'exubérance irrationnelle*. Hendaye : Valor, 2000.

Shiller, Robert J. *The Subprime Solution : How Today's Global Financial Crisis Happened, and What to Do about It*. Princeton, New Jersey : Princeton University Press, 2008.

Shim, Ilhyock et Goetz von Peter. « Distress Selling and Asset Market Feedback ». Bank for International Settlements Working Paper No. 229, juin 2007. Disponible à l'adresse suivante : http://www.bis.org/publ/work229.pdf?noframes=1.

Silber, William L. *When Washington Shut Down Wall Street : The Great Financial Crisis and the Origins of America's Monetary Supremacy*. Princeton, New Jersey : Princeton University Press, 2007.

Sobel, Robert. *Panic on Wall Street : A History of America's Financial Disasters*. New York : Collier, 1968.

Sorkin, Andrew Ross. *Too Big to Fail : The Inside Story of How Wall Street and Washington Fought to Save the Financial System from Crisis – and Themselves*. New York : Viking, 2009.

Sornette, Didier et Ryan Woodard. « Financial Bubbles, Real Estate Bubbles, Derivative Bubbles, and the Financial and Economic Crisis ». Swiss Finance Research Institute Paper No. 09-15, 20 mai 2009. Disponible à l'adresse suivante : http://arxiv.org/PS_cache/arxiv/pdf/0905/0905.0220v1.pdf.

Soros, George. *La vérité sur la crise financière*. Paris : Denoël, 2008.

Stiglitz, Joseph. *Le triomphe de la cupidité*. Paris : Les liens qui libèrent, 2010.

Sylla, Richard. « Monetary Innovation and Crises in American Economic History ». In : Paul Wachtel (dir.). *Crises in the Economic and Financial Structure*. Lexington, Massachusetts : D. C. Heath, 1982.

Taleb, Nassim Nicholas. *Le cygne noir : la puissance de l'imprévisible*. Paris : Les Belles Lettres, 2008.

Temin, Peter. *Did Monetary Forces Cause the Great Depression ?* New York : W. W. Norton, 1976.

Tett, Gillian. *Fool's Gold : How the Bold Dream of A Small Tribe at J. P. Morgan Was Corrupted by Wall Street Greed and Unleashed a Catastrophe*. New York : Free Press, 2009.

Tymoigne, Eric. « Securitization, Deregulation, Economic Stability, and Financial Crisis, Parts I and II ». Levy Economics Institute, Working Papers No. 573.1 et 573.2, août 2009.

VoxEU.org. *The Global Crisis Debate*. 2009. Disponible à l'adresse suivante : http://www.voxeu.org/index.php?q=node/2824.

Wheelock, David C. et Paul W. Wilson. « Why Do Banks Disappear ? The Determinants of U.S. Bank Failures and Acquisitions ». *Review of Economics and Statistics* 82 (2000), p. 127-138.

White, Eugene (dir.). *Crashes and Panics : The Lessons from History*. Homewood, Illinois : Business One Irwin, 1990.

Wieland, Volker. « Quantitative Easing : A Rationale and Some Evidence from Japan ». National Bureau of Economic Research Working Paper No. 15565, décembre 2009. Disponible à l'adresse suivante : http://www.nber.org/papers/w15565.

Wilson, Jack, Richard E. Sylla et Charles P. Jones. « Financial Market Panics and Volatility in the Long Run, 1830-1988 ». In : Eugene N. White (dir.). *Crashes and Panics : The Lessons from History*. Homewood, Illinois : Business One Irwin, 1990.

Wolf, Martin. *Fixing Global Finance*. Baltimore : Johns Hopkins University Press, 2008.

Wray, L. Randall. « Minsky, the Global Financial Crisis, and the Prospects Before Us ». *Development* 52 (2009), p. 302-307.

Yehoue, Etienne B. « Emerging Economy Responses to the Global Financial Crisis of 2007-09 : An Empirical Analysis of the Liquidity Easing Measures ». IMF Working Paper No. 09/265, décembre 2009. Disponible à l'adresse suivante : http://www.imf.org/external/pubs/ft/wp/2009/wp09265.pdf.

Zandi, Mark. *Financial Shock : A 360° Look at the Subprime Mortgage Implosion, and How to Avoid the Next Financial Crisis*. Upper Saddle River, New Jersey : Financial Times Press, 2008.

Zimmerman, Klaus F. « Coordinating International Responses to the Crisis ». VoxEU.org, 9 octobre 2008. Disponible à l'adresse suivante : http://www.voxeu.org/index.php?q=node/2366.

Pour l'éditeur, le principe est d'utiliser des papiers composés de fibres naturelles, renouvelables, recyclables et fabriquées à partir de bois issus de forêt qui adoptent un système d'aménagement durable.

En outre, l'éditeur attend de ses fournisseurs de papier qu'ils s'inscrivent dans une démarche de certification environnementale reconnue.

Photocomposition Nord Compo
Villeneuve d'Ascq

Impression réalisée par
CPI BRODARD ET TAUPIN
La Flèche
en mai 2010

Imprimé en France
Dépôt légal : mai 2010
N° d'édition : 01 – N° d'impression : 58177